ÉTUDES

SUR

L'ÉTAT ÉCONOMIQUE

DE LA FRANCE

PENDANT

LA PREMIÈRE PARTIE DU MOYEN-AGE

PAR

CH. LAMPRECHT

Professeur à l'Université de Bonn

Traduction de l'ouvrage allemand

PAR

A. MARIGNAN

PARIS

ALPHONSE PICARD
ÉDITEUR
Librairie des Archives nationales et de
la Société de l'Ecole des chartes
82, RUE BONAPARTE, 82

GUILLAUMIN ET Cie
LIBRAIRES
Éditeurs du *Journal des Économiste*
etc.
14, RUE DE RICHELIEU, 14

1889

ÉTUDES

SUR

L'ÉTAT ÉCONOMIQUE DE LA FRANCE

MACON, IMPRIMERIE PROTAT FRÈRES

A MONSIEUR LAMPRECHT

Mon cher Maître,

Pendant un long séjour à l'Université de Bonn vous avez bien voulu m'initier à l'économie politique du Moyen Age et vous m'avez aplani, par vos connaissances approfondies, par de longues heures passées ensemble, les difficultés que j'aurais rencontrées dans ces travaux. Ce n'est qu'une faible partie de ma dette que je paie aujourd'hui, en traduisant ce livre. Par votre dévouement à vos élèves, par vos promenades archéologiques avec eux, vous m'avez rappelé la vieille conception universitaire allemande, aujourd'hui quelque peu compromise. Vous la connaissez si bien cette belle vallée du Rhin, que vous avez décrite dans votre livre sur la vie économique en Allemagne : communautés de villages des temps primitifs, monuments religieux des premiers siècles chrétiens, villes célèbres et florissantes, rien n'a échappé à votre investigation.

Vous m'avez permis de traduire votre livre sur l'état économique de la France au XIe siècle et vous avez bien voulu y ajouter, sur ma demande, les chapitres de votre grand ouvrage, relatifs à la civilisation franque. C'est donc, pour ainsi dire, la description économique de la France du VIe au XIIe siècle que le lecteur aura sous les yeux.

Deux mots encore, pour indiquer comment j'ai conçu cette traduction. Votre livre est une œuvre sérieuse et j'ai voulu la rendre telle qu'elle était. C'est donc une version rigoureusement littérale que j'offre aux érudits. Il faut connaître la vaste littérature économique relative au Moyen Age en Allemagne, pour se rendre compte des difficultés qu'offre cette tâche de traducteur. Celui qui l'entreprend a tout contre lui, même le « génie » de l'auteur auquel il s'adresse, plus redoutable mille fois que le génie de la langue allemande. Plus cet auteur s'est incarné dans son œuvre, plus son style, sincère émanation d'une pensée complexe, se hérisse de tours rares, d'expressions originales qui ne se trouvent pas dans le grand courant de la langue; ajoutez à cela les difficultés techniques, l'à peu près de la terminologie auquel on est à chaque instant condamné, par suite de la diversité fondamentale des deux idiomes, sans qu'il y ait de la faute ni du français, ni de l'allemand. C'est donc volontairement que j'ai conservé à votre œuvre cette rigueur de contours qui est regardée comme une qualité en Allemagne, en plaçant même, assez fréquemment, le terme allemand à côté du terme français, afin que le lecteur puisse juger de la sincérité de mon interprétation. J'ose espérer, cher Maître et ami, que vous, du moins, n'aurez pas trop de difficulté à reconnaître votre œuvre sous cette forme nouvelle, et je me croirai tout à fait payé de ma peine si quelques-uns de mes compatriotes viennent à partager ce sentiment.

Fonsfougassières, 30 octobre 1888.

A. MARIGNAN

PRÉFACE

C'est en 1878 que la librairie Duncker et Humblot publia à Leipzig ma thèse de doctorat; elle avait pour objet l'état économique de la France au XIe siècle. Je dois dire quelques mots sur la genèse de cette thèse. Ma première pensée avait été de faire un travail sur Grégoire VII et la querelle des investitures. Pour cette étude, il m'était nécessaire de résoudre le problème des dîmes au XIe siècle, surtout en France, et de connaître exactement l'état économique de cette période. Peu à peu la question économique m'absorba, j'avais espéré qu'elle me rendrait la liberté nécessaire à un travail d'histoire; mais, en poursuivant mes recherches, je commençai à voir combien il est difficile de caractériser cette base changeante de l'état de la civilisation, sur laquelle on a l'habitude de camper les grandes figures du Moyen-Age. A ce moment, je fus obligé de perdre quelque peu de vue mon héros et, à la place d'une dissertation d'histoire politique et religieuse, ce fut un travail d'histoire économique que je menai à terme.

Ce travail ne trouva pas en Allemagne un accueil très vif. En France, au contraire, il fut pris en considération et attira même sur son auteur l'attention d'érudits. On me demanda plusieurs fois l'autorisation de le traduire. Mais c'est là chose plutôt dite que faite. Je n'avais aucun goût pour des traductions fabriquées à la hâte et je déclinai toute offre. Ce fut en 1886 que je fis la connaissance de M. A. Marignan. Je pus apprécier chez lui, comme je l'avais fait déjà chez plusieurs de ses compatriotes, l'excellence de l'enseignement de l'École des Hautes Études. Nous avions les mêmes vues sur bien des sujets ; il accepta mes conseils et devint mon ami. C'est alors qu'il me demanda la permission de traduire mon livre et je consentis de grand cœur. Je crus même bien faire en engageant M. Marignan à joindre à sa traduction celle d'un fragment de mon récent livre sur l'état économique de l'Allemagne pendant le Moyen Age[1].

Ce fragment m'a paru propre à compléter les données de mon premier travail qui se rapporte à l'état économique de l'époque franque ; il convient aussi bien à la France qu'à l'Allemagne.

Ma participation personnelle à l'édition française est assez faible ; j'aurais opéré, sans nul doute, des changements à mon œuvre, si mes études ne m'avaient pas, à mon grand regret, voué à de tout autres tâches, car je vois peut-être plus qu'un autre, le caractère de jeunesse que porte cette œuvre. Faute de temps, je n'ai pu qu'apporter ici et là quelques petits changements à l'édition allemande, donner quelques conseils au traducteur et faire une révision de l'ouvrage ; tout le reste est dû au travail et au talent de mon ami, M. Marignan.

Bonn, le 21 novembre 1888.

Ch. LAMPRECHT.

1. *Deutsches Wirstchaftsleben in Mittelalter*. Leipsig, Alphonse Dürr, 1888.

LIVRE I

L'EPOQUE FRANQUE DEPUIS LA LOI SALIQUE

CHAPITRE Ier

DROIT ET ÉTAT ÉCONOMIQUE A L'ÉPOQUE DES FRANCS

Avec le ve siècle environ se clôt sur les bords du Rhin la période des établissements et migrations francs, cette période où les peuplades germaniques du moyen et du bas Rhin débordent avec une impétuosité et en masse croissantes sur les limites de l'empire Romain chancelant, et cherchent de nouvelles demeures sur l'autre rive[1].

C'est sur le cours inférieur du Rhin qu'eurent lieu les premières invasions heureuses des peuples germaniques : les Francs Saliens se trouvent déjà, vers le milieu du IVe siècle, au Sud du pays situé à l'embouchure du Rhin et de la Meuse ; mais, une fois sur un sol jadis romain, leurs migrations s'effectuent plus lentement. A peine inquiétés par les armées de l'empire, souvent même considérés comme ses

1. La description suivante des migrations franques et de leurs établissements repose sur des études plus exactes que nous avons publiées dans la *Zeitschrift des Aachener Geschichtsvereins*, IV, 189-250. Cf. la variété sur « les établissements des Francs et leurs migrations dans le pays du Rhin » (*Westdeutsche Zeitschrift*, I, 122-144), ainsi que les recherches sur Strabon et Posidonius considérés comme sources de l'histoire d'Allemagne (*Zeitschrift des Bergischen Geschichtsvereins*, 16, 181-190). Schröder a récemment traité ce sujet; v. notamment « L'origine des Francs » (Sybels *Historische Zeitschrift*, 43, 1-66) et « Les Francs et leur droit » dans la *Zeitschrift der Savignystiftung* (partie germanique), II, 1-82.

alliés, ils s'étendent peu à peu des rives de la Meuse et de l'Escaut à travers la Toxandrie, vers le Sud, et partout où l'organisation de l'administration romaine cesse de conserver une pulsation dans ses membres les plus éloignés, on voit s'avancer lentement et sûrement l'influence franque venant du Nord. Déjà même, au commencement du ve siècle, les Saliens se montrent dans les contrées de civilisation celto-romaine, et une génération plus tard, la tribu se trouve en possession de grandes villes celtiques, ayant à sa tête une royauté plus solidement établie.

Mais, tandis que la maison royale des Mérovingiens, aux forces jeunes, gagne désormais du terrain vers le Sud sous des apparences d'alliance avec Rome, ou de dépendance, la principale partie des Francs Saliens se fixe au Sud-Ouest du pays ramifié de l'Escaut. C'est ici que les peuplades se pressent nombreuses ; des villages au nom franc s'entassent encore aujourd'hui sur la surface du pays, et c'est ici ou un peu vers le Sud qu'on doit chercher la région dont la loi salique nous montre l'état de civilisation.

A la suite des Saliens, de nouveaux groupes germaniques s'établissent dans les contrées de la Toxandrie, abandonnées alors et destinées à rester infécondes jusque fort avant dans le Moyen-Age. Ce furent les Angles et les Warins qui, après s'être aventurés dans leurs fréquentes excursions maritimes jusque sur les côtes françaises, aux embouchures de la Loire et de la Seine, trouvèrent enfin un établissement soit dans ces contrées, soit sur le rivage opposé de l'Angleterre. Ils n'arrivèrent pas, il est vrai, dans leur nouvelle patrie, à une complète indépendance politique ; en même temps que l'empire franc s'étendait vers le Sud, il se consolidait aussi dans la région du Nord qu'il avait déjà conquise.

La race franque devait montrer tout de suite ici sa force merveilleuse à dissoudre les caractères originaux des autres races. De même que, plus tard, le droit franc chercha à s'infiltrer dans la législation de tous les autres Germains et à les absorber de telle façon qu'il ne resta en général plus que la grande opposition entre la conception juridique franque et celle de Rome, de même on le vit alors s'attaquer pour la première fois à l'originalité nationale des tribus Angles et Warines, au moins en matière de droit[1]. La lex Angliorum et Werinorum, que la plupart attribuent, mais à tort, aux Thuringiens du centre de l'Allemagne, contient du droit franc-salien avec quelques bribes d'un ancien droit propre aux Angles et aux Warins[2].

A côté des Saliens, s'étendirent, venant du Nord-Ouest par le coude du Rhin, d'autres peuplades franques, croisées à maintes reprises d'un courant d'immigration qui venait du bassin moyen du Rhin à l'Est. C'étaient les tribus des Chamaves et des Chattuaires, celles des Ripuaires et des Chattes, dont les destinées se jouent entre la Meuse et le Rhin, le deuxième théâtre des évolutions ethniques de la race franque.

Déjà de bonne heure, bien avant toutes les autres tribus franques, on peut dire déjà au IIe siècle, les Chattes s'étaient agités dans la partie de l'Allemagne qui est aujourd'hui la Hesse et le Nassau ; même avant l'époque de César, des parties

1. Cf. Sohm, *Fränkisches Recht und römisches Recht*, dans la *Zeitschrift der Savignystiftung* (partie germanique), I, 1-84. Ce mémoire a été tiré à part.

2. Les preuves de cette façon de voir sont dans *Zeitschrift des Aachener Geschver.*, 4, 224 f. Du reste nous faisons la remarque expresse que l'hypothèse de l'origine de la *Lex* n'a aucune influence sur l'emploi que nous faisons de celle-ci dans la suite ; si on ne peut pas s'entendre sur son pays d'origine, l'accord est cependant général en ce qui concerne le caractère particulièrement franc de son contenu. Voy. Schröder, *Lehrbuch der deutschen Rechtsgeschichte*, p. 238, et Brunner, *Deutsche Rechtsgeschichte*, I, 349-352.

importantes de leurs tribus s'étaient déjà détachées et dirigées vers les Pays-Bas, pour se fondre, sous les noms de Bataves et de Canninefates, parmi les Francs Saliens. Mais la plus grande partie de la tribu des Chattes, qui était restée en arrière, dirigeait sans cesse ses efforts vers le Sud-Ouest et l'Ouest, et depuis le troisième siècle, elle depêchait avec succès l'une après l'autre des bandes audacieuses dans les vallées de la Nahe et de la Moselle.

Il se forma des colonies; enfin une couche de population Chatte qui couvrit surtout la vallée de la Nahe jusqu'à la Sarre, même le pays jusqu'à Metz et Luxembourg, mais se fit moins sentir sur la Moselle. Cette grande extension et cette force d'expansion toute particulière furent funestes aux Francs de la Hesse, qui se trouvèrent trop clair-semés sur une terre étrangère pour parvenir à une parfaite unité nationale. Ils n'ont fondé aucun empire, ils n'ont tracé aucune limitation politique ou religieuse, ils n'ont créé aucun type particulier de tribu, aucun dialecte qui les rappellent à la postérité, ils n'out laissé aucun droit qui nous éclaire sur leur état de culture dans le plus lointain passé.

Chattes et Francs Saliens ne purent guère entrer dans des rapports directs et féconds, car entre eux se dressait la forêt montagneuse des Ardennes; la *vasta Ardinna* qui s'appelle encore ainsi à l'époque carolingienne, désert peu cultivé, peuplé çà et là d'habitants de langue celtique. Cette forêt des Ardennes et la nouvelle patrie des Francs supérieurs fermaient vers le Nord un pays arqué contre lequel s'avancèrent particulièrement les Ripuaires et les Chamaves venant du Nord et, en partie, de l'Est.

Les peuples dont se formait la tribu des Ripuaires, par le groupement autour du solide noyau des Amsivariens, étaient fixés à l'origine sur les bords de la Ruhr et de la Lippe, leur instinct d'expansion et de conquête les porta en conséquence directement vers l'Ouest. Il en était de même pour les Chattuaires qui habitaient au Nord-Ouest de ceux-ci, à peu près en face de Xante.

Ces deux peuples passèrent le Rhin d'abord ; les Chattuaires prirent possession du pays situé entre Clèves et la Gueldre, qui fut plus tard le Hatteragau ; les Ripuaires, au contraire, s'avancèrent sur Cologne. C'est ici seulement que la civilisation romaine leur indiqua avec sûreté la direction du Sud-Ouest; la voie romaine de Cologne à Trèves fut leur guide et ils atteignirent ainsi les coteaux riches et fertiles du Nord de l'Eifel, de Bonn à Zulpich, et même quelques milles plus loin dans la direction de l'Ouest. Ces contrées devinrent particulièrement la nouvelle patrie de cette tribu : les villages, d'un caractère ripuaire nettement indiqué, s'y pressent les uns à côté des autres. Mais ces peuplades dirigèrent encore plus loin leurs pas vers le Sud, le long des voies romaines; l'Eifel se couvrit de villages francs, et les Ripuaires ont dû prendre part aux occupations répétées de la ville de Trèves, vers le commencement du ve siècle. Les Francs Ripuaires s'étaient ouvert là un vaste domaine, mais, pour cette raison même, ils eurent un sort semblable à celui des Francs de la Hesse. Leur nouvelle patrie n'était pas aussi étendue que celle des émigrants Chattes, et ils n'étaient en contact, du côté du Sud, avec aucune population gallo-romaine, mais seulement avec ces Chattes, c'est-à-dire des Germains; de plus, le pays des Ripuaires n'était pas pénétré par la culture romaine comme ceux de la Sarre et de la Moselle. Voilà qui explique pourquoi les Ripuaires se conservèrent en tant que race et dans leur caractère germanique, non d'ailleurs sans une lutte puissante avec les éléments romains qui existaient au fond de la culture et de la population indigène, et dont les traces se retrouvent encore visiblement dans la *Lex Ripuaria.*

Par suite de la route qu'avaient prise les Chattuaires et les Ripuaires, les Chamaves du pays autour de l'Yssel se virent écartés de la direction naturelle de leur émigration vers le Sud, ils se répandirent donc disseminés dans les contrées à l'Ouest de la Meuse et s'enfoncèrent profondément dans le pays des Angles et Warins. Il ne leur resta que les pays situés tout à fait au Nord sur les rives de la Meuse, et le gros de leur race s'amassa dans le *gau* de la Meuse et peut-être dans le Mühlgau, s'étendant par une courte bande de terre jusqu'au delà de Maestricht vers le Sud convoité. Du reste, il ne leur resta plus de place pour s'établir que vers l'Ouest et le Nord, sur les deux rives du Zuidersée; là était l'avenir pour eux, il résidait dans la lutte avec les Frisons et les Saxons, et non avec Rome. Leur code, sans aucune trace romaine, mais enrichi par la réception de coutumes particulières aux Frisons, montre combien a dû être profonde la pénétration mutuelle des tribus chamaves et frisonnes à leurs frontières.

Si l'on envisage les chances d'avenir des quatre groupes de tribus franques, qui résultent de leurs destinées, pendant leur migration et l'établissement, telles que nous venons de les raconter, on remarquera des différences profondes. Les Francs Chattes dispersés, ébranlés dans le développement de leur propre culture par la civilisation triomphante des vaincus; les Ripuaires dans la demi-infortune des Chattes combattant, d'un côté, pour le salut de leur propre nationalité, avec ceux qu'ils ont soumis; de l'autre, pour leur indépendance extérieure, contre les hordes alamanes arrivant du côté du Sud;

les Chamaves repoussés vers le Nord et rejetés dans la voie d'un développement stérile. En face de ces trois groupes se dressent les Saliens, enracinés profondément dans leur nouvelle patrie, puissamment représentés par l'unité déjà ancienne d'un pouvoir royal, n'ayant subi aucune altération dans leur culture ethnique, placés par l'initiative de leurs rois dans une heureuse opposition contre les attractions pernicieuses de Rome. Ajoutez à cela une position stratégique excellente pour la défensive et l'offensive résultant des protections qu'offraient aussi bien la mer derrière eux que les marais des embouchures de l'Escaut, et enfin les marais impénétrables et les forêts de l'Est. Cet état de choses explique un développement nécessairement favorable aux Saliens. Les Ripuaires arrivent sous la domination des Mérovingiens, comme les Chamaves et les Chattes; après quelques générations, toutes ces tribus franques ont un seul maître, obéissent à un seul souverain, ont le sentiment de l'unité de leur race sous la conduite des Francs Saliens. C'est ce qu'expriment la loi des Ripuaires et la loi des Chamaves : la première se rattache avec indépendance à la loi salique; la seconde se donne positivement comme une rédaction particulière (dans le sens local) de cette loi. C'est ce qu'exprime encore avec plus de simplicité et de profondeur l'adoption d'un droit salien par les Francs supérieurs [1].

La prépondérance politique des Saliens avait créé pour les Francs, malgré quelques diversités, un territoire unique du droit; le résultat final, c'est-à-dire un droit matériel essentiellement unique, se produisit au plus tard au VIIIe siècle. C'est là un fait d'autant plus remarquable qu'il faut attribuer au droit une influence plus grande aux degrés infé-

1. Cf. Schröder, *Forschungen zur deutschen Geschichte*, 19, 139-144.

rieurs de civilisation. A de pareilles époques les conditions d'existence sont encore simples et presque égales pour tous; aussi presque toute la vie matérielle, l'ensemble des rapports économiques et politiques se laisse-t-il facilement et presque sans exception comprendre dans la règlementation formelle et les divisions du droit. La culture de cette époque se montre d'autant plus universellement dans le droit que l'art et la poésie sont encore peu développés et que les conceptions religieuses tendent d'une manière dominante à une conception uniforme du monde extérieur dont le reflet doit nécessairement gagner en importance dans la symbolique juridique. A des degrés inférieurs de civilisation, l'identité du droit implique une identité d'état social dans une mesure très large. Aussi est-il possible de dessiner dans ce cas, à l'aide des seules données juridiques, une image assez complète de cette civilisation. Si l'on admet ce point de vue, on pourra, à cause de la victoire rapide remportée par les principes juridiques de la loi salique sur les lois particulières des races franques, admettre dès l'abord comme vraisemblable l'uniformité essentielle de la civilisation chez les races franques et essayer de décrire l'état matériel des Francs dans ses grandes lignes, d'après les seules indications juridiques [1].

Tous les droits francs supposent un état où la population s'occupe principalement d'agriculture, ils offrent un système juridique où les produits de la terre dominent. Le village est, par ce fait, le terrain propre, la scène classique de l'activité

1. On ne s'est servi ici essentiellement que des lois germaniques (LL. Sal., Rib., Cham., Angl. et Werin.). Les formules juridiques ne peuvent nous être que d'un faible secours et qu'à de rares intervalles, parce qu'elles n'ont qu'exceptionnellement un rapport direct avec le domaine ethnique des Francs qui nous préoccupe ici; les déductions tirées de l'analogie obscurcissaient la recherche déjà difficile en elle-même, plutôt que de l'éclairer et d'en hâter la marche.

économique; à son institution et à l'organisation de l'agriculture se rattache tout le développement social. Cependant on ne doit pas se représenter un village de l'époque franque comme répondant aux idées qui nous sont familières, surtout il ne doit pas être considéré, contrairement à une conception encore courante, comme étant en opposition tranchée avec la culture de contrées entières dans le système de fermes isolées. L'expression villa dans la loi salique signifie un établissement d'une ou de plusieurs fermes; elle est aussi bien applicable au système de fermes (Hofsystem) qu'à celui de villages (Dorfsystem)[1]. Si l'on doit cependant tirer une conclusion de sources antérieures, sur la distribution de la ferme et du village à l'époque des établissements et des migrations franques, on peut reconnaître, du moins pour le pays du Rhin, la prépondérance du système des fermes, conformément à l'état actuel, dans les contrées du bas Rhin et autour d'Aix-la-Chapelle, et dans les autres parties, celle du système de villages[2].

1. Waitz, *Altes Recht der salischen Franken*, p. 124. Von Inama-Sternegg, *Deutsche Wirtschaftsgeschichte*, I, 207, 397. R. Schröder dans la *Zeitschrift der Savignystiftung*, 2, 49 v., qui exagère ses doutes sur l'existence des fermes, en tant qu'établissements, à côté de ceux des villages. Dans la *L. Sal.* (nous citons toujours d'après Hessels-Kern, *Lex Salica*, London, 1880) 39, 4 d'après Cod. 2, *villa* est à identifier avec *village*. Au contraire, ferme (alah) signifie demeure. Sal., 42, 6; Rib., 60. Le passage Sal., 14, § 6, reste douteux. Cependant la glose malbergique *thurphaldeö* = *thurp-farthio*, Kern, *Gloses*, § 89, = *Dorfanfall*, conduit à la signification du Dorf, hollandais *dorp*, anc. frison *thorp*. Pour désigner la ferme apparait souvent *curtis* à côté de *villa*. Cf. spécialement Sal. 34, 4, Cham. 19-20.

2. Sur cette question, Lamprecht dans la *Zeitschrift des bergischen Geschichtsvereins*, 16, 192-200 : les plus anciennes informations sur le système des fermes et des villages, spécialement dans la région du Bas-Rhin, et Schröder, *loc. cit.*, 51, note 1. Notre manière de voir sur cette question est maintenant admise généralement. Cf. Brunner, *Deutsche Rechtsgeschichte*, I, 61. Cependant il serait d'un haut intérêt de démontrer que le système des fermes est répandu en France *partout* où il n'y a pas des colonisations ou tout au moins d'installations germaniques.

La ferme ou le village était entouré d'une palissade ou au moins d'une clôture en fortes planches percées de quelques entrées munies de portes[1]. Des chiens laissés libres la nuit en gardaient l'enceinte. Ce n'est que dans sa ferme que le Franc était tout à fait chez lui, dans son home, au siège de sa race, sous la protection d'une paix particulière dont la violation était punie aussi sévèrement que la violation de la protection royale[2].

La ferme elle-même était un établissement assez étendu : dans sa clôture elle renfermait un grand nombre de petites constructions nécessitées par l'économie rurale et par l'élevage du bétail. Les Francs ne connaissaient pas ces grandes maisons rurales, qui comprennent tout à leur intérieur et donnent aujourd'hui un aspect si caractéristique, surtout aux contrées du bas Rhin. On ne saurait demander à ces époques la concentration de l'exploitation sur un même point comme elle existe aujourd'hui; la grande distance sociale entre le seigneur et les non libres, plus encore le peu de développement de l'art de construire, s'y opposaient[3]. La construction la plus importante, placée au milieu des petites maisons de la ferme était la Halla ou Sala, la maison d'habitation[4]. Le bois avait

1. Sal. 14, 5, 6.

2. Thur. 10, 7 : « qui alterum inter septa. » Comme habitation, la ferme est appelée *domus, possessio*. Cf. Rib. 45 (*Heim* en langue franque), Sal. 42, 1, surtout Cod. 10, malb. *chame stalia* (Kern, § 216). *Mansio* apparait pour la 1re fois (Sal. 89, *Extrav.*) dans la signification de ferme opposée à toute autre propriété foncière. Cf. Sal. 89, 2 *Extrav.* : « mansionem aut sortem, » où *aut* doit être pris dans le sens de *et*.

3. Sur le développement ultérieur en Allemagne de la maison de paysan, cf. Meitzen, *Das Deutsche Haus in seinen volkstümlichen Formen* (tiré à part des *Verhandlungen des deutschen Geographentages*. Berlin, 1882) et R. Henning, *Das Deutsche Haus* (*Quellen und Forschungen zur Sprach-und Kulturgeschichte*, Heft 47).

4. Lat. *casa*. Cf. Sal. 34, 4, Cham. 19 et 29, aussi Sal. 16, Rib. 33, 4, Sal. 16, 1. Les mots allemands *Halla* (d'après le malbergique *al fathio* du Cod. 1, cf. Kern, *Gl.* § 95) et *Sala* (d'après malb. *selane effefa* du Codex 2, cf. Kern, *Gl.* § 96).

presque exclusivement servi à sa construction. Une forte secousse suffisait à en effondrer les supports, même lorsqu'ils étaient étayés, et celui qui jetait avec violence une pierre sur le toit pouvait la faire pénétrer à l'intérieur, et porter des ravages dans la maison [1].

A cette construction modeste correspondait l'intérieur. Le droit populaire franc ne connaissait que la couche avec sa literie, des bancs sur lesquels étaient placés des coussins (ce sont les sièges du Moyen-Age) et des chaises [2]. Cette halla ne comprenait que l'habitation de la famille, mais non la salle réservée au travail des femmes, qui, outre les soins journaliers du ménage, avaient à filer et à tisser. La scréona servait à ce but. C'était une salle à demi souterraine; en hiver on était ainsi préservé du froid; elle rendait aussi le même service que les chambres à cheminée réservées aux femmes dans les époques ultérieures. Faisait-on venir des femmes non libres au tissage, elles travaillaient également dans une *scréona*, désignée aussi sous le nom de *genicium* [3].

Les édifices servant à l'économie rurale étaient encore moins bien construits que la halle et l'atelier des femmes. Les greniers pour mettre les fruits de la moisson paraissent avoir été pourvus seulement d'un toit qui reposait sur quatre poteaux sans aucun mur. Le grenier à foin manquait même de cet abri si simple [4]. A côté de ceux-ci, la ferme

1. Sal. 27, 32 dans Codd. 5, 6, 10, Emend; Sal. 107, *Extrav*. Ses appuis s'appellent *Eber*, Sal. 107. *Extrav*. « Si pro firmamentum ebruis habuisse probatum.... 45 sol. cup. jud. » V. Kern, *Gl.*, § 203.

2. Sal. 72. *Extrav*.

3. Sal. 13, 1 : « Ingenua puella de casa aut de escreuna, » la dernière avec ou sans fermeture : Sal. 27, 11, 22. Sal. 76, 10-11. *Extrav*. *celeraria* et *genicium* sont nommés comme étant sous la surveillance d'*ancillae*.

4. Sal. 16, 3, parle de « spicarium aut machalus cum annona. » *Machalus* est,

avait dans son rayon les étables pour les bestiaux. Il est à remarquer ici que les chevaux et les bœufs n'ont guère eu d'étables particulières, et qu'il n'y avait sans doute pour les moutons qu'une simple cloison; pour les porcs, des bauges avec clôture[1].

A cette pauvreté de constructions correspondait celle des ustensiles agricoles. A l'origine, il n'y a que la charrue et la herse, le char à deux roues, très rarement la charrette à quatre roues destinée aux charrois[2]. Cette pauvreté en ustensiles s'explique par la rareté et partant la cherté du fer ; quand il est question des outils où des parties en fer sont indispensables, on en voit aussitôt le vol puni de peines pécuniaires extrêmement élevées : le vol d'un couteau, 15 sols ; la partie en fer d'un moulin, 45 sols[3]. Les peuplades allemandes qui s'établirent à Trèves ont arraché, avec une force surhumaine, les énormes crampons de fer de la *Porta Nigra* jusqu'au deuxième étage ; a cette époque, cela en valait la peine. Une autre cause de cherté des ustensiles en fer résultait de la haute valeur qu'on attachait au travail qualifié et surtout

d'après *Glos. Pith.*, *horreum sine tecto. Foenile* apparaît tout d'abord dans Codd. 3, 6. — Emend.

1. L'étable pour tout le gros bétail est appelé *scuria*, fr. écurie, encore maintenant en Gueldre *skure*. Pour la *scuria cum animalibus* apparaît dans les gloses malb. aussi *sundela*, apparenté avec le mot allemand *Scheune*. V. Kern, *Gl.* § 103. Sal. 16, « sutis cum porcis » est expliqué par les *Gl.* Estens. : « id est area porcorum. » Pour les brebis, on trouve, dans le Brév. Grimani, seulement un toit comme protection. Cf. Représentation du mois de février. (Photog. de Ant. Perrini, Venise.)

2. Sal. 27, 8, 9, énumère les moyens de transport : *caballus*, *carrus*, le char à deux roues, encore employé de préférence dans les pays rhénans, et *dorsum* de l'homme. Pour *carruga*, cf. Sal. 34, 2 ; Cod. 3, et Rib. 44. Pour la charrue et la herse (erpex), cf. Sal. 27, 24 et 34, 2.

3. Sal. 7, 13 des Codd. 5, 6. — Emend. Sal. 22, 2 également d'après les Codd. 5, 6 suiv.

aux métiers industriels, du ve jusqu'au viiie siècle. Toutes les lois des tribus franques, lorsqu'elles se rapportent à ce sujet, établissent un wergeld plus élevé pour les orfèvres, les menuisiers, les forgerons non libres, ou bien même pour les tisseuses, tisserands et les joueurs de harpe ; ce qui ne s'explique que par la faible diffusion de connaissances techniques. C'est au même fait qu'il faut rapporter la mention spéciale d'un crime, qui figure dans les lois populaires ; il arrivait qu'on posait un défunt dans un cercueil qui avait déjà servi à un mort, évidemment parce qu'il était difficile de s'en procurer un autre [1]. Si l'on veut tirer de ces particularités une conclusion générale sur la nature des ustensiles agricoles à l'époque franque, on a le droit de conjecturer une pénurie presque complète du fer. A cette conjecture correspond ce fait, qu'à l'époque des tribus, l'élevage du bétail occupe encore une place très importante à côté de la culture de la terre [2]. Presque pas de décisions relatives à l'agriculture ; en revanche, les droits populaires contiennent les indications les plus précises sur cet élevage, qui montrent quelle importance les Francs attachaient à celui-ci et avec quel soin diligent ils cherchaient à accroître leurs troupeaux. Il se trouve certainement encore très peu d'élevage plus fin, notamment le petit bétail paraît très peu nombreux. L'oie déjà mentionnée par Pline paraît seule exister à cette époque, et ce n'est que plus tard qu'apparaissent les galli-

1. Sal. 17, 2. Codd. 7-10. Emend. D'après Berndt, *Le tombeau de Charlemagne* (dans la *Zeitschrift des Aachener Geschichtsvereins*, 3, 97-118), Charlemagne aurait été enseveli dans le beau sarcophage de marbre antique de l'église d'Aix-la-Chapelle, sur lequel était sculpté le rapt de Proserpine.

2. La loi salique connaît la vindication mobiliaire seulement pour les bestiaux et les esclaves, qui formaient la principale richesse mobilière de cette époque. Cf. Sohm, *Procédure de la loi Salique* (traduction Thévenin), *Bibl. de l'Ecole des H. Etudes*, chap. II, p. 36.

nacés, le canard dont la garde était faite par une grue ou une cigogne apprivoisée[1].

Il faut mentionner en outre, comme un élément de l'économie domestique proprement dite, les abeilles; leurs ruches étaient posées ou dans le toit de la halle ou dans des lieux particuliers[2]. Enfin, dans la halle même se trouvaient encore des chiens de diverses races, qui étaient différemment employés. A côté du chien de la maison, auquel on apprenait toutes sortes de tours d'adresse qui lui valaient l'épithète de *canis seusius magister*, il y avait aussi le chien de ferme qui, attaché pendant le jour, était mis en liberté la nuit; puis venait le chien de berger, le chien de chasse pour le lièvre et le sanglier. Pour la chasse, il y avait encore les faucons apprivoisés, les hobereaux, les faucons à perchoirs et, le meilleur de tous, le faucon domestique; en outre, plus tard, l'épervier[3].

A côté de ces animaux domestiques, dont la plus grande partie ne servaient d'ailleurs qu'à la chasse, l'élevage du bétail était au premier plan dans la ferme. Ce sont les porcs, les brebis et les chèvres, puis les bœufs et les chevaux. Leur rôle dans l'exploitation est de pourvoir la maison de matières premières pour les besoins les plus simples de la nourriture et l'habillement. Au centre de l'économie rurale se trouve le porc, du reste, l'animal appartenant à la plus ancienne culture, tant de l'Allemagne que de l'Europe centrale. Les lois germa-

1. *Ansare* (oie) déjà dans tous les manuscrits de Sal. 17, 1. Dans Sal. 17, 4, Codd. 5, 6 suiv., on a : *gallus, gallina, aneda, grus domesticus, cicenus domesticus*. Il faut traduire *cygnus* par cigogne. Le pigeon apparaît seulement sauvage et est pris aux filets ou aux pièges. Cf. Sal. 7, 9.

2. Sal. 8 : « in casa » ou « foris casa (tecto). »

3. Sal. 6. Le chien de chasse apparaît tout d'abord Codd. 5, 6 suiv. *canis acutarius*, dans Emend. 62 il est nommé *veltris porcarius* et *leporarius*. Quant aux faucons et aux éperviers, cf. Sal. 7, 1-3, 4.

niques sont interminables en énumérations de ses espèces et de ses améliorations ; on peut voir dans leur classification des traces d'un élevage très développé. Dans la loi salique, par exemple, il y a des gorets de trois portées d'été différentes qui sont conservés dans des toits à cochons particuliers. On mentionne encore un choix de cochons dans des toits à porcs fermés, et enfin des verrats. La loi salique indique des porcs d'un hiver, d'un an, de deux ans, en outre même des verrats d'un an. On voit à leur suite apparaître les truies : parmi les truies pleines il y a deux espèces, l'une meilleure, l'autre inférieure. Elles se distinguent aussi en truies qui portent et en truies qui guident les troupeaux. Les verrats terminent enfin la série. Pour la plupart de ces espèces, le dialecte franco-salien a une expression particulière pour leur âge, pour leur élevage, leur utilité, en un mot une vraie terminologie qui est propre à nous donner, plus que tout le reste, une idée de l'importance de ce bétail dans la vie économique des Francs[1].

Une semblable terminologie, mais d'une moindre étendue, est employée aussi pour le petit bétail ainsi que pour les bœufs et les chevaux. En opposition remarquable avec ces données qui font supposer une exploitation en grand, se trouvent les indications des coutumes sur le chiffre moyen des têtes dans un troupeau. Chez les Ripuaires[2], on comptait comme troupeau normal 12 juments et l'étalon, 12 vaches et 1 taureau, 6 truies et 1 verrat. Si cette fixation a été faite ici en

1. Sal. 2, traite des vols de porcs et donne à cette occasion la liste que nous reproduisons. Nous avons pris *majalis votivus* (*sacrivus*) et *majalis non votivus* dans le sens des gloses malberg. Cf. là dessus Kern., sous le titre 2, comparé avec Sal. 3, 6. Codd. 5, 6.

2. Rib. 18. Cf. Thur., 7, 2.

tenant compte de la fécondité naturelle des espèces animales, la modicité des chiffres a lieu de surprendre dans les indications de la loi salique où ce principe n'est plus considéré. Le droit salique compte, pour chaque propriétaire, le troupeau de chevaux de 7 à 12 têtes, celui de bœufs de 12 à 25, de porcs de 6, 25, 50 et au dessus; de moutons de 40 à 50 et plus tard de 50 à 60 et au dessus[1]. Ces indications ne peuvent être conformes à la réalité qu'en admettant des exploitations dirigées d'une manière essentiellement uniforme; elles excluent les domaines immenses, s'appliquent à l'existence régulière de propriétés assez étendues et n'admettent à côté que des petites propriétés. C'est seulement par ces déductions que s'explique complètement la désignation minutieuse du bétail; il en ressort une classe moyenne relativement aisée de propriétaires ruraux qui, s'attachant étroitement à la nature et maintenant fidèlement l'exploitation traditionnelle basée principalement sur l'élevage du bétail, se sent disposée à perfectionner ses produits; elle a laissé derrière elle le grossier début d'un élevage nomade; aidée par l'agriculture toujours en progrès, la voilà capable de faire avancer avec plus de souplesse et de zèle l'antique élevage du bétail en lui donnant l'étendue que nécessite l'agriculture.

Ces chiffres des divers troupeaux présentent surtout un intérêt par leur comparaison, ils montrent la prépondérance de l'élevage des porcs : dans les pays francs, il devait y avoir au moins autant de grands troupeaux de porcs que de troupeaux de moutons. Ils nous indiquent aussi l'élevage intensif des chevaux, en vue duquel il y avait même des étalons

1. Sal. 38, 3, 2, 4.

royaux[1]; ils nous montrent aussi, par le nombre relativement faible des bœufs, que les pâturages étaient probablement mauvais et que les prairies étaient très rares[2]. D'après ces hypothèses, on peut conclure que, malgré l'insistance des lois germaniques sur le bétail, cet élevage n'était plus le foyer de la vie économique et qu'il était déjà dans des points essentiels dépendant de la culture des champs et de l'exploitation des prairies et des pâturages. C'est pourquoi l'agriculture de l'époque franque forme déjà un pendant nécessaire à l'élevage et le complète; et on peut voir, en comparant l'économie des temps de Tacite et surtout du temps de César, qu'elle a conquis un nouveau degré dans son développement[3].

Le village, comme centre de l'activité économique franque, était une partie de la *Mark*, c'est-à-dire d'un ensemble de terres plus considérable et s'étendant souvent sur plusieurs

1. *Waranio regis* (Sal. 38, 5, depuis les Codd. 5, 6 suiv.) est nommé à côté du *Waranio* des *homines Franci* (Sal. 38, 2) et de l'*admissarius*, le gardien et le conducteur à titre permanent d'un troupeau (Sal. 38, 6). Sur le développement de l'élevage du cheval dans le haut Moyen-Age, cf. les remarques de Schmoller dans son travail sur l'histoire de la consommation de la viande en Allemagne, au point de vue historique (*Tübinger Zeitschrift für die gesamte Staatswissenschaft*, t. 21 (1871).

2. Pour le vol du foin, l'amende est de 45 s. pour le contenu d'un *carrus*, autant que pour le vol des raisins (Cf. Sal. 27, 10). — Pour l'élevage des bœufs, il y avait des taureaux royaux, correspondant aux *waraniones regis*, cf. Sal. 3, 5, des Codd. 5, 6. — Emend. où malgré Kern, *Gl.* § 39, on doit lire *taurus regius*. A côté d'eux apparaissent encore le *trespillius*, le taureau de trois villages; *spille* désigne encore maintenant le taureau du village dans la Veluwe et au Drente, d'après Kern § 40. Cf. v. Inama, *Wirtschaftsg.* I, 43, et le *taurus cum grege*, Sal. 3, 5, 6.

3. Tacite, *German.*, 5, « (armenta) solæ et gratissimæ opes. » Le mot allemand *Erbe* (héritage) signifie en sens primitif troupeau, v. Grimm R. A.[3], 467. Nous renonçons à intervenir dans la polémique ranimée par les vues d'Inama au sujet du degré de culture économique à l'époque primitive. Il suffira de recourir à notre texte pour voir la position que nous prenons.

lieues, qui était la propriété collective des habitants et comprenait tous les trésors donnés par la nature à l'homme sous forme de champs, de prairies et de bois. Le domaine de la Mark qui environnait le village appartenait spécialement à ce village; sur la division de ce domaine particulier, les lois germaniques ne donnent aucune indication suffisante ; cependant on ne se trompera pas si l'on cherche dans l'espace le plus proche la terre arable, plus loin les pâturages, qui aboutissaient ensuite insensiblement à l'ensemble des grandes forêts de la Mark[1]. Quant à ce qui concerne le travail agricole du village, on peut seulement tirer quelques conclusions de faits mentionnés en passant. Ils semblent indiquer l'existence d'une exploitation agricole dans laquelle la culture des céréales, avec jachères fréquentes de quelques champs, est pratiquée d'après une rotation plus ou moins régulière. Il est caractéristique à ce point de vue que le pays cultivé soit appelé *Messis* d'une manière absolue, ce qui ne peut se rapporter qu'à une récolte de céréales, et exclut les autres sortes de culture : ces dernières, qu'il s'agisse de navets, de fèves, de pois, lentilles, vignes, arbres fruitiers, se distinguent précisément de toute agriculture primitive comme autant d'exploitations particulières[2].

1. Cette vue suppose déjà la connaissance du siège naturel de l'activité économique rurale; elle est en outre confirmée par la formation postérieure des champs du village (Dorfflur). Le mot *marca* n'apparaît sûrement qu'une fois dans les lois franques. (Rib. 75.) Vraisemblablement on l'a aussi dans l'Edit de Chilpéric, p. 8, voy. Sohm, *Prozess der lex Salica*, p. 63.

2. Pour *messis* dans l'acception de « terres à céréales », cf. Sal. 9, 8. Codd. 2, suiv., où est cité *messis pratum vinea vel quilibet labor*. Cf. aussi Sal. 88, *Extrav.*, Rib., 82. Il est aussi question de *messes* dans le sens de terres cultivées, rapportant n'importe quelle espèce de grains. Cf. Sal. 27, 14. A côté de cela, *messis* signifie généralement moisson : Sal. 34, 2, 3. Une autre explication est donnée par Schröder dans les *Forschungen zur Deutschen Gesch.*, 19, 145, note 9; cf.

On trouve en outre, déjà à l'époque franque, des défenses nettement accentuées relatives au passage sur un champ ensemencé et sans chemin, qui représentent cette destruction de la semence d'autrui comme un délit très ordinaire[1]. C'est ce qui arrive partout où règne la culture obligatoire; par exemple encore aujourd'hui dans la culture à trois soles de l'Eifel. Il y a aussi quelques traits extérieurs qui correspondent aux particularités connues de l'économie rurale des temps ultérieurs, tels que la construction périodique de haies pour protéger les champs contre la dévastation du bétail, et au lieu de ces haies, dans la contrée située entre la Meuse et l'Escaut, ces profonds fossés qu'on peut y voir encore de nos jours[2].

aussi *Zeitschrift der Savignystiftung*, 2, 53. Le champ s'appelle généralement *ager*, Sal. 27, 15. Codd. 5, 6 — Emend., champ inculte *campus*. Cf. Sal. 27, 23. C'est pourquoi prairie peut être appelée *campus*, ainsi Sal. 2, 2, 8, et dans ce sens, L. Visig., 10, 1, 13. — De préférence cette conception est réservée aux terres qui sont déjà délimitées en vue d'une culture particulière; comme plus tard on employa le *Beunde* (terre défrichée), cf. Sal. 27, 8. Les terres se distinguaient en légumes verts (*Grünfrucht*) ou en légumes à racines (*Hackfrucht*). Sal. 27, 7.

1. Sal. 34, 2, 3. Ces deux citations supposent l'intention, chez le contrevenant, d'atteindre de cette manière son propre champ, comme l'indique la herse qu'il prend avec lui. On tirera peut-être des conclusions plus complètes sur la manière de cultiver le champ, de Sal. 74. *Extrav.* D'après ce passage, les voisins, c'est-à-dire les habitants du village ou de la Marche « in quorum campo vel exitum » un mort est trouvé, sont tenus d'enlever le corps conformément aux règles juridiques. Le mot *exitus* qui est aussi remplacé par *vestibulum* s'explique par le *Platea* du Cod. 2. C'est le sentier qui conduit du champ à la route, la *Strada* du Cod. 2. (Cf. Waitz, *Verfassungsgeschichte*, 2, 1, 393. Maurer, *Einleitung*, p. 164, *Dorfverfassung*, I, 151, et Schröder, *Z. der Savignystiftung*, 2, 58 f.) Il en résulte donc qu'un nombre toujours plus grand de voisins, mais pas tous, cultivaient un certain espace de terrain (campus, en allemand *Gewanne*) avec un sentier particulier conduisant à la grande route; le nombre de ces espaces n'était donc pas égal au nombre des champs de l'exploitation rurale (en allemand *Fluren* ou *Felder*), mais bien au contraire plus élevé.

2. Thur. 17. Les Saxons le font aussi, L. Sax. 14, et encore aujourd'hui les Anglais en partie. Quant aux haies, cf. les principaux passages des lois : Sal. 9, 8, Codd. 2 suiv., 10, 2, 34; Rib., 70, 3.

En tous cas, le champ cultivé, avec ses légumes et ses céréales, sa prairie, ses vignes, était séparé par des clôtures de la portion consacrée au pâturage qui était utilisé pour toutes les espèces de bétail ; pour les chevaux qui, pourvus de grelots ou attachés ensemble, paissaient dans des enclos complètement fermés, ainsi que pour les bœufs, les porcs et les brebis. Les porcs, à l'exception des jeunes animaux, allaient de préférence dans la forêt pour la glandée[1]. Telle était, en dehors de la chasse et de la coupe des arbres, la seule exploitation de la forêt, qui s'étendait encore en grande abondance entre les terres arables de chaque village. La forêt était, comme la prairie, la propriété commune des habitants du village, même l'occupation des choses dans la forêt, telles que bois coupé et butin de chasse, n'était pas considérée comme donnant juridiquement une pleine propriété[2]. Ces droits de la communauté à la coupe s'exerçaient de telle manière que chacun désignait les arbres qu'il voulait, dans le délai d'un an, soit couper, soit brûler pour le défrichement du pays. L'année écoulée, les signes faits aux arbres n'étaient plus valables, et les arbres qui n'avaient pas été employés retournaient à la communauté. Primitivement il ne paraît guère avoir existé de forêts privées à l'intérieur de la *mark*, à côté de la forêt commune ; on considéra cependant dès l'abord les grandes solitudes boisées comme

1. Troupeaux de porcs dans la forêt, Sal. 85, *Extrav.*, *in campo* Sal. 2, 2, 8 ; *une grex equarum in parco* Rib. 18, pour les pâturages cf. Sal. 27, 4. Daprès Sal. 9 tous les troupeaux peuvent, si le berger ne fait pas attention, aller dans le *messis*, par conséquent ils sont conduits sur toutes les prairies avoisinant les champs.

2. Cf. Bargus=Parcus, Sal. 81, 3. *Extrav.* et la note précédente. Il s'agit de la forêt commune dans Sal. 27, 15, ss. Dans le passage de Sal. 27, 17 : « si quis ligna aliena in silva furaverit, » on ne sait si cela se rapporte à une forêt privée ou à une forêt commune, mais étrangère. La dernière alternative est plus vraisemblable parce que *silva* dans la loi Salique n'apparait qu'avec le sens de forêt commune.

propriété royale, et le roi en employait quelques-unes comme lieu de chasse particulier. Mais si la chasse était dans ces solitudes le seul droit de jouissance, elle était également un des droits les plus importants dans les forêts communales[1]. Elle était, avec la coupe du bois, la prise d'abeilles et la pêche dans les eaux de la Mark, une propriété commune. Sur elle reposait encore en grande partie l'existence économique de la communauté; aussi fut-elle soigneusement développée. A côté des chiens de chasse déjà mentionnés, des faucons, des éperviers, on doit citer des cerfs de chasse particuliers dont le rôle était sans doute d'attirer le gros gibier; si l'animal sauvage s'approchait, il était, comme le sanglier, chassé à courre et dépecé[2]. Mais, à côté de la noble chasse avec épieux, flèches et arcs, la pantenne était encore employée dans une large mesure. Pigeons sauvages et autres oiseaux étaient pris dans des filets ou lacets, des bêtes de la forêt, dans des lacets enchevêtrés et dans des piéges; on employait même un mécanisme qui lançait des flèches de lui-même et était sans doute particulièrement employé pour la destruction des loups[3]. Les ustensiles de pêche n'étaient pas moins variés. Les lois mentionnent des filets spéciaux pour prendre les anguilles, des filets

1. Rib. 76. Cf. Sal. 33. Rib. 42, 1.

2. Sal. 33, 4, 5. Codd. 5, 6 suiv. Il faut compter aussi parmi ces sortes de chasses, le *cletis*, la chasse à l'affût (Jagdhütte) nommée dans la loi Salique, 16, 7. Quant à la chasse au cerf cf. Sal. 33, 2, 3, où il est parlé d'un « cervus qui de venatione mansuetus est » et d'un autre « qui in venationem adhuc non fuit » et Sal. 80. *Extrav.*, relativement à la mort d'un *stadalis uaidaris cervus* (cerf d'appeau) et d'une *bos cervia* (vache destinée à attirer les cerfs).

3. Rib. 70, 2, *pedica* et *ballista*; pour la dernière cf. L. Burg. 46. Quant aux *trappæ* (pièges à oiseaux), cf. Sal. 7, 9, aussi Thur. 17, 2; « pedicæ cum feramen et sagittæ toxicatæ, » Sal. 81, 3. *Extrav.* La punition sévère qui constituait la privation de l'index s'explique par l'usage de ce doigt avec lequel on tirait.

immobiles, et encore deux sortes de filets dont il est difficile de déterminer la nature[1].

Ce développement des ustensiles de chasse et de pêche peut être qualifié de bien avancé, si l'on compare la pauvreté des moyens techniques; en tous cas, il forme un contraste très sensible avec l'organisation bien moins achevée du confort domestique et des instruments agricoles, et rappelle un temps où la chasse et la pêche étaient la base de la vie économique, à côté d'une culture très inférieure et d'un élevage plus étendu du bétail. Maintenant tout cela a changé; mais précisément dans la vie journalière se montre encore souvent cette période plus ancienne où la chasse et la pêche dominaient, en face de l'industrie agricole, et ce n'est qu'exceptionnellement qu'une culture plus soignée prépare aux développements ultérieurs. Il faut mentionner ici surtout les jardins et les vignes qui sont indiqués souvent dans le droit des Saliens et des Ripuaires. Sous le nom de jardin, dans la période franque, il faut comprendre une sorte de verger, dans lequel on ne plantait guère que des pommiers et des poiriers[2]. Le verger était la plupart du temps à proximité des fermes; souvent aussi il y avait des arbres fruitiers à l'intérieur de la ferme; la vigne, au contraire, était plantée régulièrement loin de la ferme, sur les parties défrichées de la prairie et de la forêt. C'est du moins ce qu'indiquent les

1. Sal. 27, 19, 20, et Kern Glos., § 145.

2. Mab. *ortopando orthobano*; cf. Kern. Gl., §§ 142, 143, arbre de jardin en opposition avec les arbres sauvages. Le jardin était naturellement entouré de haies, c'est ainsi qu'on lit (Emend. 8) pour *in horto* des manuscrits plus anciens: « *intra clausuram* » pour « de intus » ou « de latus curte extra clausuram ». En conséquence le jardin planté d'arbres fruitiers était près de la ferme, mais non au dedans. Quant à *pomarius*=*melarius* et *pirarius*, cf. Sal. 8, Codd. 5, 6, 5 suiv., 27, 8. Codd. 5, 6 suiv., et Emend. 29, 6.

sources ultérieures. La culture de la vigne, d'après son développement géographique, s'étend déjà au VIe siècle jusque dans le *gau* ripuaire de Bonn et l'Auelgau, et deux siècles plus tard, pénètre sur le territoire propre des Francs Saliens. Elle était cependant encore, du moins chez les Saliens, considérée comme un objet de luxe ; des vignerons non libres y étaient employés et recevaient, comme ouvriers d'une industrie qualifiée, une rétribution particulièrement élevée[1].

Cette situation particulière du vigneron n'est qu'un des nombreux exemples qui montrent combien le travail ordinaire et non qualifié avait un domaine étroit, il est presque identifié avec le travail ordinaire de la terre : travailler, acquérir, s'occuper à l'agriculture sont la même chose dans la vie comme dans la langue[2]. L'industrie est très peu développée, les professions rurales du sellier, du tisserand et peut-être du menuisier sont au premier plan de l'activité industrielle ; les ouvriers mêmes sont appelés artistes. A côté de ces métiers du village n'apparaît guère encore que le travail des métaux. L'orfèvre notamment a un prix très élevé dans l'estimation économique de l'époque franque, en partie parce que le travail de cette matière précieuse exigeait une très grande confiance et qu'aussi l'art de préparer les métaux, suivant les traditions romaines, devait jouir des avantages qu'ont de tout temps

1. Pour la propagation de la culture de la vigne, cf. Düntzer *Der Weinbau im rœmischen Gallien* (*Bonner Jahrb.*, 2, 9 f.) et Schröder, *Die Ausbreitung des Weinbaues in Gallien bis zum Anfange des 7 Jahrhunderts* (dans *Picks Monatsschrift für die Geschichte Westdeutschlands*, 6, 502 suiv. particulièrement pour ce qui nous concerne, p. 505-507). La l. Sal. (8, 3) connaît *vites*, mais seulement dans le ms. 10 et les Emend., cf. Sal. 42, 1, de même Sal. 9 connaît déjà *vinea*, mais seulement dans le ms. 2 et les Emend. Quant au *vinitor*, cf. Sal. 10, 6. Codd. 1 suiv. D'autres mss. ont (est-ce la vraie leçon ?) *venator*.

2. Sal. 45, 2.

trouvés des industries importées pour un temps ou d'un lieu à un autre[1].

Une place particulière dans la vie industrielle de l'époque franque et aussi dans la première période du Moyen-Age est donnée au moulin. Chaque Franc a dû être en général son propre boulanger et son maçon, son propre charron et son menuisier. Pour la mouture du blé, au contraire il lui fallait une sorte de machine dont l'établissement nécessitait des dépenses que la communauté seule pouvait assumer et dont la conservation devait être assurée par des règles légales. Les grands moulins de l'époque franque étaient des moulins à auges. Pour les mettre en mouvement, on construisait souvent une digue particulière par laquelle l'eau, refoulée du ruisseau, était amenée sur la roue au moyen d'une écluse. Cela occasionnait des atteintes aux droits communs des co-villageois sur les eaux ; puis la digue, l'écluse, enfin les parties en fer si coûteuses conduisaient à une installation à frais communs. Aussi le moulin était-il le plus souvent construit par la communauté elle-même, et où ce ne fut pas le cas, il devenait cependant un établissement à demi public. Son caractère banal fut fortement accentué par le fait que, dans la stagnation presque complète d'un commerce développé, chacun se voyait conduit à user d'une manière exclusive d'un moulin déterminé. Mais, pour cela, il fallait qu'en tous temps les abords du moulin fussent garantis; aussi le chemin qui y conduisait était-il placé sous la protection de lois particulières, et chaque vol qui s'y commettait était-

1. Nous avons parlé, p. 12, de la rareté du fer. Le fer était un métal rare, même pour la confection des armes, v. Sal. 17, 6, 7; on distingue dans ce passage les blessures *de fuste* et *de ferramento*. Ce n'était pas depuis longtemps qu'on avait abandonné les bâtons noueux comme armes. Cf. Lindenschmit, *Handbuch der deutschen Alterthumskunde*, I, 184 f. En ce qui concerne les métiers, cf. notre description des différentes classes de l'époque franque, ci-dessous.

il sévèrement puni[1]. Cette protection localement réglée du moulin, cette délimitation exclusive de son district est plus que tout le reste caractéristique pour montrer le peu de liberté économique de l'époque des Francs. Tout mouvement ne se produit encore que dans des limites très étroites et chaque membre de la communauté est en général sans force devant ces bornes économiques. On aurait tort d'admettre qu'après l'établissement définitif des Francs, il y eut encore un déplacement des différentes tribus ou individus; au contraire, chacun s'établit maintenant sur un sol une fois conquis, et ce n'est désormais que le service royal qui peut les entraîner hors des frontières de la patrie[2].

Un pareil enchaînement local des forces économiques excluait naturellement tout commerce un peu étendu, quoiqu'il n'eût encore à subir que peu des vexations fiscales ultérieures[3].

Les espèces de navires que les lois franques mentionnent excluent un commerce d'outre-mer[4]; la difficulté qu'a le

1. Sur les espèces de moulins, cf. Sal. 22. On appelle le moulin habituellement *molinum*; à côté de ce terme, on trouve à partir des manuscrits 5, 6, *farinarium*. Le ms. 10 parle le premier d'une *molina, farinaria aliena*. Cette phrase permet-elle de conclure à un moulin appartenant à la communauté ? D'après la nature même des choses, il n'y a là rien d'invraisemblable. C'est à cela que nous conduisent aussi les *sclusæ* avec le *warbis wurbis* (digue construite, cf. Kern. Gl., § 122), qui, d'après la loi Cham., 37, doivent être entretenues *opere dominico*. La protection publique est encore attestée par les amendes qui se rapportent aux moulins, et dont le chiffre atteint à 35 et 45 sol. Dans la loi salique, 31, 3, depuis Codd., 5, 6, nous avons l'indication. Tout récemment la question des moulins et des fours, surtout pendant la seconde moitié du Moyen-Age, a été traitée avec beaucoup de sagacité par M. P. Viollet, *La communauté des moulins et des fours au Moyen-Age, Revue historique*, 32, 86-99 et avant lui par M. Thévenin, *l. c.*, 31, 241 et suiv.

2. Sal., 1, 4, 5, oppose dominica ambasia et ratio sua infra pago.

3. Cham., 41. Si quis viam publicam clauserit, in fredo dom. sol. 4 componat.

4. Cf. Wackernagel *Kleine Schriften*, 1, 81. Sal., 21, « naves et asci ; » *ascus*, nord. askr, est rendu par la *Gl.* Estens., par *scavola* (petit bateau, barque). Cf. aussi R. Schröder (dans *Picks Monatsschrift*, 6, 475).

dialecte franc-salien pour exprimer des nombres élevés, le faible développement du système monétaire[1] indiquent aussi pour le commerce intérieur une connaissance très peu développée de la valeur relative des objets d'échange. Le droit salique ne suppose encore aucune certitude générale et solide sur la valeur des différents objets, ni un payement monétaire généralisé; aussi décide-t-il, dans chaque cas où il est question de payement, l'intervention et l'estimation d'hommes de confiance[2].

Les droits ripuaire et chamave paraissent avoir atteint un degré plus élevé : tous deux ont des tarifs qui, comparés l'un à l'autre, donnent les indications suivantes[3] : Vaches à cornes sans défaut : Rip., 40 deniers ; Chamave, 72. — Bœufs à cornes, sans défaut : Rip., 80 ; Chamave, 72. — Jument s.d. : Rip., 120 ; Chamave, 144. — Cheval s.d. : Rip., 240. —

1. La manière de compter des Francs est conservée dans les *Chunnas*, à la fin de la loi Salique (cf. Kern à ce titre). En ce qui concerne la monnaie de l'époque des lois germaniques, cf. Gaupp, *Altes Gesetz der Thüringer*, p. 294. D'après Sal., 44, 1, Cod. 1, les *solidi* et les *denarii* sont monnayés. Quant aux divisions, la loi Salique, Emend., 37, 4, mentionne « 40 din. qui fac. solidum unum et trianti uno, quod est tertia pars solidi ». Le *triens* ou *tremissis* est compté dans la loi des Ripuaires (27) pour 4 deniers. Cependant Sohm (*Zeitschrift für Rechtsgeschichte*, 6, 380 suiv.) a montré que les mots *i. e.* 4 *den.* avaient été ajoutés postérieurement; mais cf. la note.

2. *Pretium adpreciare*, cf. Sohm, *Prozess der Lex Salica*, p. 23, 5.

3. Rib., 36, 11. Cham., 25. Dans Cham., 25, on indique seulement la *wirdira* ; elle comporte, là où elle n'est pas indiquée en chiffres, un tiers du capital; où elle est nommée, le capital devrait être par cela trois fois plus élevé. De cette manière on peut avoir les sommes exposées plus haut dans L. Cham. Les Chamaves comptaient sûrement déjà les solidi à 12 deniers. A côté de cette division apparaissent des traces d'une manière de compter frisonnes. (Cf. Gaupp, *Lex Francorum Chamavorum*, p. 36.) Aussi pour Rib. 30, 6, 11, d'après Sohm, *op. cit.*, le *solidus* est de 12 deniers à la fin du VIIIe siècle. (Rib. 38, 12.) Mais cette indication est fausse puisque elle donnerait de grandes et constantes différences de prix pour des objets semblables dans les lois Ribuaires et Chamaves. Quand on emploie au contraire le solidus de 40 deniers pour la *l. Rip.*, on trouve des prix égaux.

Cheval hongre : Chamave, 252. — Etalon : Chamave, 252. — Faucon sauvage : Rip., 120. — Gruyer apprivoisé : Rip., 240. — Faucon apprivoisé : Rip., 480. — Bouclier et lance : Rip., 80. — Epée sans ceinturon : Rip., 120. — Chausses de maille en bon état : Rip., 240. — Heaume : Rip., 240. — Epée avec ceinturon : Rip., 280; Chamave, 252. — Cuirasse : Rip., 480. — Esclave : Chamave, 252. Mais ces estimations auxquelles le droit salique permet d'ajouter encore le prix de la journée du travail non qualifié, y compris la nourriture au taux d'un denier un tiers[1], ne donnent qu'un prix pour une série d'objets dont nous nous représentons aujourd'hui la valeur extrêmement variable avec la qualité. Il n'y a, paraît-il, que très peu d'objets qui exigent une échelle de prix spéciale, la plupart des marchandises de même espèce sont fongibles. Un développement même peu important de l'industrie locale est incompatible avec une telle estimation économique. On voit dans les tarifs, il est vrai, des armes dont la production exige une industrie plus perfectionnée : l'explication en est dans la persistance vivace des traditions romaines qui continuent à vivre. C'était l'importation temporaire d'une époque de culture antérieure qui produisait ici son effet. De là les prix élevés des épées, des casques, des chausses de maille, des cuirasses, si on le compare à celui des épieux et des boucliers faits par les Francs.

Il faut avouer, d'ailleurs, que ces traces d'une action étrangère sur la vie économique des peuples francs sont relative-

1. Sal., 35, 4, à partir des Codd. 5, 6, « si quis servum alienum batterit et ei super noctes XL opera sua tricaverit (malb. *claudinario*) sol. I et triante culp. jud. » Malb. lisez *Chandinaria* = Handnahrung, cf. Kern, *Gl.*, § 183. — Le travail manuel d'un esclave est ici certainement non qualifié, il est estimé au plus à 1 1/3 denier par jour, y compris la nourriture.

ment peu nombreuses, elles ne se font sentir que d'une manière accessoire sans avoir influé notablement sur la marche régulière du développement économique. Nous allons voir s'élever, au contraire, sur les bases de civilisation matérielle que nous venons de décrire, une organisationin des intérêts économiques entièrement originale et correspondant parfaitement à l'histoire intérieure de la race franque. Pour comprendre cette organisation, il est maintenant nécessaire de rechercher avec soin quels étaient les éléments naturels pour toute union et assemblage de forces individuelles au sein de la vie politique à l'époque des races franques.

CHAPITRE II

LES RAPPORTS RÉCIPROQUES DU DROIT ET DE L'ÉTAT ÉCONOMIQUE

Ce qui rend difficile les recherches sur la vie économique franque et celle de la période germanique antérieure, c'est qu'au temps de César et de Tacite, comme au temps de la loi salique, quelques puissances générales, difficiles à apprécier en elles-mêmes, se montrent fortement aux prises dans la vie populaire. Il y en a trois, notamment : le développement individuel et la personnalité juridique de l'individu, la puissance étendue de la *gens*, enfin les rapports locaux du voisinage devenant toujours plus puissants.

L'individu, la *gens* et le voisinage, ce dernier dans la signification juridique que lui donnent les coutumes populaires, sont les forces constitutives de l'organisation économique que nous révèle le développement du droit. Leur rapport réciproque réagit sur les conditions d'existence données par l'état général de civilisation et en fait jaillir l'économie nationale.

Dans les recherches sur les institutions et la civilisation des temps primitifs germaniques, la vie particulière de l'individu a été jusqu'ici très peu mise en lumière. Il serait pourtant nécessaire d'envisager une bonne fois, d'une manière tout à fait générale, le problème d'une histoire de la personnalité germanique.

C'est justement les temps les plus anciens qui nous montrent dans quelle mesure jusqu'alors les éléments éducateurs de la vie populaire, Etat et famille, ont travaillé à constituer l'individu. Du côté politique et juridique, celui-ci est complètement libre et sans lien : le but de l'Etat est étroitement limité, son rôle est plutôt négatif. Les droits de chaque individu sont au contraire importants et ils trouvent leur expression politique et juridique dans l'égalité à peu près complète des droits de chacun. L'État est vis à vis de l'individu une puissance encore jeune, avec des prétentions naissantes et toujours plus envahissantes; il n'est guère jusqu'ici devenu le maître de l'individu qu'autant qu'il faut pour assurer son existence (vengeance personnelle).

Au contraire, la *gens* est la puissance conservatrice et civilisatrice pour l'individu. Elle est aussi vieille que lui; sa puissance et son droit de protection vis à vis de chacun doivent avoir été jadis presque illimités, mais avec le développement de l'État disparaît le droit exclusif de la *gens* à l'exercice des pouvoirs publics; les institutions des tribus germaniques au temps de César et de Tacite ne montrent plus que des traces encore faibles et n'ayant guère qu'un intérêt historique de ces antiques fonctions de la *gens*, et au dessus d'elle s'élève déjà, comme une puissance supérieure, la civitas ou la centena. Cette transformation devait donner à l'individu une autre position vis à vis de la *gens*. Il y eut maintenant une autre puissance protectrice que la famille; à la consolidation progressive de cette nouvelle puissance répondit pour l'individu la libération croissante de l'influence de la *gens*. Il ne resta donc plus à celle-ci, pour la protection de l'individu, que le cercle d'action que l'État avait laissé hors de son domaine ou dont il avait besoin pour l'exercice de sa protection juridique.

Tandis que ce processus s'accomplissait, les tribus avaient occupé le sol à demeure. La terre s'était jointe aux personnes comme un second facteur d'une formation politique[1] plus solide. A côté du lien généalogique et naturel naît ainsi pour

1. Pour ce qui suit, cf. Waitz, *Verf. Gesch.*, 1^3, 55 f.

l'individu un autre lien, local celui-ci, et non moins naturel en soi, que l'établissement ait eu lieu d'après les principes généalogiques ou non. C'est l'État qui sert de médiateur entre ce deuxième facteur, la communauté et l'individu. La liberté des temps primitifs germaniques était aussi bien une conception juridique qu'économique : seul celui qui a son existence assurée économiquement est libre. Telle est la conception des Germains et l'explication de l'antipathie si connue de ce peuple pour les impôts. L'État était composé de citoyens libres et égaux; aussi a-t-il à répartir d'une manière égale les moyens d'existence entre les particuliers. La question de savoir de quelle nature étaient ces moyens d'existence, à l'époque de ces répartitions décrites par César[1], pour satisfaire les besoins alors existants, est assez étrangère à l'étude des rapports de l'individu, de la famille et de l'État; elle a, au contraire, une grande importance pour la formation des communautés. Il est évident qu'à chaque changement de système économique, la communauté, c'est-à-dire le droit de l'individu à une quantité égale dans la répartition des moyens naturels d'existence de la tribu, devait se constituer différemment. Or, lorsque le développement économique d'une nation a franchi l'époque pastorale, la condition juridique du sol devient un criterium pour tous les systèmes économiques futurs. Partant, le développement de la conception de la communauté germanique s'accomplira parallèlement au droit qui règle la condition du sol, et même elle sera absorbée par ce droit lorsque la propriété foncière de l'individu sera devenue un fait général et uniforme.

Par suite de cette dépendance directe des conditions écono-

1. Cf. notre étude sur la vie économique en Allemagne au temps de César et de Tacite dans la *Bergische Zeitschrift*, 16, 174.

miques, la communauté prend une position déterminée à côté de l'individu et de la *gens*. Aucune institution d'ordre économique de cette époque ne se rapporte d'une manière organique soit à l'individu soit à la *gens;* l'un et l'autre gardent tout d'abord une attitude assez naturellement indifférente vis à vis des créations qui se développent dans ce domaine. Un changement ne s'accomplit ici que longtemps après la délimitation des districts des tribus, lorsqu'apparaît la conception de la propriété foncière. La propriété de la terre, qu'elle fût conçue comme collective ou comme individuelle, exigea alors un ordre de succession en rapport intime avec le développement de l'économie agricole. Elle eut donc une influence toujours croissante sur la structure juridique et morale de la *gens*, et atteignit ainsi indirectement l'individu. Avec l'établissement fixe de la centaine et de ses subdivisions, à peu près donc au temps de Tacite, apparaissent les premières traces de ces développements. Ce temps, qui marque le passage définitif de l'économie pastorale à une économie agricole, encore grossière, forme un chapitre important de l'histoire interne de la *gens* et de ses rapports avec l'individu. Jusqu'ici les facteurs juridiques et moraux déterminaient la vie particulière de l'individu à l'intérieur de la gens; maintenant viennent s'ajouter dans une mesure de plus en plus forte les facteurs économiques et c'est surtout par l'introduction d'un droit héréditaire et de droits de jouissance fixes sur les immeubles que la structure de la *gens* devait éprouver différents changements. Tout en considérant l'individu, la *gens* et la communauté comme forces constitutives de l'économie franque, cependant il nous faut tout d'abord, d'après ce qui a été dit en dernier lieu, envisager seulement cet état de développement de la *gens*, dans ses rapports avec l'individu, qui précède le moment où elle subit la forte influence économique de ces deux facteurs. Puisque le droit de succession immobilière est l'expression principale de cette influence, nous devons, d'abord, le mettre de côté dans nos recherches sur la *gens* franque primitive, et comme aussi le droit de succession mobilière a pu subir des transformations, lorsqu'apparut la succession immobilière, nous aimons mieux faire abstraction tout d'abord du droit héréditaire en général, et prendre pour point de départ les renseignements sur les liens purement juridiques et moraux de la *gens*. Ce n'est qu'après cela qu'il y aura profit à étudier les rapports économiques et héréditaires.

Cette marche dans notre étude est contraire à la méthode que nos devanciers ont suivie dans leurs recherches sur la structure de la *gens* franque. Ceux-ci ont pris surtout pour point de départ le droit de succession, le plus jeune et, dans sa transformation, le plus changeant et le plus insaisissable des rejetons du droit familial que nous ont transmis les lois germaniques; le plus souvent ils se sont même contentés d'une simple étude sur le droit héréditaire[1]. M. de Amira est le premier qui se soit élevé au dessus de ce point de vue par des recherches plus profondes sur la structure de l'association gentilice franque et même bas-allemande; mais lui aussi prend son point de départ dans le droit héréditaire[2].

1. Cf. Lewis, *Zur Lehre von der Successionsordnung der deutschen Rechts*, *Münchener Krit. Vierteljahrsschr.*, 9, 23-67 (1867) et aussi 14, 1-44 (1872).

2. V. Amira : *Erbenfolge und Verwandtschaftsgliederung nach den altniederdeutschen Rechten* 1874, *Fränkisches Recht*, p. 1-72; cf. la critique de Lewis dans la *Krit. Vierteljahrsschr.*, vol. 17. Au contraire, la voie que nous avons suivie a été indiquée par Waitz, *Verf.*, I³, 71-73. Cf. Majer, *Urverfass.*, p. 72 suiv.; aussi Brunner dans son article *Ueber Sippe und Wergeld* dans la *Zeitschrift der Savignystiftung*, 3, 3 s., 68 s. 75 s.

Le passage de la loi salique 60 : « De eum, qui se de parentilla[1] tollere vult » indique comme éléments de l'association familiale franque : « juramentum, hereditas, tota ratio parentum, » et rend de nouveau la même pensée avec « compositio et hereditas. » Dans ce passage, l'*hereditas*, c'est-à-dire le droit de succession, concerne les rapports économiques ; la *compositio* et le *juramentum*[2] ont trait à la constitution juridique de la *gens* en face de l'État ; la *tota ratio parentum*, enfin, concerne les rapports juridiques et moraux des membres de la *gens* entre eux[3].

Les recherches suivantes auront donc à expliquer jusqu'à quel point le lien juridique de la *gens*, vis-à-vis de l'Etat, s'exprime dans le « juramentum » et la « compositio », et ensuite quelles règles juridiques et morales dominent l'individu dans la communauté familiale. Ce n'est qu'après ces études qu'on pourra établir comment, à côté du lien juridique et moral, s'en est développé un autre d'une nature économique, de bonne heure, ou en même temps, dans la succession mobilière, plus tard seulement dans la succession immobilière. Après cet exposé, les rapports entre l'individu, la *gens* et la propriété foncière seront clairement établis, et nous pourrons

1. V. Amira donne une explication complète du mot *parentilla*, p. 21, à propos du titre 60 de la loi Salique. Cf. Brunner, *op. cit.*, p. 42 suiv.

2. Pour le sens de *juramentum* à ce passage, cf. Waitz, *A. Recht*, 114, v. Amira, p. 29.

3. Notre conception est opposée à celle de v. Amira (p. 20). *Ratio* (Sal. 1, 5; 50, 4) veut dire affaire, rapport de réciprocité actuel, des relations réglées d'après n'importe quelles lois. En opposition à *juramentum* et *compositio* qui doivent certainement caractériser l'organisation juridique du lien de la famille, en face des exigences de l'Etat, *ratio* ne peut être que la règle, soit morale, soit juridique, d'après laquelle vit l'union gentilice, considérée comme un microcosme. Le droit de tutelle (cf. Amira, p. 30) tombe aussi sous la sanction de contrat moral, mais sans l'épuiser. La loi salique ne nous parle pas entièrement de ces liens moraux, mais ils ne faisaient pas partie de son plan.

aborder cet autre problème : quel est le rapport de la communauté et de la famille avec le sol? Nous commencerons par étudier le lien juridique de la gens vis à vis des lois de l'Etat. La loi salique est presque la seule à répondre à cette question [1], et spécialement les chapitres 58 et 62. Le plus intéressant et le plus digne de remarque est le titre 58 sur le *chrêne crûd*. Le contenu général en est le suivant : un meurtrier dans l'impossibilité de payer complètement au plaignant la *leudis*, la famille se voit contrainte aussitôt, et d'après des règles fixes, aux obligations du délit. Ce secours de la famille comprend un cercle déterminé de parents en dehors duquel elle se dérobe. Des parents plus éloignés ou des habitants de la communauté viennent ensuite, il est vrai, à titre volontaire. S'ils refusent, le meurtrier est tué par droit de vengeance.

On a traité jusqu'ici ce titre comme une sorte d'annexe à la théorie du droit héréditaire. Les parents du meurtrier sont, en vertu du droit d'hérédité, contraints à assumer l'obligation résultant du délit [2]. Ce qui a permis d'édifier cette théorie, c'est l'opinion que le meurtrier a donné seulement sa *facultas*, c'est-à-dire ses meubles, dans la leudis, et non sa propriété foncière, c'est-à-dire sa *casa*, d'après ce principe qui veut que celui qui ne possède que des immeubles est

1. Cf. les explications très érudites données nouvellement par Brunner, *op. c.*, p. 31-45.

2. C'est encore la vue bien arrêtée de v. Amira et aussi de Brunner, *op. c.*, p. 37, malgré le principe général exprimé p. 3 : où le rapport fondamental entre Wergeld et guerre est maintenu avec suite, Wergeld et succession sont très nettement distingués. Cependant Brunner, après avoir mis de côté arbitrairement *mater* et *soror matris*, d'après l'exemple de v. Amira, poussé par la logique de sa théorie, est obligé d'admettre la naissance d'un droit commun entre le meurtrier et ses plus proches parents (père, frère). V. dans un autre sens Waitz, *Verfg.*, I³, 75, et déjà, mais d'une manière peu probante, Grimm. R. A., 663.

insolvable (cf. Sohm, *Proc.*, 174). On a encore invoqué l'acte symbolique du *chrêne crüd* qui aurait servi à transmettre la propriété foncière au « parens proximior », respectivement à l'ensemble des « parentes ». Ces deux hypothèses sont sans fondement : nous allons d'abord le montrer pour la première. Ici, l'idée énoncée par *facultas* n'exclut pas la *casa*. Le mot n'apparaît dans la loi salique qu'au titre 46 pour signifier la fortune entière qui peut être soumise au *Laiswerpiri;* or, à cette « facultas quæ laiswerpiri potest » appartient justement, d'après la loi salique 77, *Extrav.* 1, la *casa*, contrairement à la vue de Sohm[1], *Proc.* 176, n° 4. Mais aussi le principe plus général établi par Sohm que la propriété d'immeubles seulement entraîne l'insolvabilité, n'est pas exact dans cette forme, car il suppose une propriété foncière individuelle et qui, comme nous le verrons plus tard, n'existait pas encore sous cette forme abstraite, au temps de la loi salique. Pour expliquer le titre 58, on devra donc considérer comme admis que le meurtrier a donné au plaignant sa « tota facultas », comme le dit la loi salique, c'est-à-dire la totalité de tout ce qu'il a sur et sous la terre. Cela exclut naturellement tout droit héréditaire pour la « parentilla ». La deuxième hypothèse est également insoutenable. L'action symbolique du *chrêne crüd* n'a aucun rapport avec la cession

1. Nous laissons à dessein, sans essayer de la résoudre, la question de savoir si la *facultas* comprend aussi les immeubles dans le sens de la loi salique, car la solution de cette question anticiperait nos recherches concernant le fait encore bien douteux, si la loi salique connaît la propriété foncière individuelle. Cependant il faut déjà remarquer que *facultas* (Sal. 46) alterne avec *furtuna*, qui signifie *meubles*. (Cf. Sal. 45, 2 b., 50, 3). D'après cela, la *casa* appartiendrait aussi, d'après une conception germanique bien connue, aux biens meubles. C'est ce qu'indique aussi le fait que les immeubles ne furent que beaucoup plus tard considérés comme susceptibles de payer l'amende de *Wergeld*. On en trouve le premier exemple : *Lac.* U. B., 7, n° 23, 802; cf. aussi Schröder, *Forschungen z. D. G.*, 19, 145.

de la propriété, en vertu du droit héréditaire de la *gens*. Comme l'atteste un antique témoignage transmis par Pline (*Hist. nat.*, 22, 4), cette action symbolique exprime seulement l'abandon du sol[1], elle en marque la déréliction, et par cela même le retour à la communauté, respectivement à l'Etat. Cet usage symbolique est, sans aucun doute, plus ancien que la notion de la propriété foncière individuelle, et s'il est lié postérieurement à l'abandon d'une telle propriété, c'est qu'on l'a appliqué par extension de sa signification primitive. Le contenu du titre ne donne donc aucun point d'appui pour supposer un rapport quelconque d'ordre héréditaire entre les parents et le meurtrier ; bien plus, il exclut un tel rapport[2].

D'après le droit de succession franc, l'héritier succède aux dettes du défunt et cette succession aux obligations du défunt est obligatoire comme le droit de succession lui-même. Or la loi salique 58 énonce une disposition tout à fait contraire relativement aux parents qui interviennent. Ce titre suppose que les parents apportent successivement, mais en commun, la somme qui manquait pour payer la *leudis;* il considère cette obligation des parents comme une obligation morale qui leur est commune[3]. C'est pourquoi un « parens pauperior » peut, après avoir participé au payement de la somme, obliger, en répétant l'acte symbolique du *chrêne crûd*,

1. Cf. Wackernagel, *Kl. Schriften*, I, 54. Cf. aussi *Hunddingweistum des Trierer Thalkessels*, Grimms Weistümer, 2, 279. Un voleur est condamné à mort, après la condamnation à la corde, « bennet man den dieb auss dem land. »

2. Dans un autre sens, Grimm R. A. 112, qui attribue à Pline tout simplement une erreur parce que des textes plûs tardifs (du x-xiiie siècle) paraissent la rendre nécessaire.

3. Cf. pour la théorie que nous exposons ici, Wilda, 391, v. Amira, 26 suiv., Brunner, 38 f.

un autre parent à verser une autre somme qui s'ajoute à la quotité légale déjà donnée par lui[1]. Nous avons donc le pendant du titre 62, que nous traiterons plus tard, mais rien qui rappelle le droit héréditaire et l'hérédité immobilière surtout. Il faut donc affirmer que l'obligation des parents au *chrêne crûd*, déjà surannée[2] au VIe siècle, a pu et a dû exister bien avant toute règlementation de succession immobilière.

Ce qui ressort, du reste, des premiers passages du titre c'est, à notre avis, essentiellement ceci : un meurtrier a employé toute sa fortune à compter la somme d'une *leudis*, sans pouvoir la payer complètement; après la constatation solennelle de cette impossibilité, il se déclare lui-même fugitif par un acte symbolique et abandonne à la *gens* le paiement de son obligation. On doit se demander maintenant quels étaient les membres qui formaient la *gens* et comment le paiement était-il fait.

De Amira, p. 24, a une façon originale de traiter la première de ces questions. Il s'agissait naturellement pour lui d'utiliser ce titre en faveur de sa théorie de la succession; en réalité il y parvient, mais non sans user d'une étrange façon de critiquer les textes[3]. Nous ne le suivrons pas dans ses recherches, mais nous étudierons les textes tels qu'ils nous ont été le plus exactement transmis. Les membres de la famille qui doivent succéder à l'obligation du délit sont, d'après les

1. Sal. 58, 5.

2. Cf. la rubrique des Codd. 7, 9. L'institution de la « Magenhaftung » se retrouve encore assez tard au Moyen-Age, à la vérité sous une autre forme, dans le pays qui a donné naissance à la loi Salique. Brunner, p. 45.

3. Une nouvelle dérivation des plus anciens manuscrits a été amenée par une différence purement linguistique et sans importance des leçons du ms. 4 « persolverunt » et des Cod. 5 et 6 « solverit » (mais les Codd. 7-9 ont aussi *solverunt*).

mss. 1 et 2[1], les suivants : a) Père, b) Frère, c) trois « de generatione patris et matris qui proximiores sunt » ; d'après les autres manuscrits et l'Emend[2], ce sont : a) Mère, seuls les manuscrits 7-9 ajoutent le père, b) Frère, c) Tante du côté maternel, d) les enfants (filii) de cette dernière, e) trois « de generatione patris ». On peut s'étonner de trouver tout d'abord tantôt le père et tantôt la mère, sous la lettre a); cependant l'explication est facile si l'on réfléchit qu'il ne pouvait être question, pour remplir les obligations du meurtrier, que d'une aliénation de biens meubles[3], que, par conséquent, le père et la mère doivent *à priori* être considérés comme également obligés. C'est ce qu'indiquent aussi les manuscrits postérieurs 7-9. Nous établirons dans des recherches ultérieures, sous le titre 62, comment on peut accorder l'énumération des Codd. 1 et 2 avec celle des manuscrits qui suivent. Il est pourtant un point qui ressort clairement dès maintenant. C'est la différence qu'on fait entre les proches, suivant qu'ils composent la vraie famille du meurtrier, c'est-à-dire les parents et les frères et sœurs[4], ou qu'il s'agit des « sui », c'est-à-dire des trois collatéraux les plus directs du côté paternel et maternel[5]. Ces deux catégories payeront dans des mesures différentes la somme qui reste à verser pour parfaire le solde de la *leudis*[6]. La moitié de la somme

1. Dans le Cod. 2, il faut, comme le veut v. Amira, p. 25, raturer « filius » après *suos*.

2. Dans les Codd. 3 et 4, il faut lire ici « de generatione matris » pour « de generatione patris. »

3. Cf. plus haut, p. 36, n° 1, et Sohm, *Proz.*, 25, note 11.

4. Les enfants sont ici naturellement exceptés parce qu'ils sont, avant la mort du père, généralement sans fortune. Voy. v. Amira, p. 26.

5. C'est seulement ce qu'il faut accepter des vues de Wilda sur les amendes se rapportant à la famille et à la parenté (*Strafrecht*, 390), toutes ses autres conclusions doivent être écartées. Cf. aussi Waitz, *A. Recht*, 114.

6. « Quantum lex addicat », combien le droit réclame encore (outre la somme déjà donnée par le meurtrier). V. Amira a une opinion contraire, mais sans

incombe à la famille, l'autre moitié aux plus proches parents. Tel me paraît être le sens des mots tout d'abord obscurs (d'après le ms. 1) « ut [lisez : et] pro medietate, quantum de compositione diger est aut quantum lex addicat, illi tres solvant, h (oc) e(st) illi alii, qui de paterno generatione veniunt facere debent. » Il y a une erreur dans ce passage : elle est dans les mots « hoc est. » On s'attend, non à une explication des mots qui précèdent, mais bien plutôt à une disposition nouvelle. Le manuscrit 1, donne une abréviation de « hoc est » : *h. e.*, les manuscrits 2-3, 5-9 [1] indiquent *hoc e.* Il faut voir ici, en tenant compte d'une erreur habituelle du copiste, dans cet *e* non pas *est* mais *et.* C'est ce qu'a déjà fait le ms. 1, où en comparant on a lu « idem » peut-être au lieu d'un *i. e.* plus ancien, que le ms. 4 résolvait ainsi : *id est.* Si on lit hoc et, et qu'on prenne *et* dans le sens de etiam, il en résulte la répartition indiquée plus haut du reste de la somme entre la famille et les plus proches consanguins du côté paternel et maternel.

Si ces deux catégories ne payent pas, le meurtrier est livré au plaignant; alors intervenait une procédure qui ne laissait au coupable d'autres secours que la compassion de ses concitoyens. A défaut de quoi, il tombait alors sous le coup du droit de vengeance[2].

Telle était la fin d'une procédure qui montre le droit germanique païen encore dans toute sa rigueur, et le lien de la *gens* dans toute sa pureté. Mais de bonne heure déjà un autre droit se fait jour à sa place, une autre structure de l'aide gentilice. La loi des Ripuaires 12.$_2$ [3] parle d'un homme libre

entrer dans le détail d'une interprétation des termes. Avant lui déjà, Waitz, *A. Recht*, 110, 113.

1. Le ms. 4 lit : *id est.*

2. Nous sommes complètement d'accord avec Sohm, *Proc.*, quant au dernier § du titre 58, contrairement à Amira, 22.

3. Nous pensons que la loi Ripuaire peut être considérée dans son ensemble

qui a tué une femme ; « si ille homo pauper fuerit, ut insimul [leudem — 600 s.] solvere non possit, per tres decessiones filiorum [successiones liberorum] solvat. » Cette ordonnance est en opposition la plus directe avec celle de la loi salique, bien qu'elle appartienne encore, d'après les recherches de Sohm[1], à la partie la plus ancienne de la loi Ripuaire. Dans la loi salique nous avons l'accomplissement immédiat de l'obligation avec recours aux anciens éléments de la famille, une forte charge pesant sur toute la *gens;* ici, au contraire, un paiement partiel de la dette, qui n'est possible que dans des conditions économiques plus avancées, un terme qui l'échelonne dans l'avenir sur presque un siècle, et enfin un règlement de dette qui incombe simplement aux descendants en ligne directe sans atteindre la ligne collatérale de la *gens*[2]. La séparation de cette conception d'avec celle de l'époque primitive franque ne pouvait se faire plus fortement sentir, et on voit que déjà au commencement du VIe siècle les dispositions du *chrêne crûd* appartiennent décidément au passé.

On peut dire qu'il en ressort que la race franque, jusque très avant dans le Ve siècle, connaît une représentation de l'individu par la *gens*, vis-à-vis de la loi commune, que cette représentation dépasse de beaucoup la simple procédure et se transforme proprement, en cas de danger de mort de l'individu, en une protection encore reconnue par le droit. La paix de la famille n'était pas encore devenue un élément d'ordre

comme l'expression d'un droit franc ultérieur, et aussi, sur beaucoup de points, comme une sorte de deuxième édition de la loi Salique. Par la partie I de la loi Ripuaire, cela a déjà été reconnu; cf. Sohm, *Fränk. R. und Röm. R.* (*Z. der Savignystiftung*, I, 4.)

1. *Zs. f. R. G.*, 5, 380 s.

2. Pour le payement à terme du Wergeld et pour la loi des Ripuaires, 12, 2 cf. Brunner, 8 s., 46, aussi p. 47-48, décisif au point de vue du rapport du décret Child. II, c. 5, avec les questions traitées ici.

purement interne, elle dépassait la limite de la *gens* pour s'introduire dans le droit, dans la paix de l'Etat[1]. A l'intérieur de la *gens*, chaque membre existe sans sphère juridique individuellement délimitée ; là même où la loi le punissait le plus sévèrement, il peut, jusqu'à un certain point, être représenté. A l'aide d'une comparaison assez triviale, nous dirons : de même que l'économie franque du ve et du vi^e siècle ne connaissait encore de cheval qualifié, le prix étant une somme fixe et le cheval une chose fongible, de même l'individu était jadis, dans le cercle de la *gens*, jusqu'à un certain point, une sorte de personne fongible. Ce ne sont plus que les derniers restes de cet état que nous révèle le titre 58 de la loi salique, ils nous reportent encore à une époque où la paix de la famille a dû se faire sentir, dans une mesure tout autre, à côté de la paix de l'Etat[2].

Une autre trace de cet état plus reculé est conservée dans la loi Thuringienne, 14. « Si mulier maritum veneficio dicatur occidisse vel dolo malo ad occidendum prodidisse, proximus mulieris campo eam innocentem efficiat, aut si campionem non habuerit, ipsa ad novem vomeres ignitos examinanda mittatur. » Cette sorte de jugement de Dieu indique qu'il s'agit ici d'un très ancien principe juridique ; ce qui nous intéresse particulièrement pour notre étude, c'est la représentation de la femme tout d'abord par le « parens proximus ».

1. Cf. Rive, *Vordmundschaft*, I, XIII.

2. Cf. la conception tout autre de v. Amira, 28. « Dans l'obligation du payement (Sal. 58) le point capital est le lien de possession des consanguins. » Mais cette interprétation ne le satisfait pas lui-même, car il ajoute : « Les sources de l'histoire des Francs ne permettent pas de décider si dans une époque antérieure l'obligation de payer ne provenait pas immédiatement du fait d'appartenir à une association de paix. Dans ce cas elle n'est pas à considérer comme une obligation postérieure, mais comme un lien immédiat et indépendant de l'hérédité. » Nous croyons avoir démontré le bien fondé de cette hypothèse.

Elle présente une étroite analogie avec le *chrêne crüd*, elle s'est conservée longtemps, comme il s'agissait ici d'une action dont la femme était, en général, considérée comme incapable [1].

Une autre règle, qui remonte à la puissance jadis beaucoup plus étendue de la *gens*, se trouve au titre 62 de la loi salique. Ce titre traite de la « compositio homicidii », il indique à qui revient la *leudis*, l'amende que doit payer le meurtrier. Ce titre 62 est donc un corrélatif du 58, et s'il s'agit dans le premier d'une intervention active de la paix gentilice dans la procédure au cas d'un danger capital d'un de ses membres, ici la paix gentilice a un rôle passif qui est de recevoir satisfaction pour le meurtre illégitime d'un de ses membres. La L. Sal. 62 établit qu'après la mort du père, la *leudis* doit revenir : 1° la moitié aux enfants, 2° l'autre moitié aux « proximiores (ou propinqui, Cod. 3) tam de matre quam de patre ». Ces derniers devaient partager cette moitié, de telle sorte que les parents du côté paternel et du côté maternel eussent chacun une partie distincte de la somme; à défaut de parents, la partie afférente échoit au fisc. Cette dernière indication suppose une délimitation du degré des « proximiores » qui manque dans la loi. L'explication donnée par la L. Sal. 101, *Extrav.* (Merkel, 103, p. 43), complète heureusement ces données. La *leudis* est distribuée ici de telle manière que le fils de la victime en reçoit la moitié, la mère un quart [2], le dernier quart est donné aux « parentes propinqui », c'est-à-dire « tres de generatione patris et tres de generatione matris ». Si la

1. Cf. L. Bavar., 3 cap. 13, § 2, 3.

2. Lisez : « alea medietate exinde matri debet » etc. Brunner, p. 33, complète autrement, mais donne le même sens.

mère ne vit plus, la moitié est donnée aux *parentes propinqui* C'étaient les parents de la quenouille qui faisaient alors le partage de la somme revenant à la *parentela* en la qualité de parents de rang inférieur, selon un principe bien connu du droit germanique. La division elle-même avait lieu de telle manière que les membres qui venaient premiers recevaient les deux tiers ; ceux qui venaient ensuite percevaient les deux tiers du reste, et enfin les derniers prenaient ce qui restait[1].

Cette procédure est basée sur la structure suivante de la *gens* :

1° Un cercle plus étroit qui se trouve particulièrement atteint par la mort du père, les enfants et la mère : la FAMILLE.

2° Un cercle plus étendu, les trois parents les plus proches du côté du père et de la mère : les PROCHES PARENTS.

Nous allons comparer ce résultat avec le titre 58 dont l'interprétation a été réservée tantôt pour prendre place ici. Nous y avions trouvé deux séries identiques dans l'ordre suivant : I a) Père (Mère), Frère, b) trois proches parents du côté du père et de la mère. II a) Père (Mère), Frère, b) Tante du côté maternel et ses enfants, c) les proches parents du côté paternel. Ainsi, II b) correspond donc aux parents du côté maternel ; la double situation de la mère est seule à offrir une remarque digne d'intérêt, elle est manifestement comptée parmi les membres de la famille (a), bien que ce ne soit pas le cas dans tous les manuscrits, tandis qu'on doit la placer en même temps parmi les proches parents du côté maternel pour conserver le chiffre trois.

1. Cf. pour ce titre Wilda, *Strafr.* 390. v. Amira, 27. Brunner, p. 33 s. Le dernier historien établit le mode de répartition de la somme perçue par les parents à l'aide de la *Keure d'Oudenarde* (1300).

D'après ce qui a été dit, en comptant les différentes générations comme « genucula » à la mode franque[1], nous pouvons présenter ainsi la structure de l'union gentilice :

○□ ○□ Genuculum 3.

1○□3 ○□4 Genuculum 2.

2○ 2○ ○5 Genuculum 1.

Famille : 1. 2. ? 3.
Propinqui de parte (generatione) materna : ? 3. 4. 5.
Propinqui de parte (generatione) paterna : [6-8].

Nous avons vu en outre qu'il existait pour l'union gentilice une obligation énergique de représentation et de secours mutuel dans le cas de procès criminel, laquelle obligation atteignait même la propriété de ses membres. Il est probable *à priori* que cette obligation de représenter un membre de la *gens* dans ses difficultés judiciaires ne s'appliquait pas seulement aux procès criminels, mais aussi à d'autres cas de procédure ou à toute procédure en général[2]. On retrouve en effet cette obligation de représentation et de secours, seulement sous des formes moins rigoureuses : c'est ce que la loi salique désigne par l'expression de *juramentum*.

La loi des Francs Chamaves en donne l'explication [3]: « si quis hominem ingenuum ad servitium requirit, cum duodecim hominibus de suis proximis parentibus in sanctis juret et se

1. Sal. 44, 9, 10. Sur la manière de compter, voy. plus bas.

2. Cf. Waitz, *Vfg.*, I³, 77 suiv. v. Amira, *Salfränkische Eideshilfe* (*Germania* N. F., 8, p. 53 suiv.) Sur l'étendue bien remarquable de la procédure de convocation au VIᵉ siècle, cf. Brunner, p. 45. Au point de vue du serment prêté par les habitants du village, cf. Maurer, *Einl.*, p. 171.

3. Entièrement passée sous silence par v. Amira, p. 29. Cf. Rib. 67, 5.

ingenuum esse faciat, aut in servitium cadat[1]. » D'après cela, il appartient à la *gens* de protéger l'effectif personnel de ses membres; dans le *chrêne crûd*, elle intervient pour lui sauver la vie; ici, pour lui conserver la liberté. Cette extension tout d'abord matérielle de la protection gentilice fait qu'il est probable que ce sont les « parentes proximi » que la loi salique 58 désigne comme les *XII juratores*.

Une indication qui détermine encore mieux le principe de droit, exprimé par la loi des Francs Chamaves 10, est la glose d'un jurisconsulte lombard sur le droit salique, qui a été publiée par M. Peyron, pour la première fois, dans les *Memorie della R. Acad. delle scienze di Torino*, 1846, p. 129. (Merkel *Extr.* II, p. 100. Hessels-Kern, p. 421); le prévenu avait, § 1 et 2, à fournir comme « legitimi testes sue libertatis », comme « sui sacramentales » pour le cas où : a) sa liberté était contestée du côté paternel, « 7 proximiores parentes ex materna, 4 ex paterna progenie » ; b) pour le cas d'une contestation du côté de la mère, « 7 proximiores parentes ex paterna, 4 ex materna progenie ». Nous observons ici un rapport basé sur le principe : « ex qua parte mundior est, ex ipsa plus dabit testes ». Le partage dans la proportion de 4 : 7 doit être porté à 5 : 7, parce que le prévenu jure avec les parents du côté de la ligne discutée[2]. Les 12 « testes » de la loi des Francs Chamaves, comme ceux de la loi salique, § 58, se retrouvent ici et sont désignés expressément comme « legitimi sui ».

Si d'autres traces expresses de témoins appartenant à la *gens* ne se trouvent pas, la raison en est peut-être que le droit con-

1. On peut comparer encore les indications postérieures des *Weistümer*, spécialement celles du Weistum dit du Rheingau (fin du XIVe siècle), § 21.

2. Ainsi s'explique le rapport 4:7, qui a tant embarrassé v. Amira, quoiqu'il parle d'un serment de douze, nombre qui ne peut jamais résulter de l'addition de 4 + 7.

sidère leur emploi comme connu et n'a pas à les indiquer[1]. Cependant il est nécessaire de remarquer qu'il ne s'agit pas dans ces deux cas d'un simple secours sacramentel de la part des parents; il s'agit ici de la confirmation de faits qui sont aussi d'une grande importance pour la *gens*. Ils ont trait aux plus grands biens de ses membres, c'est-à-dire à la vie et à la liberté. C'est pour eux qu'intervient encore activement la *gens*, sous forme de protection et de représentation; elle garantit l'existence naturelle, juridique et politique de l'individu[2].

Nous étudierons ensuite les règles juridiques et morales que l'union gentilice fait valoir vis-à-vis de l'individu, en considération surtout de cette union[3]. D'après leur nature, ces règles se rapportent principalement à la conservation, à l'indépendance, à l'honneur de la *gens*. En général, elles se résolvent en un droit de protection des mineurs; cependant il n'est pas rare de découvrir en elles l'envergure d'un droit sévère qui punit la désobéissance ou le déshonneur de chacun de ses membres. Ainsi L. Sal. 70 : « Si quis mulier qui [lisez : se] cum servo suo in conjugio copulaverit, omnes res suas fiscus adquirat et illa aspellis faciat [lisez : fiat]; si quis de parentibus eam [ainsi d'après le Codex II et le sens, pour eum] occiderit, nullus mortem illius nec parentes nec fiscus nullatenus requiratur. » Chaque membre de la famille peut donc sauver l'honneur de la *gens* par la mort de la coupable, sans être obligé

1. Cf. Kraut, *Vormundschaft*, I, 28, note 3. Siegel, *Gerichtsverf.* I, 183.

2. Ce point de vue général est aussi indiqué par Waitz, *Vfg.*, I³, 73. En revanche la plupart des juristes conçoivent ce lien de la *gens* seulement comme un droit de haute surveillance pour le tuteur, ainsi Kraut, *Vorm.*, 1, 54, de même v. Amira, 33.

3. Cf. Waitz, *Vfg.*, I³, 59, note 3, sur les principes fondamentaux sur lesquels reposait jusque-là la tutelle allemande.

de payer la *leudis* exigée par la loi[1]. Evidemment il y a dans ces dispositions « si quis requiratur » déjà un adoucissement du principe primitif, qui a dû exiger absolument que la coupable qui avait porté atteinte à l'honneur de sa famille fût mise à mort par celle-ci même[2]. La loi des Francs Ripuaires 58_{18}'[3] montre qu'aux ve et vi^e siècles on était arrivé à une conception encore plus douce : « Quodsi ingenua Ribuaria servum Ribuarium secuta fuerit, *et parentes ejus hoc refragare* [*contradicere*] *voluerint,* offeratur ei a rege seu a comite spata et conucla, quodsi spatam acceperit, servum interficiat, si autem conucla in servitio perseverit ». Cependant encore, d'après la législation de Childebert, la sauvegarde de l'honneur de la famille reste sévèrement surveillée par celle-ci; elle ne va pas jusqu'à la mort, mais cependant elle permet de rejeter le membre coupable hors de son sein et de le priver de liberté.

Ainsi était conservé à l'union gentilice son droit primitif, c'est-à-dire la faculté d'apprécier librement si l'on appartenait à la *gens* ou si un membre de celle-ci pouvait passer dans une autre. L'homme adulte avait le droit de sortir complètement de cette union, mais alors il n'appartenait plus à aucune, car il ne lui était pas permis de l'échanger contre une autre[4]. C'est ce qui arrivait, jusqu'à un certain degré, dans le mariage de la femme. Autour de la famille qui allait se fonder

1. Cf. Ed. Roth, 22, 189. Burg., 35, 3. Wackernagel, *Kl. Schriften*, I, 6. Waitz, *Vfg.*, I², 74. Chez les Ditmarses, on trouve plus tard encore ces usages : Une jeune fille enceinte pouvait, sur le conseil et la décision de la famille assemblée, être enterrée vive sous terre ou sous la glace. *Neocorus*, 2, 547.

2. Cf. Tacite, G., 9.

3. D'après Sohm, *Zs. f. R. G.*, 5, 380 suiv., partie d'une loi du temps de Childebert II (575-596) Cf. aussi Sal. 100. *Extrav.*

4. Cf. Sal. 60. « De eum qui se de parentilla tollere vult. » § 3 : « Hereditatem ipsius fiscus adquirat. » C'était en outre une création juridique de date relativement récente. Cf. Rive, *Vormundschaft*, I, 174.

se groupait une union gentilice dont la composition était nouvelle et qui ne reposait que pour la moitié sur la participation des membres de la famille de la femme. Délibérer sur son mariage et l'approuver était donc un des droits les plus importants et les plus souvent exercés de l'union gentilice de la famille[1]. Cf. Sal. *Extrav*. 96. « Si quis filiam alienam ad conjugium quæsierit praesentibus suis et puellæ parentibus... » (Tacite, *G.*, 18). Rip. $35_{,3}$: « Si quis ingenuam puellam vel mulierem qui in verbo regis vel ecclesiastica est accipere vel seducere [suppl. : presumpserit] seu [suppl. : sine] parentum voluntate de mundeburde abstulerit, jusqu'à 30 s. c. jud[2]. »

Le dernier passage indique l'accord du *mundeburdis* avec ce droit d'approbation de la *gens*; il nous montre aussi, à côté de la tutelle individuelle, celle qu'exerçait toute la *gens* sur les filles nubiles et sur les femmes. Il nous suggère la même conclusion pour les enfants sans tuteur. L. Sal. 24_{5} (à partir du Cod. 2) et L. Sal. 69 : Qui *sine consilio parentum* aura coupé la chevelure d'un enfant payera 45 s. d'amende.

La chevelure était chez les enfants l'expression symbolique de la minorité[3]; aussi était il besoin pour la couper du consentement des « parentes ». Couper les cheveux d'une jeune

1. La transmission du muntschatz avait toujours lieu devant les parents, et parfois même devant la communauté assemblée. (Waitz, *Vfg.*, I³, 61, note 2.)

2. « Pax (consilium) parentum. » Sal. 72; « parentorum consensus et voluntas. » Cap. Ludov. I. Sal. add. de 819, § 8. Toutefois, cf. L. Thuring., 10. 2. « Si libera foemina sine voluntate patris aut tutoris cuilibet nupserit, perdat omnem substantiam quam habuit vel habere debet, » en sens opposé : Sal. 100. *Extrav*.

3. Stobbe, *Beiträge zu G. d. D. Rechts*, 9-11. Sohm., *R. u. G. Vf.*, 344, 548. Comme signe de l'adoption, Wackernagel l'avait déjà indiqué dans ses *Kl. Schriften*, I, 14. Cf. Sal. 100. *Extrav*. : « Capillaturias facere. » Pour Sal. 24, le rapport des mss. de la loi Salique est obscur. Kern (*Gloses*, 125) montre que, par suite d'une méprise, ils indiquent quelquefois un « tonsuratus infra XII annos » (Codd.

fille constituait un délit sévèrement puni (Sal. 24_6, depuis Cod. 2[1], Sal. 69). La gloss. malb. donne ici *theoscidia* : déshonneur de la jeune fille[2]. Porter les cheveux longs et flottants était pour la jeune fille la marque de la liberté. Elle ne les coupait qu'au moment de son mariage et elle les portait alors en tresses[3]. Pour le mariage, les parents avaient à se mettre d'accord ; ici intervenait le « consilium parentum ».

Comme preuve du rôle prépondérant que jouait la tutelle gentilice comparée à la tutelle individuelle on peut citer la Loi Ripuaire 81 : « quindecimo autem anno aut ipsi [parvulus] respondeat aut defensorem elegat, similiter et filia. » D'après ce passage, le choix du tuteur était laissé libre sous certaines conditions au pupille.

Pour établir que les parents exerçaient une tutelle commune très étendue[4], il faut déterminer le sens de *reipus* et *achasius* dans la loi salique 44 et 72. La source de leur explication est, pour nous, dans la loi des Ripuaires, titre 37[5]. On y lit que l'homme peut donner ou promettre à la femme au moment de leur mariage : 1° le présent de noce (*Morgengabe*) ; 2° la dot[6].

7 à 10) et que l'on doit conserver les leçons « puer crinitus » jusqu'à Emend. 26, 1 (puer infra duodecim annos sive crinitus sive incrinitus). Cf. aussi Schröder (*Z. der Savignystift.* 2° vol., 42).

1. Le ms. 10 a ici la variante « sine patris et matris voluntate ».

2. Kern *Gloses*, § 28. Grimm, *R. A.* [3], 253 suiv.

3. Wackernagel, *Kl. Schriften*, I, 13.

4. Cf. Gierke, *Genossenschaftsr.*, I, 22, note 44; Brunner, 49 s.

5. Cf. Schröder, *G. d. ehel. Güterrechts*, I, 90-91, et *Zeitschrift f. R. G.*, 5, 419, comme aussi Sohm dans l'édition in-folio de la loi des Ribuaires (*M. G. LL.*, 5, 232, note 79).

6. Cette dot constituée par l'homme ne formait pas tout l'appoint, — qui du reste est aussi appelé dot, — mais la femme apportait encore un complément. Cf. Tacite, G., 18, comme aussi Sal. 100, *Extrav.* « Si quis pater aut parentella, quando filia[m] sua[m] ab [marito donat], quantum ei in nocte illa quamlibet rem donavit, totam extra partem incontra fratres suos vindicet. » Les enfants n'héritaient donc pas de cette dot.

Tous les deux restent intacts pendant le mariage et constituent, en cas de mort prématurée du mari le douaire assuré par lui à la veuve. Si le mari n'a pas fait ces prestations, on constitue le douaire en prenant : 1° des biens acquis pendant le mariage, un tiers comme *Morgengabe legitima;* 2° de la fortune du mari 50 s., plus tard, un tiers comme *dos legitima.*

La *Morgengabe* et la *dos* — celle-ci s'élevant dans la loi ripuaire à 50 s., dans la loi salique à 25 ou 62 1/2 s. — formaient ainsi les portions existant certainement du douaire, qui jusqu'alors s'étaient transmises par hérédité dans la *gens* du mari défunt, et qui, en cas de prédécès de la femme, auraient continué d'y être transmises.

Or, la veuve se remarie. D'abord le futur époux s'accorde avec les parents de la veuve et leur paye le *reipus*, dont nous parlerons plus bas. La veuve s'adresse ensuite à ses parents. Ceux de la ligne maternelle ont déjà fait connaître leur sentiment dans l'arrangement du *reipus;* restent ceux de la ligne paternelle : c'est d'eux qu'il est question dans la suite, leur consentement est supposé, car nous sommes aussitôt conduits à un partage de biens. Mais ici une distinction devient essentielle, distinction qui a été déjà introduite dans l'exposé de la loi salique, mais qui était restée jusqu'ici sans importance[1] : la veuve a-t-elle ou n'a-t-elle pas des enfants de son premier mari? 1° A-t-elle des enfants, la dot que son premier mari lui a donnée se partage ainsi : $\frac{1}{8}$ à $\frac{1}{10}$ de la dot, selon son importance, échoit à titre d'*achasius*[2] aux parentes *proximiores*

1. Il a auparavant une seule fois une certaine importance, c'est lorsque la veuve demande conseil à sa parenté; il est dit ici avec une plus grande exactitude : *parentes infantum suorum.*

2. D'après Kern, *Glosses* 270, *anthâsi* : « the fee to be paid in acknowledgment; » pour d'autres dérivations, v. Pardessus, *Dipl.*, I, 45. n° 6; Grimm, *Préface* de l'éd. Merkel, 54.

du mari défunt (père [mère], frère, fils du frère aîné); à défaut de ceux-ci, au fisc; tout le reste aux enfants. 2° La veuve n'a-t-elle point d'enfant, on attribue alors aux *proximi parentes* du mari : a) l'*achasius*, b) lit et literie, bancs avec coussins et sièges, que la veuve avait apportés *de casa patris* à titre de trousseau dans la dot totale du mariage, le tout compté pour un tiers de la dot. Les deux autres tiers échoient à la veuve.

Un pendant de ces dispositions se trouve L. sal. 73, où il est question de l'homme veuf qui se remarie, également avec distinction du cas où il a des enfants de sa première femme et du cas où il n'en a pas. Dans le premier cas, la dot demeure en entier aux enfants; dans le second, les *parentes proximiores* de la femme défunte ont droit, soit aux deux tiers de la dot promise à la femme par le mari, soit au trousseau apporté par la femme (literie, bancs, sièges) et au tiers de la dot du mari. Le reste appartient au mari survivant[1].

Si nous faisons abstraction de la différence entre la dot du mari et la dot de la femme dans l'apport total, il résulte des titres 72 et 73 ce principe : partage de la dot entre les parents de la partie défunte et la partie survivante, quand il n'y a point d'enfants ; quand il y a des enfants, droit exclusif de ceux-ci à la dot.

La simplicité de ce dernier principe paraît altérée, quand la femme survit, par l'introduction de l'*achasius*. L'insignifiance de celui-ci nous fait tout de suite reconnaître en lui un versement symbolique[2]. Le but en est indiqué par sal. 72, à l'égard des parents du mari, par les mots : « ut pacem habeam parentum ; » à l'égard du fisc, au cas où ces parents feraient défaut,

1. On remarque des changements dans le partage apporté par l'Ed. Chilp., 4.
2. Ainsi Waitz, *A. Recht*, 112, 147. Weinhold dans *Haupts Zs.* 7, 541.

par les mots : « de eam (viduam) in verbum regis mittat. » On ajoute pour plus de clarté que les enfants auront la dot « post obitum matris sine ullum consorcium. » Il s'agit évidemment de maintenir en premier lieu les droits des enfants à la dot contre les réclamations éventuelles : c'est ce qu'indiquent aussi les mots sal. 73 § 1 : « si tamen — liceat judicare ». Mais à côté de ce but particulier, il y a le désir plus général de la veuve de se garantir des réclamations de la part des parents du père, mais ces dernières ne pouvaient être fondées que sur une *mundeburdis* totale, laquelle prenait fin avec le paiement de l'*achasius*. Il ne faut donc pas voir dans l'*achasius* un *droit de mundium* proprement dit[1], mais bien quelque chose de semblable, une indemnité qui, payée par la veuve et non par son fiancé, conduisait à la suppression d'une *mundeburdis* née dans des circonstances tout à fait particulières.

Quel est maintenant le rapport du *reipus* à l'*achasius*? Le plus souvent on a regardé le *reipus* comme un droit de *mundium*[2]. Cette opinion a été combattue récemment par d'Amira, *loc. cit.*, p. 31-36, dans une argumentation sagace et heureuse. Il n'y a point de raison de penser, dans le titre 44 de la loi sal., au droit de *mundium* une observation exacte conduit plutôt à chercher un rapport avec la dot ou avec les meubles de la veuve indiqués sal. 72 et 73. Seulement d'Amira n'a pas poursuivi jusqu'à l'entière preuve la voie découverte par lui, il ne fait que des conjectures. Il me paraît possible d'établir ce qu'il avance. Pour cela, il faudra se représenter encore une fois dans son ensemble la composition de la dot franque dont il a été question plus haut à différents

1. Ainsi Schröder, *Ehel. Güterr.*, I, 60. Weinhold dans *Haupts Zs.* 7, 539.
2. Cf. la littérature dans Schröder, *Ehel. Güterr.*, I, 58, n° 15.

endroits. Il s'est formé une dot totale où se sont rencontrés les apports du mari et celui de la femme. L'apport de la femme, qui, naturellement, n'est composé que de meubles[1], est fixé d'une manière conventionnelle par la loi sal. 73, au tiers de la dot du mari (ou même de la dot totale), donc à une valeur de 8 à 20 s., à quoi correspond bien le prix de 12 s.[2] dans la loi rip., $59_{,9}$. A côté de ce trousseau de la jeune fille se place un trousseau analogue donné au jeune homme lors de la réception des armes (capillaturiæ : sal. 100, *Extrav.*). Ce sont le mobilier et l'équipement militaire de la loi thur. et en partie de la loi rip.[3]; mais il est caractéristique que, dans la loi salique, ils ne constituent pas un arrangement héréditaire, mais qu'ils sont à l'avance enlevés de l'hérédité et ont leur ordre de succession particulier. Cela ne change que plus tard, aux IXe et Xe siècles[4].

Or, dans la Sal. 72, le mobilier n'est point mentionné à l'endroit où il est parlé de la veuve avec enfants, mais précisément dans ce cas il est fait mention expresse de prestation du *reipus*. Dès que le fiancé paye le *reipus*, il n'est plus question de mobilier, c'est-à-dire que celui-ci reste en la possession de la veuve et passe avec elle dans le *mundium* du mari. Ce passage a dû cependant porter atteinte à des droits d'autres personnes, et ces droits devront être cherchés pour les meubles chez certaines catégories de successeurs, conformément au tableau de ceux qui reçoivent

1. Schröder, *Ehel. Güterr.*, I, 113 suiv.
2. Cf. Sohm, *R. u. G. Vf.*, 345, n° 29.
3. Cf. Grimm, *R. A.*³, 566-569.
4. *Sal.* 100, *Extrav.* Sohm, *R. und G. Vf.*, 345, n° 29.

le *reipus*[1]. Or, d'après la loi Thur. 6 $_{5-7}$, l'équipement militaire se transmet avec l'hérédité, mais le mobilier passe de la mère à la fille ou à la sœur, et tel a dû être aussi l'ordre de succession dans la loi salique. Si donc le mobilier entrait maintenant avec la fille (a) dans le patrimoine d'une famille étrangère, une réclamation de la part des représentants de ceux qui ont laissé jadis la succession était certes fondée. Ces représentants étaient pour la mère 1), 2); pour la sœur de la mère 3); enfin pour la grand'mère dont la mère et la sœur de la mère avaient hérité 4[2]). Tous pouvaient, à défaut de l'ayant droit qui les précédait, prétendre successivement au mobilier, dès qu'il sortait de l'union gentilice; ils étaient donc indemnisés par le *reipus*. Mais si le mobilier sortait de la famille, le droit le plus proche était celui des parents du premier mari. Héritaient-ils de lui, c'est-à-dire n'avait-il pas laissé d'enfant, ils entraient réellement en possession du mobilier (cf. sal., 72 : « Certe simulier — alio se dare marito »); mais s'ils n'héritaient pas, ils devaient être également indemnisés; de là le droit au *reipus* de (5), et

1. Ce sont les suivants :

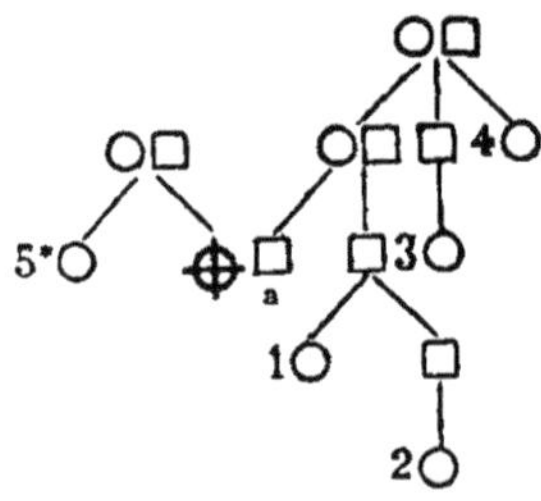

* *Si in hereditatem non est venturus* — et ainsi de suite *usque ad sextum genuculum*.

2. Cf. Peters, *Commentat. ad tit. XLVII legis Sal. de reippus*. P. 23-29.

de ses parents jusqu'au sixième genuculum, s'ils n'héritaient pas[1].

Cette explication du titre 44, qui, avec l'abandón de cette conception mobilière, ne devait pas tarder à tomber en désuétude[2], paraît satisfaisante sur tous les points; mais certainement elle ne nous fait rien connaître du *mundium*, soit d'un seul, soit de la *gens*; elle donne seulement une vue sur l'ordre de succession relatif aux meubles en se référant à un cas particulier.

Un coup d'œil rétrospectif sur les sources en apparence si riches de l'histoire de la tutelle franque montre maintenant qu'en somme nous savons fort peu de chose sur sa nature; malgré les trois grands titres de Sal. (44, 72, 73), nous ne connaissons pas la forme vraie du droit de *mundium*, et, en particulier, la position du tuteur vis-à-vis du *mundium* général de la *gens* n'est pas claire. Cependant il n'est point douteux que le rôle du tuteur ne fût encore très effacé devant la famille; aucune des expressions qui le désignent d'ordinaire[3], n'apparaît dans les sources du droit salique. L'action de l'union gentilice s'étendait avec d'autant plus de force sur l'ensemble de tous les membres de la *gens*, comme le montre le lien juridique qui les unit en face de l'État[4]; action qui se traduisait tantôt

1. Il paraît que la conception de la Gérade disparut bientôt, la loi Thur. 10 est la seule qui la connaisse, et aux IXe et Xe siècles, elle avait disparu : Sohm, *R. u. G. Vf.*, 345, n° 29. Déjà au temps de Louis le Pieux on ne voulait rien savoir de la *reipus*; Cap. Ludov. I, 819, tit. 8.

2. Le fisc arrive alors, comme ailleurs aussi après le 6e degré (v. infra p. 60. Chilpéric dans *son édit*, § 2, fait cesser cette décision pour ses sujets.

3. Schröder, *Ehel. Güterr.*, I, 1.

4. Comp. la série des parents pour la tutelle individuelle, p. 44 : Père (mère); frère, le fils du frère aîné, avec le système exposé p. 45. L'accord complet existe jusqu'aux enfants; pourquoi ceux-ci manquent-ils ? V. Amira l'explique p. 31.

sous la forme du mundium, tantôt par l'intervention libre pour l'honneur et la prospérité de la gens.

Cette association de famille vivante, exerçant continuellement une action réciproque entre la race et l'individu, est ce qui caractérise le droit de famille franc jusqu'à la rédaction de la loi salique; au tournant des ve et vi^{e} siècles, il est déjà en pleine décadence. S'il se maintient malgré cela, avec maintes modifications, il est vrai, au delà de ce qu'on pouvait attendre, la raison en était en partie que l'État en avait encore besoin çà et là pour ses propres desseins, et qu'il le protégeait dans cette vue, mais plus encore parce qu'une nouvelle puissance s'introduisit pour le vivifier : le droit de succession aux biens fonciers.

Nous parlerons dans la suite de cette dernière transformation qu'a reçue le contenu juridique de l'association familiale.

Nous avons jusqu'ici pour l'ensemble interne de la *gens* l'organisation suivante : 1) La famille qui comprend les père et mère et les enfants. 2) Les *parentes*. On distinguait ceux de la *generatio materna* (les plus proches sont la sœur de mère et le fils de la sœur de mère[1]), et ceux de la *generatio paterna* (les plus proches sont le grand-père, le frère du père et le fils du frère du père). Dans cette série d'individus apparentés s'exprime la combinaison la plus simple du principe cognatique et agnatique. La famille étant fondée sur la communauté du sang, vient se grouper autour d'elle la *parentela*[2] basée sur la communauté de droit, en partie aussi sur la communauté d'intérêts et d'usages. Un ordre était ainsi créé qui paraît aussitôt applicable au droit de succession.

1. Nous renvoyons à ce qui a été dit au sujet de la place particulière de la mère, p. 44.

2. Cf. Bluhme. *Omnis parentilla* (Bonner Festgabe für Homeyer, 1871, p. 5).

Comment se comporte le titre 59 *de alodis* à l'égard de cette interprétation? Ce titre, en accentuant le principe que les droits fonciers ne peuvent être transmis qu'aux descendants mâles, établit l'ordre de succession suivant : la mère, les frères et les sœurs, la sœur de mère, la sœur de père[1] du défunt, le tout sous la condition expresse qu'il meurt sans enfant et en admettant implicitement que son père est également décédé[2]. Ainsi le premier échelon complet de la succession est occupé par les père et mère et les frères et sœurs du défunt, ou, d'une manière plus générale, les père et mère et les enfants, c'est-à-dire *la famille*; à l'échelon suivant, nous avons la sœur de mère, c'est-à-dire le premier membre de la *generatio materna;* ensuite la sœur de père. Enfin le titre continue ainsi : « et inde de illis generationibus, quicumque proximior fuerit, ille in hereditatem succedat », c'est-à-dire viennent ensuite les plus proches parents de la ligne[3] maternelle et de la ligne paternelle[4]. L'énumération de la sœur de mère et de la sœur de père doit donc former la transition au principe général sur la succession des *parentes generationum* ; elle indique où commence celle-ci dans les deux lignes.

Mais tandis que l'ordre de succession de la famille répond entièrement à l'ordre primitif des personnes que nous avons

1. Seulement dans les manuscrits 2, 5, ss. mais existant à l'origine; c'est ce que montrent du reste les mots suivants *et inde de illis generationibus*. Sur la puissance de la sœur de la mère, cf. Waitz, *A. Recht*, 3. Rosin, *Comm. ad tit. leg. Sal. LIX*. (Diss Vrastisl.)

2. V. Waitz, *A. Recht*, 108, et Rosin, *op. cit.*, p. 34, qui donne d'autres motifs pour l'omission du père.

3. *Generatio* ne veut jamais dire degré comme le prétend v. Amira, p. 9, mais toujours *gens, genealogia, genus*. Cf. Sal. 44, 6, 58, 3, 4, 61, 1, 101. *Extrav*. B. 2. La Lex Thur. 6 est une exception qui s'explique du reste. Cf. p. 64, n. 1.

4. Ce sont les *generationes illae*. Le passage est entièrement méconnu par Gierke, *Zs. f. R. G.*, 12, 441; aussi par Rosin, p. 36.

trouvé plus haut au sens de l'association familiale, des difficultés se présentent pour la succession des *parentes*. La sœur de mère, comme tête de la *generatio materna*, est bien conforme au principe trouvé jusqu'ici, mais à la place de la sœur de père, on attendrait plutôt le grand-père ou du moins le frère du père. Le grand-père a dû être omis grâce à la même suite d'idées qui avait fait négliger le père ; on le considérait comme certainement prédécédé. Il est plus difficile d'expliquer que la loi ait mis la sœur de père à la place du frère de père. La supposition que le titre 59 n'a voulu fixer que l'ordre de succession pour les femmes lèverait la difficulté ; mais elle est vraiment trop radicale[1], étant donné le § 2 : « si mater non fuerit, et fratrem et sororem dimiserit. »

Il semble pourtant que dans le cours de la rédaction du titre on se soit de plus en plus occupé des femmes, cela ressort clairement du dernier alinéa (5), où, dans l'opposition de *mulier* et *virilis sexus*, le mot *mulier* précède. Il est donc permis d'admettre également pour le § 4 cette préoccupation spéciale de régler les droits des femmes et partant de considérer les droits du frère de père comme parallèles à ceux de la sœur de père. Ces suppositions admises, il se trouve que l'organisation personnelle de l'association des parents (Geschlechtsverband), pour la protection de son honneur, de sa paix et de sa consistance personnelle, est identique avec l'ordre de succession mobilière ; celui-ci peut donc être complété avec la série que nous avons trouvée pour cette organisation : fils de la sœur de mère, fils du frère de père. On pourra donc en somme adopter pour la succession

1. Représenté par Pardessus, 701 ; par v. Amira, 5. Rosin, § 1 et 5. Gierke, *Zs. f. R. G.*, 12, 439. Schröder, *Forsch. z. D. G.*, 19, 145.

mobilière l'image de deux cercles[1] : l'un, plus étroit, celui de la famille, qui comprend les père et mère, frères et sœurs et enfants[2], quand il y en a ; l'autre, plus large, qui comprend les collatéraux et les ascendants[3].

Mais tandis que la composition personnelle de la *gens* exigeait qu'elle fût resserrée aussi étroitement que possible pour le maintien de son association, il importait, dans la succession mobilière, de faire entrer dans l'ordre successible un cercle de parents aussi large que possible. Aussi ne trouvons-nous pas, sal., 59, la restriction précédente à *tres de generatione paterna* ou *materna*, mais on se refère à tous les parents des deux lignes. Néanmoins, il a dû exister, au moins primitivement, une limite déterminée après laquelle le fisc devenait héritier; cette conclusion repose sur sal. $44_{,9,10}$, d'après laquelle le droit de *reipus* ne doit pas dépasser le sixième genuculum dans la *gens*[4]. C'est ce que montre encore plus fortement rip. 56, qui d'ordinaire concorde entièrement avec l'ordre de succession de la loi salique en reproduisant, sal. $59_{,4}$, par ces mots : « deinceps usque quinto genuclo, qui proximus fuerat, in hereditatem succedat. » Apparemment c'est ici le même compte que dans la loi salique, mais seulement il est

1. Cf. Siegel, *Das Deutsche Erbrecht*, 1853, et *Germanische Verwandtschaftsberechnung*, 1853, et déjà Fischer, *Versuch ueber die Geschichte der teutschen Erbfolge*, 1778.

2. C'est difficilement admissible pour d'autres descendants, comme Gierke (*Zs. f. R. G.*, 12, 442) l'a prétendu dans une vive polémique contre V. Amira. L'importance toute spéciale attachée à l'origine au principe agnatique (cf. Bluhme, *Omnis parentilla*, p. 6 et 7), ensuite l'introduction plus récente du droit de représentation des neveux rendent cette hypothèse inadmissible.

3. V. Amira trace différemment les deux cercles, p. 9 et suiv , parce qu'il inscrit dans le premier cercle la sœur de la mère, et qu'il veut dans l'autre faire reposer le principe de la proximité du sang sur la fausse interprétation du mot *generatio*. (V. *supra*, p. 58, n. 3.)

4. Mais cette restriction cessa bientôt, v. Ed. Chilp., § 2.

autrement réglé [1], et c'est précisément pour cette raison qu'on ne peut décider avec certitude quelle est la manière de compter les genucula; la plus vraisemblable est celle qui a été employée plus haut, p. 45. D'après celle-ci, l'ensemble de la famille se serait étendu sur trois genucula; l'ensemble de la *gens* des *parentes proximiores* sur 4 et même sur 6 [2].

Ce qui importe plus pour notre but que la solution de cette question, ce sont les recherches sur la succession immobilière, qui ne se développe que lentement en face de la succession mobilière. Avant tous les développements, il faut placer ici le titre 59 (sal., $59_{;5}$) : « De terra vero (add. salica codd. 6 et 5 sqq.) nulla in muliere hereditas (hereditas aut portio cod. 3, nulla hereditatis portio, ou analogue codd. 5. 6 sqq.) pertinebit, sed ad virilem sexum, qui fratres fuerint, tota terra perteneunt ; » disposition qui est reprise par rip. $56,_4$: « sed cum viriles sexus extederit, femina in hereditate aviatica non succedat. » Mais la disposition primitive de la loi salique n'est point du tout identique à celle de la loi Ripuaire; tandis que Sal. $59,_5$, parle de la *terra* en général, c'est-à-dire des droits immobiliers, cette notion s'est concrétisée (Rip., 56) en *terra aviatica*; c'est la propriété foncière du défunt qui lui vient de son père. Voici une notion plus étroite : elle trouve son corrélatif dans un des manuscrits plus récents de la Sal. [3], qui ne peut, dans sa généralité, être expliqué par ce fait

1. Cf. Bluhme, *op. c.*, p. 10-12.

2. Un système de succession, soit d'après la *parentela*, soit d'après le degré, n'est pas prévu d'une manière générale par la loi Salique. Cf. Rosin, § 6. Gierke, *Zs. f. R. G.*, 12, 441 ; aussi Rive, *Jahrb. des gem. deutschen R.* 6, 214 s. ; Waitz, *VfG.*, 1³, 63.

3. Autrement Zöpfl, *Die ewa Chamavorum* (p. 63 N.) qui voit seulement dans le mot ajouté *salica* une explication plus exacte de *terra ;* cf. à ce sujet, Rosin, p. 4, et l'opinion contraire de Pardessus, 708, et v. Amira, 12.

que quelques manuscrits auraient été écrits en dehors du territoire salien et auraient nécessité ainsi une limitation précise de cette disposition légale aux héritages saliques[1]. Elle se rapporte bien plutôt à une limitation réelle et non locale; elle désigne la terre qui était dans une relation définie avec la *sala*, c'est-à-dire l'habitation paternelle, et devient ainsi effectivement synonyme du terme *aviaticus* dans la Rip [2].

Cette limitation de la Sal. et de la Rip. depuis le milieu du VIe siècle environ ne s'explique que par une division des droits immobiliers qui se produisit pendant les dernières générations précédentes. Nous trouvons des indications plus précises sur cette division dans les lois Chamav. et Thur. La source principale est Thur., 6. Elle distingue entre l'*hereditas* au sens propre, synonyme d'immeubles de patrimoines paternels[3], entre la propriété immobilière simple et entre les biens meubles. La propriété immobilière se scinde donc encore une fois : *hereditas* a ici tout à fait le sens primitif de

1. C'est ce que veulent Sohm, *R. und G. Vf.*, I, 45; Hubé, *La loi Salique*, XI; Rosin, 6-18; Gierke, *Zs. f. R. G.*, 12, 447.

2. Ainsi Guérard, *Polypt. d'Irminon*, 483. Waitz, *A. Recht*, 118, v. Amira, 13; pour de plus nombreux renseignements bibliographiques, cf. Rosin, 8, n° 4. L'expression *aviaticus* (*avicus*) se trouve même dans la *lex Sal. Extrav.*, 98 (ms. 10) : « si quis alteri avicam terram suam commendaverit et ei noluerit reddere... sol. XV culp. jud.; » cf. aussi Codd. 7-9 et Emend. Schröder, *Forschungen z. D. G.*, 19, 149, et de nouveau dans *Zs. der Savignystiftung* (2, 53, f.), cherche à établir qu'à ces époques primitives le sens de *terra salica* était « bien seigneurial », *terra indominicata*, et il s'appuie sur des documents plus récents. Mais il faut répondre à cela que la notion postérieure de « terre seigneuriale » se déduit sans peine de celle de « terre salique de droit populaire », c'est-à-dire de terre de partage. La notion intermédiaire est celle de la *sala*, de la demeure du seigneur; c'est là qu'habitait encore l'homme libre, à l'époque où fut composée la loi Salique, tandis qu'au Xe ou bien au XIIIe siècle, elle n'est plus occupée que par le seigneur foncier de haut rang.

3. C'est ainsi qu'*hæreditas* est usité dans les sources de la loi Salique et dans l'Edit de Chilpéric, § 1.

l'allemand Erbe (héritage). Ulfilas traduit (S. Marc, 12, 7, et S. Luc, 20, 14) κληρονόμος par *arbinumja*; elle signifie la propriété pleine et entière de chaque co-villageois et est identique avec la *terra aviatica* ou *salica* de la loi salique ou ripuaire. En face de cette propriété, il y a la *terra* qui s'est formée par acquisition durant le mariage, par suite du défrichement ou de toute autre manière, et était pour cette raison attribuée en partie à l'épouse[1]. Elle pouvait donc ainsi appartenir à une femme et être transmise par elle. L'ordre de succession de la Thur., à laquelle se rattachent les brèves observations de Chamav. 42[2], est le suivant : 1° pour l'*hereditas* : a) le fils; b) « proximus paternæ generationis consanguineus usque ad quintam generationem ; » c) (*fusus*) parents à quenouille. 2° Pour la *terra* : a) le fils; b) la fille[3]? c) « proximus paternæ generationis. » 3° Pour les meubles : a) les enfants avec partage particulier des meubles de la communauté et des autres meubles[4]; b) la sœur; c) la mère.

Si nous faisons abstraction de la succession dans la *terra*, qu'omettent la loi salique et ripuaire et que la première ne connaît pas primitivement, ainsi que de la succession des meubles, où la loi Thur. s'écarte de la loi sal. et rip. en ce qui concerne la série des héritiers dans le cercle de la famille, nous trouvons pour l'*hereditas* l'ordre de succession suivant : le fils, le frère du père et les mâles suivants *de paterna generatione*

1. D'après Rib. 37, 2, à un tiers.

2. Cham. 42, « si quis Francus homo habuerit filios [duos], hereditatem suam de sylva et de terra (c'est l'héritage dans le sens de la *loi Thur.*, 6) eis dimittat, et de mancipiis et de peculio. de materna hereditate similiter in filiam veniat ». Rien dans la l. Thur. ne contredit ceci.

3. Cela reste douteux ; Gaupp, dans son explication, accepte déjà ici le *proximus pat. generat.* (*Altes Ges. d. Thür.*, 343 et suiv.)

4. V. là dessus Grimm, *R. A.*[3], 567.

jusqu'au cinquième genuculum, — car *generatio* est ici improprement employée dans le sens de genuculum[1], — ensuite les mâles de la *materna generatio*[2].

C'est là un ordre successoral qui résulte immédiatement comme par voie d'abstraction de la succession mobilière de la loi salique. Sont donc successibles, parmi les membres du système personnel de la *gens*, les fils, puis les frères du défunt, — mais non son père, puisque c'est lui qui avait dû lui transmettre l'*hereditas*; viennent ensuite les mâles de la ligne paternelle et de la ligne maternelle jusqu'au cinquième ou, suivant le cas, jusqu'au sixième degré. Ce qui est singulier ici (Thur. 6), c'est que les parents de la lance précèdent, ceux de la quenouille suivent. C'est l'ordre inverse qui se trouve dans la loi salique pour la succession mobilière; peut-être encore parce que le titre, dans la suite de ses dispositions, s'attache de plus en plus à ne traiter que de la succession des femmes. Le point principal est hors de doute : l'ordre de succession immobilière des droits francs dans leur dernier aspect, celui de la loi Thur. 6, est un simple calque de la succession mobilière dans l'époque antérieure, et celle-ci est basée à son tour sur le système successoral des individus dans la constitution de la *gens*, pour tout ce qui concernait l'organisation de la protection et de l'honneur de la *gens*[3].

La séparation du droit de succession immobilière repose sur

1. C'est ce que montrent déjà les termes : « *usque ad quintam generationem paterna generatio succedat.* » On a ici deux fois *generatio* dans des sens différents.

2. La branche féminine n'est pas directement et définitivement exclue, comme Rosin cherche à le prouver dans sa dissertation, p. 19 et suiv. V. aussi Beseler, *Erbvert.*, § 133.

3. Quant au développement antérieur de la succession immobilière franque, nous en parlerons plus haut.

cé que primitivement les femmes étaient absolument écartées de ce système successoral. La cause en était donnée naturellement par l'organisation économique de l'époque des tribus (César et Tacite). Si, à cette époque, celui qui jouissait des pleines conditions d'existence juridique et économique, sous l'obligation de les maintenir et de les défendre, était libre et son propre maître, l'homme fait majeur pouvait seul l'être, à lui seul appartenait, par suite, le fondement économique de la liberté, le droit à la culture du sol. Ce droit n'était primitivement fixé au sol que d'une manière lâche et temporaire; ce n'est que plus tard qu'il devint individuel, qu'il adhéra fortement à la portion de sol sur laquelle il n'était jadis exercé que temporairement. Le droit à une parcelle de jouissance devint propriété foncière; la propriété foncière, la condition de la liberté de l'homme; les femmes étaient exclues de cette propriété comme soumises à la tutelle.

Mais dans ce développement, produit par des circonstances économiques et politiques, s'introduisit le système successoral de la *gens*. Si la liberté donnait le droit de cultiver le sol dans le cadre de l'organisation générale économique du peuple, la supposition la plus naturelle était que chaque fils de famille libre, en arrivant à l'indépendance, reçût de l'association de village un lot égal à ceux que les autres libres possédaient[1]. Mais les temps d'une pareille prodigalité de terre n'ont pu durer longtemps, si même ils ont jamais existé. La loi salique ne les connaît déja plus; au contraire les co-villageois s'attachent déjà à cette époque à l'emploi économe des

1. Il faudrait avant tout en chercher la preuve dans le droit de succession unique du premier né à la *terra aviatica*, par le partage des nouveaux lots entre les fils cadets. Une conséquence qui se pourrait réduire juridiquement dans des traces plus ou moins fortes d'un droit de primogéniture. Cf. Schulze, *Recht der Erstgeburt*, 202, f., Grimm, *R. A.*³, 473 et suiv.

biens fonciers. Cette préoccupation plus récente des co-villageois se montre dans sal. 45, *de migrantibus :* ce titre appartient sûrement aux chapitres les plus récents de la loi salique primitive, comme le montre déjà son rapprochement avec la *res prestita* et la *fides facta* dans la procédure, sans compter les traces qui s'y manifestent d'une forte autorité royale. Mais elle se montre aussi dans la succession de la propriété foncière : les mots de la loi salique « qui fratres fuerint » spécifient que tous les frères entrent d'une manière égale en possession des biens fonciers provenant du père et du grand-père [1].

C'est précisément cette égalité dans les droits des frères qui aura contribué surtout au développement des *terræ* dans le sens de la Thur., déjà connues par la Sal., Codd. 5 et 6, sqq. et la Rip.

L'*hereditas* ne pouvait suffire aux besoins de tous les frères, ils élargirent donc leur champ de subsistance par des défrichements. Ainsi naquirent les *terræ*, les champs conquis et bien gagnés. On ne pouvait plus appliquer à ces terres un ordre de succession qui s'était justifié bien moins par des raisons purement économiques que par la notion politique de liberté, et n'était explicable que par des circonstances historiques d'une autre époque. On dut donc arriver, en se basant sur le système personnel de la *gens*, à un nouvel ordre de succession qui, en même temps, n'excluait pas absolument les femmes, sorte de moyen terme entre les successions mobilière et immobilière antérieures : le premier essai dans ce nouveau sens se trouve Thur. 6.

Les progrès ultérieurs de la succession immobilière la plus

1. Cf. Pardessus, 717. v. Amira, 14. Schröder, *Ehel. Güterrecht*, I, 113.

moderne se produisent en dehors de l'époque des coutumes populaires, et, par suite, en dehors du cadre de ces recherches ; mais, dès maintenant, il y avait un grand pas de fait. D'après la description de Posidonius chez Strabon, 7, les Germains ont à peine la notion de propriété foncière fixe ; ils se transportent çà et là avec leurs troupeaux, sans jamais s'établir, se conformant seulement aux besoins du bétail. César, au contraire, connaissait chez les Germains déjà des limites fixes et arrêtées; la conception du territoire de la tribu, comme propriété collective de la *civitas*, et l'établissement de droits de jouissance économiques découlant des droits politiques de l'homme libre. Six générations plus tard, au temps de Tacite, la propriété collective était déjà passée aux associations économiques les plus inférieures, aux communautés de village, au dessus desquelles s'élevait maintenant pour la première fois la notion du domaine public de l'Etat pour le *pagus* de la peuplade. Le *pagus* comme tel était ainsi sorti de l'histoire du développement de la propriété immobilière et héréditaire ; désormais ce développement dépendra de considérations économiques et juridiques qui s'entrecroisent, fondées sur le voisinage et la parenté.

A peine l'ordre des choses s'était-il suffisamment affermi dans la propriété collective de la communauté de village pour que le nombre des lots de jouissance aux champs, aux pâturages et aux bois parût fixé; l'augmentation toujours plus grande du nombre des membres dans chaque *gens* amena alors une évolution qui fit considérer la *gens* comme possédant proprement ce lot et les différentes générations comme exerçant simplement la jouissance dans ses limites au nom de la *gens*. On arriva ainsi à une sorte de droit de propriété collective de la *gens* à la *terra aviatica*, lequel droit était d'ailleurs presque dépourvu de toute initiative libre et ne se manifestait que dans une succession strictement obligatoire. Mais cette situation, qui est également marquée par l'étroite pénétration réciproque des intérêts économiques et de l'ordre successoral de la *gens*, fut aussi minée par un développement économique ultérieur. L'intensité de la culture sur les vieilles terres allouées du village ne pouvait plus suivre l'extension nécessaire de la production des subsistances. Il fallut défricher : l'ordre de succession jusqu'alors en vigueur fut rompu ; il se forma une opposition entre la propriété héréditaire et la proprieté immobilière acquise.

Il reste à savoir comment le village fut affecté dans son organisation juridique par toutes ces transformations, et en général quels rapports il présentait avec la *gens* et avec le sol. Mais ces questions conduisent plus loin. La communauté de village avait été, d'après les indications de Tacite, le dernier support visible de la propriété collective ; l'était-elle encore ? Et dans le cas affirmatif, comment se comportait-elle à l'égard de la quasi-propriété collective de la *gens* Ainsi les problèmes que soulèvent les rapports entre co-villageois aboutissent finalement à la recherche des rapports entre les propriétés particulières et la propriété commune dans l'économie rurale ; c'est dans cette direction que notre recherche devra maintenant poursuivre sa voie.

La base de la discussion nous est donnée par le § 3 de l'édit de Chilpéric[1], qui a été récemment très débattu. Sans nous occuper

1. Cf. Thudichum, *Gau- und Markverf.*, 1860, 185 s. Boretius dans Behrend, *Lex Salica*, 1874, 106. Rosin, *Comm. ad. tit. leg. Sal.* LIX. Vratisl., 1875. V. Amira, 15 s. Gierke, *Erbrecht und Vicinenrecht im Edikt Chilperichs, Zs. f. R. G.*, 12, 430 s. R. Schröder, *Agrarverfassung der Sal. Franken, Forsch. z. D. G.*, 19, 144 ss. Kern dans Hessels, *Lex Salica*, col. 409.

d'abord des conjectures faites sur le deuxième alinéa du paragraphe qui a été altéré, cherchons à établir le sens de sa première partie : « Simili modo — accedat possidenda. » Il est ici question de succession foncière dans des hypothèses tout d'abord déterminées : le père est mort et a laissé des fils et des filles. Seuls d'entre eux, les fils héritent de la terre et la possèdent ensuite absolument selon le droit de la loi salique. Or, ils meurent tout à coup ; alors la fille doit recevoir la terre avec le droit qui aurait appartenu aux fils s'ils fussent restés en vie. Mais la fille aussi meurt : alors le frère survivant doit prendre la terre. Ensuite le frère survivant meurt, sans laisser de frère ; alors sa sœur doit entrer en possession de la terre. Ce qui rend ces dispositions successorales vraiment importantes, dispositions qui sans nul doute introduisent des avantages en faveur de la succession des femmes, c'est la décision complémentaire. Il est dit au sujet du frère survivant succédant à la fille : « Frater terras accipiat, *non vicini.* » Or il ne peut être douteux que la terre à laquelle il est fait allusion ne soit l'*hereditas* ou la *terra aviatica* (*salica*) des rédactions postérieures ; cela est clairement indiqué, ainsi que Gierke[1] l'a montré d'une façon convaincante, par les mots « vicinos habens », servant à caractériser le défunt. On obtient donc la proposition générale : la succession de la *gens* dans la terre *aviatica* ne s'étendait primitivement qu'aux fils, ce n'est que l'édit de Chilpéric qui admet la succession des filles, et la transmission de celle-ci au frère survivant ou à sa sœur, mais aussitôt après ces successibles, la *terra aviatica*, la terre salique fait retour à la communauté de village[2]. Si nous combinons

1. *Zs. f. R. G.*, 12, 436 et suiv.

2. Ainsi déjà v. Sybel, Maurer, Thudichum et Gierke. V. ce dernier, *op. c.*, p. 450.

cette proposition avec le dernier développement du droit de succession immobilière franc trouvé plus haut page 64, nous constatons l'évolution suivante de l'ordre de succession dans la terre salique : d'abord droit unique des fils, étendu par un acte législatif aux filles, frères et sœurs du défunt (éd. Chilpéric, § 3) ; à défaut de ceux-ci, retour à la communauté[1] ; plus tard, invasion de l'ordre de succession mobilière dans le système de la succession dans la terre salique, admission des parents à épée jusqu'au sixième degré et même des parents à quenouille, décadence du droit de succession des voisins (Thur., 6). Cette évolution occupe l'intervalle du IIIe au VIIIe siècle. Au Ve, le développement de la propriété foncière est encore dominé par le droit des voisins ; au VIIIe, elle n'est plus guère influencée que par le droit de la famille et de la *gens* ; au Ve, la notion de la propriété collective de la communauté plane encore au dessus de la possession individuelle ; au VIIIe, c'est la notion de la propriété héréditaire se transmettant obligatoirement dans la famille.

Pour la propriété collective, la notion de la terre salique est nécessaire ; la propriété héréditaire peut s'en passer ; bien plus, son développement s'achève plus vite et plus radicalement sur des immeubles extra-saliques. Cela ressort déjà de Thur., 6, et aussi de la proposition finale de l'éd. de Chilp., § 3, dont il faut ici parler. C'est la phrase altérée au commencement : « det illi vero — debeant. » Premièrement, nous parlons ici de la seconde partie, en somme bien conservée, où il faut seulement restituer à la suite de *debeant* un *conservare*, conformément aux explications plus anciennes, ou avec Kern changer *debeant* en *habeant*. Dans cette seconde partie, il

1. Cf. ici Rosin, Diss., § 3.

est dit : les leudes de Clotaire Ier, du roi précédent, doivent conserver la coutume qu'ils suivaient jusqu'alors entre eux *de hac re.* Il ne reste plus qu'à savoir quelle est cette chose? Les mots corrompus qui contiennent la réponse sont : « det illi vero et convenit singula de terra istas qui si adveniunt. » Les derniers mots sont encore intelligibles; en meilleur latin, ce serait « de terris istis, si quæ adveniunt[1] » sur ces terres, en cas qu'il leur en échoie. Cette expression suppose qu'une idée générale précède, à laquelle elle puisse s'appuyer : cette idée doit être contenue dans les mots corrompus[2]. Elle me paraît avoir été trouvée par Kern (éd. Hessels, Sal. 409, sub éd. Chil. § 3), qui lit, à la place de *det illi*, *de tilli*, c'est-à-dire *de acquisitione*, ce qui, étant donnée l'écriture indistincte des manuscrits de l'époque mérovingienne, est moins une conjecture qu'une meilleure lecture. La construction de la phrase est alors entièrement conforme à l'édit de Chilp. § 10 : « De trotinia vero si [lisez sic] convenit observare, ut, etc. » il faut donc dire aussi : « de tilli vero sic convenit, singulariter de terras istas qui si [si qui] adveniunt[3] ut, etc., » pour ce qui concerne la terre acquise, spécialement de pareilles terres en cas qu'il en échoie, il a été convenu, etc.

Ainsi la phrase finale du § 3, rapprochée des dispositions précédentes, exprime que l'ordre de succession accoutumé pour les terres acquises par *bifang* [*comprehensio*] et les terres nouvellement défrichées des hommes libres qui avaient déjà sous Clotaire l'autorisation de s'établir, doit rester en vigueur

1. *Si quæ adveniunt* avec Gierke, *op. c.*, p. 453, et Kern dans Hessels, Sal. col. 409.

2. Ainsi s'écroule la reconstruction tentée à l'aide de mots insignifiants comme *Deinde, Dehinc vero.* (Waitz, *VfG.*, 2, 2, 274, n° 2, et aussi Gierke, *op. c.*, 433.)

3. Kern, *op. c.*, lit : *De tilli vero et convenit : singula de terras istas, ut si qui adveniunt, leodis...*

comme par le passé[1]; ou, en d'autres termes, il enseigne que, déjà au temps de Clotaire Ier, il s'était développé sur une grande échelle une propriété foncière qui sortait de la notion et de l'ordre successoral de la terre salique et correspond absolument à la *terra* de la loi Thur., 6. Cette terre et cette succession ne se formaient qu'en vertu d'un privilège d'établissement donné pour le défrichement; il fallait donc une confirmation royale renouvelée qui lui est octroyée au § 3 de l'édit de Chilpéric. En même temps, il résulte d'un autre passage du § 12 du Pact. pro ten. pac., que ce sont surtout les puissants qui ont dû tirer profit de ces privilèges d'établissement : « potentes, qui per diversa possident[2]. »

Le double bénéfice auquel l'étude du § 3, édit de Chilp., a ainsi conduit pour notre sujet, peut s'exprimer brièvement dans les propositions suivantes : d'abord le § 3 montre clairement le progrès du droit de la succession immobilière au sein de la *gens*, fondé sur le système successoral établi pour celle-ci, au détriment du droit de retour à la communauté de village qui, jusqu'ici, l'emportait presque complètement sur la *gens*; il nous introduit dans la lutte que soutient le lien juridique de la *gens* contre celui de la *vicinitas*; en second lieu, le § 3 montre pour la première fois clairement la naissance dans le droit salique d'établissements en dehors de la terre salique; il nous introduit dans la lutte des facteurs économiques et agraires contre la *vicinitas*.

Dans cette situation, il paraît nécessaire d'examiner le contenu des droits de la *vicinitas*, en tant qu'il se trouve dans la

1. Schröder a donné récemment une autre explication se rapportant au Medem (droit du roi au sol du territoire), *Zs. der Savignystiftung*, 2, 76, f.

2. Cf. Roth, *Beneficialw.*, 75 s. — Beseler, *der Neubruch*, 15 s. (*Symbolae Bethmanno Holwegio oblatae*, 1868). Arnold, *Ansiedlungen und Wanderungen*, p. 251.

loi Sal., pour arriver à une notion plus précise de la *vicinitas*, alors que nous nous étions occupé jusqu'ici du droit de succession de la terre salique. Les observations qui y sont relatives se rattachent au mieux à l'explication du titre 45 de la loi Sal., *de migrantibus*.

Ce titre traite du cas où un étranger veut s'établir dans un village dans le rayon juridique de l'un des habitants[1], naturellement avec le consentement de celui-ci, et où un ou plusieurs des co-villageois sont disposés à l'accepter; néanmoins, il ne lui sera pas permis d'y séjourner, si un seul voisin fait opposition légale. Mais si l'étranger est resté domicilié dans le village pendant douze mois sans protestation, il pourra à l'avenir y demeurer en sécurité[2], en qualité de co-villageois, au même titre que les autres. Ce titre est complété par la loi sal., $14_{,4}$. Les voisins n'ont pas le droit d'opposition contre un homme libre qui produit un privilège d'établissement délivré par le roi.

Ici apparaît d'abord la disposition sur les droits de jouissance de la Marke[3] appartenant aux co-villageois. D'après le

1. C'est dans un sens si général, qu'on doit rendre *super alterum*. Cf. sur le sens de *super* Sal. 50_3 : « ego super me et super furtuna mea pono » et notam. Sal. (Codd. 5-10, Emend.) 17_2 : « si quis hominem mortuum super alterum in naufum aut in petra miserit; » de même *superprendere*, Rip. 60_2. Le rayon juridique dont il est question ici est inséparable de la portion de chacun des habitants, mais il y a un excès de spécialisation dans l'explication de Schröder (*Forsch. z. D. G.*, 19, 146, n° 3, et *Zs. der Savignystiftung*, 2, 55 s., 62 s.). Conformément à ce qu'en avaient déjà dit Thudichum, *Gau- und Markverf.*, p. 221, et *Gierke*, I, 26, note, Schröder, *op. c.*, après avoir donné une explication du sens entier de ce paragraphe, arrive à des conclusions auxquelles nous ne pouvons nous rallier. Pour la réfutation, voy. v. Maurer, *Einleitung*, p. 144; Waitz, *VfG.*, 1^3, 134; Thonissen, p. 373. Une autre explication du mot *super* est donnée par Sohm, *R. u. G. Vf.* 61, n° 13.

2. Pour *consistere*, cf. Sohm, *R. u. G. Vf.*, 210, n° 110.

3. L'expression *Mark* n'apparaît dans les sources du droit salique que Ed. Chilp., § 8, et là encore elle est créée par la conjecture de Sohm (*Process*, 63, *R. u. G. Vf.*, 210); v. encore Rip. 75.

droit germanique, l'opposition d'un seul suffit à rendre vaine la décision de tous. Mais, au dessus des habitants, s'élève le droit étendu du roi; c'est à lui qu'est faite la demande d'exécution contre l'étranger qui séjourne illégalement (Sal. 45,$_2$); il peut paralyser, par une autorisation spéciale, le droit d'opposition des habitants. Ces droits étendus en tant que royaux étaient, à l'époque de la rédaction de la loi salique, probablement de date assez récente; en tous cas, ils étaient primitivement dans la compétence du « concilium civitatis » de César et de Tacite. Ceci admis, on s'explique le partage des droits entre le roi et les co-villageois dans le cours du développement historique. Au temps de César, la disposition totale du sol appartenait encore au *concilium* et aux *principes*; plus tard, déjà au temps de Tacite, elle passa aux communautés de village; mais un vieux résidu de l'ancien ordre de choses se conserva dans le droit d'intervention du *concilium*, plus tard du roi[1]. Ce droit d'intervention du roi se tourna maintenant, grâce à l'essor inattendu de l'influence personnelle du roi, contre la solidité de l'association villageoise : le § 3 de l'édit de Chilpéric nous l'a déjà montré. Le brevet d'établissement délivré par le roi devint même efficace pour donner aux terres des privilégiés une position favorisée. Rip. 60,$_2$, punit les délits contre la propriété foncière du consors de 15 sous; mais Rib., 60,$_3$, dit : « si autem (aliquis) infra testamentum regis aliquid invaserit, aut cum sex jurit, quod infra terminatione testamenti nihil invasisset aut cum sexaginta s. omnem redditionem restituat. » On le voit, au ve siècle, la terre salique était encore la terre favorisée par

1. Des conclusions plus étendues sont tirées par Schröder (*Forsch. z. D. G.*, 19, 147). Cf. encore les livres cités, *op. c.* n° 4, et v. récemment sa doctrine du droit royal au sol (Bodenregal, *Zs. d. Savignyst.*, 2, 63 sv.).

le droit ; maintenant, à la fin du VIe siècle, sa situation privilégiée est occupée par la terre de *brevet royal.*

Il résulte déjà de cette situation exceptionnelle de la terre de brevet qu'elle devait être située en dehors des champs placés dans les biens défrichés de la terre salique. C'est ce qu'indique aussi l'expression « terminatio testamenti » de la Rip. Une autre preuve se trouve dans cette considération qu'un titre comme Sal., 45 : *de migrantibus*, ne pouvait devenir loi que lorsqu'on eut à peu près épuisé, par la distribution des *sortes*, la terre dont on disposait ; que, par suite, depuis l'introduction de ce titre, tout nouvel établissement dut se faire essentiellement sur des terres défrichées. C'est donc là qu'il faudra chercher les « terminationes testamenti regii » : les privilèges d'établissement royaux, jadis assignations de terre salique[1], sont devenus de bonne heure des privilèges de défrichement.

Cette évolution nuisit cependant, au point de vue économique, à la situation jusque-là élevée de la terre salique, de même que la seule émission de privilèges d'établissement royaux lui avait porté un coup juridique. Son importance pour l'économie agricole devint toujours moins exclusive. Mais c'est précisément ce caractère exclusif qui était la base du droit des co-villageois ; la propriété collective, qui formait le fond historique ou réel de ce droit, ne peut subsister qu'à condition d'être strictement exclusive. Ainsi dut disparaître, dans le cours du développement mérovingien, le droit des co-villageois, ainsi que la notion de la propriété collective ; à sa place s'établit la possession privée et une quasi propriété de la *gens* avec succession obligatoire. Déjà le capitulaire de Louis, 819,

1. V. Schröder, *Forsch. z. D. G.*, 19, 147, qui appuie là-dessus avec raison.

§ 9 [1], ne comprend plus la loi salique, 45, et, chose caractéristique, lui attribue la valeur d'une disposition de droit privé au lieu de la portée d'une disposition de droit corporatif qu'elle avait jadis pour la communauté de village.

Si telle est l'évolution jusqu'à l'époque carlovingienne, le système juridique de la communauté villageoise, au moment de la rédaction de la loi salique, ne permet point de conclusion solide sur le caractère de la propriété collective de la Marke à cette époque, précisément parce qu'elle commence à subir des altérations par suite des droits d'intervention du roi. On peut, de ce point de vue, prétendre que la terre salique (la *sors*) de chacun était encore soumise à ce droit général qu'avaient les co-villageois d'en disposer. A défaut de descendance directe du co-villageois, persistait un droit de retour en faveur de tous; mais cela n'a guère de conséquence pour l'organisation économique de l'agriculture. Il est notamment impossible d'en déduire d'une manière certaine le partage temporaire ou définitif des champs et partant la nature des droits de possession des co-villageois. Pour cela, il faudra rechercher d'autres preuves, et des preuves de deux espèces, relatives d'abord à l'exploitation économique du sol, ensuite traitant de l'exercice juridique des droits au sol, principalement de leur aliénation.

Sous le premier rapport, il est d'abord constant que la forêt était dans l'usage collectif des co-villageois, *silva* dans la langue de la loi salique est synonyme de forêt commune; *silva aliena* est, selon toute apparence, une forêt commune étrangère (cf. Sal., 27, $_{17}$). De même, les pâturages étaient communs, comme il résulte de chaque disposition relative à

1. Un passage postérieur, Sal: *Extrav*. B. 11 (Cod. d'Ivrea, xe siècle), est malheureusement fragmentaire et ne permet aucune espèce de conclusion.

leur usage. Au contraire, la terre labourable paraît avoir été soumise déjà, sous une forme individuelle, à des droits d'usufruit plus fixes, quoique non encore perpétuels, entre les mains des différents possesseurs de lots, c'est-à-dire des co-villageois[1]. On peut tirer cette conclusion, notamment de la loi salique, 74, Extrav., — combiné avec Sal., 27_{23}. Sal., 74, il est clairement question d'une étendue de terre (Gewanne) qui est exploitée par plusieurs voisins et possède une sortie particulière sur la grande route[2] (comp. Cod. 2). Or il est dit, Sal., $27,_{23}$: « si quis campo alieno araverit extra consilium domini sui, » et plus loin : « si quis vero eum seminaverit[3]. » Il est bien question ici d'un droit de jouissance de l'individu sur le sol, qui s'étend sur deux années. Car le premier passage relatif au labourage n'est pas compréhensible, si l'on n'admet pas une destruction criminelle des fruits déjà existants ; le simple labourage d'un champ étranger n'aurait pas été puni. En effet la Glose malb. révèle une lacune du texte dans ce sens (cf. Kern, *Glos.*, § 151) ; d'après elle, il manque dans le texte la notion de *metere*, de couper la moisson. Si on la supplée, *arare* tombe certainement en automne et le *seminare* doit être placé dans l'été suivant ; ainsi le délit contre le même voisin sur le même champ se prolonge pendant deux années agricoles. Il ne peut donc être question d'un roulement des champs entre voisins ; on ne peut, en ce qui concerne

1. Il ne peut plus, en tout cas, être question de la communauté rigoureuse des champs, comme à l'époque de Tacite. Cf. les ouvrages renseignés dans Schröder, *Forsch. z. D. G.*, 19, 145, n° 1, et les utiles remarques du même dans la *Zs. der Savignystiftung*, 2, 60.

2. V. p. 18, note 1. Nous ne pouvons nous rallier à l'explication hardie qu'a donnée de ce passage Schröder (*Zs. der Savignystiftung*, 2, 59).

3. Les Codd. 2 et suiv. ont « si quis campum alienum araverit et non seminaverit » et « si quis c. a. araverit et seminaverit ».

celui-ci, démontrer davantage, comme, par exemple, quelque chose de semblable au régime des fermes (Gehœferschaften); cependant il est très vraisemblable que ce roulement exista d'une manière quelconque : le système franc du droit immobilier pourrait notamment fournir quelques points d'appui dans ce sens.

L'idée de patrimoine est rendue dans la loi salique par *furtuna*, mais cette expression ne s'applique qu'aux meubles, cf. Sal., 45_2, 46_1, 50_3. Il en est de même de *facultas* (cf. Sal. 46_2 58_1,; Pact. pro ten. pac., 2, 16). En fait partie tout ce qui est *super terram* et *subtus terram* (Sal., 58_1) excepté la terre. La maison d'habitation est aussi comptée parmi la fortune mobilière, mais y occupe pourtant une situation particulière, en raison de ce qu'elle se relie si facilement au sol de la *sors*. Elle ne peut en effet passer en d'autres mains que par succession héréditaire, donation à cause de mort ou temporairement par *demandatio* (cf. Sal., 77, Extrav.).

Or, ces modes de transmission, à l'exception de la succession héréditaire obligatoire, n'étaient point admis pour le sol; la terre *salica* proprement dite ne pouvait être donnée ni aliénée d'autre manière[1]; elle n'était point l'objet d'une procédure ou d'une exécution[2]; elle ne pouvait davantage passer pour un temps dans d'autres mains. Ce n'est que tard qu'il y eut un changement sous ce dernier rapport (cf. Sal., Extrav., 98, cod. 10) : « si quis alteri avicam terram suam commendaverit et ei noluerit reddere, si eum admalluerit et

1. V. Schröder, *Forsch. z. D. G.*, 19, 145, n° 4, et la littérature qui y est citée.

2. Le titre 46 de la loi Salique ne contredit pas cette assertion. Il n'implique aucune vente comme le veulent Pott, dans Höfers *Zs. f. Wissensch. der Sprache*, 3. 120; Thudichum, *Gau-und Markenverf.*, 227; Waitz, *VfG.*, 1^3, 126, n° 1; Gierke, *R. G. d. deutschen Genossensch.*, I, 77, n° 51. Cf. Beseler, *Neubruch*, 16. Roth, *Benefizialw.*, 69 f. Sohm, *Proc.*, 15, n° 1; *R. u. G. Vf.*, 62, n° 13.

convixerit..... s. XV culp. jud. » Tout au contraire le droit d'aliénation du sol au dehors des *sortes* se développa très rapidement. Il est déjà doté de grandes formalités juridiques[1] dans la loi Ripuaire, 60, loi du temps de Childebert II (575-596), d'après Sohm, *Zs. f. Rechtsg.*, 5, 380 et suiv. Cette distinction rigoureuse dans le maniement juridique de la propriété ne peut pas s'expliquer seulement, pour la terre salique et le sol nouvellement conquis, par la différence de situation légale; s'il n'y avait eu que celle-ci, les deux groupes se seraient sans nul doute bientôt mélangés. Il faut plutôt supposer que c'est précisément la différence dans l'exploitation économique qui empêcha la fusion juridique[2].

Les droits de jouissance à la terre salique seraient devenus rapidement des droits de propriété s'il n'y avait eu un roulement périodique du sol. Or, si ce roulement, d'après une hypothèse faite plus haut, n'avait pas lieu chaque année, on s'attendrait le plus naturellement à ce que la période de rotation durât autant d'années qu'il y avait de soles, car alors, chaque fois que l'ensemble des soles était parcouru, se fermait une grande période dans la vie économique du village. On serait, par suite, porté à croire que la période de partage était régulièrement de 3 ans pour la terre salique; ce n'est qu'avec une si courte période qu'il fut possible que les expressions de *sors* pour terre salique, *consortes* pour co-villageois se

1. « Villa (= ferme isolée) vel vinea vel qualibet possessiuncula » se rapporte sans aucun doute à la propriété rurale en dehors du champ salique. Cf. Schröder, *op. c.*, 145. Cette façon de citer un exemple montre qu'il n'y avait pas d'expression latine bien établie pour le territoire sur lequel étaient situées les propriétés en dehors du droit des co-villageois de la Mark, en dehors de l'*hereditas* : Rip. 67,5. Le mot allemand était *tillis;* v. Kern, *Glosses Ed. Chilp.*, § 3, et supra p. 71.

2. C'est ce qui semble avoir eu lieu dans le titre *de potestate testandi*. Thur., 13. Cependant cf. contre cette assertion Gaupp, *Gesch. der Thür.*, p. 400.

maintinssent d'une façon durable comme l'institution elle-même[1].

Mais ces notions, il est vrai, perdirent bientôt la vieille signification qu'elles avaient avant l'époque de la loi salique; elles appartenaient au droit, l'économie politique s'en empara. Et c'est d'ailleurs le *processus* général de celle-ci dans tout son développement en apparence si compliqué, dont les sources sont la base de ces recherches; toutes les notions juridiques associées à l'agriculture et au sol s'écartent de leur structure d'abord purement politique et juridique pour devenir économiques; mais ici, après s'être de nouveau fixées, elles sont reprises aussitôt par le droit dans un autre sens.

La culture en effet qui, dans la constitution de la période des tribus du temps de César et de Tacite, est entièrement subordonnée à l'organisation des intérêts publics et n'est point du tout abandonnée aux règles naturelles du développement économique qui lui est propre, n'était pas, du ve au viiie siècle, libre de toutes les entraves imposées par la coutume et les considérations politiques. Partout domine encore l'enchaînement économique de l'individu; il n'y a guère, en fait, de liberté de circulation; à vrai dire, il n'y a point de législation et de droit économique propres, point de libre disposition du sol, nul droit de jouissance de nature individuelle et exclusive, et avant tout, point de droit de succession pour tous. L'individu ne trouve la sécurité de sa vie et de sa liberté que dans l'assistance de la *gens*, comme d'autre part celle-ci garantit l'honneur et la loyauté de ses membres. Et à cette garantie réciproque juridique et morale au sein de la *gens*

1. Cf. v. Maurer, *Einleitung*, 79. *Thudichum Gau-und Markenverf.*, 182. Schröder, *Forsch. z. D. G.*, 19, 146, n° 1. Lamprecht, *Deutsches Wirtschaftsleben*, I, 332.

s'ajoute l'enchaînement économique de l'individu. Lorsque les lots de terre garantis politiquement aux hommes libres se projettent, grâce à un établissement durable, sur le territoire du village dans des conditions de valeur toujours égales, alors une sorte de propriété collective de la *gens* s'établit à la place du droit que les pères de famille possédaient à un lot. En même temps se développent, sortant du système successoral de la *gens* pour les meubles, les premières traces d'une succession immobilière, et cela par l'effet de deux facteurs : d'abord les femmes sont écartées de cette nouvelle succession sous l'influence persistante de l'antique conception, d'après laquelle la pleine liberté, c'est-à-dire l'ensemble des droits politiques, donne seul un droit au sol ; mais, d'autre part, la succession des immeubles se circonscrit d'abord à la famille sous l'impression de la construction hétérogène de la *gens* d'après le principe cognatique et agnatique. Car, après les cognats, la *sors* fait retour aux *vicini*, aux co-villageois ; c'est dans cette nouvelle forme qu'est refondue la vieille idée de la propriété collective de la Mark.

Mais ce n'était là que la première limitation que subit la propriété collective des co-villageois ; d'autres, et de plus considérables, résultèrent de nouvelles combinaisons de facteurs économiques et juridiques qui survinrent alors. Le nombre des membres mâles et majeurs de la *gens* dans la Mark crût trop rapidement pour que la nouvelle distribution des lots pût la suivre ; aussi plusieurs hommes libres durent-ils maintenant se contenter d'un seul lot : ce qui fut tout d'abord assez supportable en raison de l'intensité croissante de la culture. Dans le domaine du droit, cela conduisit à la succession collective des fils dans la *terra salica* : l'*hereditas* du père. Mais bientôt l'intensité même d'une culture progressive sur la terre salique ne put suivre l'augmentation de la population mâle libre ; on commença de conquérir des terrains en dehors de la terre salique. Mais seule une lettre royale d'établissement en donnait l'autorisation en tous lieux et en tous temps. Non que l'homme libre ne pût sans permission royale défricher dans le bois de sa mark natale : ici l'association avait un droit de disposition libre et indépendant Mais, d'autre part, le roi seul avait pourtant un droit de disposition supérieur sur l'ensemble du territoire ; ce droit lui était échu avec les autres droits qui appartenaient jadis au *concilium civitatis*, et il en usait pour accorder des privilèges de défrichements étendus. Avec la croissance de la puissance royale se fortifièrent les avantages légaux de la terre défrichée concédée par le roi ; déjà la loi Rip. favorisa la terre de brevet sur la terre salique. Le rapport des deux classes de terre se trouve ainsi renversé ; le droit du roi eut le pas sur le droit de l'homme libre ; le droit de la terre défrichée sur celui de la terre salique. Tandis que l'antique conception de l'union intime de terre salique et de liberté de chaque citoyen pâlissait de plus en plus, le développement moderne du droit familial s'appuya surtout sur la terre concédée par le roi. Ici se relachèrent, pour la première fois, les liens étroits du droit de succession aux immeubles ; la succession exclusive des mâles disparaît ici ; plus tard seulement pour la terre salique.

Mais en même temps disparaît le vieux rapport entre le droit au sol et l'obligation de le défendre dans la personne du citoyen libre, et en même temps aussi tombèrent les étroites entraves juridiques de la propriété foncière ainsi que l'état économique exclusif de la période des tribus. Une ère nouvelle approchait dont la fermentation s'annonce par les notions naissantes de liberté d'aliénation des immeubles et de succession immobilière des femmes, par la décadence du droit de succession des voisins, le relâchement de toutes les fonctions juridiques de l'association villageoise et la naissance d'une nouvelle propriété foncière en dehors de la grandeur normale des lots de la Mark.

CHAPITRE III.

SUR LE DÉVELOPPEMENT DES CLASSES ET DE L'ÉTAT.

Si l'on considère que les co-villageois formaient le noyau de la population libre, que, par suite, l'atteinte portée à leur association primitive amena une révolution économique d'une nature très étendue, on ne pourra pas méconnaître la grande influence de ce mouvement sur les conditions des différentes classes de la société franque. Jusqu'à présent, la formation et la diversité des classes s'étaient produites presque exclusivement d'après des considérations juridiques sous la condition nécessaire des ressources économiques garanties par l'Etat à tous les citoyens libres. Maintenant cette supposition cesse; des différences sociales se forment par suite du déplacement des forces économiques et exercent une action dissolvante sur la classe bien fermée des hommes libres. Le texte primitif de la loi salique ne connaît pas encore de distinction de classes dans la grande masse libre du peuple, à part celles peu nombreuses créées par la constitution politique, la puissance royale; mais déjà des sources à peine plus récentes parlent d'hommes plus libres et d'hommes moins libres et de *potentes* qui possèdent des terres en divers endroits [1].

1. Sal. 74, *Extrav.* Pact. pro ten. pac. § 12.

Mais si cette décomposition de la classe libre atteignit une extension si inquiétante que, plus tard, même l'énergie d'un Charlemagne tenta vainement de s'opposer à ses progrès, il faut en rendre responsable, à côté des motifs économiques, avant tout aussi l'immense transformation de la vie populaire germanique au moment de l'époque des tribus.

Les Francs, en passant dans les provinces, étaient entrés en même temps dans un monde infiniment complexe, comparé à leur organisation sociale élémentaire; dans ce monde, sans parler du mélange des nationalités, le droit romain avait donné accès aux groupements les plus libres des individus. Un reflet de ce monde socialement si développé traverse aussi les coutumes des Francs, malgré tous leurs efforts pour faire entrer simplement l'ordre des choses provincial dans le cadre des institutions franques. Déjà le droit salique est forcé de concéder une situation particulière au *Wala*, c'est ainsi qu'il appelle le provincial, et s'efforce, à cette occasion, clairement, mais sans succès, d'en faire une situation unique pour tous les Gaulois [1]. Le droit ripuaire parvient encore moins à dominer l'organisation sociale des provinciaux, ce qui est très naturel, étant donné l'habitat disséminé des Ripuaires dans des contrées où la civilisation romaine était incomparablement plus affermie que celle du territoire conquis par les Saliens ; ajoutez à cela, la position centrale du territoire ripuaire qui amenait des rapports fréquents d'hommes germains de peuplades étrangères ainsi que des provinciaux. De là vient que déjà des parties plus anciennes du droit ripuaire con-

1. Pour la confusion de l'état social des lites et des romains, cf. Sal. 32, 4, comparé avec Sal. 35, 4, aussi Sal. 42, 4, 76, 9, *Extrav.* A côté de cela, il faut remarquer la différence, peu facile à élucider, d'après la loi Sal., du *Romanus possessor* et du *Romanus tributarius*, Sal. 41, 7, 8.

tiennent des dispositions s'appliquant aux Francs Saliens et Hessois, aux Alamans, aux Burgondes et aux Romains, plus tard encore aux Francs, Bavarois et Saxons [1]; en outre l'organisation des classes de la partie romaine de la population ne cesse de montrer une longue suite de degrés compliqués encore de l'influence des pouvoirs ecclésiastique et royal. Or, si ces influences qu'exerça la vie d'un peuple étranger, aux riches subdivisions, se firent sentir de la manière la plus saillante chez les Francs Ripuaires, elles ne firent pourtant nulle part absolument défaut [2] : elles ont dû, déjà de bonne heure, miner et décomposer l'antique division des classes germaniques.

Les grandes lignes légales de l'ancienne division des classes franques étaient assez simples : il n'y avait en somme que la grande distinction entre libres et non libres, l'échelon intermédiaire des affranchis et le couronnement de l'ensemble social par sa noblesse dotée de quelques privilèges (couronnement n'existant même pas partout), n'entraient guère en ligne de

1. Cf. Rib. 31, 3, 5 (édit royal après 534, cf. Sohm, *Zeitschrift für Rechtsgeschichte*, 5, 380 s.) et Rib. 36 (d'après Sohm, *op. c.*, vers la fin du VIIIe siècle). Après les recherches de Sohm, la description des rapports des classes chez les Ripuaires à besoin d'une étude plus approfondie que celle de Gaupp (*Lex Franc. Chamav.*, p. 41 v.). Nous ne pouvons signaler ici que le point sur lequel il est nécessaire de formuler un avis, c'est-à-dire dans quel rapport sont les classes des demi-libres (*homo regius* — *homo ecclesiasticus* — *Romanus* de la partie la plus ancienne de la loi — qui, d'après la loi Rip. 65, 5, participent aux charges publiques) avec les éléments qui appartiennent à la fin du VIe siècle : *Denarialis* — *Tabularius* — *civis Romanus* (Rip. 57-62). Le *Tabularius* et l'*Homo ecclesiasticus* paraissent identiques. Cf. Rib. 58, 2, 8, 11.

2. Chez les Chamaves on ne trouve pas d'influences directement romaines, mais on peut mieux apprécier la puissance qu'a donnée aux rois francs la conquête. Car les *homines franci* de la loi des Chamaves sont les anciens nobles (*Adligen*) du peuple, soumis maintenant au wergeld (salique), des Antrustions, et correspondant aux *Adalingi* des Thuringiens et à l'*Adel* des Frisons. Les restes d'un système de wergeld montrent leur rapport étroit avec le dernier noble. Comme en Frise il est estimé à 1 1/2 libre. Le noble se maintient donc seulement par son passage dans la *Trustis regia*.

compte au point de vue numérique. Il faut donc noter que les influences de la civilisation romaine toute puissante agirent tout d'abord sur la condition des non libres ; les coutumes conduisent avec la fidélité naïve d'une gaucherie législative dans ce courant.

Le non libre était en droit une chose ; tel est le principe que le droit salique exprime ouvertement au titre 47, qui dominait jadis exclusivement le droit et la vie, et se fait sentir encore partout à l'époque des tribus franques. La revendication mobilière du droit salique porte seulement sur le bétail et les non libres, car ces deux objets forment la partie principale de la fortune de l'homme libre. Si un non libre tue un non libre étranger, les deux maîtres se partagent le meurtrier entre eux [1].

Cette dernière disposition montre déjà que cette conception du non libre comme chose se manifesta aussi dans le traitement personnel des non libres, autant qu'il était compatible avec l'intérêt du maître [2]. Le droit ripuaire remarque expressément dans ce sens qu'un ou deux ou trois coups, sans effusion de sang, n'ont point d'importance pour le non libre ; une disposition de la loi salique [3] envisage le cas où un non libre devient, par suite de coups, incapable de travail pendant quarante jours, mais ce classement des non libres parmi les choses reçut son expression la plus complète dans la puissance disciplinaire accordée au maître. Il paraît qu'au temps du droit salique, elle était encore considérée comme entièrement illi-

1. Cf. Lex Sal. 35, 5, avec 36, 1, les additions perpétuelles des Codd. 5, 6 suiv. — Emend. et les Codd. 7, 9.

2. Sal. 35, 1, v. l'addition des Codd. 3, 4 s. — Emend. : « aut ancillam sibi similem » (c'est-à-dire une non libre de même espèce).

3. Sal. 35, 4, des Codd. 5, 6.

mitée [1] bien qu'elle fût déjà exercée dans un sens plus patriarcal, c'est-à-dire plus adouci. Des coups de bâton étaient la punition ordinaire; on n'employait la torture qu'en cas d'absolue nécessité.

Mais pouvait-on à la longue repousser l'idée que les non libres étaient aussi pour ainsi dire des hommes? Est-ce que ce souvenir ne devait pas se réveiller surtout lorsque entra dans le système de droit germanique la population romaine également non libre en droit, ou du moins en fait nullement moins libre? Les non libres pouvaient-ils ensuite rester dans leur nouveau pays ce qu'ils avaient été dans l'ancien? Les besoins, les désirs des Francs se multiplièrent sous l'impulsion de la vie riche et variée des provinces; ils voulurent d'abord être entourés dans la maison par leurs domestiques, c'est-à-dire des non libres d'après leur profession; il en résulta une estimation différente de leur valeur commerciale, et cette dernière amena une gradation sociale. La plupart des non libres resta, il est vrai, ce qu'elle avait été jusque-là, une partie assez importante de la population agricole, mais deux classes de non libres privilégiés s'élevèrent d'entre eux : les *ministeriales* (serviteurs domestiques) et les *artifices* (artisans). Parmi les premiers se trouvent les serviteurs de la suite du maître d'ordinaire à cheval, les préposés à l'exploitation rurale : fermier, fermière, maître d'hôtel, trésorier, écuyer. Dans le deuxième groupe, le forgeron et le charpentier, le sellier et l'orfèvre, jouent le plus grand rôle, mais les meuniers, les éleveurs de chevaux, les chasseurs, les vignerons appar-

1. Digne de remarque est Sal. 10, 2. Il s'agit des non libres qui volent leur maître en s'associant avec des libres ou entraînés par eux à commettre ce méfait. (Sal. 10, 5, cf. avec Codd. 5, 6.) La punition pour les libres est spécifiée en droit, tandis que, pour les non libres, elle est laissée à l'arbitraire du maître.

tiennent également à ce groupe. La valeur réelle d'un non libre de ces classes supérieures était d'environ de 25 à 30 sous, le prix normal pour un non libre ordinaire de 15 sous [1].

Une pareille décomposition de la classe non libre, jusqu'alors d'une condition uniforme, en professions différentes, et partant différemment estimées, ne peut s'imaginer à la longue que grâce à une séparation juridique et à la reconnaissance antérieure d'un état légal en faveur des non libres. Celui qui demande des services qualifiés doit tenir compte d'abord de la dignité de celui dont il les exige. A cela vient s'ajouter une autre considération. Le non libre, quoique chose, avait déjà sûrement travaillé pour son maître avec un ensemble d'instruments et de moyens matériels qui devaient être sans doute entre ses mains une plus grande responsabilité et une situation plus élevée des non libres privilégiés leur donna dans ce sens des pouvoirs plus étendus. Par suite, bien que les non libres ne pussent être propriétaires, il se forma pourtant parmi eux des degrés de puissance économique, nouveau levier pour briser l'antique uniformité juridique de leur condition.

Les coutumes reflètent assez nettement cet ensemble de formations nouvelles. Bien que le non libre soit au point de vue juridique une chose, il a pourtant dans les coutumes un wergeld à côté de sa valeur commerciale, et comme personne, il est admis au témoignage dans la procédure des hommes libres; bien qu'il soit soumis au pouvoir disciplinaire de son maître, on trouve cependant les commencements d'un droit pénal qui lui est spécial; bien qu'il ne puisse pas être propriétaire, il a pourtant un commencement de droits réels.

1. Cf. spécialement Sal. 10. Il est important que l'expression malb. *chörog hörogaui* = Höriger, Hörige (Kern, § 69) se trouve deux fois appliquée au serf, ce qui ne correspond pas à l'expression habituelle malb. *theo* pour non libre.

Rien n'est donc plus faux que de déduire des coutumes franques un système de la condition des non libres d'une manière dogmatique, où chaque déduction ne peut qu'empiéter sur l'autre. Ce que nous présentent les dispositions des coutumes ce sont plutôt des résultats d'un développement qui se poursuit lentement et qui, considérés dans leur ensemble offrent une foule de contradictions, et il s'en faut de beaucoup que les plus nouvelles de ces formations donnent un système ordonné. Le wergeld du non libre n'est complètement marqué comme tel que chez les Chamaves (et chez les Francs entre Laubach et Weser) [1]; pour le reste, l'idée d'une simple indemnité pour la valeur commerciale du non libre tué domine encore fréquemment. De même, les commencements du droit pénal rappellent encore le pouvoir disciplinaire du maître, le droit salique admet l'alternative d'un coup de bâton ou du paiement d'un denier, même de la perte de la main ou d'un versement de 200 d., et aussi de la castration ou du payement de 240 d. Le droit ripuaire seulement développa le noyau contenu dans ces dispositions alternatives en un véritable code pénal des non libres dans le sens des droits nationaux germaniques; les pénalités de ce droit, se rapporte à des châtiments pécuniaires, impliquent donc apparemment la notion de la propriété chez les non libres. Cependant ce ne sont que les commencements d'un droit sur les biens dans le sens de propriété non libre. Le non libre possède des biens sous la propriété supérieure de son maître; toute transmission sans la volonté et l'approbation de celui-ci est impossible [2]: la

1. Lex Fris. 9, 17; 15. — Cham. 37.

2. Cf. Sal. 26, 2 (mais seulement Codd. 5, 6, 10 et Emend.). V. de plus Sal. 27, 30, où Emend. 29, 36, à la leçon *consensu domini* pour *sine consilio domini*.

fortune du non libre n'est donc guère autre chose qu'une possession d'emprunt, existant exclusivement pour le maître.

Malgré ces restrictions dans tous les domaines du droit, on ne peut le méconnaître, c'était un triomphe complet pour les non libres que d'obtenir une règlementation de leur état qui les introduisît dans l'organisme juridique. Ce processus est tout d'abord formel, mais il devait nécessairement, grâce à l'égalité de la culture et des occupations, rapprocher considérablement les non libres des libres. Il importait d'autant plus aux hommes libres de maintenir avec la plus grande rigueur les barrières données par la nature entre libres et non libres; leur salut n'était que dans le développement le plus exclusif du droit familial. Point de mélange du sang, et, dans le cas de ce mélange, alors perte infaillible de la liberté pour la partie libre jusqu'alors, tel devient le mot de ralliement — cruel et pourtant seul possible — des citoyens libres dès les jours de l'essor social des non libres. Ainsi le droit salique punit notamment le mariage d'une femme libre avec un non libre de la manière la plus sévère; ces dispositions violentes ne sont changées qu'à l'époque de la décadence avancée de la liberté commune [1]. Le paragraphe correspondant du droit ripuaire est aussi rigoureux, car, chose caractéristique, il punit de mort le rapt d'une femme libre par un non libre [2].

C'est ainsi que les Francs de l'époque des tribus réussirent encore à maintenir en temps de paix, malgré l'égalité de culture et en général aussi de profession, la séparation entre libres et non libres à un tel degré que même les

1. Sal. 70. *Extrav.* cf. avec *Cap. Lud.* I, Sal. add. § 3.
2. Rip. 58, 18; 34, 4.

groupes des non libres dont la situation sociale était la plus élevée, restèrent éloignés, à peu d'exceptions près, des plus hautes prérogatives politiques de la liberté. C'était là un succès d'autant plus considérable, que la force politique de la liberté paraissait encore presque sans limite, bien qu'elle reçût alors justement une première atteinte par la naissance d'un pouvoir royal chez les Saliens. Mais on ne comprendra bien l'importance de ces prérogatives des hommes libres que si l'on se représente leurs limites de tous les côtés et pas seulement dans leur action constitutionnelle.

La situation de l'individu à l'époque des coutumes se caractérise notamment par un mélange bizarre de liberté individuelle à côté des restrictions formelles les plus étendues. Vengeance personnelle et distinction exacte des cas en matière d'injures par faits et par paroles, liberté de paroles dans l'assemblée populaire et soumission absolue aux formalités de la procédure, tout cela se trouve côte à côte, en apparence sans transition, mais une étude plus exacte en montre facilement le lien. Dans les temps d'une civilisation jeune, l'individu ne peut se rassasier des expériences d'un long passé; l'ensemble des lois non écrites, mais pourtant obligatoires dans les profondeurs de la vie populaire, est peu étendu, et permet ainsi à chacun les fluctuations les plus extraordinaires. Mais, d'autre part, il y a l'éducation nationale qui se fait sentir dans le développement du droit, parfois formel, et alors d'une poésie admirable, le plus souvent rude, toujours coercitif.

Ainsi donc la forme, dès qu'elle est portée par la conviction commune de tous, devient elle-même une puissance; elle acquiert une importance politique, sans être pourtant en rapport immédiat avec les organes constitutionnels. Voilà l'explication de ce formalisme particulier de la procédure germanique comme la montre encore le droit salique. On peut désigner cette procédure comme la règlementation de la forme sous laquelle l'individu peut se faire justice lui-même, et le succès de cette action est justement garanti par l'observation des prescriptions formelles qui sont comme la puissance coercitive supérieure. Le demandeur appelle lui-même le défendeur devant la justice, en employant certains tours de langage ; le défendeur, de son côté, promet tout d'abord par des paroles coercitives de se soumettre à la sentence, quand elle sera rendue, et par une sommation formelle, le demandeur contraint les pouvoirs publics, en tant qu'il peut être question d'eux, à l'exécution de la sentence contre le défendeur. Il est vrai que cette forme de procédure commence déjà à vieillir ; à l'époque de la rédaction de la loi salique, le pouvoir judiciaire du roi cesse d'avoir un rôle subsidiaire à côté d'elle ; il devient bientôt la justice souveraine, bientôt aussi les parties qui, jusqu'alors, agissaient presque seules, s'effacent devant l'intervention de l'autorité judiciaire et le vieux formalisme disparaît devant un examen approprié du délit et de l'obligation. Mais tandis que l'intervention de la puissance publique grandissante préparait la fin du formalisme dans le domaine de la juridiction, des conceptions semblables se maintinrent, à ce qu'il paraît, encore beaucoup plus longtemps dans le domaine des mœurs. Dans la première partie du Moyen-Age, une série de situations et d'expressions, qui éveillent en nous l'idée d'un rapport moral, ont encore un sens formel parfois même garanti constitutionnellement ; ainsi la faveur ou la grâce du roi, l'amende, le courage, la fidélité, la vertu (bonne conduite). Ce phénomène permet de conclure à une conception psychologique plus grossière, qui ne savait se mouvoir qu'avec les lisières de notions rendues sensibles et qui là où elle apparaissait, avait besoin pour sa direction d'un ensemble étendu de distinctions. En effet, on ne trouve dans les coutumes franques que peu de passages où une impulsion intérieure caractéristique de la conscience morale se fraye énergiquement le passage. Ainsi notamment dans la réprobation de toute lâcheté, de toute dissimulation, de toute trahison, celui qui vole et pille les cadavres doit être sans peuple et sans patrie, il devient *Wargus* selon le vieux droit; reprocher à quelqu'un d'être un couard et d'avoir jeté son bouclier est une des injures les plus graves; cacher l'homme assassiné dans un puits, dans l'eau, dans la forêt ou les coudriers, est une des circonstances les plus aggravantes du meurtre [1]. Cependant la notion de la ruse perfide s'était moins bien développée : l'emploi de flèches empoisonnées, de sortilèges, de philtres et de sorcellerie n'était pas puni de peines également sévères, peut-être sous l'influence d'idées religieuses. Le pillage et le brigandage paraissent avoir été encore moins déshonorants, les coutumes luttent vainement contre un banditisme répandu dont les racines remontent peut-être encore jusqu'au temps des pillages honorables dans les provinces hostiles de l'empire romain [2].

Mais si de meilleures conceptions morales ne se frayèrent la voie qu'avec lenteur, il faut accuser avant tout le caractère cruel des nations franques, caractère qui ne ressort que trop clairement de l'épouvantable énumération des cas que les

1. Sal. 55, 2 : *Wargus sit*, cf. Emend. 57, 5; la punition est appelée (Cod. 10) *antiqua lex;* Sal. 30; Sal. 41, 2.

2. Cf. en particulier Sal. 28, 31. Sal. 42 développe la conception du *contubernium* comme une bande de brigands. Thur., 10, 9, la nomme *collecta manus*. Rib. 41, 3, *satellites*. Rip. 64, *hariraida*; elle se composait le plus souvent de 3 à 9 associés ; cf. aussi *Lex Bajuv.*, 8, 1.

coutumes font au sujet des crimes contre les personnes. Nulle part on ne voit apparaître plus clairement le caractère farouche et inflexible de chaque personnalité qui ne connaît qu'elle-même et ne tient pas le moindre compte de l'existence d'autrui. Ce n'est que de ce côté qu'on arrive à une vue complète de la nature de la liberté franque. La liberté est avant tout absence de liens dans le sens littéral du mot : lier un homme libre est puni avec une rigueur particulière, le meurtre et la vente d'un homme libre sont punis de la même peine [2]. Libre était celui qui pouvait aller et rester où bon lui semblait ; ce droit fondamental est toujours accentué dans les formules postérieures d'affranchissement. Déjà ce droit, s'il est antique, implique des droits politiques essentiellement égaux de tous les citoyens libres, car il prouve, pour des degrés de civilisation peu élevée, l'égalité des conditions économiques et sociales.

En effet, le droit égal de tous les citoyens à participer à la vie politique forme encore la base de la constitution des nations franques autant que nous la connaissons par le droit salique. Au dessus du peuple il n'y a que le roi, non encore comme un pouvoir ayant ses droits propres, mais seulement comme un pouvoir exécutif pour les décisions des citoyens. Grâce à ces pouvoirs, il crée un cercle de fonctionnaires déjà légalement favorisés, mais ces fonctionnaires ne forment point encore une classe fermée et socialement privilégiée. Ils ne forment pas encore une noblesse de charge, et précisément

1. Cf. Sal. 29.

2. Sal. 32, 1 ; Sal. 39, 2. Tout d'abord Emend. et en partie les manuscrits 5, 6 s. font ici la différence du cas où le libre est, et de celui où il n'est pas retourné chez lui, et punissent le premier de 100 s., le deuxième de 200 s. Le comte cependant liait les hommes libres en sa qualité de fonctionnaire du pouvoir exécutif ; les tentatives de délivrance sont, d'après Codd. 5, 6, punies d'amendes de valeur d'un wergeld. Cf. du reste Rib. 16 ; Cham. 17 ; Thur. 7, 5, 6.

la classe de fonctionnaires la plus ancienne et la plus nombreuse tire ses droits, non pas de la royauté, mais de l'ancienne organisation judiciaire indépendante du peuple. Déjà à l'époque de Tacite, l'administration et la formation du droit avaient appartenu aux communautés inférieures des peuplades, aux centaines ; c'est dans ces cercles également, au temps du droit salique, que les citoyens prononçaient la sentence et indiquaient le droit nouveau. La présidence de ces assemblées judiciaires appartenait au *thunginus*, un fonctionnaire nommé par le peuple et probablement reconnu seulement par le roi; il n'y avait des mandataires particuliers du roi que pour la perception des amendes dues à celui-ci, les sacebarons ou maires. Au dessus des centaines s'était élevée, à l'époque antérieure, la tribu comme support de la vie politique proprement dite, comme Etat indépendant. Ce développement fut écarté par la fusion des tribus en nations; la nation prit la place de la tribu, l'assemblée militaire de la nation celle de l'assemblée de la tribu. Changement extrêmement riche en conséquences aussi bien dans ses effets immédiats que dans les circonstances qui l'accompagnaient ; l'assemblée de la tribu s'était réunie facilement, grâce à un ressort peu étendu; le nombre des affaires à expédier était moins grand et plus facile la vue d'ensemble sur la portée des débats; ainsi les assemblées avaient maintenu leur importance effective; elles avaient formé le gouvernement en elles-mêmes. Mais ce qui avait été jusque-là vie et réalité devint dans l'assemblée de la nation de plus en plus une pure formalité. A la vérité, les anciennes franchises se maintinrent; l'élection des *thunginus* devait encore se faire devant l'assemblée; l'entrée dans les rangs du peuple, notamment l'affranchissement, devait y être confirmée ; le vieil ordre militaire et judiciaire du peuple était encore en vigueur, mais tous ces pouvoirs durent, par suite de l'extension de la nation, devenir d'abord de pures formalités, puis tomber en désuétude. Déjà existait la puissance moderne qui absorba les vieux droits du peuple et les refondit dans un système de pouvoirs personnels.

Les Francs étaient entrés dans l'empire romain par la guerre et la conquête ; la base militaire de la constitution germanique, qui avait été toujours de la plus haute importance, dut, pendant cette période, ressortir d'une manière toute particulière. Il se forma un pouvoir militaire unique des chefs supérieurs qui eut son sommet dans une famille et une tête et conduisit ainsi à la souveraineté militaire, à la royauté avec droit propre. Tel apparaît le roi dans la loi salique ; il n'est pas encore le support de la puissance publique, il ne possède pas encore la souveraineté judiciaire, il n'a pas en sa puissance la formation du droit : le peuple est encore souverain. Mais la décision suprême du peuple dans l'assemblée de la nation, ainsi que la sentence de la centaine, manque de force coercitive : le roi possède le pouvoir exécutif que le peuple a perdu. Telle est la portée de la royauté dans la période nationale franque ; le roi est le fonctionnaire supérieur, le seul qui exécute la volonté populaire ; comme tel, il est tout puissant et sur la voie d'un développement rapide vers un pouvoir d'une souveraineté parfaite et d'attributions juridiques particulières. Déjà le droit salique connaît une forte organisation de la puissance royale. Celle-ci s'implante d'une manière sûre dans les jointures de la vieille constitution germanique qui s'étaient disloquées par le passage de la suprême puissance gouvernementale des peuplades aux nations. A l'époque de Tacite, la peuplade avait été représentée par la grande assemblée de gouvernement; celle-ci maintenant était passée à la nation sans aucune sorte de compensation; la peuplade maintenant appelée *gau* (canton) resta sans représentation populaire et elle n'en fut que mieux propre à servir de cadre à la distribution du pouvoir exécutif royal. Dans chaque canton, un ministre du souverain, le comte, fut constitué uniquement comme représentant du pouvoir exécutif royal et les fonctionnaires des districts de centaines lui furent, paraît-il, subordonnés. On était arrivé ainsi à une distribution d'agents administratifs du roi qui suffisaient entièrement à l'exercice de sa puissance et prenaient soin en même temps de l'administration des revenus privés de sa maison. En même temps aussi il était créé une organisation qui, en recevant des attributions judiciaires et en étendant les pouvoirs existants, réussit à se développer jusqu'à cette puissance gouvernementale complète dont les comtes de l'époque carolingienne se retrouvent les dépositaires. Il se reflète aussi dans les institutions de l'époque nationale franque, comme il résulte du droit salique, la lutte de la vieille liberté germanique devenue historique et de la royauté moderne qui marche en avant. Telle est surtout la marque de la période nationale franque : d'une part, l'effort des vieilles institutions germaniques à s'accommoder avec le nouveau milieu de la province, essai entrepris avec une énergie extrême et pourtant condamné d'avance à échouer; d'autre part, la jeune puissance de la royauté croissant sur le sol nouveau, se fortifiant par la soumission des éléments non susceptibles d'absorption de la civilisation étrangère, pleine d'espoir et sûre de triompher. L'avenir appartient à cette royauté, quelque grandes choses qu'aient vues les siècles postérieurs jusqu'à l'entrée du Moyen-Age proprement dit : la formation d'un empire de plusieurs nations germaniques et finalement d'un empire universel; quelque grands qu'aient été les développements intérieurs : l'adoption complète du christianisme, la fondation d'une nouvelle civilisation germanique sous l'influence classique, tout cela jaillit plus ou moins des racines de cette nouvelle puissance des rois que vit naître l'époque franque.

LIVRE II

L'ÉTAT ÉCONOMIQUE DE LA FRANCE AU XIe SIÈCLE

CHAPITRE PREMIER

COUP D'ŒIL GÉNÉRAL SUR LES PRODUCTIONS NATURELLES

Le xe siècle fut pour la France une époque malheureuse. Les récentes incursions des Normands avaient occasionné partout un bouleversement social et un désastre économique. C'était par la ruine de villes nombreuses naguère florissantes, de villages, de châteaux et de cloîtres que s'ouvrait l'ère du nouveau siècle. A cette ruine économique et sociale vint encore s'ajouter la dissolution de l'organisme politique. Les grandes institutions des Carolingiens n'étaient déjà plus qu'une ombre quasi oubliée, ce siècle n'avait encore rien produit qui pût les remplacer. Le nom du roi était un vain son ; la construction du corps social restait inachevée. Mais un nouvel état de choses naquit peu à peu, la féodalité triompha, et si le pays eut à subir l'anarchie de cette époque, il fut au moins sauvé de la dissolution sociale.

C'est à ce moment que s'éteint la race énervée des Carlovingiens et qu'une nouvelle famille monte sur le trône. On la voit tout d'abord faible, mais modérée dans ses prétentions, sage dans le cercle limité de son action. Les rapports politiques de souveraineté qui unissaient encore les deux parties de la France, le Sud et le Nord, devinrent en réalité des rapports internationaux, et seule la datation des chartes témoignait encore, au sud de la Loire, de la royauté des

Capétiens. Le roi Robert lui-même n'a pas préparé une union étroite du Nord et du Sud. Même le Nord n'était en aucune manière soumis au roi, mais celui-ci avait ici sa vraie sphère d'action, et c'était là aussi que gouvernaient ces vassaux de la couronne qui pouvaient être contraints à céder le plus facilement à l'action de la royauté.

Ainsi que l'État, l'Église, au commencement du xe siècle, ne montrait que des signes de dissolution ; les années suivantes n'indiquent en France aucun concile important. Mais l'Église, cette puissance qui enveloppe tout au Moyen-Age, trait d'union entre les États et les peuples, n'avait qu'à se souvenir d'elle-même pour retrouver son ancienne cohésion. On peut apercevoir pendant ce siècle dans ses institutions déjà un nouvel essor. Le Midi n'y participe pas. S'il tient encore au commencement de ce siècle des synodes provinciaux dans le Sud-Ouest, dans la Bourgogne et les États environnants, ils deviennent de plus en plus rares, et n'ont plus enfin qu'une vie précaire en Bourgogne, et encore grâce au mouvement religieux sorti de Cluny.

Mais quelle différence au Nord de la Loire : ici Reims, en rapport avec la nouvelle floraison des évêchés allemands, devient bientôt le siège primitif des intérêts ecclésiastiques. Au point de vue religieux, Gerbert la nomme avec raison le *Caput regni francorum*.

Cependant l'évêché de Tournay, par suite de sa position équivoque, reste éloigné des synodes provinciaux. Les contrées situées au Sud et à l'Est, c'est-à-dire Rouen, Sens plus tard, surtout Lyon en particulier, se rattachent à Reims. Les pays de la Marne et de la Seine sont victorieusement franchis et nous trouvons vers la fin du xe siècle la Loire comme limite d'un grand cercle ecclésiastique qui, sous la conduite de

Reims et de Sens, arrive à une vie intense. Bourges se rattache également à ce grand groupe, politiquement isolé de l'autre côté de la Loire, en face du grand royaume d'Aquitaine et de son église indépendante, mais peu vivace.

La Loire formait ainsi la limite de deux nouveaux groupes, tant au point de vue politique qu'ecclésiastique. Ces facteurs, qui ont produit et maintiennent cette division, ont du être des facteurs permanents. La ligne de la Loire est en même temps la grande et la plus générale limite pour la division de la nationalité française dont les germes commençaient alors à se développer. Tandis que dans les pays sous la dépendance royale commence à se développer la langue d'oïl et que le caractère plus sérieux des Français du Nord se montre de plus en plus, au sud de la Loire au contraire, s'épanouit sous l'influence des Maures, le tempérament plus vif et plus léger, et l'indépendance religieuse des temps des Albigeois qui trouve sa première expression dans les premières créations poétiques de la langue d'oc.

Ainsi se développent dans les conceptions et les pensées, avec le droit et les coutumes, ces différences qui existaient déjà depuis longtemps et qui, dans le cours des siècles, arrivent à former deux groupes parfaitement indépendants l'un de l'autre et avec une vie propre.

Ces deux groupes s'isolent de plus en plus, et déjà dans la première partie du XIe siècle, l'éloignement était si fort que les Aquitains qui avaient escorté la femme du roi Robert, Constance, à Paris, y provoquèrent du mécontentement à cause de leurs manières étrangères. Cette séparation devait durer des siècles et ce fut plus tard un des chapitres les plus importants de l'histoire du développement de la nationalité française lorsque la royauté réussit à prendre pied sur les contrées du Midi. Maintenant le théâtre de la royauté française est exclusivement compris dans les contrées du Nord et les pages qui suivent sont consacrées à la description historique des pays qui lui sont soumis, notamment au XIe siècle; nous ne nous placerons pas au point de vue politique; mais bien au contraire, nous étudierons le développement du bien-être public qui apparaît après la nuit profonde des siècles antérieurs.

Nous allons décrire le pays au point de vue économique et le développement du commerce et de l'industrie. Le Nord, à la vérité, ne peut pas fournir à lui seul l'explication de ces phénomènes, l'état économique du Sud de la France forme le complément nécessaire et indispensable aux recherches dont il est l'objet.

Le XIe siècle convient à une description de cette nature non seulement pour les motifs politiques, ecclésiastiques et ethnologiques que nous venons de citer, mais parce qu'il clôt essentiellement une période du développement économique de la France. Cette époque est la dernière avant la floraison du Tiers-Etat, dont l'influence suit de près les circonstances politiques qui la caractérisent. C'est aussi la raison qui fait que nous n'avons pas à nous occuper du développement de la vie bourgeoise; nous traiterons seulement d'une manière accessoire des rapports de l'industrie avec l'économie agricole, puisque l'industrie n'était seulement qu'une annexe de l'agriculture. Nous n'aurons pas davantage à nous occuper de l'agriculture au point de vue des connaissances techniques. Ce n'est pas l'histoire de l'agriculture, mais la vie du peuple en tant qu'elle est renfermée dans son exercice, que nous allons décrire. Il nous suffira donc d'esquisser le développement de la production naturelle (*Urproduction*); nous y avons consacré le premier chapitre.

Les suivants traiteront des facteurs propres au régime de la terre (*Naturalwirthschaft*) du XIe siècle, comme aussi des rapports de celle-ci avec le régime de l'argent (*Geldwirthschaft*) qui se réveille.

L'histoire de la civilisation française du XIe siècle nous révèle une époque ne connaissant pas encore cette collaboration de la nature, du travail et du capital, qui caractérise la production économique des époques postérieures et celle de nos jours. Le capital reste encore bien loin derrière les agents naturels et le travail. De ces facteurs, c'est le premier, la terre, qui, d'une manière spontanée, satisfait la plus grande partie de tous les besoins humains. La production naturelle, les produits de l'eau et de la forêt, des pâturages et des prairies, des terres de labour et des vignobles, dominent le développement économique du siècle.

L'agriculture est de toutes les productions naturelles celle qui forme le degré le plus élevé et la base de la vie économique. A côté d'elle disparaît le passé, tel qu'il se montre dans la vie du berger, du pêcheur et du chasseur, déjà la forêt fait voir les commencements d'une exploitation rationnelle, les produits des fleuves ne sont plus considérés comme un bien libre et les pâturages font place à une prairie qui s'étend de plus en plus.

En attendant, l'agriculture domine avec force les facteurs de production, le commerce et l'industrie ne montrent que des germes jeunes mais déjà vigoureux : ils portent les indices d'un développement rapide. Mais ce n'est que peu à peu que disparaît cette harmonie de l'économie naturelle qui unit encore maintenant les facteurs de la production.

En attendant, chaque individu réunit encore en lui-même les branches de revenus de la rente, du salaire, de l'intérêt du capital. Chaque particulier est encore en général son propre producteur et consommateur. Et précisément ce phénomène s'explique du fait que c'est sous la tutelle de l'agriculture que se développent les autres productions encore bien arriérées.

De même que les productions naturelles caractérisent la vie économique, elles déterminent aussi l'apparence extérieure du pays. Une grande partie de la France du Nord était encore couverte d'immenses forêts, devenant de plus en plus épaisses à mesure que l'on s'avance vers le Nord. C'était là que les Ardennes formaient un massif impénétrable, et que dans l'Ile de France, les rois avaient leurs plus anciens territoires de chasse. Chaque amoindrissement de la forêt était ici un fait qui avait un grand retentissement[1]. Les forêts étaient moins épaisses du côté du Nord-Ouest ; on avait déjà peine à trouver encore de grandes étendues pour la chasse[2]. Si le Sud-Est était encore largement boisé, il n'en est pas moins vrai que la culture relativement élevée du pays Burgonde, la propagation croissante de la vigne, enfin la répartition commencée déjà de bonne heure des forêts communales, travaillaient sans relâche à la destruction de ces grands bois[3]. En

1. Pour les Ardennes, Lamprecht, *Deutsches Wirthschaftsleben*, vol. I, p. 93 s., II, 626, n° 3, cf. Roscher, *System der Volkswirthschaft*, vol. I, 2 (1875); vol. II, 7 (1873). Pour les Vosges, cf. Hüllmann, *Deutsche Finanzgeschichte des Mittelalters*, p. 249-50; pour le Centre, Cartulaire de Notre-Dame de Paris, préf. p. 204, et la peinture de l'Ile-de-France dans De Lavergne, *Economie rurale de la France*, Paris, 1861, p. 349-407. Cet auteur donne une exacte description de l'état de l'économie rurale en France pendant la première moitié de notre siècle. Guérard, dans le *Polyptique de l'abbé Irminon*, I, p. 902, compte pour l'abbaye de Saint-Germain-des-Prés, le rapport des champs labourés et des forêts, connu au temps du polyptique, comme étant de 1 : 9.

2. Cf. la page 111 et suiv.

3. Dans le Sud-Est, un quart du territoire est encore en forêts (dans l'Ile-de-

revanche, le bois offrait de meilleures essences. Il s'y trouvait des haies de châtaigniers, des noyers, des oliviers qui doivent avoir été plus abondamment plantés[1]. La saulaie était une espèce de bois particulier, de création artificielle. Elle se développa en même temps avec la culture de la vigne, mais garda son principal centre encore dans la Bourgogne[2]. L'essence favorite dans les pays du Nord est en revanche la forêt de chênes avec ses fruits propres à engraisser le bétail[3].

La haute futaie ancienne était fréquente, souvent jointe à un taillis qui croissait rapidement ; elle alternait avec la basse

France un sixième), malgré le grand défrichement qui a eu lieu comme dans le Centre. Cf. Delabergerie, *Histoire de l'agriculture*, p. 66. La *lex Burgd.* (t. LXXXVII. *M. G. L.*, III, 561) indique déjà bien avant le morcellement de la forêt : « quicumque agrum aut colonicas tenent, secundum terrarum modum vel possessionis suæ ratam sic silvam inter se noverint dividendam, Romano tamen de silvis medietate et in exartis servata. »

1. Cartulaire de l'abbaye de Savigny, suivi du petit cartulaire de l'abbaye d'Ainay, p. 229, n° 456 (vers 1000) : « tertiam partem silvæ de Castaneto. Cart. Petri et Pauli de Domina Cluniacensis ordinis ; » p. 118, n° 130 (vers 1110) : un *Castaneretum*. Pour le noyer et l'olivier, cf. aussi la page 93, n° 105 (vers 1110) : « oleum nucum et oleum olivarum. »

2. Saussaie, *salicetum* (Ducange s. v. *salicata* et *salicia*). Pour son étendue dans le Sud-Est, cf. Cartulaire Savigny, p. 419, 798 (vers 1070), aussi p. 369, 715 (1023), p. 227, 426 (vers 1000), Cart. Dom., p. 81, 78 (vers 1060) : « terram producentem arbores salices ; » pour l'utilisation du pâturage, cf. aussi p. 251, 237 (vers 1100). Giraud, *Essai historique sur l'abbaye de Saint-Bernard et sur la ville de Romans*, première partie, II : Cartulaire de Romans, p. 162, 146, charte 390, (1030-70). D. Rod. III. Burg. reg. 998. Bouquet XI, 544, c. On constate encore leur présence dans Doniol, Cartulaire de Sauxillanges, p. 279, 360 et p. 519, 722 (1009-7). *Mémoires des Antiquaires de l'Ouest* : 14 *salicetæ* sont mentionnées seulement deux fois (p. 127 et 268). L'aune se trouve encore à côté des pacages. Cf. Chevalier, *Cartulaire de l'abbaye de Saint-André-le-Bas de Vienne*, n° 240 (un vendredi de sept., vers l'an 1060 ?) : « vernetum.... ad ædificationem domorum. » D'Achery, *Spicilegium*, III, 414, col. I (1080), Marmoutier : « stagnum et alnetum. »

3. Il y a aussi des forêts entières de chênes : *D. Hug.*, 990. Novbr. D. Bouquet, X, 548 B. cf. Hug. Flav. *M. G. S.*, VIII, 502, 10. V. aussi la note suivante. L'explication de cette préférence pour le chêne repose sur l'élevage du porc, alors très développé.

futaie qui n'avait pas la même continuité de plantation et était quelquefois entourée de jeunes broussailles[1].

L'importance économique de la forêt ne correspondait cependant pas à son étendue; elle était encore dans la conscience populaire, tantôt plus, tantôt moins, comme un bien libre, dont chacun peut faire usage. Dans les contrées de la Normandie et la vallée de Saône et Rhône, la forêt formait à la vérité une valeur d'échange, et même en Bourgogne, on faisait le trafic du bois à brûler[2], mais la forêt apparaît

1. Les termes qui indiquent la *nature des bois* sont pris souvent indifféremment les uns pour les autres, comme cela a lieu dans une économie forestière encore peu développée. En général on peut établir que *saltus* est la futaie ; cf. D. Rob. 997, Bouquet X, 547 B.; il est nécessaire de distinguer ici *stirpetes silvæ* et *saltus*, le dernier pour le *pasnaticum*, donc de haute futaie. Guérard, Cartulaire de l'abbaye de Saint-Père de Chartres, p. 238, n° 12 (avant 1102) : « ut inde [ex saltu quodam] æcclesiam domos et horrea sua, quando opus fuerit, aedificent. » Il est possible, comme le suppose Fraas, *Geschichte der Landbau-und Forstwissenschaft*, p. 491, que la futaie fût en partie labourée. Le taillis est bien une fois désigné comme *arrabile prope pede*, Marchegay, *Archives d'Anjou*, I, p. 388, 46 (vers 1070) : « (concessit) de nemore quantum esset illis necessarium.... excepto quercum. » Ils peuvent abattre fresne, hulmum, sanguin (frêne, orme, hêtre ou sureau?); cf. Ducange s. v. *sacrivus arrabile prope pede* — ailleurs aussi avec *stirpetes* (cf. D. Rob. 997) avec des *brasiæ* que cependant entourent le plus souvent la forêt, V. D. Rob. (1022) Bouquet X. 606, B. : « boscum S. Agili et brasias quasdam justa silvam nostram, quæ dicitur Forest.... » et 606 B. On ne connaissait pas le taillis sous futaie comme une forme particulière, surtout alors qu'on devait désigner *boscus*, *nemus*, et aussi *lucus* comme taillis. Cf. Cartulaire Cormery (Mémoires de la Société archéologique de Touraine, tome XII), p. 110, 55 (1123) : « terram, bosco jam obsessam, ad antiquam silvam redigere, » et pour *nemus*, Deloche, *Cartulaire de l'abbaye de Beaulieu en Limousin*, introduct., p. 103. L'importance de *lucus* s'explique par Cap. de Vill. c. 46, *M. G. L.*, III, 184 : c'est un jeune bois de réserve. La même chose est aussi pour *broilus*. Guérard (Cart. S. Père, table des mots barbares. V. ce mot) l'explique par bois taillis. En général, *broilus* est une forêt clôturée, une sorte de parc, cf. Cartulaire Beaulieu, introd., p. 103 (Duc. s. M. *brolium*). Les pâturages s'y trouvent (Duc. s. M. *broil*). C'est le *Brühl* allemand, et souvent appelé comme tel, Cart. Cormery, p. 78, 38 (1026-40) : « silva aquatica usque ad vadum. »

2. Pour la Normandie, Deville, Cartulaire de l'abbaye de la Sainte-Trinité du Mont de Rouen (dans Guérard, Cartulaire de Saint-Bertin), p. 435, 27 (1055) :

toujours au peuple comme un grand désert[1] dont il peut, sans payer, tirer grand profit :

Dem rîchen walt es lützel schâdet,
Ob sich ein man mit holze ladet,

tel est aussi le principe français.

La chasse dans la forêt est la principale occupation de l'homme libre. Son épaisseur donnait encore asile à beaucoup d'animaux sauvages, du lièvre jusqu'à l'ours, le roi de la forêt. Le renard, le chat sauvage, le loup, le gros gibier vivaient dans ces déserts[2]. Le chasseur les poursuivait tantôt accom-

« 100 acres silva valent 30 l. » v. aussi p. 436, 28 (1055); Bouquet, XIV, 78 B, Evêché de Coutances : « aliud quoque nemus.... redemit. » Pour le Mâconnais, Ragut, Cartulaire de Saint-Vincent de Mâcon, p. 37, 47 (vers 1018) : une forêt vendue pour 6 1/2 sol. Cependant apparaît dans les temps antérieurs une sorte de vente, cf. Anton, *Geschichte der Teutschen Landwirthschaft*, I, 460. Le bois à brûler était en Bourgogne à vendre, cf. Cart. Mâcon, p. 21, 24 (1060-1118). Chacun reçoit pour le jour de S. Martin 6 sol. : « V pro vestimento, sextum vero pro lignis. » Ici *ligna* est employé pour un besoin journalier, il faut donc le traduire par bois à brûler. Quelque chose de semblable dans Mabillon, *Annales ordinis S. Benedicti*, V, 648 col. I, 1085.

1. Cf. Cart. Dom., p. 131, 153 (vers 1100) : « in bosco vel deserto, » v. Mab. Ann. V, 657, col. I (1093). Bouquet, XIV, 41. E, Nivernais; cf. aussi Anton II, 259; Lamprecht, *Deutsches Wirth.*, I, 94 ss.

2. Sur la chasse des temps antérieurs, autant qu'elle peut avoir d'intérêt pour notre étude, cf. Hüllmann, p. 43 s., et Langethal, *Geschichte der Teutschen Landwirthschaft*, I, 74 ss., aussi Waitz, *Deutsche Verfassungsgeschichte*, IV, 113. Il y avait encore des ours; Marlot, *Metropolis Remensis historia*, II, 141, 1067 : « ursorum et cæterarum venationum ; » particulièrement beaucoup de loups, v. Cart. Cormery, p. 75, 37, 1026-40, et Cart. S. Père, p. 491, 32 : « in loco, qui a frequenti luporum infestatione Lupiniacus.... vocitatur. » Quant aux animaux sauvages, Mabillon, Ann. V, 657, col. 2 (1093) : « Porci vero silvestici et cervi et quæcumque feræ hujusmodi, quæ infra numeratos captæ fuerint terminos. » Grasilier, Cartulaires inédits de la Saintonge, 4° (contient dans le premier vol. le Cartulaire de l'abbaye de S. Etienne de Vaux du XIe siècle; dans le deuxième, le Cartul. de l'abbaye royale de Notre-Dame de Saintes), p. 4, I (1047) : « aper et sus fera, cervus cum cerva, damus cum dama, capreus cum caprea, lepus. » *Gallia christiana*, I (nouvelle édition de Piolin. Paris, 1870), 1 v. i, 229 B. (1064), Châlon ; Cartul. S. Père, p. 425, 24 (1101-1129).

pagné de la meute, tantôt avec des fers et la lance, tantôt il cherchait à les prendre à l'aide de pièges [1]. La chasse ne servait pas seulement au développement des forces et aux plaisirs, mais elle était encore une source abondante de revenus. Les rôtis de venaison étaient un mets très goûté, les fourrures étaient très recherchées et employées de différentes manières à la confection des habits [2].

Le droit de chasser n'était pas permis à chacun. En faisant même abstraction des nombreuses forêts sur lesquelles existait un droit de chasse exclusif [3], la chasse reçut de bonne

1. Cf. pour les moyens de chasse : *Pol. d'Irminon*, II, 378 (vers 1110), Poitou : « Fera seu venatio in terra sancti Nicholai ab aliquo suorum homine infra defensum, si ictu ferri vel juste fortuitu compræhensa fuerit, monachorum erit, si vero cum insediis aut immissione canum, et reus et fera judicio vicecomitis subjacebunt. » D. Hug. (novbr. 990), Bouquet X., 558, D.,: « Leodie quoque silve venationem.... concedo, ejusque venabula per eam sine dilatione currere cunctis diebus auctoriso. » Cf. Anton, I, 473. La chasse était très aimée. Comparer page 111, n° 2, les passages donnés Mabillon, Ann. V, 657, et *Gallia Chr.* I ; IV, i, 229. La chasse aux oiseaux était très développée. Mab., Ann. V, 646, col. 2 (1084); Grenoble, Martène, *De antiquis ecclesiæ ritibus*, III, 818. Stat. S. Vict., § 16. Elle est appelée aussi *inventio*; Quantin, Cartulaire général de l'Yonne, II, p. 26, 24, fin XI° s.; comparer Duc. au mot *inventio*. *Captura* est aussi usité pour les oiseaux; cf. Duc. au mot *captura*, 2. Il y avait aussi la chasse au faucon ; un autour coûtait 50 sols. De Courson, Cartulaire de l'abbaye de Redon, p. 255, 303 (après 1050).

2. Comparer *Gallia Christ.*, I, X i, 297 A (1100) Amiens : « de omnibus cervis coria, quæ in eodem Cantastro capientur. » Sur la vogue des fourrures, cf. Cart. S. Père, prol., p. 58, et spécialement *Liber de servis Maioris Monasterii*, Publications de la Société archéologique de Touraine, tome 16, app. p. 146, 25 (1064-84); Cartulaire Trinit., p. 448, 51 (1043). Il y avait des tailleurs pour les fourrures, *pelliciarii*. Cf. Cartul. S. Père, p. 207, 81 (avant 1080) et passim.

3. D'autres termes apparaissent à côté de *foresta*, ainsi *indominicatum*, puis *defensus*. *Defensus* signifie d'abord un enclos assez étendu. Cf. Lex Bavar., IX, 12, et Ducange, s. v. *Defensa*, 3 et *Defensus*, v. aussi Cart. Mâcon, p. 337, 567 (1096-1124) : « neque pratum deffendat, nisi de fossione porcorum; » puis le mot est employé fréquemment et sans l'idée d'une forêt, ainsi Cart. Mâcon, p. 297, 510 (1096-1124) : *defensus Udulrici*. *Defensio* signifie aussi droit de chasse sur certains animaux, cf. *Pol. d'Irm.*, II, 364 (vers 1085), Poitou : *defensio* (pour l'avoué) « leporum omnino dimissa ». Déjà auparavant on trouve une défense de chasse dans *Capitul.*, 802, c. 37. *M. G. L.*, I, 96.

heure des limitations juridiques. A la classe nombreuse du clergé, celle-ci avait été défendue [1]. Dans la conscience germanique, qui, à ce point de vue, a été déterminante sur le développement de la conception française, le droit de chasse a trouvé une base territoriale. L'habitant de la Mark ne devait exercer son droit de chasse que dans les limites de celle-ci [2]; ce principe reçut également son application dans le XIe siècle, souvent altéré sans doute par le droit de haute propriété à la forêt et au village des seigneurs étrangers et des corporations. Le fonctionnaire seigneurial entre d'une manière quasi complète en possession du droit de chasse des co-villageois ou, tout au moins, il se réserve les hauts exercices de celle-ci [3].

La chasse était donc aussi, dans un certain sens, au XIe siècle, une « aristocratique » passion. C'est alors que nous trouvons les premiers et tristes exemples de la destruction de villages et d'espaces cultivés accomplie par les princes dans le but de se procurer un meilleur terrain de chasse [4]. Le comte de

1. Ivonis Decr., V, 353. = C. I. D. 34; cf. Decr., V, 366. = C. 2, D. 34; Regino, I, 178; Decr., VI, 288; *Panormia*, III, 167. Nouvelle défense du Concil. Ans. (990), C. 4, dans Mansi, 19, 101. Personne ne devait chasser le dimanche. *Cap. Carol.*, 789, dans Regino, I, 383; Decr., IV, 17.

2. Lex Bavar. XXII, II. Lex Salic. XXXIII, I. Aussi Lex Rip. XLII, I. Cf. Waitz, *op. c.*, IV, 109.

3. Cart. S. Père, p. 485, 24 (1101-1129) : « Capream, vulpem et catum, apem de ramo, quamdiu inibi boscus fuerit, si ipse G (major villæ) ceperit, sua erunt; si de hospitibus aliquis, dimidia habebit. » Si l'*hospes* cachait la prise, tout alors appartenait au major. L'avoué paraît avoir eu un droit de haute chasse (*Pol. d'Irm.*, II, 364, vers 1085, Poitou). Aux grandes chasses appartenaient les *feræ forestæ*. Cf. *Lib. dill. de S. Paladio in Biturigib.* de l'an 1279, dans Ducange, s. v. *fera*. *Fera bannita* est au contraire un animal sauvage dont la chasse est interdite : *Probat. hist. Limb.*, p. 29 (1056), dans Ducange, s. v. *Fera*. Pour le développement ultérieur, cf. Roscher, *System der Volkswirtschaft*, II, 557, n° 4.

4. Wilh. Gemmet. VIII, 9. Bouquet, XII, 572, D. : « Ferunt autem multi, quod ideo hi duo filii Willelmi regis in illa silva judicio Dei perierunt, quoniam multas

Châlons ne va-t-il pas jusqu'à refuser d'améliorer la colonisation de ses terres pour ne pas la compromettre [1]. Le passage de la chasse banale au parc réservé s'accomplit bien vite.

Le voilà bientôt réalisé dans la Normandie, cette terre de chevaliers. Deux parcs y furent fondés par l'évêque de Coutances et remplis par ce prélat, l'un de cerfs, de chevreuils, de taureaux et de chevaux : preuve qu'à cette époque, ces derniers étaient peu apprivoisés [2].

A côté de la chasse, les abeilles de la forêt livraient un revenu important en cire et en miel. La cire était utilisée spécialement pour la confection des cierges servant aux églises; le miel, pour la préparation de l'hydromel et, à l'état naturel, comme assaisonnement. Le droit à la prise du miel des ruches se développe de la même manière que le droit de chasse [3].

villas et ecclesias propter eamdem forestam amplificandam in circuitu ipsius destruxerant. » La même tendance conduit aux mêmes conséquences, cf. Cart. Cormery, p. 109, 55 (1123).

1. *Gallia Chr.*, I, IV i, 229 B (1064), Châlon : « comes Cabilonensis requirebat in silva, quæ vocatur Prestaria, capturam... animalium silvestrium et ob hoc prohibebat culturam agrorum in ipsa silva fieri. »

2. Bouquet, XIV, 78, A. B. Evêché de Coutances : « parcum duplici fossato vallavit et pallatio circumsepsit intusque glandes seminavit, quercus et fagos ceterumque nemus studiose coluit cervisque Angligenis replevit. Aliud quoque nemus.... redemit ibique parcum opulentissimum cervis et apris tauris et vaccis et equis constituit. » Pour les derniers, cf. Sigeb. Gembl. (an. 1086). *M. G. S.*, VI, 365 : « Domesticæ aves, pavones, gallinæ et aucæ a domibus se extraneantes fiunt silvaticæ. » La plantation d'un parc est mentionnée peut-être aussi dans Bouquet XIV, 79 C. Des reboisements n'étaient pas extraordinaires, cf. Cart. Yonne, I, p. 153, 79 (vers 992) : « (monachi) plantaverunt nemus et ortum construxerunt. » Des parcs naturels ou encore des defens, cf. L. Ang. et Werin. I, 378, VII, I; cf. aussi *Cap. de vill.*, C. 46 ss. 58, comp. C. 36. Enfin, cf. Waitz, *op. c.*, IV, 112, et Anton, I, 472.

3. *Mel* et *Cera* sont le plus souvent nommés comme revenus, cf. Bull. Alex. II (8 mai 1063), Jaffé 3386; Mab., Ann. IV, 753, col. 2. Bull. Nicol., II (27 avril 1061). Launoii opp. III, 1, 355; Cart. Yonne, II, p. 16, 14 (1078-84). Le droit à la prise des abeilles est analogue à celui de la chasse. Cart. S. Père, p. 485, 24

Au point de vue économique, le bois des arbres de la forêt constituait déjà au XIe siècle un revenu plus important que celui du gibier. Ce revenu a deux formes, le bois qu'on utilise et ses fruits. Toutes les deux sont le plus souvent des servitudes de la forêt. Celle-ci n'est guère que la base d'un certain nombre de prestations qui, dans les cas les plus favorables, arrivaient à un complet usufruit [1]. Le droit de chasse, ainsi que les redevances, en général tout revenu de la forêt, est alors compris dans cet usufruit [2]. Au propriétaire reste seulement le droit de la vendre et d'en jouir sans limite. Car les droits d'usage concédés à d'autres, quelle que soit leur étendue, sont toujours limités à leur personne et à leurs besoins [3]. Le droit à l'exploitation du bois offre à cet égard la satisfaction à tout besoin humain; il peut être immédiatement exercé sans l'intervention des gardes forestiers [4] comme

(1101-29), cf. p. 113, n. 3. La poix apparaît aussi comme un revenu de la forêt (Cart. Romans, p. 87, 39, jusqu'au 16 août 1060) : « pinetum, quod solvit pice, » cf. aussi la préparation de la poix dans Cart. Sauxillanges, p. 389, 518 (années 988-1031); il en est de même des cendres : cf. Cart. S. Père, prol. p. 66.

1. La jouissance complète s'appelle *silvaticum* ou *silvagium* : Cart. S. André, n° 32* (972), aussi *usuarium silvarum :* Cart. Yonne, I, p. 201, 104 (vers 1100), aussi p. 202, 104 (vers 1100), et en outre II, p. 26, 24 (fin XIe s.); un *usuarium plenissimum* est dans *Gal. Chr.*, 1, IV i, 234 A. (1098), Chalon. Enfin, cf. D. Rob., III, Burg. Reg. (1029), D. Bouquet, XI, 553 A : « aeternam consuetudinem in silva M., » il n'est pas dit de quelle *consuetudo* il s'agit ici.

2. Cart. Yonne, II, p. 26, 24, fin XIe s. : « in silva.... venationem inventionem et ceteros terræ vel silvæ redditus, et forestagium suorum vel aliorum hominum, qui exerta fecerint.... ita tamen, ut nichil inde vendant aut dent, tam ipse quam illi. » Le droit de chasse apparaît seul. Cart. Saintes, p. 4, I (1047) : « quotannis abbatissa misso venatore suo, quoquomodo poterit, habeat de prefata silva.... aprum unum cum sue fera, etc. »

3. Cf. la citation importante. Cart. Yonne, II, p. 26, 24, dans notre note précédente; en outre, Cart. Yonne, I, p. 201, 104 (vers 1100); Cart. Paris, I, 379, 10 (vers 1112) : « Nec vero inde dare quisquam aliquid audebit, nisi vicinis suis in eadem villa commorantibus » (qui ont tous les mêmes droits).

4. Le plus souvent il est question des *necessaria*, qui se rapportent à l'usage

aussi sans bornes et sans mesure, sans aucune redevance ni prestation. D'un autre côté, il y a des servitudes réglées tantôt au seul point de vue de certains besoins, tantôt à celui de l'étendue du droit d'usage, tantôt enfin de l'objet même de ce droit [1]. Mais, en face de la servitude, des prestations se trouvent partout où le droit d'usage n'est pas un reste d'une propriété partielle ou totale et ont probablement été introduites ailleurs dans le cours du temps [2].

L'usage du bois se rapporte le plus souvent aux usages domestiques, industriels et agricoles. L'économie domestique

du bois (*recursus lignorum*) : Cart. S. André, 247 (1061-70 ?) et 249 (1061-70); *assumptio arborum :* B. Alex., II (8 mai 1063), Mab., Ann. IV, 753, col. 2, Vendôme. Cf. Cart. Saintes, p. 3, 1 (1047) : « de silva.... de omnibus arboribus, quecumque fuerint necessaria, ad domos scilicet hedificandas vel restaurandas, ad cupas, ad dolia, ad vallum, ad naves, ad furnos calefaciendos et omnia facienda, quæcumque fuerint domui necessaria. » De même aussi Marchegay, p. 388, 46 (vers 1070); Cart. S. Père, p. 238, 12 (avant 1102); Cart. Cormery, p. 76, 37 (1026-40), p. 79, 38, du même temps. La liberté la plus complète apparaît encore dans la bulle Alex. II (8 mai 1063), Mab., Ann. IV, 753, col. 2, Vendôme : « ab omnibus monachis Vindocinensibus et ab universis hominibus ipsorum ad omnes usus suos in terris ad monasterium pertinentibus sine licentia forestariorum. »

1. Ces différents degrés s'observent : Cart. Romans, p. 41, 15 (milieu du XIe s.) : « Et in duas silvas meas dono...., onus quatuor asinorum de circulis omni anno et ad opera predicte vinee et illi homini, qui eam excoluerit, de silva quantum necesse fuerit. » — Cart. Saintes, p. 59, 59 (1107) : « damus.... de silva A, quantum duo asini afferre potuerunt omnibus diebus tam de siccis lignis, quam de viridibus. » Mab., Ann. V, 648, col. 1 (1085) : « Annuit quatinus diebus singulis tantum lignorum in eadem silva incidant, quantum quadriga una trahere sufficiat. » — Cart. Saintes, p. 43, 37 (1080) : « Concessi ramos colligendos quotannis de buxeto D., quantum voluerint. »

2. Cela peut donc être une exception, si l'on ne donne aucune redevance pour une telle servitude, cf. Cart. Mâcon, p. 214, 372 (996-1018) : « potestatem habeant utendi ea (silva), sepes faciendi, vineam edificandi, domos faciendi, ardendi, nec pro his aliquid servitium faciant. » Pour les censitaires, la prestation est régulière, cf. Cart. Savigny, p. 472, 897 (avant 1117) : « Cibaria et gallinæ, quæ reddunt homines propter ligna, quæ deferunt, ubicumque volunt, cum bobus et vaccis et asinis.... et illi homines, qui sine bestiis in silva supra ligna acceperint, servitium atque census. »

l'utilise comme bois à brûler pour les fours et à d'autres usages, comme bois de charpente pour bâtir la maison, pour la construction de bateaux, pour le charronnage, pour la tonnellerie, pour la construction des moulins; l'économie rurale, pour la clôture des champs, pour des échalas [1].

L'usage des fruits, le pacage, n'est pas donné avec l'usage du bois, mais forme un droit indépendant. Il se rapporte le plus souvent aux porcs et au petit bétail [2], et reçoit une détermination d'après le nombre des têtes, là du moins où une corvée ne vient pas à l'encontre. On trouve des troupeaux importants; ceux de deux cents têtes ne sont pas rares; quelquefois il y en a même de plus élevés. Les troupeaux de porcs sont, au temps de la glandée, conduits dans les bois

1. La redevance du bois à brûler est *fumaticum*. Ducange (s. v. *fumaticum*) renvoie à *foagium* 1, avec la signification de redevance militaire. Les passages cités par lui rendent cette acception vraisemblable. Ch. Conv. Burg. reg., 972. *Foagium* (Duc., s. v. 3) a même quelquefois la signification de *lignatio*. Cette redevance se trouve Cart. Saintes, p. 3, n° 1 (1047), cf. plus haut p. 115, n.4, Cart. Romans, p. 197, 226-32 (1070-81) : « in pascione porcorum, in lignis ad focum, in clausuris vinearum, in constituendis domibus. » En outre, cf. encore pour cette redevance Cart. S. Père, p. 228, 29; Marchegay, p. 388, 46 (vers 1070); D. Phil. (1091), Paris; Dach., I, 628, col. 1; pour la construction des moulins, Cart. Cormery, p. 76, 37 (1026-40). Le bois pour les échalas est dit *materies*, Cart. Romans, p. 612, 28 (1045-70) : « ad vineas... omnis matheria absque pretio gratis.... colligatur; » aussi Cart. Savigny, p. 418, 800 (vers 1070). *Materies* a cependant le sens aussi de bois à brûler. V. Duc., s. v. *materia*, et Cart. Ainay, p. 626, 97 (1030 ?) : « mansus.... in villa Losanne et est materia in circuitu de Buxo » (lisez : buxeto ?). Pas de doute qu'il ne s'agisse ici de bois à brûler.

2. Sur les redevances pour le pacage, cf. Cart. S. Père, prol., p. 160 ss. *Pol. d'Irm.*, I, 686. Elles se distinguent des autres prestations, comme le Cart. Yonne, I, p. 202, 104 (vers 1100) : « concessit usuarium.... silvarum ad domos suas faciendas et ad ardendum et areas domorum suarum. Si porcos habuerint in sylvis, dabunt pasnagium. » Le petit bétail est rangé avec les porcs. D. Phil. (1091), Paris. Dach., I, 628, col. 1 : « de eorum porcis vel pecoribus prædictam sylvam frequentantibus. » Cf. Guérard, Cartulaire de l'abbaye de Saint-Bertin, p. 185. Sim., I, 4. On appelle *suile* l'endroit de la forêt destiné au pâturage. Cart. Cormery, p. 76, 37 (1026-40) : « suile porcorum de sylva R. »

et y restent jour et nuit jusqu'à la fin de cette période [1]. Aussi des prestations, bien souvent importantes, sont-elles attachées à ce droit d'usage [2].

Nous avons là la preuve de l'importance de cet usage. Aussi le droit de glandée joue-t-il un rôle capital dans l'économie forestière. On prend des ménagements pour les chênes, qui sont considérés comme des arbres fruitiers [3]. A côté d'eux, on nomme comme arbres à fruits les sorbiers, les sapins, les pins; ces derniers servent dans quelques contrées à la préparation de la poix [4]. On n'est pas encore arrivé cepen-

1. Détermination du droit d'après le nombre. Cart. Mâcon, p. 192, 331 (996-1018) : « donamus.... rata de bosco V unum vedogium et ad unam destralem et ad XII porces ad saginandum. » V. aussi Cart. Romans, p. 41, 15 (milieu du XIe s.); D. Robert (23 sept. 1030), D. Bouquet, X, 624 B.; pour 500 porcs, Dach., III, 406, col. 2 (1067), Anjou. Pour la durée du pâturage et pour la garde, cf. Cart. Mâcon, p. 337, 567 (1096-1124) : « forestarius cum nemus portaverit glandes fideliter servet, ut neque ipse, neque alius colligat, donec canonici porcos suos ad glandem edendam introduci precipiant, et tunc L. parrochiam suam introducat. » D. Rob. (1022), D. Bouquet, X, 606 E. D. Orléans : le droit de garde pour 200 porcs : « omni tempore glandis. » Cart. Alb. (1059), D. Bouquet, XI, 603 B. Chartres : *pasnadium* et I. arp. pour le séjour des porcs et du berger pendant la nuit. Cf. *Pol. d'Irm.*, I, 688.

2. Ces redevances s'appellent comme le droit, *pasnagium* (aussi Cart. Cormery, p. 101, 49 (1070-1110) ; Launoii opp. III, 1, 355); *respectus pasturæ* : Cart. Bertin, p. 185. Sim., I, 14. Quant au taux, on a un grand nombre de ces indications : Dach., III, 406, col. 2 (1067), Anjou : « decimum denarium et decimum porcum pasnagii de Breonensi et præter hæc pastionem ad 500 porcos. » Un *panasticum* dans Marchegay, p. 381, 37 (vers 1050), cf. p. 381, 38 (1 oct. 1067), rapporte 4 pains, 2 setiers de vin, 4 cierges, une *mina* d'avoine pour les chevaux du percepteur.

3. La forêt fut taxée d'après le nombre de porcs qui devaient y paître. Cart. Mâcon, p. 337-8, 567 (1096-1124). Pour la préservation des chênes, cf. plus haut p. 109, n. 3 et p. 110, n. 1.

4. Le Cap. de Villis (c. 70) mentionne les pins et les sorbiers. V. aussi *Lex Burgd.*, XXVIII, 2. *M. G. L.*, III, 545 : « Si vero arborem fructiferam.... inciderit.... quod etiam de pinis et abietibus praecipimus custodiri. » Le Cart. Romans, p. 87, 39 (jusqu'au 16 août 1060), montre le rapport des forêts de pins avec l'indication de la préparation de la poix.

dant à une économie forestière en quelque sorte ordonnée, les servitudes étendues devaient, dans la plupart des forêts, entraver tout effort dans ce sens. La culture des plantes primitives dominait partout, et déjà la conception du *menu bois* peut être considérée comme un progrès [1]; il en est de même de la régularisation des droits d'usage, telle qu'elle se montre du côté de l'Est. C'est une amélioration essentielle [2]. Du reste, au point de vue de la forêt, on vivait comme on avait auparavant vécu, sans prévoyance économique, sans souci des jours mauvais. Le bois à brûler fut enlevé chaque jour des forêts pour les besoins de la maison. On était contraint par là à le laisser mourir et se dessécher dans celle-ci. Ainsi naquit la forme particulière du *nemus mortuum* [3], qui se trouve répandu par tout le pays.

La pêche suit une marche parallèle à celle de la forêt.

1. Sur la plus ancienne économie forestière, cf. Anton, I, 141. Charlemagne avait en vue des améliorations, cf. Cap. de Villis, c. 46. L'ordonnance forestière de Maurmünster dans Schöpflin (*Als. Dipl.*, I, 229), indique un progrès obtenu rapidement. En France, au contraire, ce n'est qu'au XVe siècle qu'apparait l'exploitation par l'abatage, cf. Roscher, II, 610, n° 5. Un témoignage probant pour celle du plantage au XIe siècle dans Marchegay, p. 888, 46 (vers 1070), cf. plus haut, p. 109, n. 3 et p. 110, n. 1. A l'époque carolingienne nous trouvons le bois mort, cf. Anton, I, 465; pour le XIe siècle, v. Cart. Saintes, p. 43, 37 (1080) : « concessi ramos colligendos quotannis de buxeto D quantum voluerint. »

2. V. plus haut, p. 116, n. 1.

3. Cf. p. 110, n. 1 le texte cité, Marchegay, p. 388, 46, qui montre qu'on distingue toujours les différentes espèces de bois à brûler. C'est le bois sec; il est desséché sur l'arbre et emporté chaque jour. Cf. Cart. Saintes, p. 59, 59, 1107 : « quantum duo asini afferre poterunt omnibus diebus tam de siccis lignis quam de viridibus. » — Cart. S. Père, p. 287, 29, titre « de mortuo bosco » : ....in bosco méo T de mortuis arboribus et arefactis continui lignarii copiam sibi colligant. Voir aussi Gest. abb. Gembl., 48. *M. G. S.*, VIII, 543 à 6. Le bois de construction est *vivum nemus :* D. Phil. (20 mai 1072); Martène et Durand, I, 489, E. S. Germain : « mortuum lucum.... Dedi etiam vivum nemus.... ad aedificia. » Aussi Cart. S. Père, p. 287, 19; cf. du reste Ducange, s. v. *boscus* sur la différence entre *bois mort* et *mort bois.* On trouve, *loc. cit.*, l'indication des espèces de *boscus mortuus.*

Leur union témoigne sous plusieurs rapports une époque où elles formaient à elles deux la base principale de l'économie nationale [1]. A ce moment, on était éloigné depuis longtemps de cette période. La pêche maritime n'était même plus partout libre à tous ; c'était encore moins le cas pour la pêche fluviale [2].

On pouvait compter ici des droits d'usage les plus variés, depuis la propriété complète jusqu'à la servitude. Les principes de division étaient basés sur des considérations tantôt d'espace, tantôt de temps, ou bien certaines espèces de poissons ou certains engins étaient exclus [3].

Au droit de pêche appartenaient, le plus souvent encore, certains droits accessoires qui en facilitaient l'exercice ; le droit de circuler sur les rives, de passer d'un rivage à

1. Si l'on veut se représenter le processus des genres d'occupation aux époques préhistoriques, on devra mettre au premier plan, chez les peuples indo-européens, la chasse et la pêche. L'agriculture n'apparaît qu'ensuite. L'union des deux premières dure encore. L'expression forêt pour forêt et eau est dans B. Nic. (1061 Apr. 27) Launoii opp. III, 1. 355 ; Mab., Ann. IV, 733, col. 1 (1040) ; Cart. Yonne, II, p. 35, 34 (1080). Une jouissance analogue. GC., 1, IV i, 148 D. (vers 1075), Langres. Cf. aussi Cart. Mâcon, p. 127, 198 (1022) : « colonum hanc consuetudinem non debere, neque pro silva, neque pro pascuis, neque pro aqua, neque pro.... terra ; » où silva-aqua, pascua-terra, ne font qu'un. D. Phil. (1091), Paris. Dach., I, 628, col. 1 : « ut ibi [in flumine] nullus piscationis vel venationis opus... exercere praesumat. » Cart. Vaux, p. 44, 56 : « Stagnum secus frontem ecclesiae totum preter dimidiam partem avium. » Cf. aussi Waitz, IV, 112.

2. Cart. S. Père, p. 108, 3 (avant 1028) : « Et unam piscatoriam in mari Sancto Petro concedo. »

3. Pour la pêche aux poissons d'eau douce à l'époque des Carolingiens, cf. Anton, I, 479 ss., D. Rob. (1027-28), Bouquet, X, 619 D, où piscatio est déterminée d'après une certaine profondeur. Aussi Cart. Louviers (Bonnin, Cartulaire de Louviers. Documents, tome I, Evreux-Paris, 1870, 4°), p. 5 (Août, 1026) : « tractus piscatorius a loco.... B. usque ad eum locum, qui dicitur I, cum fossatis piscatoriis II et in loco... S. tractum piscatorium unum cum fossatis IIII similiter piscatoriis. » De même Cart. Cormery, p. 78, 38 (1026-40) : « duo retia ad piscandum omni tempore ; » aussi p. 92, 45 (1070-1110) : « in stagno apud S. unum piscatorem ad usum monachorum. » — On limite habituellement la durée, particulièrement pour le

l'autre, d'établir une maison pour le pêcheur [1]. Cette concession était d'autant plus nécessaire, que la pêche n'était pas considérée comme une occupation noble; elle était le plus souvent l'industrie des classes inférieures et des serfs [2]. Elle ne paraît pas, contrairement à la chasse, avoir été défendue au clergé [3].

Cette industrie était déjà assez développée. On prenait les poissons aux écluses, particulièrement dans le voisinage des moulins. On creusait des fossés, on connaissait la pêche à la lumière et à la seine. On était largement récompensé de la peine; la pêche des anguilles en particulier paraît avoir été très fructueuse et très recherchée [4]. C'était une industrie

dimanche, cf. Cart. Trinit., p. 422, 1 (1030), où le dies dominicus piscariae de A. est donné. V. aussi Chronic. Andag. 16. *M. G. S.*, VIII, 576, p. 33. Cart. S. Père, p. 107, 2 (avant 1028). D. Rob. (1022). Bouquet, X, 606 E, 607 A : « singulis hebdomadis per unam diem et noctem, quam voluerint, libertatem perlustrandi totam aquam nostri juris Ligeritti fluvii quolibet modo piscationis eis... concedimus. » Cart. S. Père, p. 558, 53 (1096) : « quotiens.... voluerit, cum igne et aliis omnibus modis ad omnes pisces per omnia piscari faciet. » Les derniers exemples montrent que l'on avait certainement en vue la prohibition de certaines sortes de pêche.

1. D. Rob., III, Burg. reg. (1029). Bouquet, XI, 553 A. : « piscariam.... cum omni terra ad eam pertinenti. » D. Phil. (1091), Paris. Dach., I, 628, col. 1 : « flumen cum utrisque ripis et piscatoria et navium transitu, et [et om. ?] ubicumque retia extra fluvium trahenda fuerint, sive crescat aqua sive decrescat. » Cette permission n'est pas dans Marchegay, p. 404, 63 (sept. 1066) : « concessi ecclesie Sancti Mauri.... omnem aquam Ligeris ab una ripa ad alteram, quandiu terra eorum [monachorum] durabit, ad omne opus abbatie. »

2. Cf. Cart. Yonne, II, p. 35, 34 (1085) : « assidue piscatorem.... habuerint, ad quod trado eis H. servum ». On doit encore voir pour cela Cart. Savigny, p. 367, 711 (vers 1030). Cart. Yonne, I, p. 201, 104 (vers 1100).

3. V. Decr., XIII, 33 = c. 11 D. 86.

4. Sur les écluses (exclusae), cf. D. Rob. (1027-28). Bouquet, X, 917 E : « una exclusa, quae reddit solidos II, » puis Mab. ann. IV, 733, col. 1 (1040); Cart. S. Père, p. 108, 3 (avant 1028), et encore passim. On les appelle aussi bucca, cf. Cart. Cormery, p. 78, 38 (1026-40) : « tres buccas, quas exclusa vocant, ad piscandum; » ou venna, cf. Mart. Coll. II, 6, 648; Anton, I, 480; Duc. au mot venna; radius : Chronic. Andag., 16, *M. G. S.*, VIII, 576, l. 32 : « Quaedam vero venna

largement productive; elle se répandit donc partout, mais le Nord et l'Ouest, où les eaux abondaient, s'y adonnèrent le plus activement. Cependant, là aussi, comme dans le Sud-Est, on pratique avec zèle la pêche dans les étangs. Charlemagne la recommande d'une manière spéciale, les monastères s'y adonnent à cause des jours de jeûne. Les étangs furent creusés spécialement, ils servaient souvent comme viviers pour y recevoir et conserver le poisson pris dans les fleuves [1].

Partout encore nous trouvons aux prises, dans le domaine de l'eau et surtout celui de la forêt, le principe de la propriété libre et commune comme le maintient l'homme du peuple et le principe de la propriété privée et étroite que le seigneur cherche à faire prévaloir [2]. Du côté de la propriété, il y a

quae apud eos dicitur radius, in Huia (la Houille, affluent de la Meuse) », enfin gurgites : D. Hen. (vers 1033); Bouquet, XI, 568 B.; cf. Cart. Louviers, p. 5 (supra, p. 120, n. 3). Au contraire Deloche, Cart. Beaulieu, introd. p. 105, conçoit le fossatum piscatorium comme des barrages en rivière et établissements destinés à arrêter et prendre le poisson. Duc. ne donne aucun éclaircissement. C'est à notre avis un vivier, une fosse artificielle où l'on conserve les poissons pris. Cette fosse n'a aucun rapport avec le tractus piscatorius (coup de filet). Sur la pêcherie à la lumière et à la seine, cf. Cart. S. Père, p. 107, 2 (avant 1028), et aussi p. 558, 53. — Quant au revenu, GC., 1 X, i, 297 A, 1100, Amiens : « duo.... millia et ducentas anguillas de piscaria in Somma.... quotannis similiter contuli. » Domesday-book, I, 304.

1. Sur la pêcherie dans les étangs se porta l'attention de Charlemagne. Cap de Villis, c. 21. Elle apparaît dans le Nord-ouest et le Sud-est. Mart. Th. (Martene et Durand, Thesaurus novus) I, 197, AC (1067), Normandie : « Tria stagna construxi in piscationes; Vita Pontii » Mab., ꝗꝗ act. VI, 2, 497. L'étang est donc appelé *stagnum;* cf. aussi Cart. Vaux, p. 8, 7 (1097) : « dimidium stagnum de P et medietatem paludis ab ipso stagno usque ad finem montis, » et aussi p. 16, 18 ; pour sa construction artificielle, cf. aussi Cart. S. Père, p. 134, 11 (avant 1070) : « visum est nobis profecturum esse, si et ... stagnum construeremus. » Sur *vivarium*, cf. Gest. abb. Gembl. *M. G. S.*, VIII, 528, p. 14 (vers 1018) : « [abbas O] factis aestuariis vivaria ad recipiendos pisces construxit; » *piscaria* se trouve aussi cf. Perry, *Hist. de Chalon-sur-Saône*, pr. p. 43.

2. Qu'il en soit ainsi pour les bois, il n'est pas besoin de nombreuses preuves. On peut voir la tendance de comprendre l'eau dans la forêt par la recommandation

puissance et plus grand revenu ; du côté de la communauté, faiblesse et inintelligence. Plus de doute ainsi sur celui qui remportera la victoire. Moins rigoureuse et déjà plus entamée, apparaît la différence du pacage et de la prairie. Ici il ne s'agissait pas de l'opposition entre les intérêts de deux classes, mais c'est dans l'intérêt commun de tous les possesseurs du sol, et si la prairie l'emporte sur le pacage, c'est sans heurt et peu à peu que s'accomplit sa victoire pacifique et presque uniquement à la suite de l'élévation du revenu [1].

La conception du pacage fut très développée, elle s'étendait aussi aux lieux habituellement fréquentés par les porcs et aux simples servitudes de pacage sur les champs et dans les forêts [2]. D'un autre côté, les oppositions entre le pacage et la prairie s'adoucissaient par la force même des choses. On conservait le pacage au printemps quelque temps avant d'y conduire le bétail ; il devenait ainsi une demi-prairie ou bien, après l'enlèvement du foin, on livrait les prairies au bétail, comme cela se fait encore de nos jours [3].

de D. Phil., 1091. Paris, Dach., I, 628, col. 1 : on donne une pêcherie, « et ut ibi nullus piscationis vel venationis opus absque licentia fratrum exercere præsumat. »

1. Caractéristique pour le triomphe de la prairie est *Lex Bajuv.*, I, I, 13. *M. G. L.*, III, 278 ; cf. avec *Cap. Lud.*, I, 817, C 13. *M. G. L.*, 216 ; la phrase du dernier texte : « prato arpennem I claudere, secare, colligere et trahere, » manque dans la loi. Cependant la loi connaît déjà la prairie. Cf. Roscher, II, 80, n. 2 ; aussi Lex Salic., XXVII, 10, mentionne des prairies appartenant à des particuliers.

2. On appelle en général le pacage, *pascuum* : Cart. Bertin, p. 186. Sim., I, 14 (1056) ; (cf. p. 197, Sim., I, 21) : « pascuum quoque porcorum vel pecorum.... vulgo dictum Suinard » (aucune forêt) ; Cart. S. Père, p. 172, 45 (avant 1080) : « pascua terræ meæ.... tam in bosco quam extra boscum. » Le droit de passage de la prairie est dit aussi « percursus, manducarium. »

3. Améliorations de la prairie. Cap. de Vill., C. 37, cf. Ant. I, 410. Cart. Mâcon, p. 338, 567 (1096-1114) : « Definitum est autem de prato, quod L. juxta nemus fecerat, ut singulis annis, facto feno, nonam canonicis reddat, neque pratum deffendat nisi de fossione porcorum, donec alia prata, que sunt in vicinia, in deffensione mittantur. »

La transformation du pacage en prairie était donc, dans un certain sens, un progrès. A la suite de ce développement un changement s'était accompli : l'introduction de la stabulation permanente. Au XIe siècle, elle a fait déjà quelques progrès. On était habitué, à cette époque, d'établir une proportion entre la surface de prairie et celle du champ cultivé [1]. Le besoin de prés augmenta et on les substitua aux forêts et aux champs [2].

A côté de ce développement récent, le pacage conserve encore son vieux droit et sa grande importance. Les bergers du village, qui ont cependant perdu la situation considérée qu'ils avaient à l'époque des lois germaniques, amènent leurs troupeaux paître en liberté. Ils doivent veiller sans relâche sur ceux-ci et sont responsables des dommages qu'ils pourraient occasionner [3].

1. Ordinairement on voit une seule coupe. Cf. *Polypt. d'Irm.*, II, 368 (1089) : « prata.... per annum multotiens stabularii sui secabant et devastabant. » La prairie comme nécessité économique : Marchegay, p. 369, 26 (1040-45) : « terram ad octo boves possidendam et laborandam et pratos ad eandem terram pertinentes. » Aussi Cart. S. Père, p. 402, 22 (1113-1129) : « cum terra ad unam carrucam et pratis sufficientibus. »

2. Cart. S. Père, p. 40, 8, De Giaco (avant 1000) : un « pratellum, de quo colligebantur IIe carra feni. » Cartulaires de l'église cathédrale de Grenoble, dits cartulaires de Saint-Hugues, p. 96, 16 (vers 1100) : une prairie où sont occupés à faucher 16 hommes pendant 3 jours. Prairie dans la forêt. Cart. Beaulieu, p. 190, 137 (997-1031 avril) : « boscum.... et pratale, quod et subter illum boscum. » Cf. Chronic. Andag., 53, *M. G. S.*, VIII, 596, l. 11 ; aussi bois coupés de près, GC., 1 X i, 154 C. Champagne : « pratis ac pratensi silva. » Sur appratare, cf. la fin du chapitre, déboiser pour faire une prairie. Des champs paraissent avoir été transformés en prairie. Cf. p. E. Cart. Mâcon, p. 68-9, 89 : quelqu'un possède dans une (villa T) campi duo et une vinea, tous les trois avec des limites différentes : l'assolement à trois soles. Le 2^{d} champ est un *pratum*. Cart. Mâcon, p. 262, 457 (1031-62) : « Un pratum 45 *percas* de long, 4 P. resp. 1 P. de large, » selon toute apparence une pièce de terre de l'économie rurale à 3 soles.

3. Sur l'élevage du bétail à l'époque des coutumes, cf. Anton, I, 109 ss.; surtout pour la situation du berger, p. 118. En revanche, Stat. Prum. Mart. Coll. I, 595 ss. : « Quisquis huiusmodi iuris est, ut ad bubulcum iure possit constringi,

Les pacages les plus considérables se trouvent dans le Nord-Ouest; là nous avons du moins l'élevage important des chevaux et des bœufs. Celui des brebis y est encore plus activement poussé; il rapportait beaucoup.

Les troupeaux de moutons ne livraient pas seulement de la laine aux industries flamandes, mais aussi du lait et du fromage pour les besoins de la maison; on les utilisait aussi comme viande de boucherie; dans le Sud, où l'on avait l'habitude d'envoyer les brebis pendant l'été sur les Alpes, ce dernier usage paraît avoir été prépondérant [1]. Mais le véri-

et qui censum de capite suo persolvit. » Ces deux classes sont nommées ensemble. Du reste *bubulcus* est le gardien des bœufs. Gest. abb. Gembl., 49, *M. G. S.*, VIII, p. 543, p. 6 : « bubulcus, qui ligna de silva.... adduceret. » Les animaux paissent dans la prairie, cf. Cart. S. Père, p. 172, 45 (avant 1080) : « pascua.... omnibus bestiis terrae Sancti Petri.... ut.... pascant aestu ac hieme, » donc aussi les bergers, v. Regino, II, 420 = Decr. II, 131 = Burch., II. 71, ex Conc. Rotom., 650, c. 14. Sur leur responsabilité, Cart. Paris, I, 378-9, 10 (vers 1112) : « Si idem G. (le maior, selon toute apparence) boves vel quelibet pecora eorum sub pastorali custodia pascentia in loco, ubi sibi dampnum faciant, acceperit et se sic accepisse per aliquem de servientibus suis probaverit, non a dominis, sed a pastoribus emendationem expostulet, ita videlicet, ut singuli pastores singulas emendent leges. »

1. L'élevage des chevaux dans le nord-ouest, cf. Miræi *opera*, II, 1137, col. 2. Pour celui des bœufs, v. aussi Miræus, I, p. 69 (1080), GC. 2, IIII, 83 D. D. Arras. On voit aussi de nombreuses bergeries, Miraeus, I, p. 67 (1066) : « VIII berquerias que XVI mansis continentur; » cf. D. Phil. 1075, Miraeus, II, 1134. D. Phil. (1085), *loc. cit.*, p. 1138, aussi p. 1137, col. I (1085); Duc. au mot *bercaria*. De forts revenus : Cart. Bertin, p. 254-5. Sim. II, 44 (1114) : « de berquaria.... E. M. utpote berquarius ante id temporis censum solvit, quantum ad redditum viginti octo librarum singulis annis pertinere dinoscitur. » En dehors de la laine et de la viande, on retirait des brebis : Ivonis, ep. 6, 1096 (Migne, Patrologia, 162, 17 A.) : « lac et lanas ovium; » Cart. Trinit., p. 464, 83 (1091) : « decimam lanæ et caseorum de ovibus suis. » Pendant l'été, dans le sud-est, on les conduisait sur les Alpes. Cart. S. André, 82 (vers 1122) : « Alpem unam ad estivandas oves suas; » cf. aussi Cart. Grenoble, p. 111, 35 (vers 1100) et Cart. Dom. Glossarium, p. 406, au mot *Alpis*. Pour la viande de mouton, *Pol. d'Irminon*, II, 366, (1089) : « carnes ad edendum, suillas scilicet arietinas ceterasque. » On en mangeait surtout dans le sud-est, un mouton coûtait dans cette contrée 0,66-1 sol., en moyenne 0,84 sol., un agneau 0,82-1,5 sol., en moyenne 1, 17 sol. Cf. les prix à l'appendice.

table bétail gras était le porc. Son prix était plus élevé que celui du mouton; en particulier, les marcassins étaient les morceaux le plus recherchés [1]. Par toute la France le cheval était utilisé, on s'en servait comme monture et comme cheval de guerre. Son prix paraît avoir été plus élevé dans le Nord-Est par suite des courses militaires des Normands soit en Angleterre, soit en Italie, à partir du milieu de ce siècle [2]. Le mulet fait d'autant plus concurrence au cheval, à mesure qu'on s'avance vers le Sud-Est, sans cependant arriver à le vaincre complètement [3].

On ne peut pas dire qu'au XIe siècle on se soit intéressé beaucoup à l'élevage du bétail [4]. Ce n'est qu'à un degré de civilisation assez élevé que cette branche de l'économie rurale acquiert de nouveau un intérêt plus important et qu'elle sert en partie à une agriculture d'une plus grande intensité. Celle-ci, pas plus que l'élevage, ne nous montre un progrès sensible. Il n'y a qu'à considérer la vue extérieure du champ comme aussi la marche générale de l'exploitation.

Des limites naturelles servaient encore à indiquer les bords

1. L'importance du porc est révélée par la loi Sal., t. II : *De furtis porcorum*. Voyez ci-dessus, pp. 14 et 15. Dans le sud-est, un porc coûtait 0,5-9,9 sol., en moyenne 3, 49 sol.

Sud-est-nord :	1 frescenna	2 sol.	Dans le Centre :	1 mouton	0,66 s.
	1 porcellus	0,5		1 porc	5 sol.

Cf. les prix.

2. Cf. les prix des chevaux que nous donnerons plus tard. En dehors des chevaux de selle, on voit aussi les *vehicula*, Ivonis ep. 267 (avant 30 août 1115), M. 162, 271 C.; mais en général on monte à cheval. Dans l'ouest le prix des chevaux semble s'élever. V. Cart. Redon, p. 379, 53 (1051), où un bon cheval coûte 100 sol. et plus même; cf. aussi p. 292, 341 (21 juin 1108), où son prix s'élève jusqu'à 300 s. et plus. On ne peut arriver à un résultat plus sûr.

3. Un cheval dans l'est, 97,5 sol.; dans le sud-est, 47,5 sol.; précisément le mulet dans cette contrée, 100 sol.; la mule, 137,75.

4. Anton, I, 418-20.

des champs : une source ou un arbre, un ruisseau ou un chemin; autant de points topographiques d'une durée souvent douteuse. La mauvaise volonté, le hasard même pouvaient souvent occasionner des dommages, et il fallait un nouvel accord sur une nouvelle limite [1]. Quand on prenait possession d'une étendue de terre encore inculte, on n'avait plus besoin de la routine des temps antérieurs; cette surface était mesurée et limitée par des pierres. On employait quelquefois aussi le même procédé dans la vente d'une pièce de terre pour enlever dès l'abord toute contestation sur la nouvelle possession [2].

A côté de cette délimitation, ayant une base juridique, on voit aussi qu'on élevait une clôture autour du champ, nécessitée par des motifs économiques. La période des lois germaniques montrait déjà les champs protégés par des haies contre le ravage que pouvait occasionner le bétail [3]. Celles-ci entouraient souvent des soles entières ou tous les champs d'un même propriétaire, en tous cas la plus vaste étendue de terres que

1. Limites naturelles : Cart. Romans, p. 94, 45 (avril 26, 1062) : « a vespere arbor pyrus et alter sambuccus; » cf. Cart. Ainay, p. 560, 14 (1023, Febr., 12); cf. aussi p. 561, 15 (mars 16, 1023) (noierarium = bien ici novalium). On choisissait de préférence (surtout dans le Cart. Sauxillanges) des limites naturelles: On peut voir aussi à côté l'une de l'autre des limites naturelles et artificielles Cart. Corméry, p. 110, 55 (1133). Pour enlever la limite et pour la remplacer, cf. Cartul. Romans, p. 100, 52 (1030-70).

2. Cf. Mart. Coll. I, 541, A (1092) D. Liège, et particul. Mabillon, Ann. V, 657, col. 1 (1093) : « Et ipsam partem [silvae L] faceret determinari ac metiri per manum cujusdam præpositi nostri.... limitesque poni undique faceret et sic eam monachis traderet : ne quis videlicet inde quicquam ipsis ullo modo minuere vel demere unquam posset. » Dans le Bifang (cf. chap. II, n° 12) on mesurait et on limitait de préférence; cf. D. Rob. (1030); Bouquet, X, 632, C. D.; D. Rob. (1030); Bouquet, X, 623, BC. Des bornes en pierre : Cart. S. Père, p. 186, 60 (avant 1070).

3. Lex Salic., t. XI et XXXIV. Cf. Langethal, I, 53; Anton, I, 94.

l'on pouvait clôturer. Cet usage était encore généralement admis au XIe siècle. De petites clôtures apparaissent encore à côté de celles-ci pour la vigne et les jardins [1].

A l'intérieur de ces clôtures, l'activité de l'agriculteur trouve un large champ. Sa maison d'habitation, ses constructions agricoles étaient le plus souvent en bois [2], l'inventaire se borne aux objets les plus nécessaires, aux animaux domestiques, aux ustensiles manuels primitifs, à la charrue, l'unique machine. Comme ce mobilier, à quelques exceptions près, avait pris naissance sur le sol de cette économie rurale, il était considéré comme un élément même de la propriété [3]. Le bœuf était la bête de labour ordinaire [4] et si

1. Pour l'emploi des haies, cf. p. E. Cart. S. Père, p. 238, 12 (avant 1102), et très souvent pour le contour, Cart. Mâcon, p. 35, 29 (1031-62) ; elles étaient employées de préférence pour la vigne, cf. Cart. Dom., p. 41, 37 (vers 1047) : « vineam in clauso nostro ; » Armor. de la Fr. reg. 3. part. 1 Généal. d'Almye, p. 8, n° 6 (Bréq., II, 197, febr. 1082), un clausus pour plusieurs vignes, v. Cart. Romans, p. 197, 226-32 (1070-81). Cart. Corméry, p. 78, 37 (1026-40), a même « vineam, quae est ante ecclesiam, quae vocatur Clausus, » et aussi Cart. Yonne, II, p. 36, 36 (1082-5) : « claustrum vineale. » *Clausi*, employé pour les jardins : Cart. Dom., p. 259, 239 (vers 1100); Cart. André, 60* (vers 1075); cf. pour les prairies, Cap. Lud., I, 817 c., 13. *M. G. L.*, I, 216. Cf. *Pol. d'Irm.*, I, 654, 763 ss.

2. Cela dura jusque vers le XVIe siècle, cf. Dareste de la Chavannes (Journ. des Econ., 1853 oct.-déc., p. 203); pour le XIe siècle, Cart. S. Père, prol., p. 29, § 23, Cart. Romans, p. 108, 55(27 août 1064), où une *domus calcinea* est élevée. De là la nécessité de punir le crime d'incendie, cf. L. Salic., t. XVI, ce devait être très fréquent.

3. Cf. D. Phil. (1080), GC. 1, VIII i, 497, C; quelqu'un donne une maison : « cum vasis omnibusque rebus, quae ibi erant. » Marchegay, II. p. 186, 60 B. (4 mai 1070) : Fulcho Rechin donne une pièce de terre avec les bœufs qui s'y trouvent. Cart. Trinit., p. 452, 58 (1068) : « tradiderunt.... domum suam cum utensilibus. » Cart. Yonne, I, p. 198, 100 (22 mars 1077). — On ne trouve d'exemples à ma connaissance que dans Mart. Th., I, 167 C (1047). L'inventaire n'est point considéré comme inséparable, au grand détriment du seigneur. Un compte des édifices agricoles dans D. Phil. (1105), Dach., III, 440, col. 1, Le paysan était le plus souvent son propre ouvrier, *de Servis*, p. 70, 73, 958-87.

4. Cf. Cart. S. Père, p. 566, 62 (vers 1105) : « boves jugum ferentes, » à côté de « vaccis sub jugo gementibus. » Cart. Savigny, p. 472, 897 (avant 1117) : « ara-

l'on voit le cheval employé pour l'agriculture, ce n'est que dans le pays de Mâcon [1] où existait alors une culture plus élevée. Les animaux de labour n'étaient pas d'un usage plus fréquent, plus uniforme que de nos jours. Le pauvre paysan ne les possédait pas dans quelques contrées, et travaillait la terre à l'aide de la bêche et de la pioche [2]. On ne connaissait pas une utilisation régulière du fumier, on tirait profit au contraire du fumier des troupeaux de moutons [3]. L'agriculture elle-même se mouvait dans le cadre fixe de la culture à trois soles : jachère, céréale d'hiver, céréale d'été se suivaient dans un *turnus* régulier. La culture ne montre non plus aucun progrès sensible dans la manière de travailler et d'administrer le champ [4]. Les exploitations étaient de faible étendue. Il n'y avait pas de grands espaces auxquels s'appliquât une activité

bantur cum bobus et cum vaccis. » Protection des animaux. *Pol. d'Irm.*, II, 360 (1050-6), Brienne : « ut bos claudus sive cornu fracto et vacca pregnans et fetu tenera (l. tenero) in carropero non eat. » L'animal tirait donc avec la tête.

1. GC. 1 IV i, 279 E. (milieu XIe siècle), Mâcon : « qui cum bobus laborant vel equis.... Pauperiores vero, qui manibus laborant vel cum fossoribus (l. fossoriis) suis, unde vivunt ». Cependant, cf. la L. Salic., XXVIII, 1. Aussi les domaines royaux sous Charlemagne ont-ils quelques chevaux de trait (Anton, I, 378, 421-2). Guérard (*Pol. d'Irm.*, I, 648) juge trop favorablement l'état de cette époque.

2. Cf. le passage cité p. 128, n. 3. *G. C. I.*, IV i, 279 E. Nous renvoyons du reste au chapitre II.

3. Cart. Cormery, p. 67, 33 (1007-25) : « terram carruca et ovili coleret et quibuscumque modis possit, extrueret. » La pensée est ici clairement exprimée, et détruit le partage du don. Dans Cons. Clun., III, II. Dach., I, 691 : des brebis données tombent malades : « oves et boves decanis ipsius villæ, oves propter fimum, quo sunt arva condienda, boves ad arandum. »

4. Les trois sillons à la charrue connus à l'époque des Carolingiens apparaissent encore au XIe siècle (cf. Landau, p. 56, et aussi Lamprecht. D. W., I, 88, 429, 545 ss.). Cf. Cart. S. Père, p. 208, 84 (avant 1080) : « terramque unius aratri per tria tempora anni, ubi monachi aspexerint ; » aussi p. 248, 22 (1086) : « rusticorum boves ter in anno ad exercendam terram in eodem loco. » Pour la moisson, le Cartul. S. André, 230, 28 (janv. 1083).

uniforme, et l'antique taille suffisait encore à une comptabilité rudimentaire [1].

A côté de l'agriculture à trois soles, devenant de plus en plus intensive, l'écobuage extensif se maintenait presque par tout le pays. C'est surtout dans les contrées montagneuses, où la nature du sol rend difficile une autre sorte de culture, qu'on le trouvera [2]. Son développement est bien antérieur au XIe siècle. La période des lois germaniques donne déjà sur lui des dispositions légales. Elles étaient d'autant plus nécessaires que l'écobuage a son centre dans la forêt et, partant, sur le domaine de la propriété de la communauté. Par l'*exarteria* la propriété commune devait prendre fin. Il était nécessaire de protéger les terres voisines contre les conséquences d'un feu imprudent [3]. Nous ne savons rien sur la manière même de pratiquer l'écobuage, cependant il est tout naturel que cette pratique ait varié suivant les localités. Souvent on ne s'en tint pas à elle, mais on lui substitua, dans le cours du temps,

1. Cf. Hüllmann, p. 134 ss. Anton, I, 55. Lamprecht, *op. c.*, I, p. 841 (1390-1444); II, 6. L'activité de l'agriculteur est décrite dans Oct. Herluini, Mab. Act., §§ VI, 2, 347. Pour la peinture de l'agriculture, voir ce que dit Guérard, *Pol. d'Irm.*, I, 635, p. 344, cf. aussi pour les époques antérieurs la poésie de Wandalbert de Prüm expliquée dans la *Westdeutsche Zeitschrift*, I, 277 sq.

2. Cf. Cart. Dom., p. 21, 17 (1106) : « exartariis de Monte Moreti. » Cart. Paris, I, p. 330, 23 (vers 1006) : « Exarctum calvum et Montem Radulfi et Exartum Roslandi ; » monts tous les trois. Cf. aussi Lamprecht. D. W., I, 88, 125 sq., 511 sq., et dans le *Wortregister*, p. 1608, sous le mot *essart*.

3. Forêt et *exartum* sont nommés souvent ensemble. Cart. S. Père, p. 585, 90 (1104) : « decimam exartorum silve Crotensis » (près Dreux). Le titre XIII de la *Loi Burg.* est important. *M. G. L.*, III, 538 : « Si quis tam Burgundio quam Romanus in silva communi exartum, quem fecit, remota hospitis communione possideat » (manque dans Papien), et aussi XLI, I, *M. G. L.*, 549 : « Si quis in exarto suo focum fecerit et focus nullo impellente vento per terram currens ad sepem vel messem pervenerit alienam.... » Papien (XVIII, 4. *M. G. L.*, 608) a affaibli l'élément spécifique. On trouve des traces de l'exécution de cette décision, Cart. Savigny, p. 224, 407 (vers 1000) : « quantum ibi visus sum habere in silvis et exartiriis. » (La possession de la forêt et de l'*exartum* passe de main en main).

la culture qui était appliquée ailleurs [1]. Les surfaces ainsi transformées conservaient encore le vieux nom d'*exarteria* et il en résulta sans peine une confusion d'idées. On a voulu considérer l'écobuage comme la destruction de la forêt pour l'implantation de la culture sur son fonds et partant comme un simple développement parallèle au défrichement [2]. Cette conception est trop étroite. Elle n'explique ni les mentions prolongées des *exarteria* dans les chartes, ni les traces de cette culture qu'on retrouve de nos jours; en outre des faits de ce siècle même viennent à l'encontre de cette opinion [3]. Ajoutez que

1. Cf. Chronic. Andag., 16. *M. G. S.*, VIII, 576, l. 48 : « excisis in foreste sartis fecunda ibi provenerat messis. In hanc irrepserat latenter R. ejusdem villae presbiter, decimam sartorum sibi conatus abstrahere. »

2. Duc. ad. v. Exartare. Deloche dans le Cart. Beaulieu, introd., p. 104. Cart. Dom. dans le glossaire au M. Exarcta. Aussi Anton, I, 192. Landau, p. 159. Exartum peut avoir certainement cette signification, cf. M. des ant. de l'ouest, 14, p. 170, 147 (1101) : « Si vero nemus exartetur et in coloniam vertatur. » L. de servis, app., p. 170, 44 (1102) : « extirpare et exartire de silva. » Aussi Cart. Corméry, p. 110, 55 (1123). Elle ne me semble pas avoir été la seule.

3. Cf. Cart. Savigny, p. 258, 493 (vers 1000). Dans le *gau* de Lyon, 2 « curtili cum.... terra arabili et carteria » (l. : sarteria). Les deux se distinguent ici. Cart. Mâcon, p. 138, 139 (996-1018) : « silvis exartis et recrebitis de [recrescere] ; » cf. Cart. Paris, I, 325, 17 (vers 1025) : « postea silva recrescit »; la forêt croît de nouveau en *exartum*, elle n'est pas complètement défrichée. Cf. Ch. Gerardi Decani S. Quintini 1127 ex Tab. Abb. Mont. S. Martini (dans Duc. au m. exartus) : « Silvestris autem terra, quae sartus vocatur. » Les Leges Henr. I reg. Angl., c. 17, montrent que l'*exartum* peut se différencier d'une simple destruction de la forêt (opérée par le feu ou par la charrue) : « Placitum quoque forestarum.... de essartis, de caesione, de combustione, de venatione. » Pourquoi maintient-on aussi obstinément le mot *exartum* pour certain champ, tandis qu'on entend jamais celui d'*exstirpatum?* Les traces de ces deux modes de défrichement ont disparu à peu près en même temps, il n'existait donc aucune raison pour ne parler que des exartaria, même de dénommer d'après elle un « Hugo de Exsartis », Cart. Mâcon, p. 313, 534 (vers 1080). On prélève des dîmes sur les exartaria, cf. Cart. Trinit., p. 433, 24 (1030-36). Cela s'explique par le fait qu'encore de nos jours, ou tout au moins dans un passé peu éloigné, on trouve des traces de défrichement par le feu en France et en Allemagne. Cf. Roscher, II, 77, n° 10, et Thaer, *Englische Landwirthschaft*, I, 185 sv. On appelle en

le caractère économique de l'époque n'est pas en contradiction avec l'existence de l'écobuage dans une certaine extension. Ses résultats, dans une exploitation proportionnellement bonne, n'ont pas dû différer d'une manière sensible de ceux de l'assolement à trois soles.

La culture des jardins nous montre un bien autre développement économique. Le revenu d'un jardin paraît avoir été aussi élevé que celui de la vigne et même on a dû trouver avantage à substituer le premier à celle-ci [1]. On distinguait les jardins potagers et les jardins fruitiers. On voit encore à côté d'eux le *viridarium* ou verger [2]. Comme on vendait rarement les légumes, les jardins avaient une surface assez grande et étaient cultivés par toutes les classes [3]. Ils apparaissent

Anjou cette économie *exemplatio*, cf. Duc. au mot *exemplum* [2], et Dach., III, 406, col. 2 (1067), Anjou : « *exemplaciones bosci;* » aussi *op. cit.*, p. 414, col. 1 (1080). — Le mot *exartum* désigne donc une sorte de défrichement et de culture.

1. Il y a maintenant des jardiniers de profession (viriderii), cf. L. de servis, p. 63, 65 (1032-1100). Pour le rapport entre la vigne et le champ destiné au jardin, cf. M. des ant. de l'ouest, 14, p. 84, 75 (febr. 1018) : « 2 jucti, in quibus est vinea et viridigarium et mansiones = 100 sol.; » 1 juctus vigne = environ 47 sol., comme l'indiquent les M. des ant. de l'ouest, 14, p. 75, 66 (fin du xe siècle); aussi p. 64, 54 (févr. 988-96); aussi p. 65, 56 (avr. 988-96), (cf. le texte). Cart. S. Père, p. 220, 96, avant 1089) : « terram, in qua quondam fuere vineae, et modo sunt in ea ortuli plurimorum hominum. »

2. *Viridarium;* cf. le n° 73, passage donné dans les M. des ant. de l'ouest 14, p. 84; puis Cart. Rédon, p. 265, 313 (1100). D. Rob. (sept. 26 1007). D. B. X, 589 E, se trouve un *vivarium;* il sert « ad edulium » du monastère; l. : viridarium. Duc. a vivariolum, sans doute comme jardin — où il faudrait lire peut-être violarium. — *Gardignus* et *pomerium;* cf. Cart. Trinit., p. 433, 24 (1030-35) : dans une Villa « pomerio, id est gardigno, tres etiam hortos ». Cart. Rédon, p. 258, 302 (avant 1053) : « terram monasterio adhaerentem dedit, ubi fieret pomerium et hortus », déjà on voit d'après le dernier passage que *hortus* est considéré comme un jardin potager ; pour *clausus*, cf. Cart. Dom., p. 259, 239 (vers 1100). Voir le glossaire au mot *clausum*. Pour les herbes potagères, Cap de Vill., c. 70, *M. G. L.*, I, 186-7; sur la culture des jardins en général, *Pol. d'Irm.*, I, 636 ff.

3. Cf. la dernière citation, n° 73. Des jardins même livrés à l'exploitation étrangère. Cart. Sauxillanges, p. 283, 367 : « ortum meum indominicatum, quem

surtout à la suite du *curtilus*. Les monastères en possédaient presque toujours [1].

Cependant c'est encore la culture de la vigne qui réussissait. le mieux et se développait le plus vite. Cela était vrai surtout pour les contrées où un bon vin est rendu possible par le climat, c'est-à-dire dans celles qui sont sous la latitude de 47° 20 [2]. On se rappelait encore le temps où la vigne était rare dans le pays de Chartres [3]. A cette heure il s'était opéré une transformation notable; nous trouvons maintenant la vigne jusque dans le Nord-Ouest, dans la Bretagne, la Normandie et dans l'Artois, bien qu'elle ne suffisait pas au besoin de ces contrées. Il en était de même dans le Nord-Est, où le succès de cette culture, sur les bords du Rhin et de la Moselle, aida particulièrement à sa propagation. Le Centre ne resta pas en arrière [4].

La vigne eut à son tour pour conséquence de favoriser à un certain degré la culture des arbres fruitiers qui étaient

B. excolit. » Grandeur. D. Rob. (1028). D. B., X, 620 E : « dimidium arpennum ad hortum faciendum. » Cart. Beaulieu, p. 138, 85 (5 mai 984) : « mansum.... cum ortis duobus. »

1. Langethal, I, 155, p. E. GC 1, IV i, 141 B (1019). Cart. Yonne, I, p. 153, 79 (vers 992); et passim dans les notes précédentes. Pour le *curtilus*, cf. p. E. Cart. Savigny, p. 83, 119 (vers 1000), aussi 120 (vers 1000), mais avant tout, chap. II, n° 35.

2. D'après Roscher, I, 61, n° 4. Sur les commencements de la culture de la vigne en Gaule, cf. Strabon, IV, 178; Vopiscus Probus, c. 18; v. aussi Anton, I, 106; Langethal, 49-50.

3. Cf. Cart. S. Père, p. 35 (av. 1000), et Cart. S. Père, prol., p. 30.

4. Pour le Nord-Ouest, cf. (Flandre) Cart. Bertin, préf., p. 100, n° 2 (22 novembre 1015). Normandie. Cart. Trinit., p. 427, 8 (1034-35). On a une vigne à Verterival près du phare d'Ailly, aussi p. 447, 49 (milieu XIe s.), Rouen, aussi p. 427, 9, (1030-40). Château de Verson, aussi p. 467, 72 (1044); une vigne *de deserto*. Longueville, Bouquet, XIV, 78 A (évêché de Coutances). Conf. aussi Stat. Prum. Mart. Coll., I, 595 ss. *Histoire de Jean de Montmirel*, p. 504 (Breq., II, 275, 1095). Cart. Yonne, I, p. 170, 89 (1035).

plantés au milieu de celle-ci. On les rencontre dans un champ qui l'avoisine ou qui est dans un rapport économique avec elle (*vircaria*)[1]. L'arbre fruitier s'étendait donc évidemment sur un plus vaste espace que le vignoble, quand il ne se dérobait pas à son voisinage. Il y avait même des cas où la plantation de la vigne suivait celle des arbres fruitiers [2]. Leur union d'ailleurs n'a guère dépassé les limites du Sud-Est [3]. C'est encore le cas pour un autre auxiliaire de la vigne qui est le *salicetum* (*virgultum*). Il ne pouvait en être autrement, là où une servitude ou la propriété d'une forêt voisine ne donnait pas ce qu'il fallait pour la culture de la vigne, car il n'y avait alors pas d'autres moyens d'acquérir du bois. Le *salicetum*

1. Ducange au mot *vircaria* explique *vircaria* comme « locus vervecibus alendis aptus, alius tamen ab ovili ». Chevalier, cf. Cart. S. André, 23 (vendredi 23 juin 1009), opine pour une ferme de maire. Les deux explications impliquent une dérivation de *vervex*, seulement la racine est *virga*. Il est difficile en effet de distinguer dans le grand nombre des mots tels que *vercaria*, *vircaria*, *viridarium*, *vixarium*, *virgultum*, qui n'ont pas été imprimés jusqu'ici avec le soin que nécessite ces études. *Vircaria* est aussi un plantage : Cart. Ainay, p. 681, 173 (février, 994) : « vircariam unam, qui est ad medium plantum, » et même aussi un plantage de fruits ; cf. Cart. Savigny, p. 358, 692 (1021) : « mansum cum vircaria una tenente et arboribus pomiferis » ; cf. aussi n° 83. Leur union avec la vigne : Cart. Mâcon, p. 27, 32 (1062-72) : « vinea et viriaria [l. : vircaria] sibi adjuncta ; » aussi p. 39, 50 (1060-1108), vigne et vircaria, comme on peut le voir encore ici et là sur des mauvaises terres ; v. Cart. Savigny, p. 417, 798 (vers 1070), une *vinea cum appenditiis suis*, à savoir : « salicetis et arboribus, quæ in ea sunt, » cf. Cart. Mâcon, p. 166, 278, p. 202, 351 ; on le voit aussi dans l'Ouest, cf. Cart. Trinit., p. 447, 49 (milieu du XIᵉ s.) : « vineam cum domo et diversis arboribus fructiferis. »

2. La culture des arbres fruitiers l'emporte. Cart. Mâcon, p. 222, 387 (996-1031). Une vigne d'une grandeur d'environ 70 perc. 5 ped. Une vercaria 280 pc., à laquelle viennent s'ajouter prairie et forêt. Pour le développement ultérieur, cf. Cart. Savigny, p. 268, 525 (vers 1000) : « unus curtilus et cum orto et vircaria et vinea et terra arabili, alius est cum solo orto et vircaria ; » et aussi p. 332, 653 (vers 1020).

3. Cf. Cart. Mâcon, p. 27, 32 (1062-72). Cart. Savigny, p. 358, 692 (1021). Cart. S. André, 23 (1009-23) ; mais Cart. Grenoble, p. 33 ss.. 22, vers 805 apparaît seulement la première vircaria dans le cartulaire.

fut donc planté de préférence au bord de l'eau et son sol fut utilisé comme prairie [1].

La culture proprement dite de la vigne et la préparation du vin était encore dans l'enfance. On faisait des plantations qui, ordinairement après cinq ans, devaient porter des fruits. La culture consistait généralement à creuser un fossé autour du plant [2]. La vendange avait lieu dans le pays du Sud au mois d'août, un peu plus au Nord cela devenait l'exception, car elle tombait en général au mois suivant. Le rapport de la vendange variait entre un minimum et sa valeur quintuple ; mais la contrainte de vendange porta souvent préjudice à sa qualité. Elle fut du moins exercée partout où il s'agissait de redevances naturelles [3].

1. Sur le salicetum, cf. p. 5, n° 5. Prairies et vignes sont déjà réunies dans Caton, *De re rustica* 1 ; arbores salices dans Cart. Dom., p. 81, n° 83 (vers 1060). Son union avec la vigne, Cart. Savigny, p. 80, 113 (vers 1000) : « vineam.... et salices et omne quicquid pertinet ad ipsam vineam ; » et aussi p. 417, 798 (vers 1070). Le salicetum n'est pas identique avec la vircaria, cf. Cart. Savigny, p. 229, 426 (vers 1000) : « curtilum et vircariam, pratum et salicetum ; » aussi p. 248, 464 (1005) : « vircariam unam cum campo et saliceto et terra arabili ; » aussi p. 259, 498 (vers 1000), cf. 264, 514 (vers 1000). A sa place apparaît dans l'Ouest le virgultum ; D. Bouquet, XIV, 78 A. D. Coutances : « virgultum et vinean ; » cf. Duc. au m. virgultum qu'il explique comme verger. Où il fait défaut, on voit apparaître des servitudes de forêts. Cart. Mâcon, p. 201, 349 : « curtilus cum vinea et silva insimul tenente ; » aussi Cart. Ainay, p. 618, 87 (8 avril 1010). Cependant un curtilus peut encore avoir une forêt en dehors du salicetum, cf. le Cart. Savigny, p. 264 ; aussi Cart. Ainay, p. 676, 166 (vers 1020) ; puis employé aussi bien pour les échalas que pour la construction des maisons.

2. Cf. Cart. S. André, 266 (vers 1083) ; d'après cela on a la divison in foxoratae, cf. Cart. André, 81 (1057-87) ; aussi 190, XIe siècle, 1e moitié. Le Cart. Sauxillanges, p. 253, 320, 1018 déc. (1 + ⨯ 7) divise la vigne en operatae, en operae p. 213, 260 (990-1049). La vigne a le plus souvent de 6 à 8 operae ; une de 3 operae aussi p. 532, 748 (998-1031) ; une de 20 operae : p. 329, 430 ; une de 30 operae : p. 319, 413 eod. temp. L'expression allemande, Manwerk, correspond au terme français, opera ; cf. Lamprecht, D. W., I, 409 p., 903 p., 908 p. ; il fournit aussi une excellente base pour estimer la grandeur de la vigne. Cf. en général *Pol. d'Irm.*, I, 655-6, et Lamprecht, D. W. Sachregister, p. 159 s.

3. Cf. par Ex. Cart. Yonne, I, p. 217, 114 (1108), « de vindemia collegenda in

Charlemagne avait dû, réagissant contre l'emploi des pieds dans la préparation du vin, encourager celui du pressoir. Au XIe siècle, au contraire, le pressoir mécanique, qui était sans doute utilisé par plusieurs vignerons, était suffisamment répandu. La préparation défectueuse du nouveau vin, qu'on vendait à la Pentecôte suivante, donnait souvent des qualités inférieures [1].

La culture de la vigne correspond donc à l'état économique du siècle. Après être arrivé à une certaine tranquillité, on s'était adonné avec ardeur à l'agriculture et à son développement, mais on pensait très peu à une élévation de revenu obtenue par une amélioration de la qualité des produits. L'étude de ce siècle ne nous révèle aucun progrès raisonné dans l'économie rurale, aussi trouve-t-on rarement une culture rationnelle même d'après l'opinion de ce siècle et l'amélioration du sol suit aussi une marche très lente. C'est à peine si l'on peut prévoir une élévation vraiment sensible de la valeur du sol.

potestate monachorum erit, quod tamen aliis facere non licebit », cela se rapporte donc à la contrainte de la vendange faite à un temps déterminé. La levée des dîmes joue ici surtout un rôle. Pour le temps de la moisson, cf. Cart. Brioude, p. 79, 68; sous le roi Rodolphe, cf. aussi p. 191, 179 : « annis singulis in censum in mense augusto de vino sextarios tres. » Chronic. S. Pet. Viv. Senon (l'an 1078), Bouquet, XII, 279. Cf. Chronic. Antissiod., p. 289 (l'an 1078) : « vindemiaverunt in mense augusto et ipsum vinum optimum satis et abundanter fluxit »; c'est donc selon toute apparence une moisson très avancée. En ce qui concerne la fluctuation pour le revenu, cf. Cart. S. Père, p. 408, 15 (1079-1101).

1. Petit vin. A l'époque des Carolingiens, bière : vin = 1 : 2, cf. Cap. Lud., I, 817, c. 22; *M. G. L.*, I, 201. Charlemagne défend de fouler les raisins avec les pieds. Cap. de Vill., c. 48. Les *torcularia* montrent le succès. Cart. Sauxillanges, p. 223, 274 (990-1049); Cart. Savigny, p. 364, 706 (env. 1030). D. Phil. (1105). Dach., III, 440, col. I, pour Chartres; Cart. S. Père, 400, 2 (1007-29), dans le dernier cas, « tres arpennos vinearum cum torcularia, » cf. aussi Lamprecht, D.W., I, 581, 907 (1002). On voit même plus tard qu'on foule encore les raisins avec le pied; de là les plaintes portées sur le mauvais vin. Disp. Clun. Baluz., M. V., 443 : « vinum maxime aquatum, insipidum et vere villum » pour les moines de Cluny. Pentecôte est le vin *vendibile*, cf. Cart. Grenoble, p. 196, 2 (vers 1100).

Le prix du champ était en général très peu élevé et la vente des immeubles était rare [1]. On était satisfait si les produits récoltés répondaient aux besoins de l'année, une mauvaise moisson entraînait les plus épouvantables malheurs [2]. Aussi les famines se suivent-elles de très près. Des secours, qu'un sentiment de solidarité plus développé peut seul procurer, manquaient alors contre des calamités générales qui atteignaient l'économie rurale, comme les inondations en particulier [3]. Ajoutez à cela des époques remplies continuellement du bruit et des terreurs de la guerre. Ce n'était pas seulement un choc d'armée, mais des conflits de brigandage et de dévastation. Le paysan expiait les fautes des grands seigneurs.

Déjà, dans la première moitié de notre période, on chercha à endiguer ce courant, et on crut voir le salut dans la paix de Dieu; mais elle n'eut au début qu'une action toute locale, et même dans ces limites aucune efficacité. Ce n'est qu'à la fin du siècle qu'on voit naître, de la part d'une autorité générale,

1. Le Cartul. d'Ainay montre, p. 621, 91 (1027), qu'on ne croyait pas voir s'élever le prix de la terre, bien qu'on pensât en améliorer le rapport. Cf. Cart. Savigny, p. 337, 659 (vers 1020) : « quantum supradictæ res eo tempore melioratæ valuerint. » Les propriétés ecclésiastiques étaient jusqu'aux croisades les mieux entretenues; cf. Roscher, II, 340, n° 6, Wachsmuth, *Europ. Sittengeschichte*, III, 1, 360. La seule épithète d'un bon agriculteur que nous avons trouvée au XI° s. est adressée à un clerc; nous nous permettons de la citer ici quoiqu'elle appartienne au sol allemand. Gest. abb. Gembl., c. 66. *M. G. S.*, VIII, 548, l. 30 (*Abbas, L.*) « culturas agrorum in villis et municipiis.... prout valuit, bene et optime disposuit. »

2. Pour l'histoire et le caractère des famines au Moyen-Age, voir l'ouvrage récent de Lamprecht, *op. c.*, I, 589 s.; cf. aussi Gest. Abb. Gembl. *M. G. S.*, VIII, 546, l. 10 ss. Famine de l'an 1093. La moisson suffit seulement pour deux mois de l'année.

3. Déjà on avait essayé d'y remédier, cf. *Chronic. Floriac.* (l'an 1003). *Baluz. M.*, II, 306. La Loire était bordée de *sepes*.

une trêve. Le concile de Clermont paraît, à ce point de vue comme à d'autres, avoir été l'organe des désirs de l'époque [1].

Et cependant la période du XIe siècle montre, au point de vue économique, un réel progrès. Les blessures faites par les excursions normandes furent bientôt guéries et le pays commença sur les ruines du passé une vie économique ; c'est elle seulement qui guérit les blessures nouvelles. Il est vrai qu'on peut voir encore pendant ce siècle les traces des destructions faites par les Normands. On trouve maints villages, maints champs abandonnés [2]. Cependant il serait injuste de mettre sur le compte des Normands la dévastation de toutes ces terres désertes et incultes, que les sources nous indiquent [3]. Les troubles, les tribulations de la part de la puissance publique, la pression de hautes redevances, la pauvreté, rendirent encore plus tard le champ désert [4]. Le grappillage fut surtout

1. Cf. Pax Conc. Clarom. (1095), c. 6. Mansi, 20, 912 : « Boves asini vaccæ equi laborantes intra et oves cum suo genere omnibus diebus sint in pace. » V. aussi Ex. Conc. Clarom. (1095). Mausi, 20, 903 et 3, et Concile Audom. (1099), c. 4, chap. 2 (aussi c. 2), de même 972 (resp. 970).

2. Cf. Cartul. S. Père, p. 44. Propriété *prope monasterio* et dans les villages : « quia diu est, quo a cultu discesserunt et ab hominibus deserta esse noscuntur; » aussi p. 38 (milieu XIe s.), il est question de deux villages disparus ; la même chose p. 35 : « quædam loca scripta inveni, quorum nomina ita sunt abolita et innota ut ab hominibus penitus ignorentur, nedum habeantur ; » cf. aussi Cart. Rédon, p. 236, 288 (1062-80). Cart. S. Père, p. 550, 43 (1101-16). Cart. Corméry, p. 109, 55 (1123). Cart. Sauxillanges, p. 59, 22, p. 78, 52 (Xe siècle); p. 429, 583.

3. La guerre forçait les habitants à abandonner les champs au XIe s. Marchegay, p. 226, note (1058). Cartul. S. Père, p. 431, 40 (1111).

4. Pour la dernière, cf. *Polypt. Irminon*, II, 359 (1146). D. Noyon : « Si autem aliquis illorum, qui censales mansos terre tenent, obierit aut paupertate compulsus terram dimiserit... » On trouve ici surtout la conséquence de la charge des dîmes. S. Regino, I, 50. = Cap. Worm., 829, c. 9 (pas dans Ivo Decretum). — Pour la première, Besly (*Histoire des comtes de Poitou*), p. 411, (vers 1000, Comes W.) est caractéristique : « terram de F cum eis [monachis S. Gemmae Santonicae] daret, dixit : Haec terra.... sterilis sine cultoribus parum vobis proderit. Nos inquiunt, Domine, nolumus homines habere. Praepositi namque vestri et Forestarii eos assi-

pratiqué; l'équilibre de l'économie rurale ne se réalisait pas en maintenant la fécondité des terres cultivées, mais en défrichant des terres vierges. Sous l'influence de ces circonstances devait se développer, au XIe siècle, une importante colonisation et de grands défrichements [1].

En dehors des avantages matériels qu'apportait tout progrès de l'agriculture, on considérait comme œuvre pie d'ouvrir à la jouissance de tous des régions encore rebelles à la culture [2]. Les marais eurent leur petite part dans le défrichement [3]. C'est surtout le Midi qui paraît y avoir travaillé. Ces entreprises exigeaient, pendant un temps assez long, de plus grands capitaux et un groupement énergique des forces, que des corporations pouvaient alors seules fournir.

Les cloîtres étaient particulièrement aptes à cette mission. Mais c'est surtout vers la forêt que se dirigeaient les nouveaux

due vexarent, et nos sic inquitarent. » Il y eut, comme à tous les degrés inférieurs de culture, un grand nombre de pauvres nomades; ils apparaissent à notre avis pour la première fois sous les Carolingiens, ils attirent l'attention des législateurs. Cf. Cap. Niumag., I, 806, c. 9, dans Regino, II, 424, mais pas chez Yves. Cf. aussi Cart. S. Père, prol., 216.

1. Cf. Roscher, I, 286, n° 5. Caractéristique est la crainte de voir la terre se stériliser, cf. Cart. S. Père, p. 43 : « prudens lector animadvertat jamjamque senio fessam tellus torpescere, dum sibi credita sepe numero semina, inani spe delusos, reddendo parca manu, metentes decipiat. »

2. Cf. Mart. Coll. II, 77 E, 78 A, 1090 : « (montem) considerans habilem et (l. : ad) excolendum sperans que saluti suae profuturum, si quod omnibus erat infructuosum, in usum converteret multorum. » S'ajoutent aussi des avantages extérieurs. GC. 1, X i, 207 A, 1075, Senlis, montre du moins que l'on jugeait déjà avoir fait un grand progrès à l'aide de la culture entreprise par les hospites. Grandmaison, Publ. de la Soc. de Touraine, 16, XXI, admet de très grands défrichements faits au XIe siècle.

3. Cf. Cart. Vaux, p. 8, 7 (1097). Quelqu'un donne à un monastère : « dimidium stagnum de S. et medietatem paludis ab ipso stagno usque ad finem montis.... ad faciendum quicquid necesse fuerit et quicquid aqua terre cooperuerit. » Encore au XIe siècle, il y avait en Auvergne un grand nombre de lacs qui ont depuis longtemps disparu. V. Doniol, Cart. Sauxillanges, notes, p. 11.

agriculteurs. Déjà, sous les Carolingiens, on y avait fait de grands défrichements, il s'agissait de les poursuivre [1]. On arrivait à un déboisement partiel ou total et le nouveau territoire était divisé en lots particuliers. Des colonies furent aussi fondées au milieu de grandes forêts. Dans ce dernier cas, on procéda d'après des lois qui se maintinrent à peu près semblables [2]. Tout d'abord on élevait dans la forêt des églises isolées. Autour d'elles se groupaient bientôt des familles et les fermes se multipliaient à mesure que la forêt était défrichée; on préparait alors un pacage commun pour tous les animaux

1. Pour les défrichements annuels sous les Carolingiens, cf. Anton, I, 459; Landau, p. 153. Arnold, *Ansiedlungen und Wanderungen*, p. 241 s. Le défrichement ne trouvait aucun adversaire. Cart. Mâcon, p. 337, 567 (1096-1124) : « de memore C. et applanamentis ejusdem nemoris, quod est alodum Sancti Vincenti. Concesserunt quidem canonici L-o, ut custodiat nemus.... ut ulterius non extirpetur sive ad pratum sive ad agriculturam. » Le consentement du seigneur était indispensable. Cart. Paris, I, 325, 17 (vers 1025) : « Et si quis.... silvam extirpaverit et agriculturam ibidem fecerit precepto canonicorum, dimidiam partem census, qui inde exierit, advocatus habebit. Si vero sine voluntate canonicorum hoc factum fuerit, medietatem forisfacti, et postea silva recrescat. » On comprend facilement la mention fréquente des défrichements. B. Clem. II (1er juin 1047). GC. 1, VIII i, 416 D : « et silva et terra silvae, si silva fuerit extirpata; » aussi D. Rob. (1027-8). D. B., X, 617 E (cf. 618 B) : « silva T. cum terris cultis et incultis. » Le clergé favorisait les défrichements à cause de la multiplication des dîmes. Lamprecht, D. W., I, 119 s. Le Cart. S. Père, préf., p. 204-5, montre combien on défricha autour de Paris, antérieurement au XIIIe s. La forêt défrichée est applanamentum; de là, applanare, complanare (platare). Cf. Cart. Saintes, p. 2. 1 (1047). M. des ant. de l'Ouest 14, p. 65, 55 (febr. 988-96). Cart. Cormèry, p. 71, 36 (1026-47) : « planum et nemus ».

2. Ces sortes d'exploitations agricoles ne se trouvent que dans le Centre et le Nord. Au Sud, le défrichement s'opéra par le système du métayage. On présuppose des défrichements partiels, Cart. Saintes, p. 81, 90 (1100-1107), où des hommes habitent une forêt; cf. aussi D. B., X, 617 E (cf. n° 97). Une forêt entière sert d'habitation. Mab. ann. IV, 733, col. 1 (1040), Vendôme; cf. Cart. Saintes, p. 2, 1 (1047) : « De silva nostra dominica tantum delegamus ad complanandum et hospitandum cultores, ut fiant inter prenominatam curtem et illam saltus extirpationem trescenti mansi fere integri. »

des habitants, des chemins étaient tracés à travers la forêt et un nouveau village naissait [1].

Ainsi se formèrent villages sur villages. La lumière se fit dans la forêt et de nouvelles contrées étaient acquises à la civilisation. Ces faits ne sont pas rares, malgré les grands défrichements des temps antérieurs, preuve manifeste de ce qui restait encore à faire au point de vue intensif avant qu'on se repliât plus sur soi-même et qu'on pût s'attacher à un développement intensif de l'économie rurale. Partout on voit encore des traces du temps reculé où le chaos de forêts dominait le reste, et l'agriculture a beau être le couronnement de l'édifice économique, elle a encore à dissiper les ténèbres. C'est bien cette mission qui la conduira à son propre triomphe.

1. Tels sont les différents degrés. Mab. Ann. IV, 733, col. 1 (1040), Vendôme : « medietatem.... terrae cultae et forestae, quae nominatur maritima, et ecclesias ejusdem silvae. » Cart. Mâcon, p. 10, 11 (vers 1067) : « concedo.... locum ad edificandam ecclesiam cum cimiterio in silva C. » GC. 1, IV, I, 229 A (1064), Châlon : « Locus autem, in quo ipsa capella sedet, dicitur A. cincta undique silva densissima, quam passim incisam aliqui homines undecumque adventantes habitacula sibi commoda praepararunt in circuitu praedicti oratorii; » cf. Cart. Savigny, p. 472, 497 (avant 1117). Baluz. montre tout le développement (Historia Tutelensis) p. 432 (1091) : on donne « tantum spatii [in bosco], in quo possint aedificare [monachi] ecclesiam et domos et officinas sibi necessarias et facere cimiterium et hortum.... Exitum quoque et introitum et pascuam bestiis hominum, qui in eodem loco manserint »; cf. aussi sur cet état Wilh. Gemmet, VIII, 9. Bouquet, XII, 572 D. Cf. Lamprecht D. W., I, 116, 68 s. Un village Novals dans le gau de Roanne. Cart. Savigny, p. 352, 683 (1020). Quant à la méthode employée plus tard pour le défrichement, cf. Cart. Paris, préf., p. 204 ff.

CHAPITRE II

LE SYSTÈME DES CHAMPS ET LA DIVISION DE LA TERRE

Il est évident, à première vue, qu'avec un travail et une épargne aussi restreints que ceux que l'on consacra aux champs du XIe siècle, il ne pouvait être question d'un rendement comparable à celui des cultures modernes. Et pourtant ce n'est pas la différence dans la culture même, qui peut expliquer la distance qui sépare les résultats de l'agriculture moderne de ceux de l'ancienne. Ce n'est pas en première ligne l'excellence, mais bien plutôt la circulation des produits qui donne, en tant qu'il s'agit ici de l'agriculture au XIe et au XIXe siècle, un caractère économique si foncièrement différent. La remarque a été souvent faite à propos de certaines calamités, surtout des famines; toutefois les différences radicales qui séparent les deux époques ont des racines plus profondes. La circulation des produits étant réduite, la division, sinon de la propriété, du moins de l'agriculture, doit changer, les latifundia cessent d'être rémunérateurs et le paysan a besoin du champ. La terre devient plus commune, sa possession est l'objet d'aspirations plus générales, la profession de l'agriculteur sort de son isolement rural ; il triomphe sur les lieux jadis florissants de l'activité industrielle. La ville perd sa prépondérance qui était basée sur l'hypothèse maintenant disparue de la circulation des produits et sur le commerce, et le village occupe le premier rang.

Telle est la situation économique en France au XIe siècle. On avait l'habitude de partager les groupements en hameaux, villages, châteaux fortifiés et villes[1], mais les deux premiers sont principalement les plus importants. Le village était la demeure principale du paysan ; cette expression comprend non seulement l'emplacement des maisons, mais aussi la terre arable, le siège de l'agriculture[2]. Le nombre des exploitations indépendantes variait suivant les villages, il pouvait s'élever jusqu'à 40; le chiffre le plus ordinaire était de 15 à 20[3]. Si

1. Aussi par ex. L. de Servis, p. 156, 31 (1077) : villæ, vici, castella, civitates. Le XIe s. vit la floraison du village (villa), mais dans un laps de temps peu éloigné, déjà même au XIIe s., villa apparaît dans le sens de ville, cf. Cart. Grenoble, introd., p. 63. Le temps de la construction des châteaux n'est pas loin, cf. Cart. S. Père, prol., p. 10. Au XIe s. les villes ressemblent encore beaucoup au village, p. Ex. Vienne ; cf. Charuet, M. de l'abbaye de S. André-le-Haut, p. 202. D. Rod., 1031, 29 août, vignobles, Vienne ; Cart. S. André, 167 (1007-8) : « casale unum, qui est intus in civitate Vienna, juxta palatium regis ; » ibid., p. 169 (1001-8), Curtilus à Vienne.

2. Le village, en tant que centre de l'exploitation agricole, est nommé *terra* d'une manière absolue ; cf. Doniol, Cart. Sauxillanges, notes p. 15 (terre en français moderne). Villa comme *Mark*, Cart. Dom., p. 159, 184 (vers 1081) : « unam vineam in villa.... F.... juxta vineas monachorum ; » Cart. Savigny, p. 256, 488 (1001) : « quicquid in ipsa villa visi sumus habere ; et in alio loco, in ipsa villa tres algias de vinea ; » ce n'est pas très probant. Villa considérée comme village : Cart. Ainay, p. 664, 147 (1013 avr. 13) : « in ipsa villula et ejus finibus ; » et cependant les derniers mots nous donnent le sens de mark attaché à villa.

3. Cart. Brioude, p. 31, 6 (998-1030) . une villa avec 2 mansi. Cart. S. Père, p. 37 (avant l'an 1000), un locus, qui vocatur Absa, a ici 3 hospitia ; mais Cart. S. Père, p. 108, 3 (avant 1028), on n'a que 3 milites dans une villa. Cf. pour la moyenne D. Rob. (1027-8), Bouquet, X, 617 E : dans une villa 18 areae hospitum

le village avait une église, elle devenait le centre de la contrée environnante (*plebicula*, *plebs*, aussi *parochia* dans ce sens). Il y avait encore de plus petits établissements, comme petites colonies, hameaux, petits villages ou autres lieux[1]. Très rarement on rencontrait une ferme isolée, un système de ce genre ne se trouverait que par exception[2].

Le *mansus* avait été à l'origine et était encore, dans tous les villages, le fond rustique. Il comprenait tout ce qui était nécessaire à la culture rurale, l'enclos et les bâtiments, le champ, le pacage, la forêt et l'eau. C'est une unité économique et non une unité de valeur. Il peut bien servir de base approximative, mais il ne peut être considéré comme un

618 A : une villa à 7 hospites. Cart. S. Père, p. 37 (avant l'an 1000), une villa avec 21 mansi, une autre avec 10. Cart. Mâcon, p. 2, 2 (1018-30) : parrochia de C. XVIII mansos. La moyenne est dépassée par M. des ant. de l'ouest, 14, p. 123-5, 112, ca. 1120, où l'on trouve 43 exploitations indépendantes pour un village.

1. Plebicula = Villa : Cart. Rédon, p. 237, 280 (1029-37), et passim; pour les paroisses, cf. Cart. Mâcon, n. 3, et D. Rob. (1027-8), Bouquet, X, 618 A. — Sur la villa et ses dépendances, v. Guérard, *Pol. d'Irm.*, I, 45 ff. pas de terminologie bien arrêtée; pour la grandeur du villare, cf. Cart. Trinit., p. 422, 1 (1030), où l'on en a un avec 3 moulins, et D. Rob. (1027-8), Bouquet, X, 618 A : un villare a 4 hospites; pour vicus, Dacb., III, 391, col. 2 (1032), Champagne : « medietatem vici cum duobus furnis. » De la villa dépendent : villula, cf. D. Rob. (1030), Bouquet, X, 623 B in A. « villa et in homnibus villulis ad eamdem pertinentibus; » de même, Cart. Yonne, II, p. 25, 23 (fin du XIe siècle); aussi villa, cf. D. Rob. (vers 1000), Bouquet, X, 612 B : « in quadam villa... cum appenditiis suis R, villa O, villa H, villa G, villa M, villa V, villa C, villa B. » C'est bien la première villa, centre d'un cercle administratif; mansile et curtis, cf. D. Rob. (1030), Bouquet, X, 622 C : « une villa cum adjacentibus terris et mansilibus; » il y a 15 lieux dont les noms sont composés avec *villa* ou avec *curtis*, où par conséquent curtis = villa; cf. Cart. Beaulieu, introd., p. 101, et *Pol. d'Irm.*, I, 612 sv.; enfin colonica : *Pol. d'Irm.*, I, 626.

2. Cf. Cart. Brioude, p. 277, 270 (998-1031); Cart. S. André, 95* (1033(?) 2 février); Cart. Savigny, p. 410, 780 (vers 1080); Ex. d'une ferme isolée presque systématiquement dans Miraeus, I, 55, col. 1 (1046), Cambray. D'accord avec Landau, qui, *Territorien*, p. 18, a encore trouvé en Flandre, dans le Condroz et les Ardennes, des fermes isolées. Ne pas oublier non plus le système des fermes de la Seine-Inférieure à partir de Rouen, à Caux et en Vendée.

étalon. Il porte quelquefois un nom particulier, signe de sa longue durée[1]. Les édifices d'exploitation sont bâtis dans la ferme. Celle-ci comprend, en outre, ordinairement un jardin, et encore assez de place pour des constructions servant à des usages domestiques. Les fermes étaient en général entourées extérieurement par un fossé[2]. Autour du village est situé le territoire, qui le plus souvent l'enveloppe et se divise en forêt et en terre arable. De celle-ci, on ne cultive, que la partie indispensable à l'économie agricole; elle est située dans

1. Sur le mansus, cf. Cart. S. Père, prol., p. 28 sv.; Cart. S. Victor-Marseille, préf., p. 60; Cart. Beaulieu, introd., p. 202; *Pol. d'Irm.*, I, 577 sv. La signification primitive du mot (= *area*, à côté de la *hoba*) est expliquée dans le *Pol. d'Irm.*, I, 578, et surtout Landau, p. 4 sv., p. 9 et 89. Le mansus est aussi au XIe siècle, en général, l'unité d'exploitation du paysan dans le système à trois soles; ce n'est jamais une unité de valeur; cf. Cart. Romans, p. 127, 22 (1046-56) : « est unus mansus, quem pater meus... mihi pro quatuor mansis dedit; » v. aussi Cart. S. Père, p. 42 (vers 1000). On taxait pourtant aussi d'après le mansus, Cart. Savigny, p. 342, 665 (vers 1020) : « una vinea... valente unum mansum; » de même ibid., p. 352, 682 (1020); p. 368, 718 (vers 1030); p. 269, 532 (vers 1000); Cart. Romans, p. 41, 15 (milieu du XIe siècle). Il porte un nom particulier, Cart. Savigny, p. 229, 426 (vers 1000) : « mansus, qui vocatur Bici; » et passim. L'origine de la dénomination se laisse déduire du Cart. Sauxillanges, p. 352, 465 (990-1049) : « unum mansum in C. quem appellant Rainulfenc propter unum hominem, qui isto nomine vocitatus est, qui tenuit illum mansum. » Cf. Landau, p. 39. — Excellente vue générale du mansus déjà chez Anton, I, 293, II, 120. Pour la France, cf. surtout le *Pol. d'Irm.*, I, 605 sv. §§ 331-2. Ragut (Cart. Mâcon, préf., p. 71) ressasse toutes les erreurs que Hanssen aura eu surtout le mérite de déraciner; cf. ses études maintenant réunies en deux volumes sous le titre de *Agrarhistorische Abhandlungen* (Leipsig, 1880-1884); cf. aussi Waitz, *Ueber die altdeutsche Hufe* (Abh. der Goettinger Gesellschaft der Wissenschaften, année 1854), et récemment Lamprecht, *Deutsches Wirtschaftsleben*, I, 331 sv.

2. Sur l'emplacement de la ferme, cf. not. Grimm, 539 ff., et Hanssen, *Falcksches Magazin*, VI (1837), p. 12. On l'appelle curtis : Landau, p. 12, *Pol. d'Irm.*, I, 612 ff.; cf. Cart. Sauxillanges, p. 272, 369 : « mansiones tres cum curtis et hortis; » Cart. Brioude, p. 313, 308 (1012 novembre (4 + × 7) : « mansum unum cum curte horto exio campis pratis; » et passim. Cart. Mâcon, p. 298-9, 513. L'*area* d'un mansus comprend environ 170 *perticas* carrées; la terre qui en dépend est d'environ 364 *pert.* carrées. Cart. S. Père, p. 36 (avant l'an 1000). L'*area* d'un mansus y est grande d'une *pertica* et close d'un fossé extérieur.

le voisinage du village[1]. Le terrain cultivé est généralement divisé en soles ; il y en a au moins trois, conformément au système de l'assolement à trois soles qui se trouve employé par tout le pays[2]. Dans ces dernières, les champs s'allongent

1. Campus n'a aucun sens spécifique ; il signifie toute surface propre à la culture, il n'a donc aucune importance pour la terminologie économique de la France ; cf. Cart. S.André, 230 (28 jan. 1083) : « campum... qui... nunc plantatur vineis ; » Cart. Mâcon, p. 68-9, 89 un pratum est nommée campus ; Cart. Sauxillanges, p. 212, 258 (990-1049) : « unum campum... reddat... de annona et... de vino. » Dans Cart. Brioude, p. 243, 233, 845, campus est en général synonyme de plaine. — Pour le partage de la Mark en terra arabilis et nemorosa (boscus et planum dans la même opposition, Cart. Corméry, p. 84, 41 (1080), et de la première à son tour en terra culta et inculta, cf. GC. 1, X, i, 288 C (1064), Amiens ; *Pol. d'Irm.*, II, 377 (1110), Poitou ; D. Rob. (1027 ?), Bouquet, X, 615 D. Une autre division, apparentée à celle-là, en bois et prairies, terra culta et inculta, Cart. Corméry, p. 76, 37 (1026-40).

2. L'assolement à trois soles est encore général dans le N. de la France (cf. Journal des Econ., 1846, janv.-mars, 227), en Touraine et en Normandie (toutefois pas au n. d'Evreux, d'après Landau, p. 61, n° 1), ainsi qu'en Bourgogne ; elle disparaît dans l'Ile-de-France. Cf. les travaux de De Lavergne cités p. 108, n. 1. On a la preuve de l'assolement à trois soles à l'époque carolingienne dans *Pol. d'Irm.*, I, 649, § 351. Pour le XI° siècle, cf. en général *supra*, p. 129, n. 3, et spécialement pour l'est, Cart. Romans, p. 129, 74 (24 mars 1042), un mansus cum vinea et ortile et cortile (jardin et *area*), plus de la terre à deux endroits ; cf. ibid., p. 109, 56 (13 oct. 1064) ; Cart. Ainay, p. 586, 43 (12 août 1002) ; « ipso anno, quo hec terra non reddiderit fructum. » Cart. Yonne, II, p. 12, 10 (1059-60), région de Sens : « tria modia tremedusii in tertio anno.... persolverent. » Dans le Centre, Cart. Sauxillanges, p. 647, 962, sans date, XII° siècle (?) « anno, quo fructum terra datura est. » Cart. S. Père, p. 100, 8 (avant 1024) : « alodus... in... Agneis villa, et pertinent ad ipsum duae olchae cum puteo, alioque in loco campi duo, de terra arabili agripenni duo, et in tertio loco.... agripennum unum ; in quarto loco.... agripennum unum ; » v. ibid., p. 36 (avant l'an 1000). Dans l'ouest, v. Cart. Jean de Sorde, p. 13, 13 (1072-1105) Basses-Pyrénées : « de centum sextarios..,. de sicera ad tercium annum. » *Mém. des ant. de l'ouest* 14, p. 60-1 (janv. 990) ; « in villa, que dicitur F.... quartas duas de terra cum maisnili et vineis, et est in tres locos. » Cart. Trinit., p. 458, 74 (1068), nous montre, à ce qu'il semble, les prairies atteignant un prix plus élevé que les champs, ce qui indiquerait l'assolement à trois soles. Signalons, comme particulièrement instructif, la vente d'un mansus, Cart. Mâcon, p. 278-9, 513 ; son *area* a 32 *perticas* de long, 8 à 10 de large, en tout environ 170 *p.* carrées. De plus un vignoble long de 11 *pert.*, large de 5 *pert.* ; surf. d'env. 55 *pert.* carrées.

comme de longs fils, sous la forme qui est propre à cette répartition de la culture. Les lots de terre appartenant au même propriétaire semblent avoir été dans les différentes soles d'égale grandeur [1]. Ce n'est qu'ainsi qu'il est possible de concilier la

Un campus	»	31	»	»	5 »	» »	155 »
Un campus	»	44	»	»	$3^1/_2$ »	» »	154 »

Le *campus* a 364 *pert.* carrées; total : 534 *pert.* carrées. Nous avons donc : 1° 3 soles; 2° l'égalité des trois soles (évidemment on avait vendu une parcelle du vignoble, et dans le sens de la longueur, car la largeur n'a pas varié. Cette charte et les autres citations montrent qu'il y avait au moins trois soles dans la Marck. La sole (*Schlag*) est appelée *locus*. On a dans les Cart. de Sauxillanges et de Brioude (pour *aratura* qui se trouve ailleurs, cf. Landau, p. 54, n° 1, aussi Lamprecht, D. W., I, 420, II, 145, 166, 209) *cultura* que Doniol (Cart. Sauxillangees, notes p. 15) traduit par banlieue agricole de la villa. C'est la sole; cf. Cart. Sauxillanges, p. 178, 211; p. 251-2, 316; p. 253, 320; p. 162, 182, où il faut lire : « in villa de Gimniaco, in cultura de Castellutio due, et tertia in Monte Pauleno. » Nous avons des détails particulièrement utiles sur la villa Sorciacus : Cart. Brioude, n. 58, 151, 179, 182, 232, 237, 268; cf. Cart. Sauxillanges, n. 88, 182, 186, 191, 209, 304, 312, 767. Les Cartulaires de Sauxillanges et de Brioude rendraient encore plus de services à l'étude historique de l'agriculture, si les chartes étaient accompagnées des éclaircissements topographiques nécessaires, et si le registre était dressé avec exactitude. — Cultura dans le sens de sole est aussi dans le *Pol. d'Irm* , II; III, 1, p. 24; V, 1, p. 38 — lire ici 8, plus loin 4 soles, quoique Guérard (Index. *Pol. d'Irm.*, II, au mot) veuille y voir un « ager vel incertae quantitatis vel qui uno aratro in anno exarari potest; nostratibus centure », cf. du reste *Pol. d'Irm.*, I, 648, § 351; cf. aussi pour les environs de Paris, Landau, p. 91. La cultura est encore dans le Limousin, cf. Cart. Beaulieu, introd., p. 104. — Pour les formes du mot mansus, cf. Duc., s. v. : « Certe vox mansus Gallis familiaris fuit, quam in Meix Burgundiones, Mois Normanni, Averni et Provinciales in Mas efferebant. »

1. Cf. la charte n° 9 du Cart. Mâcon, p. 298-9. L'égale étendue des portions de terre dans les soles, à l'origine, est encore attestée par le Cart. Romans, p. 109, 56 (13 octob. 1064) : « Hoc est mansus unus, G. excolit. Terra illa non est continua, sed in tribus partibus divisa... » Deux parties sont égales : « Pars tertia que est maior.... Adhuc est pars quarta, de qua nihil diximus. » Cette partie est donc considérée comme étant quelque peu inégale. Pour la forme des champs, qui était déterminée par une estimation aussi également favorable que possible à tous; v. Cart. Mâcon, p. 219, 381 : un campus long de 30 *pert.*, large de 5; la largeur représente donc 16,6 % de la longueur; ibid., p. 210, 366; un campus long de 30 *p.*, large de 2 *p.*; la largeur 3,33 % de la longueur, ibid., p. 171, 288, (996-1018); un campus long de 105 *p.*, large de 1 $1/_2$ *p.*, la largeur 1,17 % de la longueur.

variété de culture avec l'identité des besoins du paysan. La culture à trois soles amenait, comme conséquence caractéristique du système, le *flurzwang* (culture obligatoire) avec son inévitable résultante, le conflit entre voisins [1], et chaque essor vers un progrès économique tombait ainsi au milieu de la rotation régulière des terres en semences et en jachères. L'initiative du paysan était réduite à s'exercer sur les terres incultes en dehors des soles; là, chaque propriétaire de manses pouvait mettre en culture de nouveaux espaces. La surface conquise était dans ce cas mesurée et considérée alors comme une propriété privée, reconnaissable à sa clôture de haies [2]. Le mot qui désigne cette terre obtenue par *Bifang* (clôture) est *novale* ou *clausus* [3], les expressions *inquirendum* et *quæsitum* [4] appartiennent à cet ordre d'idées. *Quæsitum*

1. Cf. Landau, p. 62. On trouve un passage caractéristique sur la situation en Angleterre, au temps d'Edouard le Confesseur, dans Stubbs, Chartes, p. 78 : XXVIII. « Quare Frithborgi constituti sunt... Isti autem inter villas, inter vicinos tractabant causas, et secundum quod forisfacturae erant, emendationes et ordinationes faciebant, videlicet de pascuis, de pratis, de messibus, de certationibus inter vicinos et de multis hujusmodi, quae frequenter insurgunt. »

2. Cf. D. Rob. (1030), Bouquet, X, 623 CD. : « quicquid continetur intra saepium clausuram vel in domibus, sive in viis, sive perviis, sive quicquid arpennorum vocabulis ad praesens denominatum vel in futuro arpennorum lege dimensum tenebitur; » v. D. Rob. (1027). Bouquet, X, 612 B. En général, il est rarement question de terre collective (*Gemeinland*); cependant il en existe encore dans le Midi. Cf. Cart. Ainay, p. 560, 14 (12 févr. 1023), et ibid.. 561, 15 (16 mars 1023); aussi Cart. André, 67 (1012-23). Cf. du reste Anton, I, 373; Landau, p. 152 et p. 163, n° 4; Lamprecht, D. W., I, 102, 123, et sv.; 419, 698.

3. Pour *novale*, cf. Duc., s. v. Le sens du mot *novale* est d'ordinaire plus général; il peut signifier une nouvelle terre sans autre détermination; ensuite, des jachères déjà labourées. Pour *clausus(m)*, cf. Duc. au M. *Clausum;* mais clausus a aussi une signification plus étendue; cf. chap. I, p. 128, n. 1. Des expressions analogues en allemand figurent dans Anton, I, 370 s. v.; Landau, 154 sv.; Lamprecht, I, 122, n° 1, 511, n° 1, 512 sv., 581, n° 8, 781; II, 362.

4. Pour le développement des deux notions qu'expriment *quaesitum* et *inquirendum* (identiques à l'allemand besucht und unbesucht, Anton, I, 369; Lamprecht, I, 333), cf. Cart. Grenoble, p. 32, 21 (4 janv. 1023) : « mansus unus quem

signifie la terre qu'on a conquise par *Bifang*, *inquirendum* le champ sur lequel on a le droit de *Bifang*. Tous les deux offrent un certain parallélisme avec le *cultum* et l'*incultum* qui précèdent. Avec le temps, le sens de ces deux mots s'émousse à mesure que le pays de la communauté fut transformé en terres cultivées.

La périphérie de la *Mark* comprenait le plus souvent la forêt. C'était un bien communal, au même titre que le pacage, l'eau et la terre exploitée par tous (ils formaient ensemble la communauté). A côté de la propriété collective venait pour chaque paysan des droits de jouissance, et ceux-ci avaient déjà revêtu de toutes parts des formes déterminées [1]. Le village

tenet I. P. usque ad inquisitum vel inquirendum. » De même, Cart. Mâcon, p. 41, 53 (996-1018), Cart. Sauxillanges, notes, p. 17, et l'on trouve fréquemment dans le cartulaire la phrase : « mansum cum vineis pratis sylvis cultum et incultum, quaesitum et inquirendum, quantumcumque habeo vel habere videbor. » Dans le même sens, *Mém. des ant. de l'ouest*, 14, p. 10, 7 (876 févr.) : « mansus noster.... cultum et incultum, quesitum vel ad inquirendum. » Pour inquirere on a d'une manière plus abusive adquirere et exquirere : Cart. Ainay, p. 597, 58 (1022 4 mai); *Mém. des ant. de l'ouest*, 14, p. 113, n. 103 (fin du XIe siècle), et ibid., p. 108, 99 (1092). On spécifie parfois que toute terre, sur laquelle on a le droit de Bifang, est déjà prise, ainsi Cart. Mâcon, p. 64, 89. Il faut rattacher à cela l'affaiblissement insensible du sens de ces mots; cf. Cart. Savigny, p. 251, 472 (vers 1000) : « dono... montem... cum bosco super se sito usque in exquisitum, » et l'expression équivaut simplement à *usque in integrum*, v. Cart. Savigny, p. 284, 579 (990) : « totum ex integro usque in exquisitum. » *Usque* est encore ailleurs uni à *exquisitum*; cf. Mart. Th., I, 241 DE (1080) : « fecit.... auctoramentum de fevo suo.... usque ad tres mansuras integras. » *Adquisitum* signifie encore le bien acquis en général, cf. par ex. Cart. Bertin, p. 174; Sim., I, 5; *conquisitum*, le bien conquis. Instructif est ce passage du Cart. d'Ainay, p. 622, 92 (1032) : « dono.... ex rebus meis, quas ex conquisto adquisivimus.... usque in exquisitum. »

1. Forêt collective, par ex. Cart. S. Père, p. 97, 5 (avant 1024) : « Terminatur denique ipsa terra.... saltu magno, quem quantum arcus sagittam potest jacere, tantum possidere videmur, cum illis, qui participantur nobiscum eandem terram; » cf. aussi Cart. Mâcon, p. 335, 562 (1031-62); p. 20, 24 (1060-1108) (Canton de Mâcon); p. 198, 342 (996-1018) (Gau de Lyon); de même, Cart. d'Ainay, p. 560, 14 (12 févr. 1023). Traces de la silva vulgaris dans Mart. *Coll.* I, 541 A (1090),

devenait-il la propriété d'un seigneur, il en était de même de la forêt : le seigneur considérait alors le droit autrefois existant des co-villageois comme une servitude de sa forêt [1]. On oubliait bientôt le lien qui unissait les choses à l'origine et on expliquait d'une manière très pratique l'étrange inégalité de la servitude par l'établissement de prestations et de corvées à la charge de ceux qui exerçaient ces servitudes [2]. Dans le Sud-Est, le développement suivit en partie une autre voie. S'il existait, d'après une conception commune au peuple franc et germanique, une propriété collective de la forêt, les peuples domiciliés sur le sol, qui avaient reçu l'ancienne culture, dévièrent de ces principes. Comme les Lombards et les Wisigoths, les Burgondes connaissaient de bonne heure une pro-

Liège : « do ex meo jure.... silvam aquam et pascua potestati A. primitus appendentia, sed eo post haec nullo modo responsura. » — Il y avait pourtant des forêts privées d'assez bonne heure, v. L. Salic., XXVII, 18; Ed. Clot. II, 21, et Lamprecht, I, 143, 48. Pour les formes de l'exploitation de la forêt collective, v. Lex Salica XXVII, 10, 16-19, surtout 10, éclairci dans Lamprecht, I, 385; cf. encore Cart. Mâcon, p. 214, 372 (996-1018) : « Donamus vero in silva vulgari.... consuetudines duobus curtilis.... ut qui ibi manserunt, potestatem habeant utendi ea, sepes faciendi ad vineam, edificandi, domos faciendi, ardendi, nec pro his aliquid servitium faciant. » De même Cart. Savigny, p. 418, 800 (vers 1070), Gau de Lyon; Cart. d'Ainay, p. 626, 97 (1030). En général, le droit d'exploitation est inséparable de la possession d'un *mansus*.

1. Cf. GC. 1, IV i, 148 D (vers 1075), Langres; Cart. Yonne, II, p. 15, 12 (1080).

2. Il était extraordinaire qu'il n'y eût pas de charges, v. Cart. Mâcon, p. 214, 372; aussi ibid., p. 127, 198 (1022) : « illius mansi colonum hanc consuetudinem [eulogias et equorum receptacula militis cujusdam] non debere neque pro silva neque pro pascuis neque pro aqua neque pro terra. » On s'explique la prestation comme une compensation pour la garde forestière que le seigneur prend à sa charge; cf. Cart. Mâcon, p. 338, 567 (1096-1124) : « de singulis vero domibus predictorum parrochianorum in nemore currentium singulis annis singulos denarios pro custodia habeat, » v. aussi Cart. Paris, I, p. 379, 10 (vers 1112). Il semble qu'il n'y ait pas eu de réciprocité d'obligation dans Cart. Savigny, p. 472, 897 (avant 1117) : « Cibaria et gallinae, quae reddunt homines propter ligna.... et illi homines, qui sine bestiis in silva supra nominata ligna acceperint, servitium atque census. » Cf. aussi *Pol. d'Irm.*, I, p. 684.

priété des forêts assez développée. La loi burgonde introduisit la propriété privée des terres désertes situées dans la forêt; elle ordonna en général le partage de celle-ci en prenant pour base la possession en terre cultivée [1]. On peut suivre l'influence de ce droit dans la vallée de la Saône et du Rhône encore au XIe siècle. On trouve aussi dans le Sud, par exemple dans le Limousin, beaucoup de propriétés qui consistent en petites parcelles de forêts [2].

Le système du mans était rompu pour l'économie forestière, mais il l'était aussi en grande partie pour l'agriculture. L'assolement à trois soles du *mansus* suppose un stationnement rigoureux dans l'institution une fois acceptée, ce qui n'est possible que dans les premiers temps. Chaque transmission des fonds, même si elle se meut dans les bornes de la communauté de village, supprime l'égalité de la propriété et l'égal partage des champs dans les soles différentes, et par cela même elle devait paralyser et laisser dépérir cette organisation économique [3]. Déjà de bonne heure cette mobilisation pénètre en Bourgogne; au plus tard, au XIe siècle, à la suite des incursions normandes, on la voit dans le Nord de la

1. Pour la propriété forestière chez les Germains sur le sol romain, cf. L. Visigoth., VIII, 3, 8, et passim; Ed. Roth., 354; Luitpr., VI, 98; en général chez Anton., I, 141. Pour la Bourgogne en particulier, cf. L. Burgd., XIII. *M. G. L.*, III, 538 (v. chap. I, p. 130, n. 3), et L. Burgd., LXVII, *loc. cit.*, p. 561. Il en est encore ainsi ailleurs, cf. Landau, p. 174.

2. Pour la Bourgogne, cf. Cart. Savigny, p. 224, 407 (vers 1000) : « quantum ibi visus sum habere in silvis et in exartiriis »; ibid., p. 210, 360 (vers 1000) : « curtilum unum.... et aliquid de silva; » Cart. Mâcon, p. 24, 28 (1031-60) : « mansus rectitudinem vel divisionem mee partis, quam habeo in bosco C. » Le bois était tout proche de Sancé (Sennecé), où le mansus se trouvait. Pour le Limousin, v. Cart. Beaulieu, p. 131, 78 (XIe ou XIIe siècle) : « mansum unum.... cum bosco.... capmansum.... cum brolio.... capmansos duos.... cum brolio. »

3. A l'exception du cas où l'occupant du mansus achète toute la terre d'un autre mansus; cf. Landau, p. 9.

France [1]. En tous cas, le XIe siècle commence à indiquer les résultats de ce nouveau développement. Les champs sont inégaux dans les différentes soles ou autrement très morcelés. Quelques manses sont divisés, ou ils ont perdu leurs champs, ou bien ils sont surchargés de dépendances en terre [2].

La complication était encore plus grande dans le Midi au XIe siècle. A mesure qu'on avance, on trouve d'autant moins le manse ayant conservé sa propre signification; dans la vallée de la Saône, la confusion de *mansio* et *mans* s'observe déjà, comme aussi dans l'Auvergne [3], dans la vallée du Rhône, dans

1. Cf. L. Burgd., LXXXIV, 1, *M. G. L.*, III, 568 : « Quia cognovimus, Burgundiones sortes suas nimia facilitate distrahere, hoc praesenti lege credidimus statuendum, ut nulli vendere terram suam liceat, nisi illi, qui alio loco sortem aut possessionem habet. » Conv. Pist., c. 30 (864 24 juin); *M. G. L.*, I, 495-6 : « in quibusdam locis coloni.... mansa, quae tenent.... vendunt et tantummodo sellam retinent, et hac occasione sic destructae fiunt villae (c.-à-d. les champs) ut.... quae terrae de singulis mansis fuerunt, jam non possint agnosci. » Dans le nord de la France on en a des ex. plus anciens; cf. *Pol. d'Irm.*, I, 595, rapproché de la p. 602.

2. On peut observer les étapes de désagrégation dans le Cart. S. Père, p. 100, 8 (avant 1024) : « alodus.... in.... Agneis villa, et pertinent ad ipsum duae olchae cum puteo, alioque loco campi duo, de terra arabili agripenni duo, et in tercio loco.... agripennum unum, in quarto loco.... agripennum unum ». Cart. Savigny, p. 349, 677 (vers 1024), on a les parties d'une *hereditas* consistant en une villa : « campi per multas divisiones positi, terra culta et inculta, de prato tres partes. » Des demi-manses se rencontrent dans le Cart. S. Père, p. 36 (avant l'an 1000); dans le Cart. Savigny, p. 261, 504 (vers 1000) et passim; aussi dans le Cart. Mâcon, p. 323-4, 549 (1074-96); dans le Cart. Grenoble, p. 110, 34 (vers l'an 1100). Cependant les derniers exemples peuvent aussi avoir trait à l'agriculture en participation (*Teilbau*). Pour le medius mansus, cf. *Pol. d'Irm.*, I, 629-30, 594, où il est aussi fait mention des curti mansi du pays de Virton. La surabondance est attestée par *Mém. des ant. de l'ouest*, 4, p. 10, 7 (févr. 876) : « mansus noster, quem ex hereditate parentum.... mihi obvenit et tam de comparato quam de atracto vel de qualibet ingenio a me noscitur pervenisse.... cum casis casilis curtiferis.... terris vineis cum illo brolio pratis aquis aquarumve decursibus cultum et incultum, quesitum vel ad inquirendum. »

3. Mansus pour mansio et réciproquement : Cart. Mâcon, p. 209, 362 (996-1031); Cart. Dom., p. 173, 195 (vers 1085); aussi Cart. Sauxillanges, p. 519, 722 (1009 + × 7), et p. 279, 360.

le Poitou apparaît la confusion familière des mots *curtilus* et *mansus*. La forme complète de *mansus* se trouve seulement encore au commencement du XIe siècle, et s'altère dans un autre plus faible en *massus*, expression qui n'a aucun caractère économique [1]. Dans le Limousin, la vraie conception du *mans* n'est généralement plus comprise [2].

A côté du manse le Sud-Ouest avait vu naître de nouvelles formes de propriétés qui, au commencement encore, étaient sous sa dépendance, mais qui devaient le vaincre plus tard et donner à l'économie rurale une nouvelle empreinte. Dans la Saintonge, en Poitou, en Limousin, jusqu'en Auvergne, ce rôle était échu à la *bordaria* [3]. Sa base économique est l'agriculture,

1. L'expression mansus figure dans les *Mém. des ant. de l'ouest*, 14, pour la dernière fois p. 79, 71 (3 août 1016); après on ne trouve que mansus. Curtilus et mansus sont confondus dans les *Mém. des ant. de l'ouest*, 14, p. 62, 52 (vers 990) : « mesis duos vineas cum pratis et virdigariis cum terras arabiles.... Et in alio loquo in villa que dicitur B.... masos duos vineas cum pratis .cum terra arabile. » Cf. avant tout ce qui est dit p. 164, n. 2.

2. Cf. Cart. Beaulieu, p. 157, 104 (août 1037-55), où un mansus coûte 9 solidi. Il faut comparer les autres prix du mansus dans l'exposé détaillé.

3. La Saintonge est aussi le pays du Territorium, un peu plus vaste que la Bordaria, du moins payant des impôts supérieurs (Cart. Saintes, p. 151-3, 231), à l'exception du *territorium* nommé en cinquième lieu. Pour la conception du *territorium* en Allemagne, cf. Lamprecht, I, registre, s. v., p. 76, 25. Pour la *Baccalaria*, une forme de bien rural qui n'est arrivée à un caractère bien marqué que dans le Sud, cf. Deloche, Cart. Beaulieu, notes et éclaircissements, XXII, p. CCLXXXIII; aussi Cart. Sauxillanges, p. 308, 400 (990-1049). Duc. s. v. ne voit pas ici une variété d'exploitation particulière, mais un état juridique de l'exploitant. Nous ferons seulement remarquer que nous abrégeons la description de la marche de la *Bordaria*, de la *Condamina*, du *Casale* et de l'*Appendaria*, parce qu'elle sort du cadre matériel de notre tâche et qu'elle n'a d'intérêt qu'en guise d'exemple de la décadence de l'exploitation par le mansus dans la direction du Sud. Des recherches plus approfondies sur le domaine seraient extrêmement désirables. Elles manquent encore, à ma vue, d'une manière complète pour la France. Dans les notes suivantes, nous relevons les observations qu'ont faites, à l'occasion, certains critiques. Mais je ne sais pas si l'on ne peut tenir pour vrai ce mot de Landau (p. 91), écrit en 1854, sur l'abandon dans lequel on a laissé ce

mais le plus souvent une industrie accessoire s'y rattache. La *bordaria* est placée comme le *mans* dans le village même, peut-être sur les limites extrêmes de l'aréa du *mans*, du côté de la plaine. C'est une propriété dépendante du *mans*, une nouvelle exploitation sur son sol, d'une dimension plus petite de moitié que celui-ci [1]. Au point de vue économique, elle est souvent rattachée au *mansus*; cependant le lien qui les unissait à l'origine s'est rompu; la *bordaria* a sa propre exploita-

champ d'étude : « En ce qui concerne la façon dont s'est fait le partage des terres, je ne sais aucun historien français qui soit allé au fond des choses. » Et comment arriver, sans des recherches tout à fait sûres à ce sujet, à comprendre le développement de l'économie politique ?

1. La grandeur de la *Bordaria* ressort clairement du cens, celui-ci s'élevant — à part le *quartum* (cf. infra, p. 187 n. 3, à ce propos) — à peu près à la moitié du mansus. Cart. Saintes, p. 112-3, 151-2, comparé avec la p. 113, 143 et 154; cf. aussi ibid., p. 113-4, 155, 157, 160. La *Bordaria*, le cens la montre, reposait principalement sur la culture du champ; on n'a pas de cens du vignoble. Cf. encore *loc. cit.*, p. 151-53, 231. La qualité d'annexe du mansus qu'avait la *Bordaria* est attestée par le Cart. de Beaulieu, p. 148, 95 (XIe siècle ou plus tard) : « juxta mansum... unam bordariam; » ibid., p. 147, 94 (mai 1032-60) : « unum mansum.... et juxta ipsum mansum meum unam bordariam cum uno molendino; » ibid., p. 131, 78 (XIe ou XIIe siècle) : « mansum unum... cum ipsa bordaria et cum bosco, cum pratis, cum farinario et cum omnibus ad se pertinentibus. » Ces derniers passages démontrent aussi l'acquisition accessoire. Il en résulte également que la *Bordaria* existait dans le village à côté du mansus; en tout cas l'*Area* avait encore assez d'importance pour le comporter; cf. *Pol. d'Irm.*, I, 604, peut-être aussi p. 616, n° 27. Le nom de *Bordaria* doit être tiré de *borda* (*maison* et *bord*, cf. Duc., s. v. *borda*, n°s 4 et 5), qu'on trouve aussi dans le Cart. de Corméry, p. 101, 409 (1070-1109), avec le sens de domaine; il est permis de supposer que la *Bordaria* était située sur la gauche de l'*Area*, du côté de la plaine. On ne peut résoudre la question sans des observations personnelles qui nous sont interdites. C'est le défaut sensible de ce livre à cet endroit et à bien d'autres, nous n'avons aucune peine à le confesser. Parfois plusieurs *Bordariae* paraissent appartenir à un *mansus*; ailleurs, on voit que chaque mansus n'a pas sa *Bordaria*. Cf. pour l'un et pour l'autre Cart. Saintes, p. 107, 140 (déc. 1010); Cart. Beaulieu, p. 135, 82 (vers 1059); Duc. s. v. *Borda; Bordaria*, Tab. S. Martial. Lemovic. 1028; enfin Cart. Sauxillanges, p. 565, 803 : « De villa de P.... mansos quinque et appendarias VIII, bordarias IX » (ces trois nommées ensemble, aussi *loc. cit.*, p. 627-9, 941, et Hist. Dalph., p. 133 dans Duc. s. v. Chavannarius Mansus).

tion qui, au début, continue à dépendre du moins en droit du propriétaire du *mans;* elle était astreinte à des redevances et prestations ou bien elle était donnée en métayage [1]. Vers l'Est, la conception de la *bordaria* ne se maintint pas intacte; déjà en Auvergne arrivent, à côté d'elle, d'autres créations économiques, et sur la rive gauche du Rhône le mot paraît devenir rare et ne sert plus à caractériser une forme particulière de la propriété rurale [2]. La *condamina* est répandue

1. Il y a des ex. qui permettent de s'expliquer l'origine de la *Bordaria*, ainsi Cart. Beaulieu, p. 138, 85 (5 mai 984) : « mansum.... cum ortis duobus, cum duabus vineis et cum pratis tribus et cum terris et incultis ». Il ne manque évidemment ici qu'un deuxième bâtiment de ferme pour qu'on ait une double exploitation. Celle-ci conserva longtemps encore après sa constitution une direction unique, surtout dans les cas d'exploitation convenable (cf. par ex. Cart. Beaulieu, p. 131, 78), et le plus ancien domaine est la caput mansi, capmansus; cf. Cart. Beaulieu, p. 131, 78 (XIe ou XIIe siècle); ibid., p. 144, 91 (XIe siècle ou plus tard). Mais le lien qui unissait les deux formes d'exploitation finit par se rompre, et la *Bordaria* ne reste au mansus que comme un bien à part, le plus souvent soumis à un cens dans une culture en partage (cf. infra, p. 187, n. 3). V. Cart. Saintes, p. 118, 168 (1100-1130 ?); p. 120, 176 (avant 1079); p. 121-25, n. 83-8, 91, 93, 94, 97. On va encore plus avant dans le processus, v. Baluz. H. T., p. 427 (1085) : « G.... quem pro coliberto clamabat, absolvit a jugo totius servitutis et quicquid habebat in dominio in bordaria de F. scilicet duos sextarios de segel et duos de civada et unam popadam de duos fusos et unam gallinam et tailladam et expletum totum, quod habebat vel requirere poterat. » — Deloche Cart. Beaulieu, introd., p. 202, désigne les *Bordaria* comme des « métairies ou fermes, qui étaient, d'ordinaire, moins considérables que les manses et dépourvues d'attelage pour le labour. » On ne voit pas bien, en se reportant aux passages qu'il cite, où il a pris la dernière partie de ce qu'il avance.

2. Extension de la *Bordaria*. V. pour la Saintonge et le Limousin, les passages cités; pour le Poitou, Consuet. Pictav. Art., 173-5 (d'après Duc.); pour l'Auvergne, Cart. Sauxillanges, p. 565, 804; pour Vienne, Duc. s. v. Bordaria, et Cart. Dom., p. 249, 237 (vers 1100) : « unam bordariam, quae debet decem et octo denarios pro agno aut viginti.... [lacuna] scilicet et duas focacias et tres capones et duos panes »; cf. ibid., p. 70, 74 (vers 1090). Pour Grenoble, Cart. Grenoble, p. 122, 48 (vers 1080) : une *Bordaria* rapporte un cens de 8 deniers, est donc inférieure aux *cabannariae* qui sont citées à cet endroit. Les derniers passages nous montrent à l'évidence — si l'on fait abstraction de la rareté des mentions de *Bordaria* — un caractère inconnu à la *Bordaria* du Sud-Ouest.

dans tout le Sud-Est, plus loin dans la Bourgogne jusqu'à Vienne et ensuite dans le Limousin. C'est un petit domaine rural, situé dans le village même, le plus souvent bâti sur l'aréa d'un *mansus* [1]. Les terres qui lui appartiennent sont prises en culture, le plus souvent par un petit possesseur. On n'en était pas propriétaire, mais le mobilier, comme le champ et la ferme, appartenait le plus souvent à un seigneur étranger [3]. Dans le Sud, la *condamina*, de Vienne jusqu'à l'Auvergne, est appelée aussi *casale ;* elle peut être également située dans une ville et désigne seulement l'espace qu'occupe une maison [3].

1. Marion (Cart. Grenoble, introd., p. 64) croit la *Condamina* « appliquée à la qualification des terres » tout à fait comme le *Beneficium* ou l'*Indominicatum*. Le caractère juridique y domine. Marion ne donne rien qui justifie d'ailleurs ou explique son interprétation. Deloche (Cart. Beaulieu, introd., p. 104) voit dans la *Condamina* un « champ près de l'habitation principale », donc rien d'une exploitation. Nous croyons les deux interprétations inexactes et nous appuyons notre opinion sur le Cart. Mâcon, p. 20, 24 (1060-1108) : « mansum indominicatum cum vircariis, terris et usuariis silvarum sibi adjacentibus, cum pratis ibidem sibi appositis et cum adjacente condamina. » Ici *Condamina* ne peut signifier un simple champ, mais bien une petite exploitation établie à côté du Mansus; on ne peut non plus l'assimiler à l'*Indominicatum*; cf. pourtant aussi :

2. Cart. Yonne, I, p. 193, 100 (1077, 22 mars) : « dono.... unam condaminam, quae sufficiat ad extertium unius carucae, ipsam quoque carucam instauratam et integram similiter do. » On voit que souvent elle commence par être défrichée dans le Cart. S. André, 77* (vers 1122) : « condaminam.... quae terra, antequam coleretur, nulli fere erat apta usui. » Les passages invoqués nous montrent qu'elle était très répandue dans les vallées du Rhône et de la Saône (cf. Mart. *Coll.* I, 350, 993, pour la Provence); pour les régions de l'ouest de cette ligne, v. Doniol, Cart. Brioude, notes, p. 19; Chronic. Benign. Div.; Tab. de Beaujeu ; Tab. eccl. Augustod.; Guichenon Bibl. Sebus. Cent. I, c. 40, passages que Duc. cite s. v. Condamina.

3. Cf. Cart. Dom., p. 110, 126 (20 mars 1095) : « unum casalem ad domum faciendam ; » ibid., p. 201, 227 (vers 1110) : « casale domus, » où casale parait signifier la terre dépendante de la maison; Cart. Dom., p. 194, 220 (vers 1070) : « un Casale.... longitudine 9 stadiorum et latitudine 7. » Donc un champ sans habitation, mais d'une pièce; le cens est de 6 deniers, plus tard de 18, somme très élevée; le plus souvent le chiffre est inférieur, cf. Cart. Dom., p. 174, 196

Même là où le *casale* paraît complètement développé, la maison reste toujours la chose principale ; de maigres parcelles en forment la dépendance rurale [1]. Le plus souvent, le possesseur du *casale* comme celui de la *condamina* n'en était pas le propriétaire. C'est par la création de ces petites exploitations que de grands propriétaires faisaient valoir les terres qui n'avaient pas d'importance et ne permettaient pas une exploitation économique plus étendue. Elles naissaient des rognures qui restent dans chaque grande division territoriale et végétaient sans porter atteinte à l'activité dominante et régulière du *mansus*.

Dans le Sud-Est de la France, le système ne mettait donc pas en danger l'économie rurale du mansus. Le péril venait d'un autre côté. La culture fort ancienne de ces contrées devait bientôt détruire le système trop sévère de l'assolement à trois soles, en supposant qu'il ait été constitué entièrement. La fécondité du sol, dont une partie encore est appelée, entre Villefranche et Anse, la meilleure lieue de France, contribua à adoucir le rigorisme de la contrainte de la culture obligatoire. Le *curtilus* est cependant l'ennemi le plus immédiat de l'économie rurale du *mansus*. Il apparaît plus tardivement

(vers 1090), p. 178-9, 202 (vers 1095); ibid., 181, 205 (vers 1100) : « quatuor denarios, quos habemus in casali juxta ecclesiam.... et in aliam domum tres denarios. » Qu'on se garde de conclure de ce passage que le casale était seulement une habitation. Toutefois il peut exister dans les villes ; cf. Cart. S. André, 167 (1007-8). Le casale a donné le *cottage* anglais et le *Kossat* allemand ; c'est ce qu'a déjà reconnu Anton, I, 285. L'éditeur du Cart. Dom. (Glossaires, p. 412 s. v.) explique bien : « parvum tugurium rusticum. » Duc. s. v. Casale : « idem proinde atque mansus » !

1. Pour les possessions en terre, cf. Cart. Dom., p. 178-9, 202 (vers 1095) : un Casale « tenet duos campos, unum ex hac parte ecclesiae, et alium ex alia parte ». Cependant l'habitation domine ; le champ n'est pour ainsi dire qu'une annexe inévitable ; cf. encore Cart. S. André, 170 (1006-7) : « cedimus.... casalem unum de terra.... ad edificandam domum » ; le cens est de 2 denaratae de cera.

que celui-ci comme l'indiquent encore les traces qu'on en trouve au XIe siècle [1], époque à laquelle, toutefois, le système qui s'y rattache a déjà reçu sa forme définitive. Ce qui caractérise le *curtilus* à l'origine et plus tard aussi, d'une manière presque générale, c'est le vignoble avec les terres et les constructions associées à sa culture, c'est-à-dire une maison, la *vicaria*, le *salicetum* et quelquefois le pressoir.

A côté, l'on voit apparaître des forêts et des servitudes forestières ; ces dernières donnaient sans doute droit à l'écobuage; enfin des terres et particulièrement des jardins et des prairies [2]. Le mot *curtilus* désigne par lui-même la substructure

1. Cf. Cart. Savigny, p. 472, 897 (avant 1117) : « In silva, in qua est ecclesia Sancti Boniti, habemus quinque curtilos. » Dans ce cas, il n'y a pas de doute que le *curtilus* soit une terre d'exploitation nouvelle; v. aussi Cart. Savigny, p. 353, 682 (1020), où des *curtili* se trouvent dans le Gau de Roanne « in villa, quae Novals dicitur ». Nous renvoyons surtout à la suite de l'exposé, auquel il est bon de comparer les études sur des institutions analogues en Allemagne, dans Lamprecht, D. W., I, 408.

2. On a, à côté de *curtilus*, les formes *curtilum*, *curtilis*, *curtile*, et autres variétés flexionnelles, même *curtifer*, par ex. Cart. Mâcon, p. 166, 278, et p. 282, 487 (vers 1004). Enfin, on trouve, de ci, de là, *curtilus*, à la suite d'une confusion très naturelle, usité dans le sens de *curtis* = *area*; cf. par ex. Cart. Sauxillanges, p. 96, 81 (998-1031) : « campos et vineas et arbores et curtilem et omnia, que ad ipsum curtile respicit. » V. aussi Anton, I, 274-6; 281; et Lamprecht, I, registre, au M. *curtile*, p. 1606. D'ordinaire le *curtilus* est un vignoble. C'est ce qui résulte à l'évidence des passages que renferment les notes suivantes; renseignons tout de suite le Cart. Mâcon, p. 27, 32 (1062-75) : « terram cum vinea et viriaria sibi adjuncta.... Terminatur iste curtilus; » aussi ibid., p. 82, 107 (1018-26); p. 156, 259 (996-1018); p. 204, 355 (994-1033). Quelquefois même le vignoble a le pas sur le *curtilus* : Cart. Dom., p. 35, 31 (vers 1085) : « vineam cum suis appendiciis, cum salcetis, cum curtilis.... » Pour les pressoirs, cf. par ex. Cart. Savigny, p. 364, 706 (vers 1020); pour les bois et les servitudes forestières, Cart. Savigny, p. 210, 360 (vers 1000), et Cart. Mâcon, p. 201, 349; pour les champs et les prairies, Cart. Savigny, p. 83, 120 (vers 1000) : « curtilum unum cum orto vircaria et vineis et alia terra arabili, » et ibid., p. 258, 493 (vers 1000) : 2 curtili « cum pratis et silvis et terra arabili et carteria (l. : sarteria) ». Citons, comme particulièrement instructif, le Cart. Savigny, p. 332 653 (vers 1020).

de cette culture particulière, le sol cultivable, le sol fertile, mais il est aussi employé pour toute la propriété [1]. Comme grandeur, le *curtilus* est de beaucoup plus petit que le *mans*. Les sources indiquent pour le *curtilus* habituel une étendue d'environ 130 *perticae* [2]. La valeur est correspondante à cela; les indications de prix varient entre 4 sol. 10 den. et 45 sol.; la moyenne donne une valeur de 19 1/5 sol. environ. Le prix moyen d'un manse est, au contraire, dans les contrées où le *curtilus* apparaît, de 116 2/3 sol. [3]

Abstraction faite d'une forte transmissibilité des fonds du sol, l'économie du *mans*, dans le système de l'assolement à trois soles, a deux points faibles dont les altérations doivent amener

1. Dans le Cart. Mâcon, p. 146, 237 (998-1018), on trouve deux fois un curtilus cum supraposito (resp. suprapositis). On l'a encore ailleurs, par ex. dans B. Clem. II (juill. 1047), J. 3152, GC. 1, VIII i, 416 D : « et silva... et terra silvae, si silva fuerit extirpata; » un fait qui n'a rien de surprenant, à une époque où la terre n'était pas encore assez pénétrée de la notion du capital, pour qu'on ne sût plus établir une distinction bien nette entre l'une et l'autre.

2. Comme *curtili* de dimensions moyennes, nous avons : Cart. Mâcon, p. 156, 259 (996-1018) : « curtilus cum vinea et casa » = environ 90 *pert.* carrées; ibid., p. 253, 437 : un de 100 *pert.* carrées; ibid., p. 202, 351 : « curtilus cum vinea et arboribus insimul tenentibus » = environ 168 *p.* c.; ibid., p. 117, 177 (996-1018) : « ein curtilus cum vinea » = environ 180 *p.* c. Moyenne : 134,5 *p.* c.; on a parfois des *curtili* démesurément vastes, par ex. Cart. Mâcon, p. 284, 489 (996-1031). V. Cart. Savigny, p. 371, 718.

3. Cf. ce que nous disons des prix. Toutefois, au sujet des prix des mansus, il faut songer qu'une de nos sources ne parle que de prêt hypothécaire; de même, étant donné le faible chiffre de 4 sol. 10 den. pour le *curtilus*, il faut se demander s'il n'y avait pas ici métayage, ce qui abaisserait naturellement le degré de valeur. Si le prix moyen de la *pert.* carrée de vignoble est dans le Sud-Est de 0,149 sol. (cf. infra le tableau), 170 *pert.* coûtent 19,37 sol. Ce chiffre est dans un accord frappant avec la valeur moyenne, que nous révèlent cinq indications directes de prix de *curtili* que nous possédons (dans le passage du Cart. d'Ainay, p. 621, 91 (1027), les 3 *curtili* n'entrent qu'une seule fois en ligne de compte); elle monte à 19,16 sol. On peut donc fixer celle du *curtilus* à 19 1/5 sol. Nous renvoyons, du reste, une fois pour toutes, à ce que nous disons dans l'exposé général, en tout ce qui concerne les côtés problématiques de toutes ces supputations.

peu à peu une complète révolution dans la culture des terres : c'est la contrainte de la même culture et la possibilité d'un *Bifang* étendu. De ce côté, la culture de la vigne attaque directement le système du mans. Des vignes placées dans l'intérieur des soles devaient nécessairement contrarier le *turnus* régulier de la culture; avec elles il ne pouvait être question de jachères [1], car la vigne donnait des fruits chaque année; la culture obligatoire ne pouvait non plus être exercée, car la vendange ne tombait pas à la même date que la moisson. Il n'y avait qu'une issue; c'était de donner à la culture de la vigne une sole particulière ou du moins une partie plus étendue. On suivit quelquefois cette voie [2]. Mais pour cette décision, il était nécessaire d'une vue économique plus étendue, et d'un vif souci du développement ultérieur, deux qualités qui manquaient essentiellement au XIe siècle comme généralement dans la première partie du Moyen-Age.

La culture de la vigne qui se développait de plus en plus n'avait donc d'autres ressources que le *Bifang*. Elle s'introduit par tous les points où le *mans* paraissait menacé. C'est la voie qui fut suivie par le Sud-Est. Tantôt les sources parlent de

1. C'est pourquoi le cens du vignoble était le moins cher et le plus facilement toléré; cf. Cart. Ainay, p. 585-6, 43 (12 août 1002) : 4 Sextariadae terra arabilis sont engagés pour 5 sol. : « et ipso anno, quo hec terra non reddiderit fructum, nos persolvamus vobis unum modium vini. »

2. Surtout en Auvergne; du moins on peut l'induire du Cart. Sauxillanges, p. 299, 387 (990-1049) : « He autem vinee sunt omnes simul conjuncte et sunt viginti quatuor. » Il fallait, pour en arriver là, des conditions d'emplacement particulièrement favorables; ailleurs aussi les vignobles figurent dans les soles; cf. Cart. Sauxillanges, p. 408, 549 (990-1049); et à côté de ces ex. on en a d'Auvergne, au moins pour les terres communales, *loc. cit.*, p. 305, 398. Pour un usage restreint l'on pouvait aussi se contenter de l'*area*; cf. Cart. S. Père, p. 36 (avant l'an 1000).

vignobles situés aux limites des champs, tantôt la forme des pièces de terre sur lesquelles elle est placée indiquent qu'elles appartiennent au *Bifang* [1]. La situation topographique qui caractérise la culture de la vigne devait avoir une influence durable sur sa base, le *curtilus*. Celui-ci ne peut strictement exister que sur les terres conquises par *Bifang* [2], il s'étend isolé au milieu de son exploitation avec sa sortie et son entrée particulière. Rien n'empêche que ses terres fassent un tout compact en face du morcellement du mans [3]. Par sa situation

1. C'est le cas dans le Cart. Mâcon, p. 210-1, 366. Une Villa renferme :

1 Vinea	longue de 31 Pert.,	large de 10 P.	resp. 10 P. 4 P.	La larg. est donc d'env. 33 %	de la long.
1 Vinea	» 10 »	» 1 »	» 5 »	» » 30 %	»
1 Campus	» 30 »	» 2 »	» 2 »	» » 6,66 %	»
et ibid., 219, 381 :					
1 Vinea	» 26 »	» 16 »	» 19 » 8 P.	» » 69 %	»
1 Vinea	» 18 »	» 6 »	» 5 »	» » 30 %	»
1 Campus	» 30 »	» 5 »	» 5 »	» » 16 %	»

Un vignoble en *Bifang*, parce qu'il touche à des *silvae finales*, figure dans le Cart. Savigny, p. 84, 122 (11 juin 1101 ?). Il faut peut-être rattacher à ceci les exemples du Cart. Sauxillanges, p. 305, 398, ainsi que la Vinea de Deserto dans le Cart. Trinit., p. 467, 92 (1044).

2. Déjà *curtis* sert à exprimer *Bifang;* cf. Roscher, II, 240, n° 2. Pour l'emplacement du *curtilus*, cf. Cart. Mâcon, p. 64, 79 : « curtile unum cum supraposito : cum vinea et arboribus.... totum ad integrum quesitum » ; Cart. Savigny, p. 297, 603 (vers 1012) : Quelqu'un possède dans un village du Gau de Lyon 10 curtili 2 silvae... Supradicta autem villa [dans laquelle se trouvent les *curtili*] in medio habetur. Cf. aussi Cart. Savigny, p. 236, 436 (vers l'an 1000), et p. 258, 493 (vers l'an 1000) : dans ce dernier passage il est question de 2 *curtili usque in inquisitum; quaesitum* est laissé de côté, parce que les *curtili* étaient eux-mêmes *quaesiti*.

3. Le *curtilus* étant établi sur des défrichements, il faut mentionner les chemins de toute sorte et les servitudes qui les concernaient; il avait été pénible de frayer des voies à l'époque du défrichement; v. chap. I, p. 141, n. 1. Cf. Cart. Mâcon, p. 204, 355 (994-1033) : « curtilum.... cum vinea et mansione ibidem manente, cum arboribus exitibus et regressibus; » Cart. Savigny, p. 338, 660 (1022); p. 258, 493 (vers l'an 1000); Baluz. H. T., p. 432 (1091). Ragut (Cart. Mâcon, préf., p. 75) explique *exitus* et *regressus* par fruits et revenus (probablement d'après Duc. s. v. Regressus 1). Sans doute on trouve dans ce sens *exitus* et *regressus;* mais il n'est pas du tout établi qu'ils n'en ont pas d'autres ; sans

même, le *curtilus* a un rapport très étroit avec lui. Aucun *curtilus* ne peut exister sans *mansus*, car seul le propriétaire de celui-ci a un droit au *Bifang*. Nous trouvons donc souvent des manses avec leur *curtilus* et ceux-ci peuvent s'élever au minimum de trois, conformément à l'assolement à trois soles [1]. Il est vraisemblable qu'un *mansus* ainsi complété était désigné par l'épithète de *ælioratus* [2]. Cette expression fortifie encore la notion du *mansus*. Economiquement il en était facilement autrement. Il est naturel que chacun place son *Bifang* aux limites extrêmes de son propre *mans*, mais il arrivait alors que ce champ était dans une situation meilleure pour être exploité du *curtilus*, que du *mansus* qui était plus éloigné. Combien était-il simple d'exploiter d'abord le terrain appartenant proprement au *mans*, champ, prairie ou forêt, en prenant pour point de départ le *curtilus*, et d'en revendiquer ensuite la propriété sous forme de droit d'usage ! On peut voir

cela pourquoi les deux termes apparaîtraient-ils si rarement lorsqu'il est question du mansus ? Pour la continuité des terres du *curtilus*, v. Cart. Mâcon, p. 71, 95 : « curtilus cum vinea habet in longo perticas XVII et pedes XVIII, in uno fronte perticas XIIII, in alio fronte VII. » Curtilus ne fait donc qu'un avec *vinea* ; de même, p. 284, 489 (996-1031); Cart. Sauxillanges, p. 174, 203 (990-98), et passim.

1. *Mansus* et *curtilus* : Cart. Dom., p. 171, 194 (1081) et p. 173, 195; surtout Cart. Ainay, p. 626, 97 (1030 ?) : « mansus.... cum curtili et vinea et vircaria et quicquid ad ipsum mansum et curtile pertinet et sicut L. tenet, qui hunc mansum excolit. » Cf. aussi Cart. Savigny, p. 229, 426 (vers l'an 1000); 226, 414 (vers l'an 1000); Cart. Mâcon, p. 87, 113 (1018-30). Pour les cas où plusieurs *curtili* appartiennent à un mansus, cf. Cart. Savigny, p. 261, 504 (vers l'an 1000) : « dimidium mansum cum curtilo »; ibid., p. 264, 514 (vers l'an 1000), on trouve un propriétaire qui a dans sa villa 3 curtili.

2. Cart. Savigny, p. 371, 718 (21 mars 1025), on trouve des terres qui valent « unum mansum melioratum ». C'était sans doute une notion assez répandue ; nous n'en connaissons d'autre explication que celle qui y voit un mansus parachevé et tout à fait exploité (ausgebaut), c'est-à-dire pourvu d'un *curtilus*; cf. Cart. Dom., p. 171, 194. *Meliorare*, au XIe siècle, a le plus souvent le sens de défricher, v. chap. I, p. 139.

encore la trace de ce procédé dans les quelques bribes que nous a gardées la tradition [1].

Ainsi disparaît la dernière barrière économique entre le *mans* et le *curtilus*. Si le dernier reste encore le bien de la famille, le second une dépendance, leur propriétaire commun doit à tous deux également travail et succès [2]. L'inconvénient de cette division devait mener à un nouveau développement; ou le possesseur consacre toute sa peine au *curtilus* et rattache à lui autant que possible toutes les terres environnantes, ou il aliène l'un de ces deux centres économiques [3]. Quel que soit le cas qui se présente, le *curtilus* devient toujours libre de toute dépendance et est séparé du vieux droit du *mansus*.

1. Cf. Cart. Savigny, p. 345, 669 (1021) : « curtilus.... cum orto et vircaria et prato, et aliquid de terra arabili et vinca indominicata. » Il faut l'entendre en ce sens qu'une vinca et une terra arabilis ont été détachées du *mansus* et englobées dans le *curtilus*. On a à peu près le même fait dans le Cart. Savigny, p. 210, 360 (vers l'an 1009) : « curtilum unum cum orto et vircaria et campis et aliquid de silva, » et ibid., p. 265, 518 (vers l'an 1000) : « dimidium mansum et curtilum cum vircaria, campis, et prato indominicato. »

2. L'exploitation est commune pour le *curtilus* et le *mansus*, par ex. Cart. Ainay, p. 626, 97.

3. On trouve souvent des curtili indépendants, qui supposent donc une aliénation ou quelque bifang en faveur d'un fils cadet. Le premier cas est relevé dans le Cart. Savigny, p. 256, 488 (1001) : « donamus curtilos duos cum vineis et terra arabili et salicetis.... in villa L., et quicquid in ipsa villa visi sumus habere, et in alio loco, in ipsa villa, tres algias de vinea. » Les curtili sont certainement ce qui attire ici surtout l'attention. Cf. encore Cart. Ainay, p. 663-4, 147 (13 avril 1013) : « curtili cum mansionibus et hortis et vircariis et vineis et terris arabilibus et pascuis ac silvis exisque et regressis et aquis decursibusque aquarum.... usque in exquisitum in ipsa villula et ejus finibus. » Cart. Savigny, p. 297, 603 (vers 1012) : on trouve dans un village un propriétaire de 10 curtili et 2 silvae. Dans le dernier cas, il n'est plus question des mansi, le bois qui leur appartenait est retourné aux *curtili*; on serait donc conduit à supposer ici le reboisement des deux forêts. Le Cart. de Mâcon (p. 22, années 1018-30) montre la fréquence du parcellement des mansi, dont on ne laissait subsister que l'*area* : « in parrochia C. [arrond. Mâcon] XVIII mansos, chasatos XI : et infra muros mansorum septem domos. » Les 7 derniers *mansi* n'ont plus ici leurs terres.

Les entraves de la culture spéciale, les liens de dépendance juridiques et économiques sont rompus et le *curtilus* exerce en face du *mansus* une concurrence triomphante dans les questions de la culture obligatoire et de la disposition des champs. Sa valeur s'élève par rapport à celle du *mansus*, sa grandeur augmente [1].

Une confusion s'établit bientôt dans l'emploi des mots *curtilus* et *mansus*; comment aurait-on pu maintenir une différence dans les idées, quand cette différence était devenue si faible dans les faits ? Le *curtilus* est surtout désigné par l'expression de *mansus* quand il est un peu plus grand que d'ordinaire [2].

L'importance croissante de la culture de la vigne, dont le développement exigeait souvent toutes les forces d'une famille, eut pour dernière conséquence la victoire numérique du *curtilus* sur le *mansus*. Dans les contrées de Lyon et de Vienne, le *curtilus* est la principale forme de domaine rural

1. Cf. Cart. Savigny, p. 368, 713 (vers 1013) : « curtilum valentem dimidium mansum; » ibid., p. 352, 682 (vers 1020) : « curtilum.... valente unum mansum. » Cart. Mâcon, p. 209, 362 (996-1031) : « curtilus unus cum manso [pour mansione] suprapósito et vinea insimul tenente et vircaria = 530 p. carrées; » ibid., p. 284, 489 (996-1031) : un curtilus = 609 p. c.; long de 24 1/2 p.; large de 25, resp. 24 1/2 p. Ces exemples doivent être considérés comme des exceptions à une règle incontestablement plus ancienne, et d'après laquelle le *curtilus* était plus petit que le mansus, en sa qualité de *Bifang*; cf. supra p. 159, n. 3.

2. Cart. Savigny, p. 358, 692 (1021) : « mansum cum vircaria una tenente et arboribus pomiferis.... et est ipse mansus cum vineis unum clausum habente. » Tout est réuni, donc en *Bifang*. Cart. Mâcon, p. 161, 268 (1018-30); on a vinee tres cum domibus et curtilis réunies, et plus tard nommées mansi; ibid., p. 257, 449 (1031-60), on a un mansus cum vinea et omnibus appendiciis, grand de 300 p. c. sur un même point, donc sûrement un curtilus; de même, p. 258, 450 (1031-60). — Beaucoup plus loin on trouve la confusion contraire; cependant, dans le Cart. Savigny, p. 338, 660 (1022), le curtilus, réuni à un moulin, revêt déjà une signification plus indéterminée.

au xiᵉ siècle [1]; il se trouve habituellement, en remontant la vallée de la Saône, jusqu'au Nord de Mâcon et atteint dans ses limites au Sud jusqu'à Grenoble et à la pointe méridionale de l'Auvergne. A l'Ouest, le vignoble, dans le Poitou, s'est développé d'une manière analogue au *curtilus*, mais cependant plus étroitement [2].

Au Sud de la limite du *curtilus*, dans la vallée du Rhône et en partie déjà à l'intérieur de son domaine nous trouvons la *cabannaria*, qui a en général le caractère du *curtilus*, mais elle paraît avoir été plus grande. La région fut de plus en plus soumise à ce genre de domaine [3].

1. C'est ce que montrent les Cartulaires de Mâcon, Savigny et Domène. Pour sa plus grande extension, v. encore Cart. Grenoble, p. 141, 77 (5 février 1110). Doniol (Cart. Brioude, notes, p. 19) sur la *curtis* et le *curtilum*, Cart. Sauxillanges, p. 174, 203 (990-98), p. 96, 81 (998-1031), p. 519, 722 (1009 + × 7) et passim. L'importance des vignobles pouvait être très considérable, cf. Cart. Romans, p. 41, 15 (milieu du xiᵉ siècle) : « unam bonam vineam valentem tres mansos cum terra ad se tenente; » ibid., chap. I, p. 135, n. 2; add. Cart. Sauxillanges, p. 538, 757 (998-1031) : vignobles de 2, 5, 10, 12, 15, 20 operatae.

2. *Mém. des ant. de l'Ouest*, 14, p. 72-3, 63 (vers déc. 997) : « terra cum vinea cum cortile et mansiones, ex circumcincto perticas XXX et med. » Déjà ici l'on confond curtilus et mansus; *loc. cit.*, p. 62, 52 (vers 990) : « mesis duos vineas cum pratis et virdigariis cum terras arabiles, und mansos duos cum pratis cum terra arabile, » où il s'agit probablement les deux fois de vignobles. — Guérard (*Pol. d'Irm.*, II, Gloss. v. m. curtilis) voit dans le *curtilus* la Domus, habitatio rusticana praediolo conjuncta. Aussi Duc. s. v. *Curtile* a encore une valeur très générale, mais déjà il comporte nécessairement un jardin, ce qu'admet l'éditeur du Cart. Dom.; mais en confondant cette notion avec celle de Guérard (Gloss. s. v. *curtile*), il n'y a pas ici de recherches personnelles; dans la deuxième partie de l'explication qu'il donne, *curtis* dans le sens de *villula* est confondu avec *curtilus*; c'est encore Ragut qui a été le plus près de la vraie interprétation (Cart. Mâcon, préf., p. 73-4). Il dit bien du *curtilus* : « A cette époque, ce mot n'avait plus une signification bien précise », mais il voit déjà que la différence entre le *mansus* et le *curtilus* réside dans ce fait que les terres du premier étaient éparpillées, tandis que celles du second formaient un ensemble compacte (p. 74).

3. Leur diffusion est attestée dans les passages cités infra auxquels add. Duc. v. m. Cabannaria — (on y note aussi un passage plus récent des Tab. S. Mauri

Au Sud du pays où règne la *cabannaria*, comme aussi à l'Est du domaine qui possède la forme caractéristique de la *bordaria*, au Sud du diocèse de Clermont et dans les évêchés du Puy; de Viviers jusqu'à Rodez et Lodève, nous trouvons l'*appendaria*. Le nom même indique le terrain conquis par *Bifang*, et des sources authentiques nous montrent qu'elles étaient situées loin du village, sur la plaine [1]. Quelquefois il existe un rapport entre le *mans* et elle, quelquefois aussi

ad Ligerim : Chenevières) — et v. m. Capanna (ex. de Usez). Pour leur identité avec le curtilus, quant à la notion, cf. Cart. Savigny, p. 353, 682 (1020) : « duas cabannarias cum omne, quod ad ipsos curtilos aspicit, » et ibid., p. 271, 535 (vers 1000) : « cabannaria una cum orto et vircaria et prato et terra arabili. » Elle est plus récente que le *mansus;* v. Cart. Romans, p. 127, 72 (1046-56) : une Cabannaria « quam E. rusticus tenuit et edificavit ». Elle était pourtant peut-être plus vaste que le *curtilus;* cf. Cart. Grenoble, p. 85, 7 (1094), où une Cabannaria coûte 170 sol.; c'est ce que montre son cens comparé à celui du *curtilus;* cf. Cart. Grenoble, p. 109, 33 (1080-1132), et p. 122, 48 (vers 1080); avec Cart. Savigny, p. 493, 918; 410, 779; 415, 794; 461, 873; 470, 892; 472, 895; et Cart. Ainay, p. 585-6, 55 (vers l'an 1000). Cabannaria vient de cabana, non de cabannis, comme l'observe avec raison l'éditeur du Cart. Dom. (Gloss. v. m.). Il y voit d'ailleurs, sans essayer une détermination plus précise, « petit domaine rural. » Guérard ne dit rien, à mon su, de la cabannaria. Cart. Grenoble, introd., p. 64, Marion parle du « mansus et de ses deux subdivisions cabannaria et bordaria », mais il ne donne aucun éclaircissement sur leur emplacement réciproque. Toutefois il remarque avec justesse la faible importance de la bordaria dans le pays de Grenoble. Le même savant s'exprime ainsi (cf. Avertissement, p. III, n° 1) dans le Cart. S. Victor, préf., p. 61 : « Quant aux mots curtis, condamina, appenaria, braceria, casale, casalicium, nous n'avons rien autre chose à faire qu'à renvoyer, pour leur explication, le lecteur au Glossaire de Ducange. » Mais celui-ci n'aide en rien à soulever le voile qui recouvre cette énigme. Cf. Lamprecht, *D. W.*, I, 562, pour le seul ex. d'emploi du terme *canavera* en Allemagne.

1. Pour la diffusion de l'*appendaria*, v. les citations qui suivent, et pour l'Auvergne Justell. Probat. Hist. Arvern., p. 21 (cité d'après Duc. v. m. appendaria), Cart. Brioude, p. 55, 31 (998-1031); pour Puy Labbe, Bibl., II, 751; pour le Vivarais Charuet, M. de l'abbaye de S. André-le-Haut, p. 207 (2 déc. 1084); pour Rodez et Lodève, les passages des Tab. Calmaciac. Celsiniac. Conchens. et A. SS, 13 févr., Testam. Fulcranni n. 5, reproduit par Duc. v. m. Appendaria. L'App. était dans la Mark; cf. Cart. Sauxillanges, p. 131, 138 : « duas appendarias.... in cultura de F. et in La Casa; » aussi p. 302, 391 (990-1049), et p. 361,

l'*appendaria* paraît indépendante [1]. Elle se rapproche donc de la conception du *curtilus*, sans cependant donner aucun signe qu'elle ait été le siège principal de la culture de la vigne ; ce qui lui donne une analogie de plus avec la *bordaria*.

L'*appendaria* est donc, d'après sa situation comme d'après sa conception, l'intermédiaire entre les vignobles, conquis par *Bifang*, enfermés, de l'Est, et le champ, incorporé dans le système du *mansus*, à l'Ouest. Ainsi se presse, de la Loire vers le Sud, toujours plus serrée, la série des nouvelles formes de domaines ruraux et le *mans* perd peu à peu toute son importance [2]. A l'origine, dans le système de celui-ci, le partage du sol, était conçu d'une manière uniforme et poursuivi autant que possible sur un plan d'égalité ; le développement

475. Le nom s'explique de lui-même; on a les mêmes termes ailleurs, ainsi *appenditia* (aussi *appendentia*) dans le sens de métairie (Vorwerk), Cart. Trinit., p. 423, 2 (1038-50); dans celui de Bifang, ou de terre sur laquelle on a le droit de *Bifang*; Cart. Mâcon, p. 41, 53 (996-1018) : « mansum cum vineis et domibus, campis, pratis, aquis, et omnibus appenditiis quesitis et inquirendis ; » ensuite, en général, avec la signification de dépendance : Cart. Savigny, p. 418, 800 (vers 1070) : un demi-mansus « cum appenditiis suis et hominibus illic degentibus ». V. aussi Cart. Sauxillanges, p. 134, 144 (990-1049), une Appenditia. Quelquefois Appenditia ou Appendentia atteint presqu'à la notion Appendaria, cf. Cart. Mâcon, p. 257, 449 (1031-68) : un mansus « cum vinea et omnibus appendenciis », et surtout Cart. Dom., p. 35, 31 (vers 1085) : « vineam cum suis appendiciis : cum salcetis cum curtilis, et cum omni integritate. » La finale — aria caractérise toutefois les développements plus récents des constitutions agraires, ainsi : *Bordaria*, *Cabannaria* et aussi *Appendaria*.

1. Cf. Cart. Sauxillanges, p. 276, 356 : « 2 appendariae cum brolio indominicato, » et ibid., p. 131, 138, et p. 302, 391. On trouve un rapport entre l'*appendaria* et le mansus dans le Cart. Sauxillanges, p. 519, 722 (1009 + × 7) : « unum mansum et unam appendariam cum pratis et campis et casalibus et arboribus et omnia, quae ad ipsum respicit; » de même p. 136, 146; p. 137, 147, et p. 565, 804. Doniol (Cart. Sauxillanges, notes, p. 18-19) dit de l'*appendaria* : « nos textes ne laissent pas apprécier avec certitude le rapport de l'appendaria au mansus. » Duc. v. m. *Appendaria* l'oppose aux capita mansuum comme dépendances, mais sans autre détermination.

2. V. not. supra, p. 148, n. 2. Les deux chartes du roi sont relatives à S. Germain-des-Prés.

du *Bifang* bouleverse tout. De plus en plus alternent la grande et la petite propriété, et les formes de l'économie rurale apparaissent plus variées.

On trouve seulement dans le Sud un genre d'exploitation plus petite et qui se maintient dans des bornes restreintes tandis que, dans tout le Centre de la France et aussi dans le Nord, le système de propriétés moyennes l'emporte [1]. De là résulte une moyenne de bien-être pour la population, surtout pour celle du Nord-Ouest [2].

Le fardeau de la misère, autant que nous pouvons l'observer, est assez supportable à cette époque. A l'exception du Sud-Est, les pauvres avaient, d'ordinaire, des bœufs et des vaches, et l'on trouve même dans le Sud-Ouest, si riche, une indigente qui dispose d'un champ pour cinq taureaux et possédait une vigne [3]. Avant tout, le pauvre pouvait espérer

1. Dans le Nord de la France, cela provient du système du mansus, encore assez bien conservé. Dans le centre, le *complant* (cf. infra, p. 189 et s.) eut une influence du même ordre; cf. les remarques très justes de Bastiat, Considérations sur le métayage (Journ. des Econ., 1846, janv.-mars, p. 236) : « Le métayage a divisé le sol cultivable en portions égales à ce qu'une famille peut exploiter, » et p. 249 : « le fermage est plus favorable à la production, et le métayage à la distribution de la richesse. »

2. S'il n'est pas vrai qu'il y ait un rapport d'identité entre la répartition du revenu, dont dépend la condition matérielle des populations, et la grandeur relative des exploitations privées, il n'en existe pas moins encore de nos jours entre ces deux faits des liens étroits, et il devait à plus forte raison en être ainsi au XIe siècle, étant donné le faible produit de la location des fonds de terres, si on l'envisage au point de vue de l'économie privée. Cf. infra, p. 178 et s. Pour le bien-être dont jouissait l'Ouest, cf. Cart. Trinit., p. 453, 60 (1050-75) : un monetarius possède des champs d'une valeur de 25 livres; ibid., p. 460, 79 (XIe siècle) : un forestarius possède environ 6 acres d'une valeur d'une livre; ibid., p. 456, 68 (XIe siècle ?) : un R. T. a 10 acres de terres, une maison et un jardin.

3. Cf. Cart. Vaux, p. 33, 27 (après 1075) : « Quedam mulier paupercula dedit.... quinque boicelatus terre.... et quartam partem quarterii vinee. » Ibid., p. 20, 25, une quarteria coûte 20 sol., et p. 21, 26, un couple de bœufs 50 sol. Dans

un meilleur avenir grâce au progrès de la colonisation du sol, et avec de l'énergie et de la fidélité, aspirer à une amélioration sociale qui le récompenserait de ses efforts [1].

La prépondérance des exploitations moyennes exerçait son influence heureuse de tous côtés et unissait d'un lien solide et durable les pauvres et les riches. Cette forme d'exploitation était d'autant plus propre à remplir cette tâche qu'elle se trouvait vis à vis de la notion de la propriété dans un tout autre rapport qu'aujourd'hui.

Il était rare que la grande culture correspondît à la grande propriété comme cela arrive de nos jours : les propriétés les plus étendues étaient presque toujours livrées à la moyenne culture [2]. Aussi la réunion d'un grand nombre de propriétés

les *Mém. des ant. de l'Ouest*, 14, p. 92, 85 (vers 1070), dans une localité qui dépend de S.-Hilaire, les habitants sont répartis suivant qu'ils ont 2 ou 4 taureaux; il n'est pas fait mention d'autres paysans. Pour le Nord-Ouest, v. Cart. Bertin, p. 192. Sim., I, 18; pour l'Est, Chronic. Andag., c. 41, *M. G. S.*, VIII, 591, l. 3 (1081) : « in arando vacca cujusdam pauperis. » En revanche, dans le Sud-Est (Cart. Yonne, I, p. 170, 89, 1035), on distingue ceux qui labourent avec des bœufs et ceux qui n'ont que la bêche; cf. aussi le Cart. Mâcon, p. 274-5, 476 (1031-60) (= GC., 1, IV i, 279 E). Du reste l'idée qu'on se fait de la pauvreté est toujours relative, même à une époque donnée, et en citant des jugements contemporains, il ne faut donc jamais perdre de vue que nous reproduisons les informations de moines insouciants. En outre, *pauper* pouvait fort bien avoir au XIe s. le sens de « dépendant, socialement inférieur », comme cela est hors de doute pour le mot allemand *arm* dans le haut Moyen Age; cf. Lamprecht, D. W., registre, p. 1601, s. v. *armann*.

1. Le Cart. Romans, p. 49, 19 (XIe siècle), nous montre les chanoines donnant à un fidèle un fonds de terre « propter aliqua bona, sed non parva, que nobis per suam industriam attraxit ». On dispensait du service militaire les gens tout à fait pauvres; cf. Miraeus, I, 659, col. 1 (1038). Un canon *de mendicis* qu'on a dans Reginon, II, 424 (ex cap. Niumag., I, 659, c. 9, 806), ne se trouve pas chez Yves (Decr., und Pannorm.).

2. On trouve une exploitation de 4 à 16 travailleurs dans Mart. Th., I, 186 D (vers 1060), Poitou. Cf. aussi Marchegay, p. 369, 26 (1040-45) : « terram ad octo boves possidendam et laborandam et pratos ad eandem terram pertinentes »; cf. Cart. S. Père, p. 221, 98 (avant 1080) : « terram duum animalium cum manso. »

dans une seule main n'a pas pour l'économie rurale du XIe siècle une importance dominante.

Certes, il se trouve, et particulièrement dans le Nord de la France, des seigneuries très étendues, et si des villages entiers n'appartenaient pas à un seul maître, tout au moins quelques-uns en possédaient de grandes parties, mais nulle part les grands propriétaires n'ont pris en main l'exploitation des domaines qu'ils possédaient [1]. Ils confiaient la plus grande partie de leurs biens à l'exploitation étrangère et retenaient seulement pour l'exploiter tel ou tel domaine d'une étendue assez commune. Ce sont là les biens seigneuriaux, l'*indominicatum*, la possession du propriétaire. Quelquefois il exploite

1. Sur la grande propriété foncière, cf. *Pol. d'Irm.*, I, 611, § 333, et pour la période mérovingienne, Waitz, II, 217, n° 3. Il faut y rattacher la notion du Praedium, Cart. Trinit., p. 422, 1 (1030) : « predium ad villam C. pertinens cum omnibus appendenditiis suis, id est salinis, terra in humectis maritimis, et in campis, et in silvis. » D. Rob. (1030), Bouquet, X, 621 D, un praedium a 2 églises, 4 moulins, 53 habitatores hospites, 44 arp. de vignes, 40 1/2 arp. de prairies. Cf. aussi D. Rod., III, Burg., reg. (14 janv. 1029), Bouquet, XI, 552 A. On trouve d'amples détails également dans Cart. Trinit., p. 422, 2 (1028-50) : « predium.... cum omnibus appendenditiis suis, id est cum medietate D et medietate A et cum viculo N, ecclesiis, molendinis aquis pratis pascuis ceterisque hujusmodi. » A côté de la grande richesse foncière des princes et de l'église, il y a celle des classes aisées, de proportions moindres; ainsi dans le Sud-Est : Cart. Saintes, p. 107, 140 (déc. 1010) : un alleu a « septem masios totos integros cum omnibus hedificiis, que in eis sunt, et quinque borderias »; cf. Cart. Beaulieu, p. 135, 82 (vers 1059), où le mari et la femme possèdent 17 1/2 mansi, 10 bordariae. Pour l'Ouest, Marchegay, p. 357, 13 (vers 1090) : un miles a 7 masurae; au Nord-Ouest, Cart. Trinit.. p. 448, 50 (1053) : quelqu'un possède dans un village 10 mansi; au Sud-Est, Cart. Mâcon, p. 282, 487 (vers 1004) : quelqu'un a dans la dépendance de sa villa 5 mansi; cf. aussi Cart. Savigny, p. 297, 603 (vers 1012); pour le Centre, Cart. S. Père, p. 108, 3 (avant 1028). En parcourant attentivement les Cart. Trinit. et S. Père, il est plus difficile de découvrir dans le Centre et le Nord-Ouest ce rapetissement de la propriété foncière qui s'observe en Bourgogne, dans le Sud-Est et en Auvergne. Cf. pourtant la fin du ch. IV, pour la transmission des terres en Normandie.

lui-même un de ces biens [1], mais, le plus souvent, il le fait cultiver dans un système de corvées par les gens domiciliés sur ses terres [2].

Les seigneurs confiaient à l'exploitation étrangère tous les autres domaines; cette exploitation était quasi gratuite et pour une très longue durée, de sorte que l'exploitant pouvait être à peu près considéré comme un propriétaire [3]. La forme la

1. Le terme *dominicatum*, avec les notions inséparables de son intelligence, n'a qu'une valeur économique. Toute propriété est dite *terra fiscalis*, que le propriétaire la possède et l'exploite, ou qu'il laisse ce soin à d'autres; cf. Mart. Coll. I, 442 D. (1046) : « quinque mansos fiscales apud V. in Hasbania, quatuor serviles et quintum indominicatum.... allodium aquis silvis pratis pascuis decoratum et consitum; » cf. Cart. S. Père, p. 151, 26 (avant 1080). Sur le *dominium* cf. Cart. S. Père, prol., p. 22, mais le sens économique n'est pas éclairci, tandis qu'il l'est, *Pol. d'Irm.*, I, 579. Ragut, Cart. Mâcon, préf., p. 71, perd de vue que la même notion de propriété éminente est au fond de la double détermination qu'il propose. *Dominium* est un terme spécialement réservé à la propriété (par ex. l'abbaye de St-Hubert possède à Neufchâteau sur l'Aisne 15 mansi « praeter terram dominicalem; » cf. Chronic. Andag., 13. *M. G. S.*, VIII, 575 l. 12); c'est la possession du propriétaire (ainsi déjà dans Duc. v. m. Indominicatura, et *Pol. d'Irm.*, I, 49) qui l'exploite quelquefois lui-même, v. Cart. Savigny, p. 337, 659 (vers 1029) : « mansum.... quem ego in meo dominio excolebam, » aussi Cart. Beaulieu, p. 142, 88 (x[e] ou xie siècle). En tant qu'il signifie le droit d'exploitation (ou d'usufruit) exclusif, il se dit aussi des bois au lieu de foresta. V. Mart. Coll. I, 472 D (1068), Ardennes : « de omni indominicatu, scilicet de terris indominicatis; » cf. aussi Pérard, recueil, p. 194 (vers 1080) D. Langres. Sur la grandeur de l'*indominicatum*, cf. *Pol. d'Irm.*, I, 610, § 332.

2. Cf. Lamprecht, I, 607 sv., et sur la littérature scientifique du sujet Roscher, II, 185 sq.; Grandmaison, p. XXII; *Pol. d'Irm.*, I, 748 sq., sont à renseigner, surtout pour le xie siècle français. Cf. le chapitre intitulé : Les maires, Cart. S. Père, prol., p. 74 sv.; Cart. Paris, préf., p. 144. Ex. du xie siècle : Cart. Saintes, p. 66, 57 (avril 998-96); Cart. Mâcon, p. 269, 468 (997-1031); Cart. Yonne, I, p. 155, 80 (vers 992); GC. 1, IV i, 148 D (vers 1075) D. Langres; Gest. abb. Gembl., c. 69. *M. G. S.*, VIII, 549 l. 8.

3. La diffusion de ce phénomène, coïncidant avec le début du xie siècle, est étudiée dans le Cart. S. Père, prol., p. 109; seulement Guérard admet pour l'exploitation qu'il y a propriété là où tout au plus on peut admettre qu'il y a sous-propriété (Untereigentum), et c'est souvent le cas pour la faculté de disposer d'une possession limitée.

plus connue de telles concessions est l'investiture féodale. Celle-ci se rapporte le plus souvent à des terres, souvent même à de grandes étendues, mais il faut chercher le centre de gravité des relations entre le seigneur et le vassal dans des rapports d'un autre ordre, en sorte qu'on s'abuserait sur la nature de cette institution si l'on s'attachait à n'en voir que la face économique [1]. Bien qu'au point de vue du droit privé cette relation conserve assez de solidité pour maintenir au seigneur, en vertu de sa haute propriété, le droit d'aliénation du fief et que le vassal témoigne encore le caractère subordonné de sa possession [2], cependant il ne peut être question d'une jouissance de quelque rente foncière ou de quelque autre portion du rendement de la part du seigneur. Le seigneur lui-même désigne le rapport du fief au vassal comme *dominicatura*, et le vassal d'un autre côté considère le fief comme une propriété qu'il peut aliéner et transmettre [3]; il va même dans son orgueil jusqu'à

1. Les devoirs du vassal ne se rapportent pas à l'exploitation du fief; cf. pour cette époque, Cart. Romans, p. 48, 18 bis (vers 1070); Ep. Fulb. Carnot. (après 1007), Bouquet, X, 447 C; Cart. Bertin, p. 247-8; Sim., II, 36 (1110); et dans l'autre sens, Carpentier, Histoire généalogique des Pays-Bas ou histoire de Cambray, pr., p. 9 (1065). Abstraction faite des grands fiefs, les biens conférés de cette manière rapportaient souvent plus que l'unité d'exploitation ordinaire; cf. par ex. Cart. Grenoble, p. 106, 30 (vers 1110), où l'évêque de Grenoble a donné 2 fois 3 mansi en feudum; ibid., p. 111, 35 (vers 1110), on a un fief de 12 mansi et 1 bordaria dans un village.

2. Particulièrement par le cens, ainsi Marchegay, p. 357, 9-12; p. 358, 16 (vers 1090); Mart. Th. I, 167 C (1047), Normandie; Chronic. Andag., c. 99, *M. G. S.*, VIII, 630, l. 13-4. Pour les aliénations de fief faites par le seigneur, cf. Cart. S. Père, p. 108, 3 (avant 1028) : « tres milites concedo cum beneficiis suis.... ut inde persolvant liberum servitium; » donc sans le consentement des vassaux, Cart. S. Père, p. 164, 36 (avant 1059); p. 214, 89 (avant 1080); GC 1, VIII, 1, 300 A, Chartres. Cf. le commencement du chap. IV.

3. Cf. en général, *Pol. d'Irm.*, I, 481, 531, § 279, aussi p. 541 sv.; Mart. Th., I, 167 C (1047), Normandie : « (Abbas) largitus est ipsam terram G.... loco beneficii, ut quoad viveret, teneret possideret.... instrueret et in sua dominicatura retineret. » Sur la position libre des vassaux, cf. Cart. de Grenoble, p. 141, 77 (5 févr.

refuser la faible redevance de la *recognitio* [1].

Un rapport économiquement semblable à celui du vassal au seigneur résulte des nombreuses donations à cause de mort, entre le donateur et le donataire. Là aussi le donateur souvent paye une redevance. Elle est l'expression du droit d'investiture du donataire et a en réalité la portée d'une reconnaissance. Le taux n'est donc pas proportionné au revenu de la donation, mais il est le plus souvent très modique [2].

En opposition avec ces cas figurent tous ceux où il s'agit réellement d'une redevance. Nous trouvons ici de nouvelles formes de baux [3] et à côté d'elles, plus ou moins intimement liées à ces baux, prennent place une foule presque infinie de charges et de prestations réelles ou personnelles, de corvées, de

1110) : « cortile, quod habuimus ad feudum de predicto episcopo, quod ei per alodium reddimus.... Habuimus autem de jamdicto cortili, de bonis episcopi, V solidos et dimidium; » v. ibid., p. 142, 78 (19 mai 1111); p. 137, 72 (5 septembre 1110). Fief considéré comme héritage, Cart. Trinit., p. 452, 58 (1063); c'est presque de l'hérédité, quoique les descendants du 2e degré soient seuls à en profiter. Chronic. Andag., c. 57, *M. G. S.*, VIII, 597 l. 22.

1. Cf. Ep. Fulb. Carnot. (après 1007), Bouquet, X, 447 E; et Hist. ep. Autissiod. (vers 1095), Bouquet, XII, 301 BC.

2. Ce cens de la *recognitio* figure dans toutes les ordonnances sans qu'il soit question d'un envoi en possession, alors que c'est précisément le cas le plus fréquent dans les donations à cause de la mort. Cf. pour le sens « in vestitura » (car il faut lire ainsi et non *investitura* partout où l'expression se rencontre), Cart. S. André, 161; Cart. Dom., p. 42, 38 (vers 1110); Cart. Romans, p. 36, 14 (1061-70); Cart. Sauxillanges, p. 213, 259 (990-98); p. 389-90; p. 518 (998-1031); Cart. S. Père, p. 119, 8 (avant 1034); Cart. Chartres, I, p. 87, 13. On a aussi *vestitio*, ainsi Cart. Dom., p. 42, 38; ou *vestimentum*, Cart. Dom., p. 253, 237; ou *vestitio et memoria*, op. cit., p. 112, 129 (vers 1070). Le cens est souvent très bas, ainsi, op. cit., p. 112 : sextarium tantum unum tritici.... accipiant (les donataires); cf. aussi Cart. Ainay, p. 614-5, 82 (sept. 990); p. 603-4, 87 (vers 1015); p. 634-5, 109 (23 déc. 1008). Pour juger le dernier passage il faut observer que 2 algie 2 camerae de vignobles produisent au moins — et c'est une médiocre vendange — 2 1/2 muids de vin; cf. op. cit., p. 667, 152 (janv. 1013).

3. V. pour ces contrats — precaria, manusfirma, campipars, complantus — ce qui est dit plus loin.

redevances, de dîmes, de coutumes et d'usages [1]. Il est rare qu'elles ne soient pas fixées; le plus souvent elles sont transmises dans des formes invariables de père en fils. Le droit coutumier s'étend sur elles et voile leur signification, de telle sorte qu'il devient quelquefois impossible de découvrir encore maintenant le rapport entre la redevance et celui qui la paie [2]. Souvent elles sont aussi relatées dans les cartulaires — précieux vestige de l'esprit d'ordre des Carlovingiens — et leur déclaration sert de sentence entre le donateur et le donataire [3], car

1. On n'en tentera pas ici l'exposé détaillé; le mot de Levasseur (*Histoire des classes ouvrières en France*, Paris, 1859, I, p. 297) sur les obligations des classes ouvrières : « Vouloir entrer dans le détail presque infini de ces droits si divers, ce serait s'exposer à tomber dans une confusion aussi grande que celle qui régnait alors dans la société, » est encore plus vrai, au moins à certains égards, si on l'applique au cens que payait la population agricole. Cf. Renauldon, *Traité hist. et prat. des droits seigneuriaux*, 1765; Veuillot et Mercier, *Le droit du seigneur au moyen-âge*, 1855; *Pol. d'Irm.*, I, 658-822, et pour les faits généraux, Roscher, II, 345 sv., not. 346, n° 1; pour les impositions de droit public, v. encore pour l'époque carolingienne, Waitz, III, 10 sv.; pour l'Allemagne, Hüllmann, p. 78 et sv.; enfin, pour l'ensemble, Lamprecht, D. W., au *Sachregister*, p. 1581, sous les mots *Grundholde* et *Grundherrschaft*. Ce qui convient le mieux à l'exposé de ces charges — au moins pour le moment — c'est de le restreindre à un domaine étroit. Cf. pour le pays Chartrain, Cart. S. Père, prol., p. 115 sq. (70 impositions différentes); pour les vallées de la Saône et du Rhône, v. Cart. Mâcon, préf., p. 106 sq.; Cart. Grenoble, introd., p. 66 sq. (superficiel); Cart. S. Victor, préf., p. 37 sv.; pour le Limousin, Cart. Beaulieu, introd., t. V. Impôts, redevances et mesures, p. 113 sv. La Saintonge possède un riche matériel, c'est-à-dire les Cartulaires inédits de la Saintonge, publiés par Grasilier.

2. Par ex. Cart. Beaulieu, p. 172, 120 (1097-1107) : « exeunt de supradicto prato sex sextariis de segle et duo de avena. » Sur l'hérédité des charges ordinaires, Cart. Ainay, p. 587, 45 (févr. 1016) : « teneatis sicuti A. vester antecessor tenuit; » et avec plus de détails, Cart. Paris, I, p. 258, 15 (vers 1105); aussi Cart. S. Père, p. 42 (avant 1000). Services encore indéterminés dans Cart. Saintes, p. 114, 157 : à propos d'un bien rural « de servitio est in voluntate domine hujus ». — Ce n'était donc pas toujours le cas que les impositions reçussent une détermination proprement juridique. Mais pourtant c'est ce qui a eu lieu le plus souvent.

3. Polyptycha, Registra, Urbaria; cf. *Pol. d'Irm.*, I, p. 16 sv.; Lamprecht, II,

il n'est pas rare de voir les fonctionnaires ruraux du seigneur chercher à inventer de nouvelles charges, et, dans ce cas, ceux qui les supportaient n'avaient, en l'absence de preuves certaines, d'autre recours que la bonté ou la justice du seigneur et la puissance de la vieille coutume [1]. A l'origine, ces redevances consistaient en corvées et charrois ou en prestations en nature [2]. Mais on commença à cette époque à les racheter; elles avaient consisté jusque-là en produits naturels aisément corruptibles, tels que viande et poissons, ainsi qu'en prestations localement limitées par l'espace [3]. Au XIe siècle, on est

658-686. Marchegay, p. 353, 1 (vers 1090) : « W. abbas tempore, quo rexit ecclesiam beatissimi Mauri, cunctos homines, qui feodos Sancti Mauri tenebant, ad se venire precepit, unicuique ostendens singulatim scripta, ut sollicitus quisque de suo proprio redderetur debito. »

1. Nouvelles charges, par ex. Chronic. Andag., 41. *M. G. S.*, VIII, 591 l. 2 (1081); Cart. Dom., p. 23, 19 (vers 1090); et de même passim. Pour les cas où il s'agissait de venir en aide, cf. Cart. Paris, I, p. 258, 15 (vers 1105), en revanche, *op. c.*, I, 381, 12 (vers 1120); à propos d'un moulin : « octavum... modium superaccrevit. »

2. Pour le rapport des impositions en nature et en argent, cf. Roscher, II, 359 sv.; sur la forme des prestations au IXe siècle, *Pol. d'Irm.*, I, 703, § 374. Il est à noter qu'on emploie, Cart. Dom., p. 87, 96 (1100) et ailleurs (cf. Gloss. s. v.) *saumerium, saumetum*, pour *census*, ce qui nous reporte à un temps primitif où toutes ces prestations étaient presque les seules.

3. Sur les anciennes formes d'acquittement, cf. *Pol. d'Irm.*, I, 689, 778; Cap. Ansegis, II, 21. *M. G. L.*, I, 295 : « nonae et decimae; si quis tamen episcoporum fuerit, qui argentum pro hoc accipere velit, in sua remaneat potestate, juxta quod ei et illi, qui hoc persolvere debet, convenerit. » A N. ici la charte des *Mém. des ant. de l'Ouest*, 14, p. 103-5, 95 (vers 1080) qui communique les revenus « de certa » du trésorier de Poitiers. Sur le mot « certa, » v. Table des mots et des choses (t. 19, 1852) de la collection. Nous voyons là l'expression d'un acquittement en espèces; au lieu d'une prestation naturelle on a « certa » soit une valeur monétaire, nettement déterminée. Cette interprétation est d'accord avec le passage cité *op. c.* d'une charge du 3 avril 1573. Pour les principaux objets de l'acquittement, v. Cart. Grenoble, p. 126, 54 (vers 1100) : « Viginti solidos pro carne et piscibus; » *Pol. d'Irm.*, II, 358 (1046) D. Noyon : « II denarios pro carne; » cf. ibid., 366 (1089). — Cart. Bertin, p. 193. Sim., I, 19 : « quinque solidi de songeta et viginti ad procurationem episcopi. » Cependant angaria et

arrivé çà et là jusqu'à un rachat presque complet [1]. On retrouve encore toutes les étapes de cette évolution insensible dans les cartulaires. On laisse tout d'abord le choix entre différents produits pour acquitter la redevance ; on fixe le taux monétaire de ceux-ci ; nature ou argent sont mis alors sur le même rang, et enfin l'argent prend complètement la place de la prestation en nature [2]. Pour le dernier terme, il est nécessaire d'une convention entre les parties pour déterminer le prix de rachat [3]. Les redevances seigneuriales étaient d'une valeur essentiellement égale, malgré la variété de leurs formes, en proportion du fonds imposé. On admettait un certain rapport entre la redevance et le revenu, et on la faisait varier d'après l'élévation de celui-ci [4], dont elle représentait de 20 à 50 °/₀.

corveta s'acquittent encore à l'aide d'animaux, v. Cart. Père, prol., p. 113, et D. Lud., VII (vers 1104); Mart. Coll. I, 603 CD : « et mansurae hospitum S. Vedasti, si pastus debent, sex denarios singulae solvunt, et tessaram [= quartum ?]. » Culture en partage, cf. Duc. s. v. : « nunquam dabunt hospites nec corveias facient. »

1. Cf. Gest. abb. Gembl. *M. G. S.*, VIII, 546 l. 37 : un mansus donne 4 sol. 8 gallinatii [cf. sur gallinatius Wilmans à l'Index], 2 mansi donnent 10 sol. 4 gall.; 1 mansus, 5 sol. : « et ita, ut immunes essent ab omni servitio, nisi Gemblensis ecclesiae. »

2. Pour ces étapes, cf. Cart. Romans, p. 47, 39 bis (16 août 1060): « porcum et (l. aut) berbicem eque valentes denarios XII; ibid. : porcum aut berbicem valente denarios VII. » — Cart. Romans, p. 111, 57 (7 avril 1065) : « porcum unum VI denariorum. » — Selon toute vraisemblance, on peut aussi citer Cart. S. Père, p. 40 (avant 1000) : « porcum unum aut pro porco V solidos. » Cart. Dom., p. 249, 237 (vers 1100) : « decem et octo denarios pro agno aut viginti.... [lacuna]. » V. aussi Cart. Grenoble, p. 125, 53 (1080-1132); Cart. Dom., p. 252, 237 (vers 1100) : 6 sol. pro porco; cf. ibid., p. 138, 162 (vers 1100), et les passages du Cart. Grenoble, p. 126, et du *Pol. d'Irm.*, II, 388, Cart. Mâcon, p. 16, 18 (1063-72) et Cart. Ainay, p. 580, 36 (21 mai 1004).

3. Cf. Cap. Ansegis, II, 21 (cité, page 175, n. 3).

4. C'est ce que rend vraisemblable le Cart. Bertin, p. 254-5; Sim., II, 44 (1114) : « de berquaria.... EM. utpote berquarius, ante id temporis censum solvit, quantum ad redditum viginti octo librarum singulis annis pertinere dinoscitur; » cf. le Cart. S. Père, p. 478, 15 (1079-1101) : un agripennus de vignoble rapporte

Proportionnellement au taux d'intérêt vraisemblable du temps, le 12 %[1], ce chiffre des prestations peut être considéré comme faible; il s'élevait de 0,2 à 2,7 du prix du fonds. C'est du moins la règle pour la redevance en argent. Cependant le gain du seigneur, s'il possédait un bien étendu, était encore assez important[2].

de 1 à 5 modii : « unum vini modium, quandiu V modii fuerint in predicto agripenno, semper habeamus in censu. Quodsi nisi unum modium solummodo habuerit, medium semper habeamus. » Du reste, v. ci-dessous la n. 2.

1. Cf. la fin du chap. IV.

2. On peut juger de l'élévation des charges par le Cart. Saintes, p. 26, 15 (1047-61). Le cens d'une mansio, de la valeur de 4 livres, est de 2 den. = 0,2 %; *Mém. des ant. de l'Ouest*, 14, p. 64, 54 (févr. 988-96) : 1/2 juctum de vignoble à 40 sol. donne 2 den. de cens = 0,4 %; Cart. Redon, p. 304, 352 (1104) : une terre qui vaut 40 sol. donne 6 den. de cens = 1,25 %; *Mém. des ant. de l'Ouest*, 14, p. 68, 69 (juin 988-96) : 1 1/2 opera environ de *complantus* vendu à 9 sol. a un cens de 1 1/2 denier = 1,4 %; ibid., p. 65, 56 (avril 988-96) : 1/2 juctus de vignobles à 26 sol. donne 2 den. de cens = 1,6 %. — Cart. Mâcon, p. 112, 165 : il est question d'un curtile avec vignobles, d'environ 90 *pert.* carr., et qui paye une imposition de 2 denaratae de cera, soit une valeur d'environ 13,41 sol. (cf. les Tables infra) 2 deniers = 1,25 %; *Mém. des ant. de l'Ouest*, 14, p. 105-6, 96 (4 février 1083) : 4 1/2 jucti de vignobles (prix moyen du juctus 14,33 sol., cf. infra les prix) paient un cens de 18 den. = 1,4 %; ibid., 3 1/2 paient 14 den. = 2,4 %; enfin *loc. cit.*, p. 78, 70 (vers 1005) 1/2 juctus de vignes rapporte 2 deniers = 2,7 %. — Si nos sources étaient assez sûres et assez nombreuses pour autoriser d'autres conclusions, le rapport entre le revenu du fermage et le taux du cens en argent serait — en comptant le cens à 50 % du métayage, c'est-à-dire au plus haut — de 0,4—5,4 : 12. Cette proportion donnerait ainsi le rapport le moins favorable du revenu du champ à celui du capital, et elle se trouverait justifiée dans ce qu'elle a de général, en présence des risques considérables que court celui-ci, comparé à celui-là. — Pour l'évaluation du taux des cens, on peut encore les utiliser, sans que ces documents autorisent des calculs aussi précis. 1° Pour la terre : *Mém. des ant. de l'Ouest*, 14, p. 105-6, 96 (4 févr. 1083) : 6 jucti terr. arab. paient un cens de 2 sol.; Cart. Paris, I, 318, 10 (vers 1110) : quinque arpennos terre arabilis, quorum quisque censu sex denariorum accensitur; Miraeus, I, 665, col. 1 (1078) : « Allodii mei XL bonuaria, ut unum quodque singulis annis IV solvat denarios recurrente die S. Michaelis; » *Mém. des ant. de l'Ouest*, 14, p. 67, 58 (mai 988-96) : 1/2 juctus de vignes ad complatandum, et 1 juctus de terres a un cens de 4 den.; ibid., p. 69, 60 (vers mai 997) : 1 1/2 juctus de vignes et environ 1/2 opera paient un cens de 4 den. 2° Pour la vigne, Cart.

Les formes principales de la libre transmission de la propriété à l'exploitation étrangère, vis à vis du rapport seigneurial, sont la précaire, la manusfirma et la concession au partage des produits. La précaire était la plus ancienne de ces formes, mais le temps où elle avait dominé presque seule était depuis longtemps passé. Il est vrai qu'Abbon de Fleury traitait

Mâcon, p. 147, 238 : une vigne de 54 pert. carr. pour 6 solidi, engagée pour 5 ans, paie par an 2 modii de musto jusqu'au remboursement; *Mém. des ant. de l'Ouest*, 14, p. 105-6 : 3 operae de vignobles ont un cens de 3 den.; D. Rob. (25 sept. 1007), Bouquet, X, 590 B, énumère pour le pays de Tours, 20 arpents de vignes; on en trouve l'énumération détaillée dans D. Rob. (après 1022), Bouquet, X, 608, comme l'indique le premier diplôme lui-même. Ce sont : 14 $^{1}/_{2}$ arp. avec 58 den. de cens; 3 quart. avec 7 den. de cens; 3 arp. avec ? den. de cens; ? unités de mesure, avec un cens de 3 den. Les premiers renseignements nous donnent 3 quart. = $^{7}/_{4}$ arp., un quart. = $^{7}/_{12}$ = $^{1}/_{2}$ arp. 3 arp. avec 12 den. de cens; $^{3}/_{4}$ arp. avec 3 den. de cens : en tout 20 arp. avec 80 den. de cens; l'arp. a 4 den. de cens. D. Rob. (1028), Bouquet, X, 620 E : « censum de duobus arpennis vinearum, hoc est decem et octo denarios ; » ainsi pour 1 arp., 9 den. de cens. D. Hen. (1046), Bouquet, XI, 579, 14; 1 $^{1}/_{2}$ arp. a 14 den. de cens; 1 arp. a 9 den. (D. Rob. (17 avril 1048), Bouquet, XI, 583, 17, pour Chartres. Le roi se réserve sur chaque arpent 4 set. de vin advocationis gratia. 3° Pour les prairies : *Mém. des ant. de l'Ouest*, 14, p. 105-6 : 3 jucti de prairies, 12 den. de cens. 4° Pour les autres biens immobiliers : maisons. *Op. cit.*, une mansio avec trelia paie un cens de 3 den. — 2 $^{1}/_{2}$ den. — 2 den.; une maison 5 den. — 4 den. Cart. Saintes, p. 143, 223 : 2 maisons paient 13 den.; une maison avec 2 jardins, 20 den. Moulins : *Mém. des ant. de l'Ouest*, 14, p. 105-6 : un moulin paye 12 den.; D. Henr. (1046), Bouquet, XI, 579, pour Etampes : 2 moulins paient 10 sol. Fours : *Mém. des ant. de l'Ouest*, *loc. cit.*, un furnus paye 2 den. — Pour les revenus des seigneurs, cf. D. Rob. (1030), Bouquet, X, 621 D : un praedium avec 2 églises, 4 moulins, 53 habitatores hospites, 44 arp. de vignes, 40 $^{1}/_{2}$ arp. de prairies, donnent par an 2 livres 8 sol. sub nomine census, inter hospites et ceteras legitimas exactiones. *Mém. des ant. de l'Ouest*, 14, p. 123-5, 112 (vers 1120), un village rapporte : 67 modii annona; 64 sol. 1 obol. censa; 14 sol. 3 den. 1 obol. capitanea. — Cependant nous n'avons pas réussi à vérifier le compte de cette somme d'après les chartes. La somme des 43 têtes indépendantes, Cart. Romans, p. 86-7, 39 bis (16 août 1060). Le prévôt de Romans reçoit par an : 12 sol., 222 $^{1}/_{2}$ muids de vin, 203 $^{1}/_{2}$ mod. de froment, 52 setiers d'avoine, 18 chars de foin, 27 $^{1}/_{2}$ porcs, 28 poulets gras, 65 autres poulets, 118 jeunes poulets, 569 œufs, 33 denariatae de cire, d'huile et de miel, 15 pensae de pois, 29 corvées d'attelage par semaine, resp. 81 corvées manuelles. Il y a trente cultivateurs qui paient le cens à la Prébende.

encore au commencement du siècle des formes différentes des précaires comme le concile de Beauvais les avait établies, mais en pratique, on ne faisait plus aucune différence[1]. *Prestare* et *precare* étaient maintenant une conception identique. Au point de vue des formes et de l'importance, la précaire était une institution mourante. Elle se maintient dans le Sud-Est le plus longtemps encore à travers tout le XIe siècle, tandis que beaucoup plus tôt elle disparaît dans le Sud-Ouest. Dans le Centre, elle apparaît rarement pendant la première moitié de ce siècle[2].

La forme du traité était la suivante : sur la prière du futur possesseur, une propriété lui était abandonnée moyennant un cens annuel et une charte, la *Precaria*, quelquefois un seul exemplaire pour les deux parties, était alors préparée[3]. Souvent

1. Cf. pour la precaria en général, *Pol. d'Irm.*, I, 567 sv. Les essais d'Abbon dans ses *canones* chez Gallandius (Bibl. vet. patrum antiquorumque ss. ecclesiasticorum graeco-latina. Venetiis), 14, 163 A-D. c. 7.

2. Pour la confusion d'idées sur la precaria, cf. par ex. Cart. Mâcon, p. 291, 500 (998-1012), et p. 298, 513 (1074-96). La diffusion de la precaria ressort des passages suivants : Cart. Dom., 54, 54 (vers 1100) ; Cart. S. André, 24 (un mardi de juillet 1009-23); Cart. Ainay, p. 642-3, 119 (1022-32); Cart. Mâcon, p. 16, 18 (1063-72); Cart. S. Père, p. 99, 7 (avant 1024). Guérard, Cart. S. Père, prol., p. 220, croit que pour le pays Chartrain, la seule manusfirma a besoin d'être soumise à un examen sérieux.

3. C'est le cas, Cart. S. Père, 99, 7 (avant 1024) : « ante nostram praesentiam veniens miles quidam.... expetiit, ut de quadam terra nostri.... monasterii precariam sibi faceremus et ipse pro recompensatione quendam alodum suum delegaret nostris usibus, ea videlicet ratione, ut quandiu viverent ipse et uxor ejus.... utrumque tenerent; post decessum vero eorum utrumque fratribus remaneret.... Placuit iterum, ut haec nostra conventio in duabus cartis scriberetur, unam praedictus miles haberet, altera vero nobiscum remaneret. » Le plus souvent c'est l'acte qui s'appelle la *precaria*; pourtant cela arrive aussi pour la charte, cf. Cart. Mâcon, p. 191, 489 (996-1018). Sur l'imposition de la precaria, cf. *Pol. d'Irm.*, I, 573, elle est donnée *in vestitura*; Cart. S. André, 114 (un vendredi de mars 1003); Cart. Ainay, p. 579, 35 (1007); *pro* (*loco*) *censu* : Cart. S. André, 177 (vers 1070); Cart. Mâcon, p. 16, 18 (1063-72).

l'étendue de ce bien n'était pas sans importance [1]. Ordinairement le possesseur faisait à l'église une donation, à cause de mort, d'un de ses biens ; cependant ce n'était pas nécessaire [2]. Ces dispositions variaient presque à l'infini : on trouve par exemple que plusieurs frères donnent à un cloître une terre que l'un d'eux reçoit en précaire [3].

L'exploitation de la précaire étant laissée complètement libre au possesseur, il pouvait la donner en culture, seulement il ne devait pas la laisser dépérir. Au point de vue juridique, on trouve des bornes, imposées du reste par la conception du fermage. Le possesseur n'a aucun droit de donner en fief la précaire, encore moins de l'hypothéquer ou de la vendre [5]. Il ne peut enfin la transmettre par héritage; à sa

1. Par ex. une villa excepta ecclesia : Cart. Mâcon, p. 16, 18 (1063-72). Sur une precaria dont le domaine s'étend sur 3 villa, voyez Cart. Ainay, p. 580, 36 (21 mai 1004).

2. Il en est ainsi dans le passage du Cart. S. Père, p. 99, 7, cité p. 179, n. 3; cf. aussi Cart. S. André, 114 (un vendredi de mars 1003), et Cart. Dom., p. 37, 32 (vers 1095). La même signification économique, mais avec une autre formule de droit, est au fond de ce passage du Cart. S. André, 187 (1025-35) : « donant vineam unam.... A. militi.... ut in vita sua habeat et possideat salvo servitio, post mortem vero ejus ipsa vinea data.... reddatur.... et quantum spatium tenet ipsa vinea, tantumdem de altera vinea juxta posita, quae est juris A, jungatur ad vineam ipsam... et utraque pars vineae perpetualiter sit in hereditate Sancti. » On désignait comme la dot de la *precaria* le bien qui y était joint en donation; cf. Cart. Mâcon, p. 253, 438. Elle n'était pas nécessaire, cf. par ex. Cart. Mâcon, p. 16, 18 (1063-72) et passim.

3. Cart. Ainay, p. 642-3, 119 (1022-32).

4. Cf. Cart. Mâcon, p. 32, 39 (882) : « eisdem uti in vita vestra habeatis potestatem; ita ut nec vendere nec alienare presumatis, sed potius immelioratas custodire studeatis. » Cf. Cart. Mâcon, p. 170, 285, pour le partage de la culture.

5. Cart. S. André, 177 (vers 1070) : « teneamus et possideamus, et nullam licenciam vendendi aut dandi vel impignorandi habeamus. » Cf. aussi le passage cité n. 4 du Cart. Mâcon, p. 32, 39, et ibid., p. 335, 562 (1031-62). D'après cette dernière charte, la défense d'investiture reposait sur une convention, mais elle était toujours implicitement admise sans cela, en vertu même des nécessités naturelles de l'institution.

mort, la précaire revient avec ses améliorations au seigneur. Il ne peut en être privé avant sa mort, s'il paie régulièrement le cens [1].

Cependant le principe de la durée à vie, spécialement propre à la précaire, n'atteignait ni les intérêts de l'individu comme membre de la famille, ni en général les idées du temps ; chez les peuples encore jeunes du Moyen Age, le droit coutumier se forma très rapidement et il suffisait d'une génération pour conduire de l'usage à la propriété. Auparavant, on avait cherché un remède dans le renouvellement quinquennal du contrat de précaire ; cependant nous ne trouvons aucune trace de cette institution, au XIe siècle, en dehors des mentions historiques [2]. On devait s'attendre régulièrement à des difficultés pour le retour de la précaire au seigneur, soit de la part du possesseur, soit de celle de ses parents, et l'on cherchait à s'en assurer la restitution de toutes manières [3].

1. Cf. Cart. Ainay, p. 587, 45 (févr. 1016). Toutefois dans cette charte il n'y a plus proprement *precaria*. Pour le retour, cf. aussi Cart. Mâcon, p. 335, 562 (1031-62) : « Post decessum vero ejus.... ad mensam vel communionem fratrum meliorata revertantur » ; et ibid., p. 354, 587 (1074-96) : « I. de C. quamdam terram habebat de Sancto Vincentio in precariam, in vita sua tantum, totam dedit et werpivit domno S. de P.. Matisconensis ecclesie canonico et ecclesie Vinose [Vineuse, Canton Cluny] presidente, in vadimonio pro centum solidis » (c'est-à-dire il engagea la *precaria* avant son terme à un membre du *collegium* qui avait passé le contrat).

2. Iv. Decr., III, 230. Il en va ici, comme souvent, des livres de droit canonique ; ils sont à demi des vestiges du passé, et l'on s'expose à bien des erreurs en les utilisant pour l'époque où ils ont été compilés.

3. Le retour même fut souvent stipulé en termes très caractéristiques, lors de la conclusion de l'acte ; cf. Cart. Dom., p. 36, 32 (vers 1095) : « (Dedit mansum) ut in vita sua illum possideret, post mortem vero.... ad prefatum monasterium totus ex integro sine ulla calumnia et sine omni querela perpetuo remaneret. » Sur le retour lui-même, cf. Cart. Mâcon, p. 333, 560 (1096-1124) : « Notum sit.... H. G. prestariam.... in presentia domni episcopi B. et decani A. et precentoris G. et aliorum plurimorum.... reddidisse. Juravit autem predictus H., se veram tenere pacem et perpetuam super hec et super omnia bona illius ecclesie, per se

Tout ce développement avait depuis longtemps entraîné une prolongation du bail au delà de la mort du premier possesseur, en dépit de l'opposition seigneuriale [1].

L'avantage économique du fermier était dans cette direction. Ainsi l'on arriva tout d'abord, tantôt conditionnellement, tantôt sans réserve, à concéder la précaire aux deux époux et l'on stipula même, après la mort de l'un d'eux, une diminution de cens pour le survivant [2]. Ainsi fut enlevée la première barrière qui s'opposait à la transmission héréditaire; bon gré, mal gré, il fallut avancer dans cette voie [3].

et per conductum suum et per quoscunque a malis ecclesie retrahere posset; quod si ecclesia ab istis hac de causa in aliquo lederetur, in Matisconensi civitate se captum tradere nec eam exire sine licentia.... episcopi et decani ac precentoris.... sacramento confirmavit, insuper quoque obsides posuit (4), qui quotiescumque, et ex eo, quo H. ipsum a juramento deviare cognoscerent, Matisconi se captos reddere et a civitate non discedere sine edicto episcopi decani et cantoris... juravere. Dominus vero episcopus B. et canonici prefati H. sexcentos solidos dedere, ut fidem et veram pacem illis de prestaria teneret. » On voit combien cela était nécessaire par le Cart. S. Père, p. 100, 7 (avant 1024) : « Post mortem quidem G-i et uxoris ejus O-ae de supradictis terris [precarie] multa mala perpessi sunt monachi a parentibus praedictorum, dicentibus, jure sibi competere, quod parentes eorum ante se visi sunt tenere. Unde monachi, infinitam pecuniam dantes, tandem Deo opitulante in suis usibus retorserunt. »

1. On trouve un bon exposé de ce fait et des étapes successives dans Ragut, Cart. Mâcon, préf., p. 86-7; seulement la ch. n° 475, c. 273 (1031-60) est mal interprétée; elle n'a de valeur démonstrative que pour ce qui est dit p. 184, sous le n° 3.

2. Cf. Cart. Ainay, p. 578, 45 (févr. 1016); Cart. S. Père, p. 99, 7 (cité p. 179, n. 3), et Cart. S. André, 144 (un vendredi de mars 1003). On voit l'époux survivant favorisé dans le Cart. Ainay, p. 580, 36 (21 mai 1004). Le cens sera moins lourd après la mort de l'un des époux « si rectores aecclesie prescripte pro bono servitio ipsius ei [superstiti] donaverint »; une bonne mesure contre le mauvais usage de la *precaria* durant la vie des deux époux.

3. On voit, en conséquence, de bonne heure déjà des *precariae* de longue durée; pour le XIe siècle, cf. Cart. Mâcon, p. 253, 438 : « tali ratione, ut ipse G. [celui qui est le premier à jouir de la *precaria*] et uxor sua E. et duo filii eorum in vita illorum habuissent, et post illorum excessum omnia ad mansam fratrum pervenissent. » Les *illi* sont-ils les *parentes* ou les *filii*? C'est ce qu'on voit encore

Mais, en supprimant cette défense, n'enlevait-on pas à la précaire tout son caractère, en tant qu'elle constituait une concession à vie? Sans doute elle n'était pas encore devenue un bénéfice héréditaire; cependant la concession reportée sur plusieurs générations devait engendrer un état de choses à peu près semblable à ce dernier et qui en revêtait toutes les formes juridiques et économiques. Ainsi devait naître une espèce de contrat correspondant à cette transformation. C'est la *manusfirma;* elle s'était développée longtemps avant le XIe siècle, et se trouve déjà au commencement du siècle partout répandue. Ce fut le Sud-Est, où la precaria se maintint le plus longtemps, qui se montra le plus rebelle. Son principal domaine est le Centre et les parties de l'Ouest qui s'y rattachent [1].

C'est une concession le plus souvent reportée sur trois générations; toutefois le nombre de celles-ci varie plus ou moins dans les contrats [2]. Le droit de succession n'y est le plus

plus clairement, *op. cit.*, p. 16, 18 (1063-72) : « concederent.... in precariam sibi et duobus filiis ejus. » Des ex. de *precaria* allant jusqu'à la cinquième génération dans Guérard (*Pol. d'Irm.*, I, 569).

1. Guérard (Cart. S. Père, prol., p. 230, § 230), présume aussi que la *manusfirma* remplaça insensiblement la *precaria. Manusfirma* veut dire le contrat, puis le bien lui-même; cf. Cart. S. Père, p. 184-5, 59 (1066). Cart. S. Père, prol., p. 228, pour sa diffusion, et pour le centre en particulier GC. 1, VII, i, 24 (992), Paris; Cart. S. Père, p. 39 (avant 1000); D. Rob. (1022), Bouquet, X, 605 D. pour Orléans; Mab. ann. IV, 733, col. 1 (1040) pour Vendôme; pour l'Ouest, *Mém. des ant. de l'Ouest*, 14, p. 21, 17 (avril 940). C'est la date de la première *manusfirma;* la dernière mention est à la p. 123, 112 (vers 1120); Cart. Corméry, p. 58-9, 29 (978); D. Rob. (1027), Bouquet, X, 614 E, pour Jumièges; pour l'Est : Cart. S. André, 207, 241 (1036-50) les deux fois sans une désignation particulière du contrat, en tant que *manusfirma.*

2. Cf. pour 3 générations, *Mém. des ant. de l'Ouest*, 14, p. 60-1, 51 (janv. 990); Cart. S. Père, p. 197, 72 (avant 1070); Cart. Paris, I, 327, 19 (26 mai 1026); pour 2 générations, Cart. S. Père, p. 184, 59 (1066), et Cart. S. André, 241 (1036-50). Il y a 4 générations dans D. Rob. (1028), Bouquet, X, 620 BC; cependant ce contrat n'est pas nommé directement *manusfirma.*

souvent l'objet d'aucune stipulation bien nette, à peine une remarque en passant. Si la détermination du troisième héritier était laissée libre aux deux premières générations, le seigneur cependant exigeait la *presentatio* de celui qu'on désignait[1]. Les biens qui étaient donnés en *manusfirma* pouvaient être très importants, par exemple de six manses et de dix-neuf arpents[2]. Le possesseur appartenait souvent par cela même aux gens les plus considérés, et il pouvait arriver qu'on donnât au moment du contrat un droit de change[3]. La grandeur des biens, qui exigeait plus qu'une redevance de *recognitio*, comme aussi la durée de la concession, entraînait dans la *manusfirma* un cens plus élevé que dans la *precaria*. Les

1. Cf. GC. 1, VII i, 24 (992), Paris : « litteras manusfirmitatis exinde ei fieri jussimus, eo vero ordine, ut quandiu supradicta mulier O. cum filia sua E. unusque earum haeres, quemcumque elegerint, advixerit, omnia supradicta secure teneant et possideant. » Cart. S. Père, p. 399, 1 (oct. 1003) : une *manusfirma* pour deux frères et un « heres, qualemcunque elegerint ». Il y avait bien présentation, lorsque le troisième héritier était encore inconnu à celui qui faisait l'investiture; par ex. Cart. Paris, I, 372-3, 2 (1100), le chapitre connait les deux premiers bénéficiaires, « tercius in capitulum adducetur et, ibi nominatus, conventui fratrum presentabitur; » cf. ibid., 383, 4 (1101). Le troisième héritier devait, de plus, déclarer en même temps qu'il était « ultimus heres »; cf. Cart. Corméry, p. 81, 39 (vers 1054). L'ordre de succession est déterminé dès son point de départ dans Cart. S. André, 207 (1036-50).

2. Cf. Cart. Paris, I, 330, 23 (vers 1006). Cf. cependant *Mém. des ant. de l'Ouest*, 14, p. 60-61, 55 (janv. 990) ou 2 quartae de terra cum maisnilli et vineis sont données en *manusfirma;* v. de même Cart. Paris, I, 372, 2 (1100) : « terra.... in qua est molendinus unus, et pratorum arpennus unus et dimidius, et alia terra aratrorum cultibus apta. » V. aussi *Mém. des ant. de l'Ouest*, 14, p. 70, 61 (vers juin 997) et Cart. Corméry, p. 81, 39 (vers 1054).

3. Il faut donc le comparer au denier de succession du fermage héréditaire; v. Cart. S. André, 241 (1036-50), où il s'élève à 12 1/2 livres, et ibid., 207 (1036-50) (50 solidi). Les deux chartes sont bien des *manusfirmae*, mais elles ne portent pas directement ce nom. En revanche, il est bien question d'achat dans le Cart. Corméry, p. 81, 39 (vers 1054) : « partem emit D.... tali ratione, ut ipse possideret in vita sua et duo successores post eum, et postea reverteretur. » On ne spécifie pas le prix d'achat.

sources nous fournissent des chiffres de 1 à 15 *solidi*[1]. Si le possesseur ne pouvait pas payer le cens, le seigneur n'avait pas le droit, comme dans la *precaria*, de lui retirer la *manusfirma*. Il devait se contenter d'un cens double ou de toute autre peine[2]. L'aliénation de la *manusfirma* était juridiquement permise au possesseur, on en a des exemples ; seulement celui-ci était responsable, vis à vis du seigneur, du payement régulier du cens[3].

Après que le nombre des générations stipulées avait disparu, la *manusfirma* retournait avec ses améliorations au seigneur[4].

1. 1 solidus : Cart. S. Père, p. 191, 64 (avant 1070) ; *Mém. des ant. de l'Ouest*, 14, p. 70, 61 (juin 997); 4 sol. : *op, cit.*, p. 60-61, 51 (janv. 990) ; 5 sol. : Cart. S. Père, p. 39 (avant l'an 1000); p. 197, 72 (avant 1070); 6 sol. : D. Rob. (1028), Bouquet, X, 620 BC ; 10 sol. : Cart. Paris, I, 227, 19 (26 mai 1036) ; 15 sol. : *loc. cit.*, I, 372, 1 (vers 1101).

2. Ce qui nous rappelle de loin le *census promobilis*. Cf. *Mém. des ant. de l'Ouest*, 14, p. 60-61, 51 (janv. 990) : « singulisque annis ad festivitatem Sancti Hylarii.... reddent censum solidorum IIII, cui lex est ; quod si etiam dicto censu tardi aut negligentes pro aliqua difficultate apparuerint, geminatum censum reddant et jamdictas res nullo modo perdant. » De même Cart. S. Père, p. 191, 64 (avant 1070), et Cart. Paris, I, p. 327, 19 (26 mai 1026) : « legaliter emendent et minime perdant. » Dans le dernier cas, on paraît avoir en vue une plainte judiciaire. Si la voie contractuelle ne rendait pas les services qu'on en attendait, les seigneurs savaient se garantir autrement, encore qu'ils eussent à subir une perte légère ; cf. Cart. Corméry, p. 105, 52 (1070-1110). Le caractère distinctif de la *manusfirma*, l'irrévocabilité du contrat avant son expiration, a été pour la première fois mis en évidence par Guérard (Cart. S. Père, prol., p. 229). Cependant on trouve déjà un vague instinct de cette notion dans la precaria, cf. *Pol. d'Irm.*, I, 572.

3. Cf. Cart. S. Père, p. 399, 1 (oct. 1003) : « dedi eis licentiam dandi, venundandi, faciendi quicquid voluerint, ea ratione, ut census ad seniorem proveniat ; » cf. avec ceci *op. cit.*, 222, 99 (avant 1080), Cart. Corméry, p. 59, 29 (978) : « habeant licentiam tenendi, possidendi, aedificandi, plantandi, vendendi, emeliorandi et quod placuerit faciendi, salvo jure ipsius pagi. » Les derniers mots ne peuvent avoir d'autre sens que celui-ci : mais de telle manière que le droit commun de la terre n'ait pas à en recevoir d'atteinte, c'est-à-dire dans les limites du droit coutumier.

4. Cf. not. Cart. Paris, I, 330, 23 (vers 1006).

Mais si le retour avait été difficile dans la precaria, il devenait peut-on dire exceptionnel dans la *manusfirma*. Les sources le mentionnent, mais c'est pour en décrire l'embarras[1]. On ne sera pas éloigné de la conception vraie, si l'on désigne l'exercice de la plupart des *manusfirma* comme une exploitation propre, basée sur un fermage héréditaire.

La troisième forme de bénéfices comprenait les différentes sortes du métayage dans le XIe siècle qui, dès les premiers siècles du Moyen Age, devait déterminer toujours plus le caractère économique de la France[2]. On distingue encore au XIe siècle deux développements de ce système; l'un plus ancien et moins parfait, est répandu dans tout le pays; l'autre,

1. Voici quelques-uns des nombreux passages : Cart. S. Père, p. 39 (avant l'an 1000) : « (Pars terrae) a G. abbate quondam improvide cuidam militi et duobus heredibus suis in manu firma concessa esse dinoscitur. De qua singulis annis V solidi nummorum consuete reddebantur. Set illis de hoc seculo decedentibus ex genere eorum quaedam matrona.... per vim eam tenere usque ad senectam non timuit, donec.... redderet [après avoir été excommuniée]. Quam cum aecclesia jure hereditario fere quinquennio possideret, surrexit quidam miles.... habens neptam praedictae matronae, ab usu servorum Dei retorsit.... » Le cloître n'a pas récupéré la terre. Cf. Cart. S. Père, p. 185, 59 (1066); p. 223, 99 (avant 1080); Gest. abb. Gembl. c. 53, *M. G. S.*, VIII, 543 l. 44.

2. Son histoire en France n'a encore été l'objet d'aucune critique plus approfondie. C'est aussi l'opinion de Doniol, l'auteur de *l'Histoire des classes rurales en France*. Cart. Brioude, notes, p. 24, il s'exprime ainsi sur le contrat de culture en partage : « A la date de nos textes, il est né du besoin d'établir des vignes nouvelles dans ces possessions.... un contrat particulier, qui n'a encore été signalé nulle autre part, si je ne me trompe. » Les premiers débuts de cette culture en France remontent bien au delà du XIe siècle, et ce serait dépasser fort le cadre de cet essai que de vouloir aborder l'histoire complète de son développement si intéressant. Nous exposons simplement la situation telle qu'elle était au XIe siècle, mais nous croyons qu'une histoire spéciale de cette exploitation en France, outre qu'elle ne serait pas bien difficile à composer, ouvrirait des jours nouveaux sur l'histoire de ce pays. En général, pour l'Allemagne où le métayage se trouve bien moins en usage, cf. Lamprecht, D. W., I, 395, 750, 777 et sv., 907 et sv., 909 et sv., 918 et sv., 944, 962, 966.

plus récent, surtout dans le Sud-Est et encore dans le Sud-Ouest de la France [1].

La forme la plus ancienne de culture est exprimée par *Campi pars* et par les expressions équivalentes d'*agraria* et *terragium* [2]. Déjà ces mots indiquent qu'il se rapporte principalement à terre. Le fermier était obligé de donner une certaine portion du revenu, pouvant monter à la moitié de l'étendue qu'il exploitait. A côté de cela, on voit encore certaines redevances, qui changent souvent suivant les contrées [3]. Un agent

1. Le système antérieur (champart) apparaît déjà, quoique dans des proportions très minimes, Lex Baiuw., I, 1, 13, *M. G. L.*, III, 278, très probablement rédigé ou composé d'après la situation de la Gaule, comme l'indique le mot andecena (= ancinga); cf. *op. cit.*, n. 59; cf. Cap. Ludw., 817, c. 13, *M. G. L.*, I, 116. Pour l'extension du champart et la forme plus récente du complant, cf. p. 16 et 17.

2. Pour le champart, cf. Cart. S. Père, prol., p. 153, § 134, et *Pol. d'Irm.*, I, 680, et Lamprecht, I, 1164. La synonymie de campipars et terragium ressort du Cart. S. Père, p. 431, 40 (1111) : « Hujus terre agraria tantum, que campipars dicitur. » On retrouve cette imposition de nouveau mentionnée, *op. cit.*, p. 433, 41 (avant 1111), comme *terragium;* cf. aussi Duc. s. v., *campipars* et *terragium* (*agraria* manque chez lui).

3. Le taux est de $^1/_{10}$: Lex Baiuw., I, 1, 13. — $^1/_4$: Gest. abb. Gembl., *M. G. S.*, VIII, 551 l. 44 (vers 1100); Hemeraeus Cart. Ott. Com. Virom. (1030) (Duc. s. v., *terragium*); Cart. Saintes, p. 121-5, n. 83-8, 91, 93-4, 97; p. 112, 151; p. 118, 168; p. 120, 176 et passim. — $^1/_3$: Cart. Yonne, II, p. 16, 14 (fin XIe siècle) : « Quicquid vero superfuerit omnium reddituum, mansorum scilicet, et medietatum curvatae et terciarum omnium agrorum, qui culti fuerint, excepto hoc, quod monachus propria carruca lucraverit, divident per medium. » Faut-il lire ici terragium ? Ou bien faut-il songer ici à la situation du *tertiator* dans la conquête germanique ? La première alternative me paraît plus vraisemblable. Cart. Dom., p. 138, 162 (vers 1100). On a un *mansus tertiarius*, mais avec des charges fixes et converties, ne laissant subsister à côté d'elles aucun *tertium*. Cart. Beaulieu, p. 133, 80 (mai 1032-60) : « dimitto... tertiam videlicet partem de vineis, de bosco, de cunctis terris et de omni re tertiam partem, » ce qui ne peut se rapporter qu'au revenu; cf. aussi ibid., p. 145, 92 (1060-1108), p. 173, 121 (1031-59). — $^1/_2$: Cart. Saintes, p. 149, 228 (1100-1107), il est parlé d'une *medietaria ruptura, consuetudo, terragium, decima*. Pour l'Est, v. Cart. Dom., p. 138, 172 (vers 1100), et Cart. Yonne, II, p. 24, 22 (fin XIe siècle) (Nitry, arr. Tonnerre, dép. Yonne) : « dedit medietatem, id est quadrantem tocius terrae et omnium reddituum ipsius

spécial était chargé d'en percevoir la valeur [1]. Tout le champ cultivé appartenait au seigneur, le plus souvent aussi l'inventaire, comme dans toutes les concessions de ce siècle [2]. Lorsque nous voyons les constructions appartenir au fermier, cela provient sans doute de la culture sur des terres défrichées [3]. Du reste, à son origine, cette espèce de fermage diffère peu des autres concessions alors en usage. Nous nous occuperons ailleurs de l'importance capitale qu'il a eue pour la culture des terres non défrichées [4].

quadrantis. » — Cf. en général, *Pol. d'Irm.*, I, 682, n. 20. La question soulevée par Guérard (*op. cit.*), et portant sur le point de savoir si le *champart* dépendait du revenu éventuel, est résolue par un coup d'œil jeté sur le caractère général de toute culture en partage et par la lecture des passages cités. Pour le principe que l'époque aimait à introduire dans toutes les charges partagées entre plusieurs, cf. Cart. S. Père, p. 478, 15 (1079-1101) (cité p. 176, n. 4), passage qui suppose admise par l'usage la stabilité du taux de l'impôt prélevé sur le revenu ; v. aussi Cart. Dom., p. 209, 243, n. 6 : « tascham, qualis evenerit, » et passim ; cf. Glossaire, s. v. *tasca* et *mansum*. Pour les prestations accessoires indépendamment du champart, cf. Cart. S. Père, p. 437, 44 (1111) ; Cart. Saintes, p. 112-3, 151-2, 153 bis, 154 et p. 149, 228 ; avant tout, Lex Baiuw., I, 1, 13.

1. Le champart était levé *in natura*, cf. Cart. S. Père, p. 482, 22 (1113-29). Tâche de l'employé, ibid., p. 437, 45 (1111). On le nomme terragiator, *op. cit.*, p. 482, 22 (1113-29) ; terratiarius, v. *Mém. des ant. de l'Ouest*, 14, p. 149 ; numerator, cf. Cart. S. Père, prol., p. 154.

2. Cf. Cart. Corméry, p. 80, 38 (1026-40) : « Ipse B. [le seigneur] mittet mediam partem sementis et accipiet medietatem frugum ; » aussi Cart. S. Père, p. 107, 2 (avant 1028), où l'on donne « quandam hospitalitatis receptionem cum terra ceterisque suppellectilibus ». Le rapport étroit entre les hospites et le champart sera établi au commencement du chap. III.

3. Peut-être était-ce la règle, car les seigneurs ont dû faire rarement des frais plus considérables pour le défrichement, qui ne rapportait pas assez. L'esprit de cette époque était encore peu dirigé vers l'économie politique. Cependant je n'ai trouvé qu'un passage où il soit question de ce phénomène, Cart. S. Père, p. 431, 40 (1111) : « Hujus terre agraria.... canonicorum.... erat, mansiones vero *rusticorum* [le synonyme, *op. cit.*, p. 433, 41, est *hospitum*], et census et vicarie et justicie omnes pertinebant ad duos milites. »

4. Notamment au chap. III. Mais cf. d'abord Cart. S. Père, p. 481, 22 (1113-29), où l'on prend dans le Boscus Rufini un *terragium*, ainsi dans un nouveau défrichement. — Pour le degré de diffusion du champart, cf. Nord et Centre, Gest.

D'une étendue et d'une importance plus grande avec la perspective d'une extension rapide, apparaît, au commencement du siècle, le complant, la forme la plus récente du métayage. Son élément est la vigne : autant elle se développe, autant son action s'étend [1]. On désignait l'acte par lequel on prenait possession d'une terre pour la culture de la

abb. Gembl., *M. G. S.*, VIII, 551 l. 44 (vers 1100); Cart. Yonne, II, p. 16, 14 (fin du XIe siècle); GC. 1, X i, 301 B (1105), Amiens : *campipars;* Cart. Paris, I, p. 377, 9 (vers 1112) : *terraticum;* Cart. Chartres, I, 102, 23 (vers 1099) : *campipars in Luciacus* (Lucé, cant. Chartres-Nord); Cart. S. Père, p. 430, 29 (1079-1101) : *in Emprenvilla* (2 lieues de Chartres) *campartum; op. cit.*, p. 482, 22 (1113-29), près de Châteaudun : *terragium*. Pour le Sud-Ouest : Cart. Corméry. p. 75, 37 (1026-40); *Mém. des ant. de l'Ouest*, 14, p. 127, 114 (1127) : *terragium*; Cart. Saintes, p. 149, 228 (1100-1107) : *terragium*, et se rattachant à cela : Cart. Saintes, p. 121-5, et p. 112-3. Pour la partie méridionale du Centre, c'est le champart qu'il faut étudier; nous avons utilisé pour le connaître : Cart. Beaulieu, p. 133, 80 (mai 1036-60), aussi ibid., p. 173, 121 (déc. 1031-59); Sud-Est : Cart. Dom., p. 136, 162 (vers 1100); nous ne sommes cependant pas sûr que ces exemples ne désignent pas un passage du complant à la terre arable, comme l'expliquerait la confusion des formes plus anciennes et plus récentes de la culture en partage dans ces contrées, confusion très vraisemblable et qui a eu lieu, en tout cas, plus tard. Deloche, Cart. Beaulieu, introd., p. 114, voit dans *tertium* du cartulaire « le tiers des dîmes ecclésiastiques » sans que ses citations l'y autorisent.

1. Pour l'ancienneté du complant, cf. Cart. Brioude, p. 243, 233 (845); *Mém. des ant. de l'Ouest*, 14, p. 18, 14 (avril 923). Il a eu son centre dans la vallée du Rhône et de la Saône et en Auvergne, comme le démontrent de nombreuses chartes des Cartulaires de Mâcon, Ainay, Savigny, S. André, Domène, Romans, Brioude. Il a été moins répandu à l'est de ces régions; cf. Cart. Grenoble, p. 16, 8 (25 janv. 1000) : « ad medium plantum, secundum Galliarum morem.... tradit more Burgundionum ad medium plantum. » On trouve encore cette dernière expression, *op. cit.*, p. 17, 9 (2 avril 1003); cependant on a déjà, en 976, un complant dans Cart. Grenoble (*op. cit.*, p. 26, 16); de même plus tard (ib. p. 103, 25 (vers 1105). Il est donc impossible de trouver pour les témoignages cités en premier lieu une explication qui repose sur la rareté de la culture en participation pour Grenoble. — Pour le Poitou, cf. *Mém. des ant. de l'Ouest*, 14, p. 68, 59 (juin 988-96), et la 2e citation du no. — Pour Paris, Cart. Paris, I, 385, 19 (vers 1120) : « vineas nostras, que apud Ibriacum site sunt.... ad medietatem faciendas concessimus. » Enfin Cart. Trinité, p. 428 (milieu du XIe s.) : « Quidam homo.... vendidit nobis dimidium vineae (alteram enim partem habebamus) », vraisemblablement complant.

vigne par *plantare*, comme aussi *edificare*, *plantare* ou *complatare*. La vigne nouvellement disposée s'appelle *plantus* ou *plantada* [1]. De ces termes découlent les expressions relatives au fermage de la vigne. La plus générale, d'après sa conception elle-même, est le complant; elle dominait au Sud-Ouest du Poitou, à travers la Marche et jusqu'au Sud de l'Auvergne [2]. Une expression plus caractéristique est le mot *medius plantus* qui se trouve dans tout le Sud-Est [3]; elle prouve aussi que pour cette sorte de culture, le métayage était en vigueur. C'est ce que montrent encore plus clairement les termes *medium vinum* qui se rencontrent aux environs de Vienne et *medietas* qui se trouve partout [4]. La moitié des fruits, quoiqu'elle soit

1. *Plantada* se dit aussi de l'arboriculture; cf. Deloche, Cart. Beaulieu, introd., p. 104. Pour tous ces termes, v. Disp. Clun. Baluz. M. V., 450 : « ut jam plantatae [vineae] suis temporibus congrue coli possent; » v. aussi Cart. Savigny, p. 448, 843 (vers 1100), et *Mém. des ant. de l'Ouest*, 14, p. 65, 55 (févr. 988-96). Pour l'ensemble, v. aussi Giraud, Cart. Romans, p. 163, n. 5; Cart. Dom., Gloss. s. v. *plantada*.

2. Pour le complant en général, Cart. Mâcon, préf., p. 87-8; Cart. Grenoble, introd., p. 65. L'opposé est le *quitium* : Cart. Sauxillanges, p. 306, 389 (990-1049) : « quatuor operatas de vinea : due operate de quitium et due de medio planto. » — Pour la diffusion du mot *complantus* spécialement dans l'Ouest, cf. *Mém. des ant. de l'Ouest*, 14, p. 68, 59 (juin 988-996), et p. 72-3, 63 (vers déc. 997); on a aussi dans ce sens *complatare*; cf. *op. cit.*, s. 65, 55 (févr. 988-96), et Cart. Brioude, p. 243, 233 (vers mars 845) : « ad complatandum meditarie. » Il se produit ici une confusion très naturelle avec les termes désignant le défrichement, cf. chap. I, p. 141, n. 1.

3. Par ex. Cart. Mâcon, p. 104, 149 (996-1018); Cart. Savigny, p. 305-6, 627 (vers 1010); Cart. Ainay, p. 664-5, 148 (1022-32); Cart. André, 186 (milieu du XIe s.); Cart. Grenoble, p. 26, 15 (976); Cart. Sauxillanges, p. 306, 399 (990-1049). La charte elle-même s'appelle alors *media-plantaria*, cf. Cart. Brioude, p. 243, 233 (vers mars 845).

4. Une vinea est donnée per medium vinum, Cart. Dom., p. 89, 100 (1090) et passim. Medietas et medietarius sont également répandus dans le sens de champart et complant, cf. par ex. Cart. Dom., p. 253, 237, n. 14, où il est employé pour terra et vinea; Cart. Brioude, p. 243, 233, on a medietarie complatare; L. de servis, app., p. 133, 12 (1050-60). Mediatores, près de Vendôme; Cart. Paris,

la plus habituelle, n'est nullement l'unique quote-part; dans certains cas, on ne donnait aussi que le tiers du revenu [1].

A côté d'une fraction de revenu, même où le système du métayage domine, on prélevait encore un cens sous des formes variées; mais cette multiplicité des prestations n'était compatible qu'avec une culture aussi lucrative que celle de la vigne [2]. Et encore fallait-il dans ce cas que la surface des terres fût très grande pour donner de beaux bénéfices au fermier, malgré ces prestations et une exploitation peu intensive du sol. Elles variaient, pour Mâcon par exemple, entre 100 et 775 perches carrées [3].

I, 384, 19 (1120) : « vineas.... ad medietatem faciendas ; » Cart. S. Père, p. 627, 5 (1088), Liancourt, 4 lieues de Beauvais. Mediatores dans le diocèse de Reims : GC. 1, X, i; 34 D, §. Quod si. Un metedarius à Eclavelles près Neuchâtel (Normandie) : Cart. Trinit., p. 453, 62 (milieu du XIe siècle). Mais on n'a en tout qu'une fois *metidarius* dans Cart. S. Mauri (Marchegay, p. 293 sv.), v. p. 372, 28 (avant 1120). Medietas a ici le sens de revenu de la moitié; on dit encore : à moitié, à tiers; par ex. Cart. Dom. Gloss., s. v., *mansum*. On a des faits analogues assez nombreux; furnus = le four et son rapport (cf. Cart. S. Père, prol., p. 162). Les chartes parlent très souvent des semi-servi, alors qu'elles ont en vue leurs services.

1. Par ex. dans la donation en cas de mort, la culture en $^1/_3$ ou $^1/_4$ apparaît au lieu du cens *in vestitura*; cf. Cart. Savigny, p. 451, 854 (vers 1088), et p. 453, 855 (vers 1100).

2. On estime actuellement en France le rapport de la vigne comme quatre fois plus élevé que celui de toute autre culture. Pour le cens, à côté du taux de la culture en partage, v. *Mém. des ant. de l'Ouest*, 14, p. 65, 55 (févr. 988-96), cens annuel de 3 den.; cf. pourtant infra, p. 188, n. 4; Cart. Romans, p. 163, 156 et 390 (1030-70) : « unam medietatem nobis reddant et aliam retineant, excepto vestituram terre et placita et minuta servitia »; ceux-ci viennent donc s'ajouter. V. aussi Cart. Dom., p. 253, 237, n. 14; Cart. Grenoble, p. 103, 25 (vers 1105); Cart. Ainay, p. 664-5, 148 (1022-32).

3. Cart. Mâcon, p. 213, 371 : « dono vobis unum desertum ad medium plantum, » environ 100 p. c.; ibid., p. 218, 380 (996-1031) : 2 terres de 150 resp. 14 p. c.; ibid., p. 104, 149 (996-1018) : environ 250 p. c. pour 2 familles ; ibid., p. 81-2, 106 (1018-26) : environ 290 p. c.; ibid., p. 176, 297 : environ 320 p. c.; ibid., p. 116, 174 (1015-33) : 2 pièces de 775 resp., 216 p. c.

Le métayage devait se conformer à l'emplacement de la vigne dans la Mark; comme nous l'avons montré plus haut, il était le plus souvent situé dans le *Bifang* [1]. Cela fait penser de nouveau à un rapport plus étroit entre la forme de la culture du *curtilus* et du *complant*. En réalité, les *curtili*, ou du moins quelques parties de ceux-ci, paraissent souvent pris en métayage quoiqu'il n'y ait aucun lien nécessaire entre les deux [2]. Au contraire, le rapport plus que fréquent de ce fermage avec le *Bifang* autorise une autre conclusion importante. Le complant peut au début avoir été moins un bénéfice qu'une sorte de contrat de jouissance : il doit avoir été la forme sous laquelle s'est faite dans le Sud-Est la colonisation.

Les textes fortifient encore pour le XIe siècle ces conclusions. Il peut arriver, à la vérité, que le complant se rapporte quelquefois à une terre déjà cultivée ou s'appuie, en partie du moins, sur une vieille culture [3], mais le contraire est ordinaire.

Une pièce de terre encore vierge est assignée aux fermiers. Ils ont de cinq à sept ans pour y planter une vigne [4]. Après

1. C'est ce qu'indiquent les surfaces continues renseignées dans la dernière n. de la page précédente, qui furent constituées en complant.

2. On peut signaler des ex. de culture en partage dans le curtilus : *Mém. des ant. de l'Ouest*, 14, p. 72-3, 63 (vers déc. 997), et Cart. Ainay, p. 608, 74 (1008 ?). Le cens de mainte terre soumise à cette culture et celui du *curtilus* offrent des analogies frappantes, cf. par ex. Cart. Ainay, p. 654-5, 148 (1022-23), avec le Cart. Ainay, p. 595-6, 55 (vers 1000). Mais dans le *curtilus* la culture en partage n'a pas toujours existé — elle ne lui était nullement imposée — et il fallait pour qu'elle s'y implantât des circonstances particulières. C'est ce que démontrent les Cart. de Sauxillanges, p. 174, 203 (990-98), et d'Ainay, p. 667, 151 (janv. 1005)

3. Cf. Cart. Savigny, p. 305-6, 627 (vers 1010) : « ad medium plantum.... Dederunt autem ei vineam ; » et Cart. Grenoble, p. 103, 25 (vers 1105) : « Dederunt.... vineam quandam, et que erat hedificata et non edificata, ad medium plantum. »

4. Pour réduire l'étendue des notes, et en même temps pour donner une vue

la durée du défrichement; le seigneur divise le champ en deux parties et détermine le revenu annuel de l'une qu'il conserve comme prix du bénéfice [1]. On voit que le seigneur aliène en tout ou en partie le complant, car il possède d'ailleurs le droit d'aliénation [2]. En revanche, il est rare que le fermier ait la disposition complète du vignoble ; encore faut-il qu'il ait eu de sa part un service équivalent [3]. Le plus souvent son droit est très borné, le seigneur seul quelquefois peut l'hypothéquer ou la vendre [4]. Et cependant ce dernier droit est souvent remplacé en un droit de preemption. Le paysan est

d'ensemble du contrat qui intervenait dans la culture en partage, nous avons publié à la fin de ce chapitre les extraits de quelques chartes qui le concernent ; elles doivent être utilisées pour la date de 5 ans, pris d'ordinaire à la durée de l'institution; pour 6 ans, v. Cart. Mâcon, p. 116, 174 (1015-33); pour 7 ans, v. Cart. S. André, 26 (juin 1018), et 80 (1036-50). Il est exceptionnel de voir la concession avoir lieu pour toute la vie, cf. Cart. S. André, 186 (milieu du XIe s.) : « congregatio.... concedit.... sacerdoti.... et fratri ejus aliquid de hereditate ipsius Sancti Andree loco medii planti, sicut recta consuetudo est sine fraude dare medium plantum, et tali tenore, ut non dividatur in vita sua id est (sacerdotis). »

1. Cf. p. 196-197, nos 2 et 4. Le seigneur se réserve une part; ibid., n. 3.

2. Cf. *Mém. des ant. de l'ouest*, 14, p. 68, 59 (juin 988-96) : « vendimus.... vinea nostra, quod est complantus. » Analogues les passages du Cart. Mâcon, p. 129, 201, et aussi p. 138, 218 (1018-30). Aliénations de la part du seigneur, Cart. Mâcon, p. 119, 182 : « vineae portionem meam tibi dono, que est pars quarta; » Cart. Beaulieu, p. 173, 121 (déc. 1031-59) : « cedo.... unum mansum.... excepta medietate de tertio de ipso manso ; » il aliène probablement aussi l'autre medietas. Cela est applicable au champart, cf. Cart. Beaulieu, p. 133, 80 (mai 1032-60), cf. Cart. Yonne, II, p. 24, 22.

3. Cart. S. André, 26 (un samedi de juin 1018) : « Dono etiam tibi.... terram ad medium plantum.... unam medietatem.... ad alodum, id est habendi vendendi donandi seu liceat commutandi; accipio autem.... ....precium id est denarios XIcim. » Ici il y a un remboursement en face du droit de vente, ailleurs un cens plus élevé; cf. *Mém. des ant. de l'ouest*, 14, p. 65, 55 (févr. 988-96).

4. C'est le cas dans le Cart. Mâcon, p. 104-5, 149 (996-1018); cf. aussi Cart. Savigny, p, 306, 627 (vers 1010) : « nec habeat licentiam vendere et donare nisi ipsis monachis. » Cette transformation du contrat peut avoir servi de base dans les donations en cas de mort; cf. Cart. Sauxillanges, p. 174, 203 (990-8).

libre d'aliéner le bien avec l'assistance et le consentement du seigneur, après qu'il l'a offert, en vain, trois ou même une seule fois à celui-ci, en vente ou en gage [1]. L'acheteur acceptait dans son intégrité la situation du vendeur, au point de vue des conditions, et était spécialement soumis aux stipulations concernant la fin du traité de fermage [2].

Ces dernières stipulations montrent clairement que le complant était seulement un emploi spécial de la *precaria* qui avait pris un développement particulier. La règle était que, comme dans la *precaria*, le contrat finît avec la vie du premier fermier et que le bien revînt avec ses améliorations au seigneur. Mais on retrouve ici les mêmes embarras que l'on avait rencontrés à la fin de la *precaria*. A la fin du siècle, la restitution n'était plus obtenue qu'à la suite de certaines concessions [3]. Bientôt l'expiration du contrat n'arrive plus

1. Cf. p. 196 et 197, nos 3, 4; et encore Cart. Mâcon, p. 218, 380 (996-1031) : « et si necessitas advenerit et vendere volueris, rectores ecclesie Sancti Vincentii tribus vicibus et annonceatis (Bouhier : ammoneatis) et si redimere non voluerint, facias quicquid facere volueris. » L'offre n'a lieu qu'une fois dans le Cart. Mâcon, p. 113, 167 (vers 1018). Le consentement du seigneur réside déjà, jusqu'à un certain point, dans le droit de préemption, mais il n'a pas une importance particulière. V. Cart. Ainay, p. 664-5, 148 (1022-32) : « et si ipsi [les seigneurs] emere noluerint ipsam vineam, ipse cum eorum concilio faciat voluntatem suam, » et idem Cart. Romans, p. 38, 14 (1061-70). — Tout cela est aussi vrai des prêts à gage; cf. supra, Cart. Mâcon, p. 113, 167, et Cart. S. André, 80 (1036-50).

2. Cf. Cart. Romans, p. 104, 53 (26 août 1064) : « Si autem filium aut filiam habuero, qui hanc convenientiam [sur un complant] facere voluerit, quam ego facio, similiter habeat, quod si facere noluerit, omnia ad vos revertantur, sicut usus est et consuetudo de medio planto. » Ces difficultés avaient aussi une influence énorme sur le prix du complant, v. l'exposé qui en sera fait plus loin; cf. pour les faits, Cart. Mâcon, p. 81-2, 106 (1018-26).

3. Le complant conçu comme *precaria*, p. 196, n° 2, il est nommé *usus* et *consuetudo*, Cart. Romans, p. 104, 53 (26 août 1064) (v. n. 2 ci-dessus). Cependant le fief à vie était vers 1100 toujours avantageux pour le seigneur, et imposait des sacrifices; cf. Cart. Savigny, p. 448, 843 (vers 1100) : « quantum.... platantum est vel in antea [E.] plantaverit aut aedificaverit, sine ulla contradictione

qu'à la mort de l'époux survivant, ensuite, après certaines conventions, à la mort du premier héritier, enfin, le contrat du fermage arrive à devenir la *manusfirma* et reçoit même ce nom [1].

La forme spéciale du complant, issue à l'origine d'un point de vue plutôt économique que juridique, avait atteint ainsi le maximum de développement que pouvait comporter le droit de ce siècle et avait obtenu le même rang que la précaire et la *manusfirma* en tant que convention bénéficiaire. Il était devenu une forme de colonisation dans les régions les plus civilisées au point de vue économique et travaillait avec bonheur à un meilleur partage du revenu du sol. C'est grâce à lui que les plus pauvres prenaient part à la jouissance des pro-

post mortem ejus ad Sanctum Martinum perveniat. Pro tali vero convenientia dant ei monachi quartum et servitium in vita sua, et accipiunt ab eo tres sextarios de annona, et ut recipiant eum ad sepeliendum.

1. Suivre les étapes de ce *processus* dans Cart. S. André, 80 (1036-50) : « cedimus cuidam homini.... et uxori ejus.... aliquid de terra.... ad construendam vineam; » Cart. Mâcon, p. 104, 149 (996-1018) : « post quinque annos domnus L. [celui qui affermait le complant] medietatem recipiat, aliam medietatem BF. et P. et uxores eorum possideant; » ibid., p. 213, 371 : « post V annos U. et uxor sua, quamdiu vixerint, teneant et possideant et post illorum decessum.... revertatur. » — Cart. Romans, p. 104, 53 (26 août 1064) (cité p. 194, n° 3); Cart. Dom., p. 88, 99 (vers 1100) : « Quidam homo.... accepit a fratribus.... de Domina partem quamdam terrae, in qua vineam plantavit ad medium plantum, qui cum ad obitum pervenisset, quartum partem ejusdem vineae praedictis monachis reliquit, ea videlicet ratione, ut si filius ejus eam redimere vellet, illi assensum praebuissent.... filius.... redemit tali ratione, ut post obitum suum et suam quartam, quam antea possidebat, et aliam quartam partem.... dimittat. » Cf. surtout Cart. Dom., p. 198, 224 (vers 1100), p. 197, n° 4. Cart. S. André, 161 (1015) (non comme le veut Chevalier 1006-11, cf. n. 238) : un père afferme son complant à un certain Andreas « cujus voluntati nos [filii] libenter obtemperantes donamus ipsam haereditatem.... tali convenientia, ut quamdiu.... vixerimus, teneamus.... et omni anno in vestitura III sextarios de musto.... persolvamus.... accepimus de ipsis monachis loco caritatis.... viginti solidos cum beneficio Sancti Andreae ». — *Mém. des ant. de l'ouest*, 14. p. 72-3, 63 (vers déc. 997) : un complantus, « terra cum vinea, cum cortile et mansiones, » est donné à 2 générations en manusfirma.

duits naturels, qui étaient alors quasi les seuls facteurs économiques. Car l'agriculture était alors encore la seule base d'une économie ordonnée et comme l'État avait dans ses biens domaniaux la source la plus riche de ces revenus, chacun avait aussi besoin de la propriété foncière pour assurer son existence au point de vue économique, politique et social.

ANNEXE

CINQ CONTRATS DE *COMPLANT* DU SUD-EST

1. Cart. Mâcon, p. 35, 43 (vers 1012) : « Dilecto R. et filio suo, quem Deus illi primo concederet et matri sue E. ego L. episcopus dono vobis de ratione Sancti Vincentii unum campum ad medium plantum.... ut ad quinque annos vinea edificata sit, et post quinque annos vinea edificata fuerit, unusquisque medietatem suam recipiat; ea vero medietas, que ad vos pervenire debet, quamdiu vixeritis, vos prescripti teneatis et possideatis, sed post vestrorum decessum ad Sanctum Vincentium revertatur. Si quis contradixerit, auri libras X componat. »

2. Cart. S. André, n. 169 (1001-8) : « V. abba et cuncta congregatio Sancti Andree monastherii Viennensis cedimus cuidam homini nomine B. de haereditate predicte ecclesie ad construendam vineam.... quantum.... B. infra V annos aedificare potuerit, totum ei donamus, tali scilicet ratione, ut quamdiu vixerit unam medietatem teneat pro suo planto, alteram vero medietatem teneat in beneficio ex parte Sancti Andree.... post suum vero discessum ambe partes ad predictam ecclesiam revertantur. »

3. Cart. Brioude, p. 243, 233 (vers mars 845) : « homo nomine R., et uxor ejus... ante praesentiam nostram petierunt, humiliter ac devote, ut sibi campum unum de ratione Sancti Juliani.... concederemus per cartam, quae media-plantaria dicitur; quod nos.... adimplere curavimus..., cedimus sestariatas quatuor de campo ad complantandum medietarie.... ea scilicet ratione, ut usque ad quinquennium ab eis nihil exigatur, cum vero quinque anni adimpleti fuerint, a rectoribus ecclesiae beati Juliani dividantur, et qualemcumque partem eligere

voluerint in opus sancti Juliani recipiant, alia vero pars ab agricultoribus succedatur, ita dumtaxat, ut nemini vendere nec alienare liceat, donec partes terminos in capitulo sancti Juliani nuncient et indicent coram omnibus canonicis, ut eam emant; si autem post tertiam monitionem in communia fratrum eam emere noluerunt, neque ullus surrexerit clericus, qui eam emerit, de praedicta enunciatione vel coniuratione, licentiam habeant vendendi cuicumque voluerit, salvo jure ecclesiastico, absque ullo contradicente. Facta cartula ista, quae dicitur Semiplantaria, etc. ».

4. Cart. S. Andre, n. 27 (1004-5) : « (V. abba et congregatio) cedimus cuidam homini nomine M.... aliquid de terra predicte ecclesie ad construendam vineam.... quantum igitur infra V annos de ipsa terra edificare potuerit, predicte ecclesie unam medietatem reddat, alteram vero medietatem predictus M. et heres ejus teneant et possideant; si autem eis evenerit, ut vendere voluerint, non habeant potestatem vendendi aut donandi, donec per binas et ternas rectores predicte ecclesie ammoneant : quod si comparare noluerint, tunc faciant ipsi, quicquid facere voluerint. »

5. Cart. Mâcon, p, 170, 285 : « Dilecto B. et filio suo J. Ego G. dono vobis de terra Sancti Vincentii unum campum... ad medium plantum, ut ad V annos vinea edificata sit, et post V annos vinea edificata fuerit, unusquisque medietatem suam recipiat, et hanc medietatem teneatis, quamdiu vixeritis, vos, qui supra scripti estis B. et J. filius suus, et ille heres, quem J. priorem habuerit; et post vestrum decessum ad mensam fratrum Sancti Vincentii vinea perveniat. »

CHAPITRE III.

LES CLASSES RURALES, AGRICULTURE ET CORPS DE MÉTIERS.

La conception des classes au Moyen Age n'est plus la nôtre. C'est le droit qui assignait à chacun son rang ; de nos jours, c'est la profession qui est le signe distinctif. Ces deux principes ne sont cependant pas irréconciliables ; déjà, dès les premières époques, vient s'associer au facteur juridique une conception économique. Ne voit-on pas le serf cultiver les champs ? Encore aujourd'hui nous ne savons pas séparer notre conception de la haute noblesse de certains vestiges d'une situation juridique privilégiée. Le développement s'accomplit par l'opposition des éléments économiques et juridiques et il tourna chaque jour davantage au bénéfice des premiers.

C'est dans ces circonstances qu'apparaît une classe qui puise sa force et la raison de son existence, non plus dans le droit, mais dans l'impulsion économique, et sa venue assure le triomphe du facteur économique. L'éveil des classes bourgeoises date en France de la fin du XIe siècle. Si l'on recherche les causes générales, on est amené à supposer que les autres classes aussi, ou du moins quelques-unes d'entre elles, se trouvèrent alors caractérisées et déterminées autant par leur profession que par leur situation juridique. L'état de la population agricole répond à cette hypothèse ; certes, nous trouvons au XIe siècle, comme à presque toutes les époques, plusieurs classes participant à la culture du sol, qui est de toutes les voies de production la plus importante, mais on peut déjà parler des classes surtout agricoles, dont la description doit reposer sur une base à la fois juridique et économique.

L'homme libre cultivait certainement encore au xiᵉ siècle sa propriété, et en Auvergne, particulièrement, il a la prépondérance numérique dans cette occupation [1]. Mais, ailleurs, on avait déjà pris l'habitude d'opposer l'homme libre à l'agriculteur [2]. En général, l'agriculture devenait l'affaire des classes subordonnées, des non libres (avec la subdivision des *coliberti*) et des corvéables parmi lesquels on distinguait surtout les *hospites* [3].

1. Les hommes libres ne sont pas très nombreux dans le centre et le nord de la France au xiᵉ siècle (cf. Levasseur, *Histoire des classes ouvrières en France*, I, 162); cf. encore Cart. Mâcon, préf., p. 58, ainsi que Vit. Abb., I, 1, Mab. act., VI, 1, 38, fin xᵉ siècle; Sismondi, *Histoire des Français*, IV, 7, fait disparaître trop tôt les libres. — Dans l'Auvergne il y avait encore des libres, c'est ce que montre une lecture rapide des Cart. Brioude et Sauxillanges; cf. du reste la n. 1 de la page 200 et Doniol, Cart. Brioude, notes p. 19 ss. — La double conception des *liberi*, que Guérard a développée dans le Cart. S. Père, prol., p. 34, ne peut pas s'appliquer aux rapports économiques. Quant à la proportion entre libres, serfs et non libres, cf. les calculs contenus dans *Pol. d'Irm.*, I, 358 ss., particulièrement la conclusion dont on pourrait peut-être tirer une généralisation, p. 363.

2. Cela était arrivé déjà antérieurement, cf. Conc. Agath., 506, puis Cap. I, 805, c. 11. Au xiᵉ siècle, cf. pour la Normandie Cart. Trinit., p. 443, 40, milieu xiᵉ siècle : « virorum francorum scilicet et rusticorum; » et aussi p. 459, 75 (1068) : « unum rusticum.... et alterum liberum; » pour Cambrai : Gest. ep. Cam., III, 53, *M. G. S.*, VII, 485, p. 40; pour la Touraine : Cart. Cormery, p. 79, 38 (1026-40) : « miles aut rusticus, liber aut servus, » et ibid., p. 93, 45 (1070-1110); pour le Limousin : Cart. Beaulieu, introd., p. 99. Qu'on songe à la signification ultérieure de vilain et qu'on tienne compte des textes rassemblés dans un but différent par Guérard, *Pol.*, I, 339, n. 9. On trouve des anologies en Allemagne, cf. Waitz, V, 187. — D'autres renseignements sur les occupations agricoles dans ces passages : GC., 1, VIII i, 413 E (1035) : « servi et ancillae omnes (ad ecclesiam) pertinentes, hic et ubique degentes, » ainsi enlevés à l'agriculture; Gest. abb. Gembl., c. 69, *M. G. S.*, VIII, 549, p. 8 : « Dives praediis et mancipiis. »

3. L'état économique des censiers a été en partie décrit au chapitre II. Leur

Les non libres étaient répandus par tout le pays, des rives du Rhône jusqu'à l'Escaut. Mais c'est surtout dans l'Ouest qu'ils sont le plus nombreux, de la Saintonge jusqu'en Hainaut et en Artois, et vers l'Est, jusqu'aux sources de la Seine et de l'Yonne. Ils n'apparaissent que clairsemés en Auvergne et particulièrement vers le Sud[1].

Chacun était libre d'en avoir, à l'exception des Juifs qui ne pouvaient détenir aucun chrétien ou même généralement aucun serf dans leur domesticité[2]. Ils se recrutaient surtout

rapport social était dans le plus grand désordre. Les *hospites* avaient une importance au point de vue économique, parce qu'ils se trouvaient très caractérisés à cet égard, cf. *Pol. d'Irm.*, I, 249, Levasseur, I, 261.

1. Parmi les ouvrages qui donnent des renseignements sur la classe des non libres au XIe siècle, nous devons citer Guérard, *Polyp. d'Irminon*, I, 277-420; Grandmaison, *Essai sur le servage en Touraine d'après le* De servis *de Marmoutier*; publication de la Soc. archéol. de Touraine, XVI; Marchegay, *Les colliberti de S. Aubain d'Angers*, Bibl. de l'École des Chartes, IV, 2, 409; L. Delisle, *Études sur la condition des classes agricoles en Normandie*, Evreux, 1851; Doniol, *Histoire des classes rurales en France*. Les cartulaires les plus importants sont Cartulaire de S. Père prol. p. 45 suiv.; Cartulaire Mâcon, préf. p. 64. La source principale pour l'étude des servi est le *Liber de servis Majoris monasterii*, édité par Salmon et Grandmaison. Ces *servi* ont été très nombreux dans l'Ouest, c'est ce que montre au reste la naissance des *coliberti* dans ces contrées. On peut voir la dissémination des *servi* par les Cart. Dom., p. 59, 61 (1027); p. 60 (1045); Cart. Romans, p. 51, 20 (jusqu'au XIe siècle); Cart. Savigny, p. 507, 939 (13 déc. 1111); p. 321, 641 (1025), comté Autun; Cart. Ainay, p. 669-70, 156 (1022-32), Gau Lyon; Cart. Mâcon, p. 320, 545 (1074-96); Dach., III, 409, col. 1, Cluny; Hug. Flav., *M. G. S.*, VII, 1476, p. 51; GC. 1, IV i, 142 E (1019); 148 D (vers 1075), D. Langres; Cart. Yonne, I, p. 182, 94 (29 sept. 1046); p. 202, 104 (vers 1100); D. Rob. (23 sept. 1030), Bouquet, X, 624 D. Châlon; Vit. Wilh. Div. 14, Mab. act. VI, I, 327, pour Dijon. — *Mém. des ant. de l'Ouest*, 14, p. 113, 103 (fin XIe siècle); Cart. Chartres, I, 95-6, 18 (9 janv. 1084); Mab. *De re dipl.*, 587 E (1083), Tours et Chartres; D. Phil. (24 févr. 1001); Cart. Paris, I, 448, 3; Marlot, II, 132 (1074), Reims; GC. I, X i, 189 C (1083), Laon; Cart. Trinit., p. 428-9, 12 (milieu XIe siècle); Miraeus, II, 954, col. 1 (1095), D. Cambrai; GC. 2, III i, 85 E (1071), D. Arras; Mart. Coll. I, 412 D (1046), Hesbaye; Miraeus, I, 666, col. 2 (1081), Hainaut. — Cart. Sauxillanges, p. 136, 146; p. 313, 405 (990-1049). Si Doniol, Cart. Brioude, notes p. 19, met en doute l'existence des *servi* dans l'Auvergne au XIe siècle, il va trop loin sans doute; les chartes les plus récentes qui sont contenues dans le Cart. Brioude parlent de non libres, n. 315, de l'an 927.

2. Cf. Conc. Rotom. (1074), c. 14, Mansi, 20, 399, mais où il faut lire Chris-

dans leur propre classe, la naissance étant l'origine principale de la servitude [1]. Cependant les enfants d'un non libre, qui avait possédé jadis la liberté, n'étaient pas naturellement serfs comme lui, il fallait le plus souvent une stipulation spéciale pour qu'il en fût ainsi [2]. A côté de la naissance, on trouve une deuxième source du servage, la parenté qui naît d'un mariage entre libre et serf : elle impliquait la servitude même au delà de la durée réelle du mariage [3]. On peut désigner ces deux origines du servage dans un certain sens comme des sources naturelles.

Elles se distinguent à ce point de vue de la *traditio* qui est artificielle. La transmission a lieu sous une forme particulière qui peut se rencontrer aussi dans le cas où c'est la parenté qui fait un non libre. Celui qui va devenir serf plie le genou devant son futur maître après s'être posé sur la tête le *cens* capital. Le seigneur l'enlève et le prend [4]. Il offrait d'ordi-

tiana pour S. Christiani, et Decr. XIII, 110 (Ex. vita b. Greg. IV, 45). Cf. aussi *Pol. d'Irm.*, I, 332, § 166, et sous n. 21.

1. Cf. sur le recrutement des non libres, Grandmaison, p. X ss., *Pol. d'Irm.*, I, 284 ss. On trouve à l'époque même une division, GC. 1, X i, 189 C (1083), Laon : « servos et ancillas seu ex servili conditione, sive sponte sua ecclesiae donatos. » Elle n'est pas à la vérité complète.

2. D'après le Cap. L. Salic., add. c. 6, 819, *M. G. L.*, I, 226, restent libres les enfants qui sont nés libres. Même conception dans le *L. de Servis*, p. 104, 61 (1064); cf. Cart. S. Père, prol., p. 46. Exemples du XIe siècle pour la stipulation de la servitude : *L. de Servis*, p. 4, 2 (1032-64); p. 14, 12 (1032-64) et très souvent.

3. Cf. *L. de Servis*, p. 101-2, 108 (1032-84) : « O. bergerius, cum esset liber homo, duxit uxorem quandam ancillam Sancti Martini; qua defuncta duxit quandam liberam feminam uxorem. Cum hoc rescisset prior noster.... misit eum in placitum et calumniatus eum ad servum. Quam calumniam cum ille non posset refellere, recognovit se servum.... Similiter et uxor eius effecta est ancilla. »

4. Sur la *capitatio* voir plus loin. — Pour la forme de la *traditio*, cf. *L. de Servis*, p. 86, 93 (1032-64), et passim. Une indication plus exacte que d'habitude, *L. de Servis*, app., p. 168, 43 (1099) (= *Pol. d'Irm.*, II, 370) : « super genua stantes, et, ut moris est, positis quatuor denariis ab eisdem super capita singu-

naire une partie de ce *cens* aux serfs qui assistaient à l'acte. C'était du moins l'usage vers la fin du xɪe siècle [1]. A côté de cette forme générale de transmission, il peut y en avoir d'autres qui se sont développées, par exemple la tradition spéciale en faveur d'un monastère en s'entourant le cou de la corde de la cloche de l'église [2] ou la donation à Dieu (pour être moine : *servus Dei*) en s'enveloppant de la nappe de l'autel.

Cette transmission pouvait être ou volontaire ou forcée [3]. Pour la première, il y avait quelquefois la condition du séjour personnel d'un an et un jour chez le futur propriétaire ; presque toujours, elle avait lieu après un temps assez long d'attente et d'examen [4]. Dans la transmission, on faisait encore d'autres stipulations qui imposaient au maître certains devoirs et assuraient au serf différents droits et privilèges. Le plus souvent, il s'agit ici du sort de la propriété que possédait le *traditor*

lorum. » Les mêmes formalités quand le servage provenait de la parenté. *L. de Servis*, p. 101-2, 108 (1032-84). Si le seigneur était un saint, le traditor plaçait le *capaticum* sur l'autel ; cf. par ex. *L. de Servis*, p. 87, 94 (1032-64). Ce n'est pas non plus la conception générale de la *traditio* telle que la représente Grandmaison, p. XV. Cf. aussi Waitz, V, 222.

1. Cf. *L. de Servis*, app., p. 175, 50 (1113); ibid., p. 171, 46, p. 172, 47 (de l'an 1104-24).

2. Cf. *L. de Servis* p. 4, 2 (1032-64) : « ipse signorum etiam cordas collo suo circumferens et pro recognitione servi IIIIor de capite proprio denarios super altare Sancti Martini ponens semetipsum.... sic obtulit. » Aussi dans les n. 18, 19, 29, 35-8, 41, 45-6, 78-9, 81-5, 92. En revanche, sans la corde de la cloche dans les n. 25, 40, 57, 54, 68, 93. Ces chiffres permettent de conclure à un rapport approximatif des deux formes.

3. La transmission volontaire n'est pas rare, notre désir effréné de la liberté était inconnu à cette époque; cf. Grandmaison, p. XII. Comme exemple peut-être *L. de Servis*, p. 112, 119 (1084-1100) : « quidam nutritius noster.... dedit se ultro in servum. » Pour d'autres époques, cf. Roscher, I, 392, n. 6.

4. Cf. *L. de Servis*, p. 113, 119 (1084-1100), et aussi p. 113, 121 (1081-96); aussi p. 115, 124 (1081-96). La supposition d'un an et un jour se trouve dans GC. 1, X i, 189 C (1083), Laon. — Ce n'est que dans les époques antérieures qu'on put faire la *traditio* avec retour, cf. *Pol. d'Irm.*, I, 223.

au moment de la *traditio* [1]. Propriété ou possession pouvaient alors venir au premier plan, en sorte que souvent elles étaient la seule cause de la transmission volontaire [2].

La *traditio* forcée était le plus souvent une suite de la misère, que l'on y fût contraint par un crime et ses conséquences, c'est-à-dire le versement d'une forte composition, ou par d'autres circonstances [3]. Nous la nommons forcée, parce que le traditeur ne prenait pas de plein gré cette résolution, qu'il le faisait sous l'action réelle, mais non juridique, d'évè-

1. C'est le cas dans le *L. de Servis*, p. 22, 20 (1061) : « liberum sponte propria servum devenisse Sancti Martini.... ita scilicet, ut et vivus nobis.... serviat, et moriens, quicquid habuerit, derelinquat. » Aussi p. 101, 107 (1032-64), et un Liber Servus : « condonavit etiam quicquid habebat preter medietatem, quam suis necessitatibus hoc pacto reservavit, ut ea et quicquid plus in die obitus sui habuerit, totum in dominio Sancti Martini sit. » *L. de Servis*, app., p. 143-44, 21 (1064) : « juvenculum.... L., qui adhuc ingenuus.... famulabatur, servum postea perpetuum devenisse.... omniaque sua delegasse nobis habenda post obitum suum, nisi forte uxorem jussu quidem nostro acceptam habuerit aut etiam filios, quibus suas accipientibus partes, nos illam accipiamus, quae ipsi (con)-tinget. » Cf. aussi *L. de Servis*, p. 112, 120 (1084-1100).

2. Surtout pour les acquisitions dont chacun peut se débarasser; cf. *L. de Servis*, p. 5, 3 (1032-84) : « devenit servus Sancti Martini, pro eo, quod ei concessimus emere quandam domum in burgo nostro, quam emit a quodam servo nostro. Les servi sont ipse, et uxor ejus E. et filius R. » — Après l'acquisition venait à la vérité la contrainte pour la *traditio*, cf. Bibl. de l'éc. des Ch. IV, 2, p. 425, 11 : « non poterat esse ingenuus, quamdiu fiscum coliberti possideret ; » cf. aussi p. 426.

3. Pour l'*emendatio*, cf. *L. de Servis*, p. 117, 127 (3 janv. 1097) : « O. bergerius combussit quandam grangiam nostram, et cum non haberet unde emendationem ejus nobis persolveret, devenit ideo servus Beati Martini.... una cum P. uxore sua. » Cart. Trinit., p. 428-9, 12 (milieu du XIe siècle) : « Vinitoris cujusdam nostri ac mancipii [anticipé!].... conventio talis fuit. Hic.... in placitum adductus adeo inventus est reus, ut septem librarum debito premeretur. Quas non habens, unde redderet, ab abbate R. cum uxore et liberis servili jure accipitur. » Cf. aussi *Pol. d'Irm.*, 1, 285, n. 7. Différents cas : *L. de Servis*, p. 92, 98 (1032-64) : « L. quidam bubulcus noster in ultima mortis necessitate positus, vocatis filiis unum minorem.... in servum contulit assentientibus tam ipso puero, quam reliquis fratribus suis ; » et Marchegay, p. 233, 2 (1055-70) : « ingenuus quidam homo vocabulo R. postulavit nos diutius.... quatinus reciperemus, ipso tradente, in servitio.... duos pueros ex se quidem genitos, sed pre inopia

nements étrangers. Aussi fallait-il pour cette transmission l'accord de l'homme qui allait devenir serf et de ceux qui avaient des rapports de parenté et de droit avec lui [1].

La transmission forcée n'apparaît pas aussi souvent que le servage volontaire. Celui-ci se trouve mentionné bien souvent : une preuve de l'état économique relativement favorable des serfs, qui pouvait faire oublier les avantages juridiques de la liberté, une preuve aussi de la situation pénible du petit propriétaire libre. On s'explique ainsi que le désir d'échapper au servage ne se soit donc pas manifesté trop fréquemment; quand il était exprimé avec de bonnes raisons par des gens qui en étaient dignes, il est probable qu'il fut presque toujours accompli. Il y avait pourtant encore assez de différences entre libres et non libres, et elles ne furent affaiblies et effacées que par les siècles suivants qui sont la véritable période des affranchissements [2]. Les raisons déterminant les seigneurs à donner la liberté sont encore assez faibles ; il faut se garder ici de chercher partout des conceptions idéales. La conception du servage comme antichrétien se trouve n'être que celle des esprits les plus nobles. Même ceux-là savent la concilier avec la réalité des faits quand leur intérêt est en jeu. C'est tout à fait le cas des juristes de l'époque impériale [3]. La

sufficienter eos non prevalentem nutrire. » On exige la volonté et l'autorisation de la mère et le consentement des enfants.

1. Cf. les citations de la note précédente.

2. Cf. *Pol. d'Irm.*, 392 ss.; Levasseur, I, 174 ss.; aussi Roscher, I, 139; 145, n. 4.

3. Comparer seulement C. 4, D. de J. et J. 1. 1; l. 4, § 1, D. de statu hom. l. 5; l. 32, D. de R. J. 50, 17 avec Ivonis ep. 221 (printemps 1111), M. 162, 226 BC : « Si vero divinum institutum et legem naturae consulimus, ubi neque servus est neque liber, non mihi potest facile persuaderi, ut propter conditionem, quam natura non habuit, nec divina lex a lege conjugali excepit, lex humana posterius lata cassare possit conjugii sacramentum, quod veteri et evangelica lege constat esse confirmatum. Quod si vir propter conjugii chari-

conception habituelle, dans ce qu'elle a de meilleur, tend seulement à l'allègement du servage par l'amoindrissement des charges ou par la donation à l'église, où la situation des serfs était beaucoup plus avantageuse [1].

L'affranchissement lui-même peut être la conséquence d'une triple initiative : ou il provient du serf lui-même, c'est le rachat ; — ou du seigneur, c'est l'affranchissement ; — ou en général des faits juridiques, c'est la libération. Ce dernier cas est le plus rare. C'est encore le Juif, ce paria du Moyen Age, qui est ici atteint. Un serf que le Juif possède est libre par sa conversion au christianisme. C'est aussi le cas pour celui qui est converti au judaïsme [2]. Il faut comprendre ici la prescription en faveur du serf qui s'accomplit trente ans après la fuite, comme aussi la liberté donnée après des mauvais traitements qualifiés de la part du seigneur [3].

tatem noluerit subire servitutem, nec mulieri voluerit acquirere libertatem, ita rem modificandum puto, ut si per aliquam dispensationem permittimus cessare opera nuptiarum, non tamen ideo concedamus cassari coniugii sacramentum; » aussi ep. 242 (1113-4), aussi p. 249 CD, 250 A. Ajouter les passages importants de Jonas, *De inst. laic.*, cités Guérard, *Pol. d'Irm.*, I, 209, n. 9, et *Pol. d'Irm.*, I, 332, n. 43. Cf. aussi Fournier, *les affranchissements du* v^e *au* XIIIe *siècle* (*Revue historique*, XXI, p. ss.)

1. Cf. Cart. S. Père, p. 158, 31 (avant 1080); *L. de Servis*, p. 56-7, 58 (1000-1100); cf. la phrase mentionnée dans le manuscrit 14491, fonds latin de la bibliothèque de Munich, donnée plus loin. On en affranchit un grand nombre. Ainsi par ex. B. Benedicte d'Aniane, cf. Vit. Bened. Mab. act. IV, 1, 197.

2. Cf. là-dessus p. 200, n. 2, aussi Decr., I, 280 (Conc. Toled. IV, c. 9) = c. 17 D. 54, cependant v. aussi Decr., I, 281 et 282 = c. 18 D. 44. De même comp. Decr., I, 284 avec D. Lud., I, Bouquet, VI, 649-51. On peut voir quelle place sociale pouvaient occuper, après les premières persécutions, les Juifs du XIe siècle dans Rad. Gl. III, 7, Bouquet, X, 34 C. ss. Quelques Juifs, d'après le moine de Cluny, doivent survivre à chaque persécution, ad testimonium fusi sanguinis Christi; c'est pourquoi, après chaque persécution qu'il décrit, quelques Juifs « divina dispensante providentia » vivent encore. Sur leur état antérieur, cf. Waitz, II, 210, n. 3. Sur leur situation postérieure, Levasseur, I, 376 ss., Cart. Mâcon, préf., p. 70.

3. Pour ce dernier cas, cf. *Pol. d'Irm.*, I, 364, n. 13 et 14; pour le premier,

Le rachat du côté du serf suppose toujours une fortune assez importante ; celui-ci devait souvent aussi abandonner la propriété de son maître qu'il exploitait [1]. L'affranchissement motivé par des considérations civiles ou religieuses était la manière la plus ordinaire de rendre la liberté [2]. Il a besoin d'une formalité particulière qui constitue le pendant de la transmission et qui est aussi employée dans le rachat. L'affranchissement royal s'effectuait encore de l'ancienne manière, en jetant le denier posé dans la main du serf. Il y avait aussi la cérémonie plus solennelle de l'affranchissement dans l'église, sans parler de l'usage encore en vigueur qui consistait à conduire le serf qui va être affranchi à un carrefour. Le plus habituel pourtant était l'affranchissement en vertu d'une simple charte [3]. Tous les droits des hommes libres étaient

aussi 364, n. 2; il s'agit aussi des limites de ce droit. Pour le XIe siècle, nous n'avons aucun exemple de cet usage.

1. Aussi Cart. S. Père, p. 297, 43 (1090-1101). Cf. de même *L. de Servis*, p. 89, 96 (1032-64) : « pretio, quod impendere vel postulatus est vel potuit, ab eadem sese servitute redemit, » et encore p. 11, 10, (1007-10) (= aussi p. 61, 63) et app. p. 140, 18 (1060). — *Mém. des ant. de l'ouest*, 14, p. 96, 90 (1077 ou 1079). Un colibertus s'affranchit pour 10 lb.

2. Cf. *Pol. d'Irm.*, I, 366 ff., pour la littérature, p. 386, n. 18. Cf. aussi le travail de Fournier, cité p. 204, n. 3, sur les affranchissements. Nous indiquons, parmi les motifs religieux qui déterminaient l'église aux affranchissements, ceux qui étaient fondés sur des considérations toutes pratiques. *L. de Servis*, app. p. 146, 25 (1064-85) : « G. de S. factus est monachus Sancti Martini auctorizaverunt hoc E. de F., cuius servus ille erat, et L. uxor ejus ; » cf. Decr., XVI, 46 et 47. *L. de Servis*, p. 15, 13 (1007-9) : « O. gratia Dei comes.. quendam famulum... ad sacros ordines promovendum... facio liberum. » Sur les affranchissements pour devenir clerc opérés par la cloche de Marmoutiers à des conditions très difficiles et même indignes, cf. *L. de Servis*, p. 47-8, 49 (1032-64) ; p. 105-6, 112 (1064-84) ; p. 107, 114 (15 août 1091). Cf. aussi Reginon, I, 406-9, 411-14.

3. Cf. pour les différentes formes : D. Hen. (1056), *L. de Servis* app. p. 139, 17 : Le roi affranchit, « more regio, excusso scilicet de palmo denario » ; cf. Lex Salic., t. XXVI, 1, 2. *Pol. d'Irm.*, I, 373 ss. — *L. de Servis*, app. p. 160-1, 37 (7 novembre 1087) : « ne [l. : me] quendam meum colubertum.. libertati condonasse.. cartam in publico conventu, astante et testante omni populo in ecclesia Sancti Christofori die Dominico ante processionemtam ego quam omnes, qui

donnés à l'affranchi ; il peut aller où bon lui semble, il n'est obligé à aucun *cens*, il n'a rien à payer, si ce n'est à Dieu [1].

Il est entièrement libre de tous les liens de dépendance vis à vis du seigneur et de sa parenté et peut, à son gré, créer tout autre lien en dehors d'une nouvelle servitude [2]. Quelquefois le maître prend certaines déterminations au sujet des biens acquis par le serf pendant le temps du servage ; dans les cas les plus favorables, le nouveau libre les reçoit en présent. L'Église avait établi une règle fixe, d'après laquelle chaque affranchi devait recevoir pour toujours une terre et une habitation d'une valeur de 20 *solidi* [3].

tunc successores esse poterant, crucibus nostris firmavimus. » Cf. *Pol. d'Irm.*, I, 368 ss. — *L. de Servis*, p. 15, 13 (1007-9) : « Sitque ab hodie liber, ac si ab ingenuis parentibus fuisset genitus, habeat vias quadrati orbis apertas nullo contradicente; » aussi p. 48, 50 (1029-31), avec l'observation suivante : « eligat quemcumque vult advocatum nemine reclamante. » Pour la mention du carrefour, cf. aussi Guérard, *Pol. d'Irm.*, I, 212, n. 1.

1. *L. de Servis*, p. 70, 73 (958-87) : « Colibertum.. ab omni jugo servitutis absolvimus, ita ut post hac liber permaneat et in quamlibet partem mundi quadrifidi securus pergat nullique nisi spontanea voluntate servitium reddat, nisi soli Deo. » Cf. aussi app. p. 173-4, 49 (1108-25).

2. *Mém. des ant. de l'Ouest*, 14, p. 51, 44 (vers mars 976) : « Nullum heredum hac proheredum meorum [du libérateur] debeat servicium nec libertinitatis obsequium [souvenir du droit romain comme dans le commencement de la charte], sed cum plenissima ingenuitate.. vivet. Peculiari vero, quam actenus acquisitam habet, aut in antea.. conlaborare poterit, tam mobilibus quam etiam et immobilibus, habeat sibi concessum. » Cf. aussi la citation du L. de Servis, p. 48, 50. Il ne doit pas en même temps être le *servus* d'un autre seigneur. Ainsi le décide L. de Servis, p. 89, 95 (1032-64). En autre cas, il doit être rendu au premier seigneur. Contre ce principe, mais impliqué par lui, se montre le *L. de Servis*, p. 11, 10 (1007-10). Cf. pour les bornes *L. de Servis*, p. 73, 76 (22 janv. 1069). Nous n'avons trouvé aucune trace sûre de dépendance de l'affranchi vis à vis son ancien maître au XIe siècle. Cependant, comme le premier passage de cette note le montre, c'est bien conforme à l'esprit de cette époque. Elle existait vraisemblablement, quoiqu'on ne puisse en fournir la preuve. C'était cependant plutôt le cas dans les époques antérieures que postérieures. Cf. *Pol. d'Irm.*, I, 384; Levasseur, I, 178 ss.

3. Pour les donations laïques, cf. la n. 2 ci-dessus citée dans les *Mém. des*

Au point de vue du droit et de la vie, le serf en général avait seulement l'importance d'une chose [1], et son rang parmi les biens meubles se désignait par un prix assez bien déterminé. Celui-ci devait dépendre en général du travail humain, mais combien il est difficile et même impossible d'évaluer ce travail! Deux indications peuvent seulement nous servir. D'abord le rapport de l'attelage de la charrue et du travailleur est égal au rapport de 3 : 1. Puis l'identification de six deniers et d'une semaine de travail manuel. Cette indication, en supposant que le travail aux champs dure 6 mois, donnait une valeur de 26 *solidi* pour le travail ordinaire d'un homme [2]. Si faibles que soient les conclusions autorisées par de telles évaluations, il est sûr que le prix du travail en valeur absolue était très minime, quelle que fût son élévation relative [3]. Cependant le prix des serfs qui va d'un minimum de

ant. de l'ouest, 14, p. 51, 44; en revanche Cart. S. Père, p. 297, 43; cf. *Pol. d'Irm.*, I, 381, n. 12, 13. La règle ordinaire employée par l'église est donnée au passage des Decr., XVI, 50 = c. 57. C. 12. qu. 2. Pour les affranchissements à l'époque franque, Waitz, II, 180 et surtout 182. Pour les siècles ultérieurs et surtout pour le XIIIe siècle. Cart. Paris, préf. p. 197 ss., aussi *Pol. d'Irm.*, I, 392 ss.

1. Cart. S. Père, p. 188, 61 (avant 1070), quelqu'un offre une terre : « Adens autem huic dono, sancto Petro concedo quandam collibertam... Atque ex ambabus rebus.. » Un non libre peut être donné en fief, cf. *L. de Servis*, p. 55, 56 (1015-32). — Aussi p. 58, 60 (1000-1100) : « colibertum L. nomine, filium R-i carpentarii.. K tenuerat in faevum. » Cf. Lamprecht, W. D. II, 569.

2. Cf. Cart. Romans, p. 86, 39 bis (16 août 1060), où un Arator a une valeur égale à 3 Manuoperariis (plus tard le rapport était de 1 : 4; *Encyclopédie* au mot Corvée). *Pol. d'Irm.*, II, 360, donne pour 6 jours d'un travail non qualifié 6 den. On peut se demander si l'on comprend dans ce compte la nourriture; selon toute apparence elle n'est pas comprise, ce qui nécessite l'addition du prix de la subsistance quotidienne. Cf. chap. IV, vers la fin. Guérard, *Pol. d'Irm.*, I, 761, nous donne pour 9 journées de travail au Xe siècle (Reims) 4 den., ce qui donnerait pour une demi-année seulement environ 6 solidi 1/2 de salaire.

3. Le champ réclamait sans doute au XIe siècle plus de travail que de capital en comparaison de notre époque; malgré ce, cf. pour l'estimation du travail Cart. Saintes, p. 120, 178 : « Cum jugo boum atque simul cum bubulco »; selon sa valeur et son travail.

12 *solidi* jusqu'à 60 *solidi* est encore relativement bien inférieur, et se serait en moyenne élevé à 36 *solidi* 10 d.[1] Combien plus élevé était le prix d'un cheval dont la moyenne, moins problématique, était pour toute la France de 100 *solidi*. Mais, précisément, ce prix très faible du serf prouve combien il était déjà indépendant et combien peu son maître était en état d'utiliser complètement ses forces.

Il n'en est pas moins vrai que les serfs, en dehors des donations, étaient encore vendus pour de l'argent[2]. Pour la plupart de ces aliénations, il n'y avait aucune borne, pas de limitation locale non plus[3]. On voit bien figurer l'approbation des co-

1. Cf. *Pol. d'Irm.*, I, 294 ss., pour les prix de temps antérieurs; pour notre période : Hug. Flav. *M. G. S.* VIII, 479, 53 (1099) : « A. quoque et progeniem ejus optimi.. 12 solidis; » Cart. Mâcon, p. 310, 527 (1060-1118) : « dono quamdam ancillam meam... primum... pro anima mea et pro animabus parentum meorum, deinde quia.. michi partem dederunt [canonici] in elemosinis et benefactis suis, tertio quia michi pro hoc XV soldos denariorum tribuerunt. » — *L. de Servis*, p. 25, 23 (1032-64) : une Coliberta avec famille = 20 Sol. ; aussi p. 5 et 6, 4 (1032-64) : 2 Coliberti = 55 Sol.; Hug. Flav., *M. G. S.* VIII, 476, 30 (6 février 1096) : une non libre donnée au moine, Flavigny : « acceptis a nobis solidis 58 pro caritate » [il faut lire « posteritatem eius » au lieu de « eorum »]; *L. de Servis*, app. p. 138, 16, (1050-70) : un Servus = 60 Sol. — Aussi p. 83. 89 (1040-60) : un Colibertus avec fils = 65 sol. 9 den.

2. Cf. *L. de Servis*, p. 89, 96 (1032-64) — pour Coliberti aussi p. 2, 1 (1er et 20 août 985); p. 18-9, 16 (1061); app. p. 134, 13 (1050-64); Cart. S. Père, p. 180, 54 (avant 1061). Les « servi ecclesiastici » étaient déjà beaucoup mieux traités. Cf. Decr., III, 234, 235. Le Conc. London. (1102), va plus loin, ca. 27 : « Ne quis illud nefarium negotium, quo hactenus in Anglia solebant homines sicut bruta animalia venumdari, deinceps ullatenus facere praesumat. » Ce serait un témoignage d'un grand poids, caractérisant les tendances de l'époque, si l'on ne se posait pas la question de savoir si ce canon se rapporte à des non libres; cf. *Pol. d'Irm.*, I, 390, n. 8. Il est nécessaire de rappeler pour l'Allemagne les tendences des empereurs Henri et Conrad.

3. Nous tirons la première conclusion de GC., 2 III i, 22 C (1084). D. Cambrai : « AC. [servum] quem de manu S. C. suscepi et eidem loco concessi : AC. fut donc aliéné au moins deux fois dans sa vie. Pour l'étendue du marché au XIe siècle, nous n'avons pu trouver aucun document servant à la limiter. D'après Luitprand,

villageois au sujet des serfs aliénés, mais dans une forme qui montre assez combien eût été illusoire le refus de cette approbation [1]. L'aliénation se fait sous la forme ordinaire; une fois à l'occasion de la donation d'un certain nombre de serfs, on voit qu'un seul est livré *pro vestitura* des autres. En aliénant un non libre, on aliène aussi le droit qu'on a sur sa postérité ; on jugeait pourtant nécessaire une stipulation particulière [2]. L'échange était, comme la vente, juridiquement permis [3].

Ces droits montrent le servage sous ses côtés les plus sombres ; il était cependant difficile de laisser tomber le droit de vente du serf sans enlever à celui-ci tout son caractère. Le serf était encore rangé parmi les choses dans le cercle plus étroit des meubles ; nul doute qu'en le faisant passer dans la classe des immeubles, il n'en résultât pour lui un progrès juridique et social.

Il s'accomplit par l'union des serfs à la glèbe. Ce n'était pas encore au XIe siècle la règle générale, mais elle était en train de le devenir [4].

des marchands de Verdun vendaient des eunuques en Espagne ; ce qui était le cas pour Verdun pourrait ne pas être impossible en France et être aussi arrivé au XIe siècle. Il en était autrement auparavant, cf. Waitz, II, 177 ; IV, 300, aussi Hüllmann, p. 210, et *Pol. d'Irm.*, I, 293. De la même manière en Angleterre au XIe siècle, cf. Stat. Wilh. Conq. c. 9, Stubbs Charters, p. 84.

1. Marlot, II 132 (1075), Reims : un comte R. donne « servi. laudare facio.. milites meos.. Ministros etiam meos, quos in illo Castello habeo.. et reliquos omnes tam liberos quam servos » ; c'est le seul exemple que nous connaissions.

2. Ainsi par ex. *L. de Servis*, p. 14, 12 (1032-64) et très souvent. Un serf est donné en possession comme garant de l'investiture à d'autres non libres. *L. de Servis*, p. 7, 5 (1064-84).

3. Cf. Cart. Paris, I, 327-8, 20 (1100), où un échange important est effectué, comme aussi *L. de Servis*, p. 14, 12 (1032-64).

4. C'est le jugement de Guérard sur ce sujet (*Pol. d'Irm.*, I, 292 ; 238 ; 387 ss.). Déjà pour la fin du IXe siècle, Yanoski affirme la *glebae adscriptio* : *De l'abolition de l'esclavage ancien*, p. 90 ss. Cf. aussi Grandmaison, p. XIX. —

On trouve dans les sources des indications sur la dépendance entre l'immeuble et le cultivateur. Tous deux sont cédés en même temps, lors de la vente d'un bien. On admet déjà que les habitants y sont compris. Des hommes libres enfin sont considérés, après un long séjour sur un bien étranger, comme inséparables de celui-ci et sont transférés avec ce bien [1]. Ainsi étaient données les premières conditions pour le développement de la *glebae adscriptio*, comme nous la voyons se former juridiquement à partir de la fin du XIIe siècle en Flandre [2].

L'indéniable progrès qui se montre dans ce développement se manifeste encore ailleurs. Si *mancipium* était, dans les premiers temps du Moyen Age, l'expression principale pour qualifier les non libres, on cherchait maintenant à cacher

Les non libres sont donnés sans la terre : Cart. Mâcon, p. 257, 557 ; p. 260, 454 (1033-65) ; p. 273, 474 ; p. 311, 530 (1074-96); Hug. Flav. *M. G. S.*, VIII, 476 l. 30 (6 février 1097); Cart. Paris, I, 292, 5 (vers 1076) ; c'est souvent le cas.

1. Cf. pour nos affirmations successives Mart. Th. I, 186 D., (ca. 1050). Poitou : « viginti arpentos vincarum simulque unum colibertum cum ipsa sua hereditate. » De la même manière Barthélemy, *Dioc. de Châlons*, II, 445 (1103) ; Gest. abb. Gembl. c. 69 *M. G. S.*, VIII, 549 l. 8; *L. de Servis*, app. p. 147, 26 (1066) : « cartam de alodio de C., unde erant dicti servi, » et aussi p. 73, 76 (22 janv. 1069) : « terram patris sui, propter quam et ipsi servi erant. » — Mab. ann. V, 55 (1072), Reims : « de servis et ancillis meis.. tradidi eos.. cum omnibus terris et domibus suis, cum filiis et filiabus cumque omni substantia eorum. » Cf. aussi GC., 1, IV i, 142 E. (1019) D. Langres; Cart. Ainay, p. 669-70, 156 (1022-32), pour le pays de Lyon. — Marlot, II, 133 : « donari sancto Remigio quoddam hospitium... Illa autem donatio sunt duo homines duaeque foeminae cum liberis domibus et facultatibus. » *L. de Servis*, p. 45, 47 (1032-64) : « RD. hereditatem atque edificationes cujusdam sui colliberti.. tradidit. Similiter quoque donavit.. unam collibertam. » La donation d'un collibertus est sans doute ici considérée comme toute naturelle. — GC. 2, III i, 22 D : « Item concedo Normannos, qui in eadem villa degerint ea conditione, ut si anno et una die ibi manserint, postea ibi et ibicumque in comitatu meo abbas vel monachi jure possideant sempiterno. »

2. Cf. Warnkönig, *Flandrische Staats- und Rechtsgesch.*, I, 244.

leur sort rigoureux par une désignation plus adoucie. Déjà les mots *homo*, *dominicus*, *suus* révèlent cette tendance, mais plus encore *famulus*, *rusticus*, *serviens*[1]. A côté de ces expressions apparaissent cependant encore, mais plus rarement, *servus* et *mancipium*[2].

Cette amélioration paraît être purement formelle, et, dans le domaine spécial du droit reconnu, il reste trop d'éléments réels qui sont en désaccord avec elle : mais la raison en est dans l'affaiblissement essentiel du servage qui, juridiquement, était arrivé à son minimum. On était déjà parvenu si loin qu'il s'agissait désormais de combler le fossé qui existait entre libre et serf. Mais cela ne pouvait réussir immédiatement par la voie la plus directe, celle d'une réforme juridique. Tout ce

1. Pour les expressions données antérieurement aux non libres, cf. Cart. S. Père prol., p. 45. Au XIe siècle, en outre des termes usités, apparaît aussi *Homo*, cf. Hug. Flav. *M. G. S.*, VIII, p. 476 l. 51 ; *Dominicus :* Cart. Sauxillanges, p. 313, 405 (990-1049), où il ne faut pas lire *Dominicus* mais *dominicus*; il y a bien des cas semblables. *Suus :* Cart. Corméry, p. 78, 38 (1026-40) : « sui.. mancipia siquidem. » La Chron. Andag. et autres SS. emploient « suus » au lieu de « proprius ; » *Proprius* signifiant non libre : Waitz, V, 193. *Famulus :* B. Pasch. (1113, *Jan.*, 24), *J.* 4700 ; Baluz. M., II, 188 : « ipsius Ecclesiae famuli, qui apud vos servi vulgo improprie nuncupantur. » En revanche, le pape parle à la vente de « servi saecularium hominum. » Nous trouvons aussi souvent *L. de Servis*, p. 48, 50 (1029-31), « famulus » pour « servus ». Ce mot a encore un sens plus étendu. Cf. *L. de Servis*, app. p. 167, 41 (1095) : « famuli eorum, H. presbyter de P. ; A. ; R. de C. et quartus famulus.. Pour « rusticus, » cf. la n. 2 p. 199 ; pour « serviens » : Dach. III, 410, col. 2 (1076), S. Quentin ; Barthélemy, Dioc. de Châlons, II, 445 (1103). — Guérard, *Pol. d'Irm.*, I, 339, § 168, fait aussi des remarques semblables sur les termes. Très intéressant est le terme employé par le Cart. de S. Hilaire-Poitiers-*Mém. des ant. de l'Ouest*, 14, p. 66, 57 (avril 988-96), où apparaît pour la dernière fois « mancipium » ; p. 113, 102, pour la dernière fois, « servus. » En revanche, p. 85, 77 (vers 1025), « serviens ; » aussi p. 92, 85 (vers 1070), pour la première fois « rusticus. » Cependant cf. encore Lamprecht, *D. W.*, I, 1195 et la note suivante.

2. Cf. aussi Lamprecht, *D. W.* I., 1195. GC. 1, IV i, 142 E, 1019 D. Langres : *mancipium*, de même Cart. Trinit., p. 428—9, milieu du XIe siècle ; Gest. abb. Gembl. c. 69, MGS. VIII. 549 l. 8, comme aussi Cart. Yonne I, p. 202, 104, vers 1100. Cf. aussi la n. précédente, B. Pasch. 1113, Baluz. M. II, 188.

changement de droit n'a lieu qu'à la suite de révolutions politiques ; l'élévation sociale du serf pouvait donc seule lui donner une même situation en droit.

D'après nous, c'est ici qu'il faut introduire l'apparition des *coliberti* [1]. Quel rapport y a-t-il entre *servus* et *colibertus?* Celui-ci peut être affranchi et vendu, comme l'autre ; généralement son état juridique est presque identique avec celui du serf; les *coliberti* sont eux-mêmes souvent appelés *servi* [2]. Malgré cela, le *colibertus* a plus de prétention, il ne veut pas se soumettre à la contrainte du servage, son état est considéré comme quelque chose d'autre et de préférable, et désigné souvent par les mots *liber in servitio*, aussi *servus liber* [3]. D'où vient cette prétention?

1. Pour la question du Colibert, cf. ci-dessus p. 200, n° 1, où figurent les livres qui traitent cette question et particulièrement Marchegay, Grandmaison; cf. Cart. S. Père prol. p. 42 sv.; cf. en dernier lieu, p. 42, l'étymologie du mot *colibertus*. La définition donnée par Guérard est dans le *Pol. d'Irminon* II. gloss. pecul. au mot *Coliberti*, quatre ans après l'apparition du Cartulaire de S. Père, montre combien était peu fondée son opinion.

2. Pour l'affranchissement et la vente du *Colibertus*, cf. p. 206, n. 1 et 2; p. 207, n. 1; p. 208, n. 1; p. 209, n. 1 et 2. *Coliberti* sont appelés servi. *L. de Servis*, p. 91, 97 (1032—84); Marchegay, p. 390—1, 49 (1060—67), cf. Bibl. de l'Ec. des Ch. IV, 2, 425, 11. Les explications qui vont suivre démontreront que les rapports juridiques des Coliberti s'accordent avec ceux des servi; on indiquera aussi les commencements d'une nouvelle transformation juridique pour une classe spéciale des Coliberti, comme les sources nous les révèlent. Nous mentionnerons tout de suite un sérieux indice de cette transformation : *L. de Servis* app. p. 151, 29 (1070) : « Servus, sancti Martini.. duxit uxorem quandam colibertam Hugonis.. de qua habuit IIIIor liberos, judicatum est, quod nati de servo et coliberta non debent partiri, sed patrem sequuntur omnes filii [= liberi] : Cf. aussi *L. de Servis* p. 94—5, 101 (1032—84).

3. Cf. Marchegay, p. 389, 47, 1105—20 : « de quodam coliberto Sancti Mauri.. S. Fabro, qui diu ventilatus hominem se ipsius sancti recognoscebat; set non sicut alii, qui de quatuor nummis erant, etc. » *L. de Servis*, p. 95, 101 (1032—64) : « G. de V., qui G. patrem eorum Sancto Martino et nobis in servum donaverat, non pro servo, sed pro coliberto donasse. » Cart. S. Père, p. 158, 31, avant 1080, la souscription donne : « Donatio quorundam colibertorum, » dans

Sans aucun doute de ce que le *colibertus* avait une meilleure situation sociale que celle que possédait généralement le serf. Les sources confirment cette opinion. Le *colibertus* pouvait être aussi bien un agriculteur, un artisan, qu'un fonctionnaire administratif[1]. Son père avait été quelquefois un homme libre, lui-même disposait souvent de ressources importantes. C'était un homme qui était fier de sa patrie et de ses parents, et on lui faisait plaisir de le désigner en ajoutant sa parenté[2]. En un mot, il tenait le premier rang parmi les serfs et a été celui qui a joué en France un rôle analogue à celui des fiscalins de l'empereur et de l'église en

le texte il est question d'un servus liber. « Liber in servitio » se trouve Cart. S. Père, p. 180, 54 (1061).

1. Cf. *L. de Servis* app. p. 157, 33 (1080—1111), et Bibl. de l'Ec. des Ch., IV, 2, p. 424, 11 : un Colibertus Praepositus. *L. de Servis*, p. 29, 28 (1032—64) : « Forestarius »; aussi app. p. 123, 3 (1032—64) et Cart. Saintes, p. 55, 53 (1079) : « Salnarius ; » *L. de Servis*, p. 54, 55 (1032—64) : « Molendinarius »; aussi p. 98, 104 (1063) : « Furnarius »; de même p. 18—9, 16 (1061), app. p. 142, 19, (1061) : « Piscator; » cf. p. 9, 7 (1032—84) : « Vacherius; » aussi p. 58, 60 (1000—1100) : « Carpentarius; » de même p. 91, 97 (1032—84) : « Sutor; » voir aussi Bibl. de l'Ec. des Ch., IV, 2, 424, 9 : « celibertam.. cum duabus filiabus suis, quae omnes docte erant vestimenta lavare. « Les Coliberti correspondent, d'après cela, aux Ministeriales inférieurs de l'Allemagne, cf. Lamprecht, I, 820 s., 1128 s., 1167; cf. la citation de la note suivante n°. 2.

2. La mention des ancêtres est aussi remarquée par Grandmaison, p. XI, XII, mais il l'explique sans s'appuyer sur les sources, et l'exemple qu'il cite lui-même contredit son opinion. *L. de Servis*, p. 60, 62 (1032—64). — Cf. les indications d'origine d'après le domicile et les parents : *L. de Servis*, p. 5—6, 4 (1032—64); d'après le domicile : aussi p. 18—9. 16 (1061), p. 23, 21 (1032—64); d'après la famille et les parents : aussi p. 97, 103 (1063). Ces indications n'apparaissent pas régulièrement. — Le père d'un Colibertus est un homme libre : *L. de Servis*, p. 64, 66 (1062). Pour la fortune d'un Colib., cf. *L. de Servis* app. p. 125, 5 (1032-84) et *Mém. des ant. de l'ouest* 14, p. 96, 90 (9 oct. 1077). Il avait encore, à côté de son bien, une terre à cens (censiva) : Bibl. de l'Ec. des Ch., IV, 2, 425, 11. Un très riche Serviens de l'Eglise de S. Vaast, Hug. Flav. *MGS.* VIII, 377 p. 19 sv., est appelé Libertus.

Allemagne[1]. Et en effet, l'état du *colibertus* paraît provenir fréquemment de la transmission de non libres à l'Église, en vue de services moins durs[2]. Puisque les *coliberti* étaient les serfs les plus riches et les plus considérés, il est naturel qu'ils aient été fort répandus dans les contrées où les *servi* étaient en général les plus nombreux. Leur domaine s'étend de Saintes jusqu'à Bourges et de là jusqu'au nord de Paris,

1. La mention de la patrie et de la parenté est de nature aristocratique; elle est très usitée au Moyen-Age : qu'on se rappelle le vers d'Homère : τίς πόθεν εἷς ἀνδρῶν. Il est remarquable que le Colibertus disparait là où le fiscalin commence d'être important, cf. p. 216, n. 1. Pour l'état, très peu changé au point de vue juridique, mais amélioré par la situation économique et sociale, cf. N. E. GC. 2, III i, 85 E (1071) D. Arras; Miraeus I, 675 col. 1 (1073), pour Bruxelles; aussi Waitz, IV, 294 sv. (V, 207 sv.), Lamprecht I, 1146, 1213 s. et Col. d'Irm. I, 349 sv. § 174, surtout § 176. La possession d'un Colibert comme telle est même désignée par *Fiscus :* Bibl. de l'Ec. des Ch., IV, 2, 425, 11. On ne peut déduire de toutes ces remarques d'une manière certaine que le Colibertus soit le Fiscalin du Sud, mais on peut soutenir que sa naissance est le résultat d'un même état social.

2. Cf. surtout la définition des *Coliberti* que j'ai trouvée à la Bibliothèque de Munich (Cod. lat., n° 14491, in-4°, xi° siècle) et qui figurait primitivement aux Annexes de ce livre (éd. allemande, p. 151) : « Quid sit collibertus. Ille collibertus vocatur, qui ante mancipium et servus fuit et postea causa devotionis a domino suo ad aliquem privatum locum, id est, ad episcopatum vel ad monasterium sive ad aliquam consecratam ecclesiam pro redemptione peccaminum suorum libertati ecclesiastice donatur, non ut ex toto liber sit vel privatus, sicut liberti, set sub iure ecclesiastice familie conditionaliter servitio divino sit mancipatus, quam conditionem nullomodo ausus sit transgredi. Verbi gratia : Si habeo servum, servit mihi sicut proprius, et non est libertus neque collibertus. At si ego ad sancti alicuius altare illum pro anima mea tradidero, ut aut singulis annis censum a me constitutum persolvat, aut cotidianum servitium per semetipsum reddat, iam postea non erit servus meus, set collibertus, id est eiusdem libertatis mecum est secundum spem, quoniam ego sum servus dei et illius sancti, cui illum tradidi. » Le Cart. S. Père, p. 180, 54 (avant 1061), a confirmé cette définitien systématique; cf. l'explication de Guérard (Cart. S. Père prol. p. 44-45). Du reste la cause originelle de l'institution des Coliberts, que nous trouvons indiquée dans le ms. de Munich, n'est certainement pas la seule.

de même à l'ouest de cette ligne, jusqu'aux frontières de la Bretagne [1].

Le serf considéré comme chose était exclu de toute participation active à l'administration de la justice juridique. Il ne pouvait être, en général, ni témoin, ni partie, ni juge [2]. Il ne pouvait réclamer aucune des protections juridiques ordinaires. Au XIe siècle, il lui était encore défendu de porter devant la justice ordinaire aucune plainte, s'il n'avait pas auparavant nié son état juridique [3]. D'autre part, déjà sous les Carolingiens, on avait admis le témoignage des non libres, lorsque celui

1. D'après Marchegay, *l. cit.*, p. 409 : Anjou, Maine, Vendômois, Touraine, Poitou. Cf. Cart. Saintes p. 54, 53 (1079) Saintonge; Baluz. II. T. p. 427 (1085), Mart. Th. I. 186 D. (vers 1050) Poitou; pour Bourges Conc. Bituric. (1031) c. 9, Mansi 19, 504, et peut-être *L. de Servis* p. 65, 68 (1032—64) : « famulum quendam.. liberiori genere ex provincia Bituricensi; » D. Phil. 1072, Mai 20. Mart. Coll. I, 490 A.: « colibertum meum; » Cart. S. Père p. 180, 54 (avant 1061); p. 188, 61 (avant 1070); p. 297, 42 (1013—33); Pol. d'Irm. II, 378—9 (vers 1100) Beauvaisis. — Cart. Corméry p. 71, 36 (1026—47) et p. 99, 48, ca. 1109, culiberti, p. 93, 45 (1070—1110) : colibertus; Mab. ann. IV, 754 col. 2 (1064) Marmoutier; Marchegay p. 390—1, 49 (1060—67), p. 389, 47 (1105—20). Besly p. 407, (1089) ex Tab. Burguliensi, Cart. Saintes p. 4, 1 (1047) Anjou.

2. Cf. *Pol. d'Irm.* I, 310 sv., aussi Iv. Decr. XVI, 57 (= ibid 224), 59—61, 64. On devra remarquer dans ce décret qu'une forte altération du sentiment juridique se fait sentir sous l'influence romaine. La preuve par témoin était déjà très importante. Cf. p. E. Cart. Paris, I, 323—54, 5, ca. 1045. La preuve par l'Ordalie était permise aux non-libres, mais l'église se montrait très défavorable au duel. Cf. *Pol. d'Irm.* II, 355, (ca. 1037). Marmoutier, et aussi p. 357 (1038) Flandre; la licentia bellandi n'est permise qu'aux non-libres du diocèse de Paris. D. Lud. VI (1109), Baluz. M. II, 185. — Du reste nous ne sommes pas d'avis de décrire ici l'état juridique des non-libres, nous ne devons en parler qu'autant qu'il est nécessaire pour comprendre les rapports économiques du siècle.

3. Un moyen sans doute assez désespéré. Il fut cependant employé, cf. *L. de Servis*, p. 12—3, 11 (1053—88) : « quidam servus noster.. habebat querelas adversum nos et nos adversus eum. De quibus cum vellet placitari nobiscum, negavit, se esse servum nostrum, ut posset habere quoscunque vellet adjutores contra nos ad placitandum. » Quelquefois il put avoir été utilisé avec succès, c'est peut-être le cas dans Walt. vit. Karoli Flandr. 15. *MGS.* XII, 545.

des libres faisait défaut. Il y avait dans cette distinction quelque chose de flottant, qui tourna bientôt au profit des serfs. Nous trouvons des non libres qui servent de témoins pour des transmissions de propriétés appartenant à des hommes libres, ce qui supposerait, en cas de contestation, le droit de témoigner en justice. Ces témoignages n'ont certes pas la même valeur que ceux des hommes libres, mais leur droit paraît ancien et bien établi [1]. On remarque même dans les chartes célèbres du roi Henri et du roi Louis que ce droit reçoit sa confirmation définitive pour les serfs ecclésiastiques sur la demande de certaines corporations religieuses. Les serfs reçoivent ici un droit complet et libre pour la confirmation et pour la preuve. On menace de fortes amendes et de grands préjudices les libres qui n'obéissaient pas à ces ordonnances [2].

Ces concessions n'introduisaient pourtant pas le serf dans les institutions judiciaires, sans compter qu'elles n'avaient qu'une portée locale et restreinte. Il s'était, au contraire, développé une juridiction particulière pour les serfs et pour les autres subordonnés de la *villa*. Le seigneur était naturel-

1. D. Lud. VI, 1128, Dach. III, 481 col. 1 le désigne comme « antiqua consuetudo Carnotensis Ecclesiae ». Yves dans son décret accepte encore le genre de preuve des Carolingiens : Decr. XVI, 58 = Cap. VI, 159. Encore au XIe siècle, leur témoignage est séparé de celui des hommes libres, cf. *L. de Servis* app. p. 158, 34 (1084—1100) : « legales viri et testes idonei : » suivent les noms de cinq libres ; et « de famulis nostris : » suivent cinq noms de celles-ci. Du reste, cf. *L. de Servis* app. p. 123, 2 (1032—64), où deux non-libres sont témoins, et aussi p. 133, 12 (1050—60), où un témoin est serf. cf. *L. de Servis* p. 102—3, 109 (1023—64), où il est permis à un non libre de venir témoigner devant la justice qu'il est le servus de S. Martin. — Pour le Colibertus, cf. *L. de Servis* p. 54, 55 (1032—64). — Les non-libres peuvent représenter le seigneur dans les affaires judiciaires : Miraeus II, 954 col. I (1095) D. Cambray.

2. La charte du roi Henry de l'an 1058 se trouve imprimée dans Tardif, *Cartons des Rois*, n° 274 ; cf. *Pol. d'Irm.* I, 311. En outre, cf. encore les chartes du roi Louis citées dans la n. 2, p. 216 et la précédente.

lement à sa tête, sa cour était le tribunal; lui-même ou son fonctionnaire présidait. C'était auprès de lui qu'étaient portées toutes les plaintes, soit des serfs contre serfs, ou fonctionnaires contre ceux-ci [1]. C'était la justice des échevins. Ce n'est que dans le Nord qu'on peut parler de son développement [2]. En général, les gens de la villa ont dû resserrer chaque jour davantage leur lien corporatif [3].

1. Cf. Besly, p. 329 (1048), S. Jean d'Angély Poitou : « ut omnes prepositi eorum et Vicarij et sutores et Peletarii [Besly coni.: pellicerii] et molendinarij et hortulani et omnes famuli proprij et qui ballias eorum tenuerint et ministeria eorum habuerint, et propria eorum opera egerint, quos vel hereditario iure habuerint... Abbas de his omnibus in Curia sua iustitiam faciat et extra Curiam suam nullus eum de hominibus suis facere iustitiam compellat. » Cf. *Pol. d'Irm.* II, 353 (1000), et aussi p. 358 (1046). Aussi très instructif est *L. de Servis* p. 13, 11 (1053—88) : « Judicatum est ibidem, quod si vellet placitari nobiscum [le libre avec son seigneur] necesse erat ei, illuc venire, ubi nos vellemus... De aliis autem hominibus si fecerit clamorem, faciet ei justitiam vel prior noster, ad quem pertinebit. » Du reste cf. Warnkönig et Stein, Frz. St.- et Rechtsgesch. III, 57 ss., 89.

2. Comp. pour plus d'exactitude les statuta Prumiensa, Mart. Coll. I, 595 ss.; aussi la charte communale de Lorsch. Miraeus, I, 668. coll. 2 (1095); enfin les chartes flamandes. *Pol. d'Irm.*, II, 357 (1038), particulièrement le passage : « Sciendum quoque, quod non interpellabit quemquam ad campum de hominibus ecclesiae, sed ille, contra quem aget, judicio scabinorum, cum sacramento, sola manu, purgabit se. » D'après tout cela, on voit que l'institution, ayant son point de départ en Allemagne, se dirige donc vers la France et ne peut être reconnue comme appartenant particulièrement à la France. L'indication d'une autre institution juridique se montre dans *L. de Servis*, app. p. 145-6. 24 (1064-84). Ici l'employé du seigneur porte plainte contre un non libre. Le Servus prend « de sua parte 2 vicarii » devant la justice ; ils paraissent correspondre à 2 moines tous les deux « praepositi » [« Acta per manum O. et S. monachorum ; »] aussi le nombre et la division des témoins sont importants; nous renvoyons pour ceci aux chartes elles-mêmes. Dans la phrase : « Quibus mortuis, cum esset, » etc. il faut ajouter « nemo » après « esset. »

3. Nous concluons cela notamment de l'action des co-villageois dans l'exclusion d'un individu de leur communauté. Cf. la charte citée p. 210, n. 1 ou aussi Marlot, II, 132 (1074). Reims (= Mab. ann. V, 55, 1072); dans l'acceptation de nouveaux co-villageois, cf. Marchegay, p. 233, 2 (1055-70) : un libre prie les moines d'un certain monastère d'accepter deux de ses fils parmi les non libres. Ceux-ci le permettent sous certaines réserves : « consulti cum familiaribus

Mais quand bien même ces institutions auraient été plus développées, le seigneur avait toujours un vaste champ ouvert à son pouvoir arbitraire. Où le serf devait-il porter sa plainte contre lui ? Attirait-elle l'attention, elle était bien soumise au jugement des hommes libres, mais en général le seigneur pouvait déterminer le lieu du tribunal et même la composition de celui-ci. Ce qui restait donc au serf de mieux à faire, c'était de s'entendre à l'amiable avec lui [1]. On voit clairement combien était défectueux ce secours dans les offenses graves. Aussi, lorsque le serf ne voulait pas reconnaître son maître ou qu'il s'était enfui, le seigneur se déterminait-il suivant son bon plaisir. De même, en d'autres circonstances, on le frappait de sévères punitions tant civiles que religieuses [2].

Et cependant, c'est l'église qui cherchait à protéger les

nostris. » Ce passage paraît convenir ici, si l'on conçoit comme membres de la corporation des non-libres, *familiae consortes*, les *familiares*. Cf. p. 229, n. 3, le sens *familiaris* dans Stat. S. Victor, § 16. Cependant le cartul. Cormery, p. 76, 37 (1026-40), ne s'accorde pas avec cette manière de voir, car ici au de : « auctoritate et roboratione servorum suorum, » il faut lire : « a. e. r. seniorum suorum. »

1. Des plaintes énergiques et nombreuses qui dépassent les rapports de droit privé, arrivent jusqu'au *legitum judicium*. Cf. *Pol. d'Irm.*, II, 370-1 (1102) ; aussi bien Cart. Paris, III, p. 355, 7 (1067). Ce n'était cependant pas le cas habituel ; pour celui-ci, cf. *L. de Servis* p. 12-3, 11 (1053-88), et aussi app. p. 145-6, 24 (1064-84) : deux passages sont déjà mentionnés dans les notes 1 et 2, p. 218.

2. Cf. Ivonis, ep. 112, M. 162, 130 AB. (1102, première moitié) ; au Dechanus de Paris : « si ancillam Ecclesiae vestrae adversus dominos suos calcitrantem excommunicastis, quod vestri juris erat, fecistis, maxime cum dominorum potestatem in servos suos illibatam debere esse lex constituat » [le droit romain]. *L. de Servis*, p. 100, 106 (1064-84) : « G. aliquando cum se servum nostrum non bene recognosceret, cepit eum ilico domnus O. prior noster et ad Majus Monasterium adduxit, ibique tam diu eum in carcere tenuit, donec ille se servum esse confessus est. » Cf. aussi, § 6, les Statuta Prumiensia. Plus débonnaire était l'église ; ou du moins elle devait l'être. Cf. Decr., III, 248 (= Regino, 1, 364). Sur le droit de poursuite, v. Warnkönig et Stein, II, 152 ; *Pol. d'Irm.*, I, 339, § 169. Des serfs fugitifs, aussi Grandmaison, p. XXVII, Waitz, IV, 301.

serfs contre la plus grande rigueur des seigneurs. Elle défend de les tuer et de les mutiler ; elle leur donne asile à l'autel contre les premières colères du maître [1]. A la vérité, elle exerce rarement son droit au XIe siècle, ou du moins les sources ne nous donnent que des témoignages assez rares de sa charité protectrice [2].

Le protection des serfs était toujours incomplète et défectueuse. Cela ne pouvait pas être autrement, il ne leur restait qu'une consolation, c'était de se dire que ces temps troublés ne permettaient à l'homme libre lui-même qu'une jouissance bien rudimentaire et bien incertaine de ses droits [3]. Le serf qui offensait un homme libre lui était livré sans pitié par son maître, avec des garanties souvent faibles, toujours insuffisantes. Aussi n'était-il pas rare que l'esclave reçût des coups, eût ses cheveux arrachés, qu'on lui enlevât son bien sans autorisation judiciaire, malgré les défenses de seigneurs plus éclairés [4]. On ne doit pas être étonné

1. Pour la protection ecclésiastique, cf. *Pol. d'Irm.*, I, 312, 331 ss. et Cart. Paris, préf. p. 26 ss., où l'on trouve des indications plus exactes sur le *refugium*. Cf. Decr., X, 147 (= XVI, 80, et Regino, II, 26 ; cf. aussi 59), 148 (= Reg., II, 58), Decr., III, 109 (= Reg. II, app. 14, Pan., II, 73), 114-18, 123 ; Decr., XVI, 81 (= c. 4 C. 16, qu. 6).

2. Cf. Cart. Romans, p. 68, 33 (2 octobre 1037). Les causes qui se rapportent à la question sont dans *Pol. d'Irm.*, II, 352 (vers 998) : « curtilum... dono pro remedio animae meae et pro emendatione pro quodam servo, cujus pedem amputavi. Dono etiam quemdam servum, nomine B. » Cela apparaît plus tard et sous l'influence indirecte de l'Église.

3. Cf. en outre le chapitre IV. Décisif pour l'état social des Servi, *L. de Servis*, p. 109, 116 (1064-1100) : « Hoc autem nullus eis [servis], immo nec lex ipsa concederet. »

4. Cf. *L. de Servis*, p. 8, 6 (1064-84) : « Servus quidam de familia nostra.. fecit quoddam forisfactum T-o de R. : propter quod idem servus, cum non haberet, unde illud posset emendare, traditus est ei loco emendationis. » Cf. aussi Cart. S. Père, p. 297, 42 (1013-33) et les passages cités dans la note 2, ci-dessus, *Pol. d'Irm.*, II, 352. Aussi le *Pol d'Irm.*, I, 315, § 158 (Responsabilité des maîtres). Les Stat. Prum., p. 320 ss. § 4, montrent des bornes aux mauvais

étonné si, sous une pareille pression, il naquit une classe de serfs dure et égoïste qui nuisait à ses seigneurs où elle put et compta plutôt sur la force de ses bras que sur la bonté douteuse de ses maîtres [1].

Les droits réels du serf paraissent moins compliqués que l'organisation de sa protection dans les institutions et la procédure judiciaires, bien qu'ici encore des conceptions assez simples se soient compliquées avec le temps [2]. A l'origine, tout l'avoir du serf appartenait au seigneur ; au xie siècle, il faut distinguer la propriété du seigneur et le bien propre du serf. La première est complètement à la disposition du maître, et le serf n'a sur elle aucun droit d'aliénation [3]. Mais les biens propres des serfs avaient subi une évolution plus importante. Ils comprenaient des meubles et des immeubles [4]. Mais bien

traitements : « Nullum verberare vel tondere sine abbatis et fidelium suorum praesentia et sociorum suorum judicio praesumat, et si se ipse culpabilis redimit, pretium dividant. »

1. Cf. la charte très importante pour l'étude de cet état social. *L. de Servis*, app. p. 126-7 (vers 1040).

2. Grandmaison, p. XXI, explique, en les éclairant, les difficultés inhérentes à leur connaissance.

3. Cf. *L. de Servis*, p. 108-9, 116 (1064-1100), particulièrement le passage : « diffinitum est.. nulla meos [non libres étrangers] habere partem cum servis Beati Martini in hereditate illa, licet accedente [quoique il pourrait être toujours existant] aliqua occasione cognationis. » L'*haereditas* désigne ici non le Peculium, mais est « l'haereditas Beati Martini ». On peut tirer quelque profit de *L. de Servis*, app. p. 126-7, 7 (v. 1040) : « Rus enim de terra Sancti Martini in dote scribi non permittimus. »

4. Cf. Grandmaison, p. XXIII ss.; *Pol. d'Irm.*, I, 302 ss.; Cart. S. Père, prol. p. 47 ss. Il est dit « peculium, peculiare », aussi bien « pecunia ». (Allusion au caractère mobile, à l'origine, du peculium ?). Il est nommé aussi « proprius quaestus ». *L. de Servis*, p. 50-1, 52 (1022-4). Parties dont ils se compose : *L. de Servis*, app. p. 125, 5 (1032-84). Un colibertus possède 1/2 arpent de terre ; *Mém. des ant. de l'Ouest*, 14, p. 51, 44 (vers mars 976). Un non libre est affranchi : « Peculiari vero, quam actenus aquisitam habet, au in antea... conlaborare poterit, tam mobilibus, quam etiam et immobilibus, habeat sibi concessum. » Dans le premier comme dans le dernier passage, il n'est question que des biens acquis.

qu'ils soient dans la propriété du serf, souvent le seigneur a cependant sur eux des droits encore si importants, qu'on ne peut dire parfois où ils s'arrêtent dans certains cas. Aussi quand un libre se donnait en servage, il se réservait, au point de vue de sa propriété, un traitement spécial [1]. En général, la limite des droits réels du seigneur est donnée par l'étendue même des droits qu'il a sur la personne du serf [2]. Si le serf a la propriété de son bien, le seigneur celle du serf, il en résulte que le seigneur a aussi la haute propriété de ce bien. Aussi le seigneur peut-il aliéner ses serfs avec leurs biens propres, mais difficilement les biens sans la personne [3]. Quant à l'aliénation par le serf, elle est limitée par le droit de haute propriété du maître ; elle est donc bornée aux habitants de la ferme, sous réserve du droit de préemption pour le seigneur. Ce droit est souvent très étendu [4]. Il y a une exception

Selon toute vraisemblance la propriété du non libre sur ces biens était plus solidement garantie que sur son héritage. Cf. aussi certaines exceptions dans Bibl. de l'éc. des Ch., IV, 2, 421, 4 (n. 70, citée).

1. Cf. *L. de Servis*, app. p. 143-4, 21) 1064), et aussi p. 112, 120 (1084-1100) ; en outre *L. de Servis*, app. p. 164, 40 (1095).

2. Le droit aux non libres eux-mêmes et à leur propriété est parallèle : *L. de Servis*, app. p. 155, 31 (1077) : « quicquid in eis [servis] et in rebus suis juris fuit hactenus mei. »

3. Nous n'avons trouvé aucun document pour ce cas. En revanche, l'aliénation du non libre sans son héritage, mais avec ses biens acquis, est possible. Cf. Bibl. de l'éc. des Ch., IV, 2, 421, 4 : « Dedit.. quandam collibertam.. cum omni fructu suo, ea ratione, ut ipsa omnia quae ei pater suus de ipsa hereditate dederat, id est terram aquas medietatem domui suae, supradictae dominae suae relinquet : ita, ut deinceps nec illa nec ullus suus filius nec filia reclamare post haec valeat. » Cf. Cart. Corméry, p. 78, 38 (1026-40) : « tradere curavit.. A. matremque ejus, necnon et filios et fratres et sorores cum omni familia eorum, et terras, et omnia, quae habere videntur ; » Cart. S. Père, p. 297, 42 (1013-33). — Pour le Colibertus, cf. Mart. Th., I, 186 D (v. 1050). Poitou : « (dono) viginti arpentos vinearum simulque unum colibertum cum ipsa sua hereditate ; » et *L. de Servis*, p. 45, 47 (1032-64).

4. Les co-villageois achètent les uns aux autres : Cart. Mâcon, p. 12, 13 (vers

générale, à ce qu'il semble, aux limites qui bornaient le droit d'aliénation accordé au non libre ; celui-ci pouvait disposer complètement de son pécule pour des fondations pieuses [1].

L'exercice sans doute le plus important du droit d'aliénation apparaît dans l'hérédité. A l'origine, le bien du serf revenait, à sa mort, au seigneur ; la main-morte est un reste du passé, et consiste, sans doute déjà partout, en une simple redevance de *recognitio* [2]. Le serf peut instituer le seigneur son légataire universel [3]. A part cela, ses biens propres reviennent à ses héritiers légitimes. S'il n'y en a pas, le seigneur les remplace [4].

1077); ils vendent aux seigneurs : Cart. Mâcon, préf. p. 68, n. vv. Celui-ci a le droit de vente. Cf. les citations de la n. 1, p. 222.

1. D. Rob. (vers 1026), Bouquet, X, 611 D pour Cluny : « quidquid.. sive liber sive servus.. delegaverit. » D. Phil. (1065), *G. C.*, 2, III i, 84 D. Cambray : « quae.. voluerit divina pietas augeri.. vel per quoscumque nobiles seu servos redemptioni animarum.. provisuros. » Cart. Corméry, p. 79, 38 (1026-40) : « rogavit, ut quisque miles aut rusticus, liber aut servus hoc beneficium auxerit de terris vel quibuscumque rebus, liberam habeat potestatem. » Devant un emploi si souvent répété des termes, *nobilis, liber, servus*, il faut bien admettre qu'ils sont autre chose qu'une circonlocution désignant « tout le monde ».

2. Mainmorte, cf. Duc. s. v. Mortalia et Manus mortua; pour la situation en Allemagne, Waitz, V, 243; cf. aussi Roscher, II, 349, n. 2. La main morte est seulement une partie de l'hérédité, cf. *Pol. d'Irm.*, II, 370 (1102); elle s'applique aussi dans maints cas aux censiers; cf. Warnkœnig et Stein, II, 151; plus tard Mainmortables; taux de la main-morte : 4 Den. : *G. C.*, 2, III i, 85 E (1071), D. Arras (pour fiscalins) 6 Den. : Miraeus, I, 665, col. 1 (1078). Ce taux minime peut fort bien se concilier avec Mart. Coll., I, 541, *C. D.* (1090). Liège : « ut quicumque de illa [familia] copulandi conjugiis, non jungantur, nisi ecclesiasticis. Quod qui fecerit et obierit, dimidium bonorum eius ecclesiae erit.. reliquum heredibus permittatur; » cf. Waitz, V, 241.

3. Cf. *L. de Servis*, p. 87, 94, 1032—64, et p. 22, 20 (1061). Pour l'hérédité partielle, cf. *L. de Servis*, p. 105, 111 (1064) : « servi mortui sepulturae tradantur a nobis, si afferantur a suis, cum ea videlicet rerum parte suarum, quam tunc voluerint vel potuerint relinquere nobis. »

4. Les non libres n'avaient pas un cercle d'héritiers bien limité, son étendue dépendait principalement du seigneur et des habitants de la villa; cf. Cart.

L'hérédité est, d'ailleurs, une des parties les mieux ordonnées du droit de famille des non libres, qui, dans sa généralité, est encore très défectueux [1]. Appliquée dans sa rigueur, cette conception, qui voit dans le non libre une chose, suffit pour détruire toute vie de famille. Les membres de celle-ci peuvent être aliénés d'après le bon plaisir du maître, ou donnés en bénéfice, ou devenir la propriété collective de plusieurs [2].

Paris, I, 375—6, 8 (1109) : « servi Sancte Marie Parisiensis, illi scilicet, quorum domus aut familie sunt apud castellum Corboilum, nostram adierint presentiam, humiliter petentes, quatinus, postquam aliquis eorum vitam finiret, res et possessiones illius propinquiores ejus parentes hereditario jure possiderent, scilicet filius aut filia frater aut soror, nepos aut neptis, pater aut mater, avunculus aut matertera, et remotis omnibus aliis parentibus parentes tante propinquitatis in hereditatem sibi invicem succederent, quod si nulla nominatarum personarum superstes existeret, ad cognatos et ad alios parentes tante propinquitatis in hereditatem sibi invicem succederent; quod si nulla nominatarum personarum superstes existeret, ad cognatos et ad alios parentes hereditas nequaquam procederet, sed Parisiensis ecclesia statim illius heres fieret... assensum prebuimus. » La seule dénomination des collatéraux de la mère, dans la série successorale, mais non celle du père, nous surprend. — Une réminiscence particulière de la Lex Salic. LIX, 3. Nous en avons donné l'explication dans la première partie de cet ouvrage. Un droit d'héritage des Coliberti dépassant le cercle des co-villageois est statué Bibl. de l'Éc. des Ch., IV, 2, 426, 11. Ces chartes prouvent cependant que cet état juridique n'était nullement accepté sans conteste. Souvent il est encore stipulé : Cart. Paris, I, 376. Pour le droit subsidiaire du seigneur, cf. *L. de Servis*, app. p. 164, 40 (1095) et p. 171, 45 (1104-24). — Pour le Colibertus, cf. Bibl. de l'Ec. des Ch., IV, 2, 421, 4, cité dans le n. 3, p. 222. Cf. en général v. encore Cart. S. Père prol., p. 47.

1. La raison en remonte non seulement au peu d'habileté qu'avait le temps à systématiser le droit, mais à des influences du droit romain qui devaient encore plus embrouiller les rapports; cf. Decr. III, 154 (= c. 6 D. 87); Decr. III, 159, aussi c. 7 D. 87; Iv. ep. 112 (1102 1re moitié), M. 162, 130 A. B. combiné avec I. de his qui sui I, 8 Dominorum quidem.

2. Des exemples pour l'investiture sont cités n. 1, p. 208. Au reste, cf. *L. de Servis*, app. p. 159, 36, juin 3 (1087) : plusieurs non libres qui étaient en propriété commune sont partagés : « Una tantum parvula puellula remansit in berceoteo ad partiendum, quae si vixerit, communiter erit.. donec aliqua concordia in nostrum dominium veniat aut in suum ;» cf. aussi *L. de Servis* p. 51—2, 53 (1032—64). Cart. Yonne I, p. 164, 35 (juin 1023), quelqu'un offre un non libre G : « cum uxore et medietatem de infantibus suis; » cf. aussi, II, p. 20, 17, pour le XIe s. Hug. Flav. *M. G. S.* VIII, p. 430, l. 29 : « (femina) nostra erat, et pater [c'est-à-dire

Aussi trouve-t-on rarement, du moins d'après les sources, une famille restée intacte qui ait conservé toutes ses attaches naturelles [1].

Mais c'était le droit matrimonial qui était dans l'état le plus déplorable. L'opposition de libre et de serf apportait ici de grandes difficultés. Le droit romain et les principes canoniques décidaient que le mariage entre libres et non libres devait être soluble, si l'époux libre n'avait pas connu la condition non libre de l'autre partie [2]. Des mariages entre libres et non libres avec le consentement des deux époux et la connaissance de leur condition devaient être indissolubles [3]. Alors celui qui était libre devenait serf; conséquence très dure aux yeux des hommes les plus éclairés du XIe siècle et que l'on chercha en vain à éviter par une interprétation singulière du droit [4]. D'un autre côté, on maintient la concep-

l'époux] dimidius, quorum erant 6 filii, quos ita cum abbate Sancti Valerii H. partivimus, in parte matris 3 filios, in patris vero unum et alterum dimidium. » *L. de Servis*, p. 71, 74 (1032—1100) : Medietas d'un Colibertus. Les filles sont partagées : « cum ad nubiles annos pervenissent. » Bibl. de l''Ec. des Ch., IV, 2, 425, 11, (XIe s.).

1. *L. de Servis*, p. 18—9, 16 (1061) : « colibertum... cum uxore scilicet ipsius et filius [*sic*] ac filiorum filiis.... Post haec compertum est, uxorem illam J-s collibertam esse E-s cujusdam,.. egimus ergo cum ista [E.] et cum ejus filio.. atque ab ambobus obtinuimus, ut feminam illam.. donarent. Les coliberti n'étaient pas mieux, cf. Bibl. de l'Ec. des Ch., IV, 2, 425, 11 (fin XIe siècle) : « secundum morem colibertorum partite sunt, » et aussi p. 420, 2; 421, 5. La séparation des époux est déjà limitée, Cap. Vermer., 752, c. 19; les seigneurs s'accordent généralement assez bien sur la manière de séparer les membres des familles, cf. Cart. Paris, préf., p. 184-5. Les sœurs restent ensemble si dans un mariage entre Coliberti et Servi, les enfants de la main basse précèdent, cf. n. 2, p. 213.

2. Pour le droit de mariage, cf. *Pol. d'Irm.* I, 394 ss.; Cart. S. Père prol. p. 50 ss.; Grandmaison p. XXVIII ss.; pour la question, Decr. VIII, 164, Pan. VI, 41, 111 (Reginon II, 118) ; Decr. VIII, 56.

3. Cf. Decr. VIII, 53; et Decr. VIII, 52, 165; Pan. VI. 42 (=Reginon app. III, 46).

4. Pour le droit lui-même, cf. L. Salic. XIII, 9; L. Rip. LVIII, 15; Cap. L. Salic. add. c. 3, 819. *M. G. L.* I, 225. *Pol. d'Irm.*, II, 376 (1108) Chartres : « Noti-

tion plus dure encore par laquelle l'époux libre restait serf non seulement pendant le mariage, mais pour sa vie entière [1].

Le droit matrimonial des serfs fut encore restreint par le principe qui permettait seulement l'union entre les serfs du même maître [2]. A la vérité, ce principe était, au point de vue du droit matrimonial, contredit par cet autre qui autorisait l'aliénation arbitraire des non libres ; par conséquent aussi des époux. Le droit canonique décrétait l'indissolubilité d'un mariage contracté entre habitants de différentes corporations de serfs autorisées par leurs seigneurs respectifs [3]. Mais la difficulté était précisément que ces unions se contractaient sans leur consentement. Aussi était-il fréquent de voir deux seigneurs réclamer leurs serfs. Pour trancher la difficulté, on voit le plus souvent l'un des époux ou bien son maître acheter l'autre conjoint au maître de celui-ci. Il se faisait aussi entre deux seigneurs, au point de vue de ces unions, une convention perpétuelle qui finissait par devenir une coutume. On trouva une solution exclusive, mais cependant conforme aux

fico hominem.. qui cum prius liber esset, quia quandam nostram ancillam.. accepit uxorem, vinculo servitutis apud nos est obligatus, pristine libertati cum cum tota procreatione infantium restituisse. » La femme est morte; cf. aussi p. 380; pour le Colibertus, L. de Servis, p. 64, 66 (1062). Un cas exceptionnel, Cart. S. Père, prol. p. 51 § 43. On dévia bientôt de ce principe dans certains cas, cf. Decr. VIII, 51 (Cap. Anseg. III, 16); v. aussi un fait allemand, mais donné par Yves, Decr. VIII, 212, Pan. VI, 99 (— Reginon II, 204, Conc. Tribur. 395, c. 11). Cf. en particulier les deux lettres d'Yves qui sont mentionnées n. 3, p. 204.

1. Cf. la n. 3, p. 201, *L. de Servis*, p. 101—2, 108 (1032—84), et aussi app. p. 125, 6 (1032—64). Des affranchissements apparaissent facilement dans de tels cas, cf. *Pol. d'Irm.*, II, 376 (1108) (cité n. 4, p. 225). Il faut considérer que cette dernière charte a été écrite sous l'épiscopat d'Yves de Chartres, par l'abbé Guillaume de S. Père.

2. Mart. Coll. I, 541 CD (1090) D. Liège : « familia autem sic est tradita, ut si denarium unum solverit, ab omni alio respectu libera sit : sic tamen, ut quicumque de illa copulandi conjugiis, non jungantur nisi ecclesiasticis. » Nombreux cas.

3. Cf. Decr. VIII, 54 (— Decr. VIII, 167; c. 8, C. 29, qu. 2).

principes, en décidant une fois pour toutes que la famille devait rester là où par son départ un feu s'éteindrait, c'est-à-dire dans la corporation de l'époux [1].

La règle que le serf ne pouvait se marier qu'à l'intérieur de la *villa*, se rattache à son tour, par suite d'une tendance naturelle du seigneur, au principe général que le serf ne peut se marier sans le consentement du seigneur. Ce droit de consentement ne se manifestait déjà plus guère au XIe siècle que par une redevance payée au maître, et réduite peu à peu à un très faible taux [2]. Ainsi, à cette époque, la limitation

1. Cf. pour ces différents essais, *L. de Servis*, p. 59, 61 (1064—84) : « A. servus Sancti Martini accepit in conjugio quandam mulierem ancillam cujusdam hominis.. quam postea calumniatus est praedictus homo : de qua calumnia venimus ad concordiam cum illo et dedit ei isdem A. de suo XIIIIim solidos, et ita guerpivit Deo et Sancto Martino mulierem illam cum fructu suo. Receptus est quoque in orationibus nostris; » cf. aussi p. 56—7, 58 (1000—1100). Aussi p. 25, 23 (1032—64) : L. de B. « vendidisse nobis.. quandam sui juris colibertam... cum liberis suis, uxorem videlicet B. de C. nostri hominis, emisse vero eam nobis XXti solidis H. elemosynarium nostrum; » cf. aussi Cart. S. Père, p. 171, 44 (avant 1071), où la lutte se termine par une donation. — Le seigneur se fait donner une redevance « pro imparibus nuptiis », cf. la note suivante, aussi B. Léon IX (5 oct. 1049), J. 3131, Mart. Coll. II, 69 E, 70 AB. — Un accord entre les seigneurs s'observe dans le Cart. Chartres I, 95—6 (1084 jan. 9). C'était le même droit qu'au temps du comte Odon (1004—37). Une analogie pour les censiers se trouve dans le Cart. Mâcon, p. 355, 589 (1096—1124), où deux seigneurs leur garantissent une liberté réciproque de s'établir sur leurs domaines. — *Pol. d'Irm.* II, 364 (1085) : « Si quislibet homo manens in terra sancti Juniani, in altera terra duxisset uxorem, vel femina virum : sequebatur eos [E. de Mortuomari] et capiebat illos et omnia sua. Quod nequaquam amplius faciet, nisi tantum cum domus remanserit vacua in terra sancti Juniani, sed tunc illos reducet. » Cette charte indique sans doute les hospites, mais le point de vue générale reste digne de remarque en dehors de ce cas particulier.

2. La *custodia nocturnalis, maritagium*. Warnkönig et Stein II, 154, et *Pol. d'Irm.* I, 413 ss. placent au premier plan la notion du *formariage*, quoiqu'elle soit incluse dans celle du mariage ; cf. en revanche Waitz, V, 236, dans la discussion du *Beddemund*. Sans doute le formariage joue un d'autant plus grand rôle, qu'il est souvent ici l'objet de nombreux différends. Le *Maritagium* s'élève à 4 Den.; pour celui d'un vir fisci, cf. GC. 2, III i, 85 E (1071) D. Arras; 6 Den. : Miraeus I, 665, col. 1 (1078); v. aussi Cart. Paris. III, p. 355, 7 (1067) : « servi

locale du mariage constituait la difficulté la plus sensible. Le lien de parenté pouvait, dans une *villa*, se multiplier au delà de toute limite. Les serfs en arrivèrent enfin à une rébellion ouverte, bien qu'inutile, contre ces barrières iniques, comme aussi contre celles du droit de succession [1]. Celui-ci, en

Viriaci insurgentes erga prepositum et canonicos Sancte Marie denegaverunt, non debere, quod antecessoribus suis manifestum est, persolvere, scilicet custodiam nocturnalem, preterea quod sine licentia prepositi et canonicorum, quas vellent, ducerent uxores. » Ils ne réussissent cependant pas. *Pol. d'Irm.* II, 579 (vers 1000) la *Licentia* d'une Coliberta s'élève à 15 Den.

1. Cf. GC. 1, IV i, 286 D (1104), Châlon : le monastère de S. Marcel possède en un lieu 10 familles de Servi, un Servus est le doyen ; si nous les désignons avec les chiffres 1-10 nous aurons la parenté suivante :

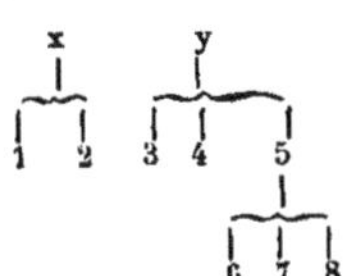

9 et 10 n'ont pas de parenté. Cf. surtout *Pol. d'Irm.* II, 370—1 (vers 1102) : « Notum fieri volumus.. quosdam servos et ancillas beati Arnulfi in contradictionem et rebellionem.. venisse, et in tantum numerum eorum et tumultum popularem valuisse, ut omnino comeatum uxorum ducendarum et partem suarum pecuniarum, quam vulgo mortuamanum dicimus, se daturos denegarent; liberasque uxores se ducturos absque ullo respectu monasterii, filiasque liberas alienis daturos se adfirmarent, fidelitatem tamen tantum se facturos ecclesie sine alio respectu concedebant... » Ils ne réussirent pas, parmi eux sont deux hommes qui, par leur mariage, sont devenus serfs. — Dans l'énumération des révoltés, il faut lire : R. K. fratres et sorores eorum W. etc.; ceux-ci sont apparentés de la manière suivante :

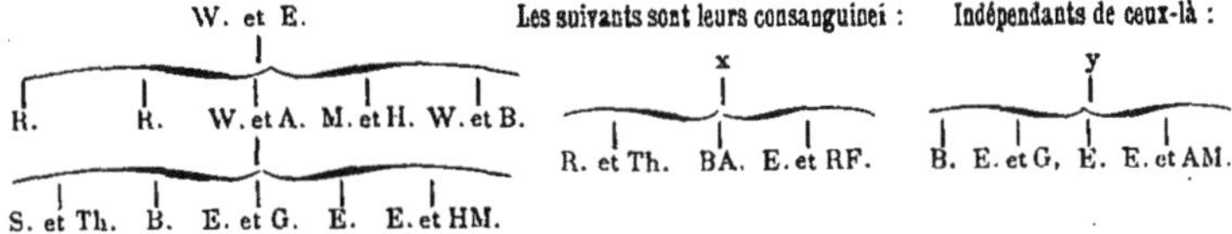

Remarquons que des descendants du second degré de *W.* et de *E.*, ceux qui figurent à la 2e et à la 4e place sont incertains. Parmi les témoins non libres, nommés plus tard, une bonne partie — (qui sait jusqu'à quel point la ponctuation établie par Guérard d'après Cochemerus et W. Cocus peut être admise), — peut-être même tous, à deux exceptions près, sont parents des révoltés. On voit que les artisans et les employés appartenant à cette famille sont restés étrangers à la mutinerie; une preuve de la situation plus indépendante dans laquelle se trouvaient les non libres travaillant aux champs. Cf. aussi le Cart. Paris, III, 355, 7, cité n. 2, p. 227. Pour le droit héréditaire et matrimonial, cf. aussi *Pol.*

effet, était partout obligatoire et n'avait pas encore le caractère atténué des temps modernes; il restait la barrière rigide et immuable, à l'abri de laquelle la famille se continuait de génération en génération. Aussi en réclamant avec insistance l'extension locale du droit de mariage dans l'intérêt de la famille, ils demandaient, par suite de la même tendance, un droit successoral fini et bien circonscrit dans les limites de la famille.

Ils n'avaient pas encore atteint ce résultat, et la suite en était un mécontentement profond de leur situation juridique [1]. Il en était différemment au point de vue économique. Leurs biens propres étaient, à la vérité, le plus souvent peu de chose, mais sur ce terrain, propriété n'était qu'un mot, la possession valait seule.

Les agriculteurs non libres n'étaient pas dans une situation plus mauvaise que les autres; souvent même l'étendue de leurs terres était égale à la vieille propriété des libres, ou du moins équivalait à sa moitié [2]. On voit certes aussi des petites propriétés appartenant aux non libres, mais il serait faux de se représenter leur classe comme particulièrement dépourvue de ressources, au point de vue économique [3]. Les

d'Irm. II, 379 (vers 1100). Ici ce sont des non libres de haut rang, les fils et filles d'un *Major*, qui se révoltent eux-mêmes étant *Colliberti*, mais également sans succès. En général, v. Vita Guib. Nov. III, 7, D. Bouquet, XII, 250 B.

1. Beaucoup plus à l'époque carolingienne : Waitz IV, 802, cf. *Pol. d'Irm.* I, 338.

2. Servi exploitant un *mansus :* Cart. Mâcon, p. 87, 113 (1018—30); p. 139, 220, eod. temp.; p. 188, 324 (996—1018). Peut-être faut-il ranger ici les *Mansi serviles*, indiqués par Mart. Coll. I, 412 D (1045), et d'autres exemples semblables. En tout cas, la confusion et le désaccord qui s'introduisent entre *Mansus servilis* et *ingenuilis* et la qualité juridique de l'hôte prouvent une tendance économique à les mettre tous sur le même pied. Exploitation de demi-mansus par des non-libres dans Miraeus I, 666 col. 2 (1081) Hainaut.

3. On a de plus petites exploitations de *mansus* dans Hug. Flav. *M. G. S.* VIII, 476. l. 50 : « Mansus e homines tres cum eorum posteritate. » V. aussi Cart.

redevances qu'ils payaient ne pouvaient guère dépasser celles d'autres fermiers ; elles étaient surtout des prestations en nature [1]. Il y avait des redevances qui dépendaient de la condition juridique du serf. C'était en particulier, outre celles que nous avons mentionnées, la capitation [2], mais la plupart d'entre elles n'étaient pas onéreuses.

Au contraire, l'avenir le plus proche faisait entrevoir des avantages économiques. L'union du serf à la glèbe commença à lui donner la perspective de jouir avec sécurité de son travail et de ses progrès agricoles ; elle le mit sur le même rang que les autres agriculteurs, au point de vue économique ; en même temps, elle devait le conduire à abandonner une culture grossière et adopter une culture plus rationnelle et plus intensive. Les dévastations le trouvaient bien moins désarmé que ne l'était l'homme libre, contraint de cultiver sa terre, l'épée au poing, comme le peuple hébreu avait jadis bâti son temple. Le seigneur lui procurait, autant qu'il était possible, cette sécurité. Des temps mauvais apparaissent-ils, des famines fondent-elles d'année en année sur le pays, le serf trouve souvent ses moyens d'existence en faisant appel à la miséricorde de son seigneur, tandis que l'homme libre mourait de faim [3].

Mâcon, p. 269, 468 (993—1031); p. 320, 545 (1074—96); Baluz. H. T., p. 425 (vers 1080). — Cf. Mart. Rit. III, 818, Stat. S. Vict. § 16 : « Vetera vestimenta, quae priores [obedientiarum] penitus deponunt, dent pauperibus tantum, non servientibus vel familiaribus suis, nisi pauperibus et ut pauperibus. »

1. Les charges des *Mansi ingenuiles* et *serviles*, qui avaient commencé par être personnelles, devinrent peu à peu réelles ; cf. *Pol. d'Irm.* I, 582 sv.; Lamprecht I, 201, 1180 sv.

2. Le taux ordinaire de celle-ci est de 4 Den.; ainsi *L. de Servis*, de même Cart. S. Père, p. 43 (avant 1000), *Pol. d'Irm.* II, 371 (1102); à côté on a 2 Deniers GC. 2. III i, 85 E (1071) D. Arras pour les Fiscalins. Mart. Coll. I, 541 C (1090), à Liège même un seul denier. Le *Capaticum* peut aussi être beaucoup plus élevé ; cf. *Pol. d'Irm.* I, 690 ss.

3. V. Gest. abb. Gembl. *M. G. S.* VIII, 540 l. 7. A la vérité, il n'y a que les

Cette prospérité a son revers dans la sauvagerie des mœurs. Le temps était encore grossier et cruel, et ce n'était pas le serf qui avait le moins à en souffrir. Toutefois, le subordonné n'était ni plus grossier, ni plus cruel que son maître; il en avait l'insolence et le mépris [1]. Lorsque son intérêt était en jeu, il savait prendre immédiatement les armes, et il n'était pas rare de le voir se lever contre celui qu'il aurait dû défendre. Les sources parlent des seigneurs mis à mort par leurs serfs [2]. A la grossièreté de l'homme correspond la profonde bassesse de la femme [3].

Et ce n'était pas seulement cette classe qui connaissait de

seigneuries ecclésiastiques qui ont pu prendre tant de soin de leurs non libres, mais elles seules suffisaient déjà. Cf. l'ordonnance de Charlemagne (Cap. I, 813, c. 11.)

1. Pour la brutalité du maître, v. p. 220, n. 2 et 4, *Pol. d'Irm.* II, 352; pour l'insolence des subordonnés : Chronic. Andag. 59, *M. G. S.* VIII, 598 l. 5. En général, les classes inférieures n'étaient nullement sans défense et à la discrétion du seigneur, dont elles n'auraient osé contrarier la volonté; ne voit-on pas (Ed. Pist. 864, c. 29, *M. G. L.* I, 495) les « coloni tam fiscales quam ecclesiastici » refuser de transporter de la marne en se fondant sur ce qu'on ne l'avait jamais fait?

2. Cf. Cart. Yonne, I, p. 181, 94 (29 sept. 1046) : « W. filius meus, qui innocenter a servis suis est interfectus. » Vita Guib. Novig. III, 14, D. Bouquet, XII, 264 A. On voit un serf tuer sa maîtresse. Pour le port des armes, interdit aux non libres, cf. *Pol. d'Irm.* I, 334. Néanmoins on a dans Marchegay, p. 226, note (1058) : « duo servi... Erant enim milites astuti nimis. » On peut voir par le Cart. Saintes, p. 147, 227 (1100—1107) comment se conduisait le subordonné à l'occasion. Pour les Jacqueries de cette époque, en Normandie et en Bretagne, cf. Martin, *Hist. de France*, III, 58 ss.; Wachsmuth, Europ. Sittengeschichte II, 288.

3. Il suffira d'un exemple réellement remarquable par la naïveté du récit et la conception qu'il trahit (Cart. Bertin, p. 189, L. Sim. I. 17) : « cum quedam famula Sancti Bertini rapta, ipsiusque [abbatis H.] ope esset erepta, nocte sequenti idem a matutinalibus hymnis ad stratum rediens, invenit eandem nuper ereptam sub lectisterniis in lecto decubantem. » A ses questions elle répond : « Estimabam, domne, causa ereptionis mee, te carnale commertium affectare in me. » On peut se demander tout de suite quel était l'état de culture qui pouvait permettre de pareils faits. Sur l'état moral des siècles suivants, cf. Levasseur, I, 373 ss.

telles mœurs ; les autres les avaient aussi, elles sont en parfaite harmonie avec l'ensemble des traits de ce siècle [1].

Partout ce sont les passions grossières et déréglées, partout le triomphe de la sensualité sur l'intelligence, de la passion sur la réflexion. Il en résulte que sous le rapport moral les classes de cette époque, séparées juridiquement et socialement, se ressemblaient entre elles incomparablement plus que le font les classes de nos jours.

Cette remarque s'applique d'autant mieux à l'état moral de la classe qui eut une singulière importance dans le droit et l'économie au xie siècle, c'est-à-dire les *hospites*, qu'il y avait en somme identité complète entre leurs occupations et celles des non libres [2]. Les faits sont d'accord avec

1. Quelques faits importants : Conc. Lexov. (1106), Mansi, 20, 1210 : « Ut ei, qui virginem violaverit, effodiantur oculi et genitalia praecidantur. » On coupait la main droite aux faux monnayeurs. V. aussi Ivonis ep. 144 (automne 1103), M. 162, 144 CD. Un trait caractéristique est cette promesse qui figure dans le serment prêté par un vassal à l'archevêque de Vienne. Cart. Romans, p. 48, 18 bis (vers 1070) : « de vita sua et de membris, que corpori suo sunt juncta, non cum decipiam. » Sur les châtiments à l'époque carolingienne, cf. Waitz, IV, 429 ss. et Lamprecht, dans la *Westdeutsche Zeitschrift*, III, 36 ss.

2. Nous renvoyons à ce qui a été dit, p. 199, n. 3, pour la conception des *Hospites*. *Hospites* et non libres sont les deux éléments de la population agricole. V. D. Phil. (1065), *G. C.* 2, III i, 84 E, D. Cambrai : « tam in campis, quam in aqua et in sylvis vel hominibus potestatis ipsius coenobii : vel advenis, quos Albanos vocant, vel servis, tam sanctorum, quam hominum infra praecinctum [monasterii] commanentibus. » Cependant le terme *Hospites*, comme *servi*, a encore d'autres emplois ; ainsi il est appliqué aux travailleurs des salines : Cart. S. Père, p. 108 (avant 1028). — La seule description détaillée des *Hospites*, vers le xie siècle, est, à mon avis, celle de Guérard, Cart. S. Père, prol., p. 35 ss. Toutefois il ne met pas assez en relief ce qui, au point de vue économique, constitue précisément cette catégorie; car cet exposé est fait entièrement sur l'histoire du droit. Guérard n'a pas admis d'autres censiers que les *Hospites* au xie siècle, et avec raison. On ne peut plus utiliser pour cette époque les recherches qu'il a développées dans le *Pol. d'Irm.*, I, 424, 627. Warnkœnig et Stein, I, 235 ; II, 342; III, 89, donnent peu. Cf. encore les remarques de Waitz, V, 282.

cette vue, il arrive parfois qu'un maître renonce à contraindre les *hospites* à lui obéir [1].

L'importance des *hospites* au point de vue économique, comme aussi la différence qui les distingue des serfs, repose principalement sur leurs fonctions de colonisateurs. Si les serfs formaient principalement la partie sédentaire de la population agricole, les *hospites* en doivent être considérés comme la partie flottante. Ils étaient les vrais pionniers du défrichement, et leur mérite est d'avoir transformé avec une très grande activité des étendues encore incultes et de les avoir préparées à une culture intensive. Ils étaient libres à l'origine [2], c'est-à-dire d'après la conception du Moyen Age qu'ils pouvaient avant tout aller où ils voulaient ; ils possédaient donc réellement encore un dernier vestige de mobilité nomade. Leur plaisir était de défricher et de brûler, ils aimaient moins à marcher derrière la lourde charrue et suivre la voie pénible des améliorations du sol [3]. Le XIe siècle, avec sa grande poussée de colonisation, est la dernière époque de leur floraison ; mais déjà l'on commence à leur rogner cette liberté vagabonde qui était le trait caractéristique de leur état.

1. Déjà, notes 1 et 2, p. 231, les ex. ne sont plus empruntés à la seule vie des non libres. Pour la résistance des *Hospites*, cf. encore Cart. S. Bertin, p. 174-5, Sim., l. I, 6 (vers 1025).

2. Cf. Cart. S. Père, prol. p. 35-6, et le passage du Cart. S. Père, p. 402, 4, cité là.

3. Qu'on songe seulement à l'expression même : *Hospites*. Un de leurs établissements est appelé une fois *Absa* ; il est donc abandonné en grande partie ; cf. Cart. S. Père, p. 37 (avant 1000). Aussi y a-t-il lieu à une mention spéciale, parce qu'un Hospes « in terra Sancti Petri decem et octo annis libere mansit ». Cart. S. Père, p. 189, 62 (1061). Cf. aussi Cart. S. Père, p. 402, 4 : « qui scilicet hospites ita terras militum ab eis excolendas habebunt, ut quandiu eas excolere voluerint vel potuerint, neque milites aliis eas excolendas tradere, neque hospites, quandiu militum terre inculte remanebunt, ab aliis alias accipere possint. »

Les seigneurs cherchèrent du moins à empêcher l'abandon des terres dont la culture avait été commencée ; l'héritier de l'*hospes* devait poursuivre l'œuvre de l'aïeul. Aux cadets le monde restait ouvert. Cependant les seigneurs vont encore plus loin, ils se liguent pour ne pas recevoir sur leurs terres les *hospites* errants qui en avaient quitté d'autres, ou bien ils considérent comme indissolubles, après une durée d'un an et un jour, les liens qui se forment entre le nouveau venu et le maître. On spéculait quelquefois sur le consentement des *hospites* à devenir des serfs. Ainsi l'on alla d'un excès à l'autre, et à la liberté vagabonde succèda l'*adscriptio glebae*[1].

1. Sur la Colonisation au XIe siècle, cf. chap. I, p. 139-40, et la belle peinture qu'en en a faite Aug. Thierry (*Recueil des monuments inédits de l'histoire du tiers Etat*, introd. p. 14). Pour les efforts des seigneurs et la façon dont ils s'y prenaient pour les vaincre, cf. Besly, p. 411 (vers 1100) : « Et ego, inquit [comes W.], do huic loco [monasterio S. Gemmae Santoni], ut quicumque de omni terra mea ad vos et ad successores vestros venire voluerit, tantum ignis domus patris non extinguatur, sine ulla contradictione [de la part du Comes] suscipiatis. » Cf. supra n. 1, p. 227, *Pol. d'Irm.*, II, 364 (vers 1085). — Cart. Paris, I, 387, 21 (1112) : « quod neque aliquem hospitem de C. neque aliquem ex hospitibus in duabus proximis villis.. habitantibus predictus B. et eius successores in supradicto P. [ce qui appartenait à B.] sine nostra licentia reciperent et in hoc maxime dampnosi nobis nullatenus existerent. » Cf. Cart. S. Père, p. 402, 4, cité n. 3, p. 234. — *G. C.* 2, III i, 22 D. (1084). Cambrai : « Item concedo Normannos, qui in eadem villa degerint ea conditione, ut si anno et una die ibi manserint, postea, ibi et ubicumque in comitatu meo, abbas vel monachi jure possideant sempiterno. Si vero ad annum diemque non pervenerint, solum dum ibi habebuntur, sub ditione abbatis et monachorum erunt. Albanos etiam similiter trado quamdiu videlicet ibi manserint venientes. » Cependant on pouvait concilier les rapports unissant un *Hospes* à deux maîtres, comme on le voit dans Cart. S. Père, p. 635, 17 (vers 1114). Aussi est-ce le lieu d'invoquer le terme cité par Guérard (Cart. S. Père, prol. p. 38) de *hospes plenarius* qu'on n'a, à la vérité, qu'une seule fois, car la charte du Cart. S. Père, p. 625, citée par Guérard, n'est qu'une copie de la charte de la p. 201, 75 (1060), p. 639, et concerne la même colonisation. — Le dernier degré de développement est caractérisé, au moins sous la forme d'une éventualité désirable, dans *G. C.*, 1, X i, 189 D (1083). Laon : « concedimus etiam, quod si quis utriusque sexus advena supervenerit, infra unum annum et diem praedictae ecclesiae se donare

Mais les expressions dont on se sert pour désigner la situation des *hospites* rappellent encore cette première époque. L'établissement était exprimé par *manere*, *habitare* et *inhabitare* ou *demorari*; le fonds s'appelait *hospitalitium* ou *hospitium*[1]. L'hôte lui-même fut le plus souvent appelé *hospes* ou encore *habitator*, *convena*, *advena*, *colonus*, *pulvereus* ou *albanus*. Il venait parfois de loin, on trouve des *hospites* normands à Cambrai[2]. Tout le Nord de la France connaît

poterit. » Du reste, il y eut de bonne heure des *Hospites* à demeure fixe, bien que l'existence d'un *Hospitium* ne permet pas de conclure à un *Hospes*, pas plus qu'un Mansus servilis n'exige absolument un Servus. Cf. *Pol. d'Irm.*, I, 425, 627.

1. Cf. pour *hospitium* Cart. S. Père, p. 482, 22 (1113-29); pour *hospitalium* qui, d'ailleurs, désigne aussi la situation de l'*hospes*, v. Cart. Paris, I, 377, 9 (vers 1112). L'établissement des *hospites* se dit *habitare* ou *demorari* : GC. 1, IV i, 229 AB (1064), Châlon; *inhabitare* : Cart. S. Bertin, p. 174-5, Sim., l. I, 6 (vers 1025). *Manere* est le terme le plus fréquent, il n'a pas besoin d'être fortifié d'ex.

2. Le terme usuel est *hospes*; pour *habitator*, cf. D. Rob. (1030), SF. X, 621 D, où la virgule doit être supprimée entre *habitatores* et *hospites*, puis Cart. S. Père, p. 434, 41 (1111); surtout p. 433, 41. *Convena* se trouve GC. 1, IV i, 229 AB; *advena*, GC. 1, X i, 189 C (1083), Laon; *pulvereus* dans Cart. Mâcon, p. 356, 589 (1096-1124), le mot (v. Duc.) désigne déjà très nettement une marche errante. Il faut peut-être rattacher à ceci les *homines « qui vocantur Grasseti »* du Cart. Grenoble, p. 111, 35 (vers 1100); du moins nous ne pouvons que nous rallier à la deuxième hypothèse de Marion, qui (ibid., introd., p. 58) voit là des paysans immigrants. Faut-il admettre une dérivation de *grassari*? La dérivation de *albanus* est aussi énigmatique, ou du moins il y en a deux (alibi natus ou albanus = écossais); cf. Duc. s. v., et Warnkönig et Stein, II, 180. Pour *albanus* plaide en un certain sens le rapprochement avec les Normands, qu'on a GC. 2, III i, 22 D. En tous cas il faut les compter parmi les *hospites*, et ce sont certainement des étrangers; cf. D. Phil. (1065), GC. 2, III i, 84 E, D., Cambrai : « advenis, quos albanos vocant. » C'est aussi plus tard la signification ordinaire (aubains); cf. aussi Cart. Mâcon, préf., p. 70. — Il reste encore à éclairer le rapport entre les notions de *colonus* et de *hospes*. Il faut, pour cela, ne pas perdre de vue que le colonat n'était plus une classe au xe siècle; cf. Guérard, *Pol. d'Irm.*, I, 249; au moins c'était le cas dans le Nord. Malgré ce, le mot *colonus* continua à être usité, mais il prit le simple sens d'agriculteur, exploitant le fonds d'autrui; cf. Cart. S. Père, prol., p. 45. De même l'expression

les *hospites*; on les rencontre à l'Ouest à travers le Poitou jusqu'en Saintonge, à l'Est jusqu'à la Saône et les évêchés de Chalon et de Mâcon [1]. Ils sont plus nombreux en général partout où la culture de la vigne devient rare. Rien de plus naturel, le *complant* et l'*hospitium* sont les deux moralités employées pour le défrichement; là où l'une est triomphante, l'autre doit décroître. Il n'est pas rare, au contraire, que l'*hospitium* s'unisse avec le *champart*, ce mode de culture plus ancien qui a sa base dans l'économie agricole [2].

Les *hospites* s'établissent le plus souvent en colonies entières; on trouve des agglomérations semblables, dans les mêmes conditions juridiques et économiques, ne formant pas moins de 53 feux. Le lieu de l'établissement est généralement la forêt ou les *marks* sauvages. On trouve cependant aussi des *hospites* dans

colonia reçut une signification générale, après avoir eu trait tout d'abord au *colonus*, cf. *Pol. d'Irm.*, I, 624 sv., et *Mém. des ant. de l'Ouest*, 14, p. 170, 147 (1161) : « Si vero nemus exartetur et in coloniam vertatur. » L'expression tendit donc forcément à désigner le défrichement, et rien de plus facile après cela que la confusion du *colonat* et de l'*hospitiat*, surtout lorsque le premier disparut dans le Nord; cf. D. Bouquet, X, 586 (1006) : « hospites, quos colonos vocant. » Dans le Sud, le *colonat* eut une plus longue durée; cf. Cart. Mâcon, préf., p. 60 sv., et notamment pour l'Ouest, Cart Cormery, p. 68, 34 (1126), bien qu'il y fût déjà très affaibli. On voit par les deux notes suivantes pourquoi il s'est maintenu plus longtemps dans le Midi.

1. Cf. pour sa confusion, Cart. Bertin, p. 174-5, Sim., l. I, 6 (vers 1025); D. Lud., VI (vers 1105), Mart. Coll. I, 603 CD, pour S. Waast; D. Phil. (1065), GC. 2, III i, 84 E, Cambrai; Mart. Th. I, 167 C (1047), Normandie; Mab. de re dipl., 586 D, Beauvoisis; D. Rob. (1027-8), D. Bouquet, X, 617 E, Noyon; GC. 1, X i, 189 C (1083), Laon; GC. 1, X i, 207 A (1075), Senlis; D. Rob. (1027-8), D. Bouquet, X, 618 A, Meaux; Cart. S. Père, passim; Cart. Cormery, p. 100, 49 (1070-1110); Besly, p. 411 (vers 1100); Cart. Vaux, p. 7-8, Châlon; Cart. Mâcon, p. 356, 89 (1096-1124).

2. Cf. Cart. Paris, I, p. 377, 9 (vers 1112), et Cart. Père, prol., p. 38, n. 4 (1140). Il faut encore mentionner ici Cart. Yonne, II, p. 16, 14 (1078-84). On peut corriger *terrarium*, qu'on y trouve, en *terragium*, ou bien l'interpréter dans le sens de : un tiers du rapport. Plus tard ce développement devait conduire au *métayage*; cf. Cart. Paris, préf., p. 206.

le voisinage de villes peuplées[1]. Le seigneur du champ a le droit de l'établissement; quelquefois des conventions sont conclues entre plusieurs seigneurs sur la manière de l'effectuer[2]. Cependant le seigneur a toujours, avant de procéder à la division des terres, à régler la situation juridique du sol et celle des futurs agriculteurs, et le plus souvent, aussi à leur procurer les instruments nécessaires à la culture [3]. L'établissement a lieu gratuitement après la conclusion d'un contrat entre le seigneur et l'*hospes*, et les employés des grands propriétaires reçoivent l'ordre de ne pas pressurer les nouveaux venus par des prestations injustes. On faisait aussi remise des redevances pendant les premiers temps de l'établissement [4].

1. D. Rob. (1027-8), D. Bouquet, X, 617 E : « in suburbio.... Novigenti VII areae hospitum cum suis arpennis. » En revanche, Cart. S. Père, prol., p. 38, n. 4 (vers 1140), c'est l'étendue d'une forêt livrée à la colonisation ; pour le nombre des *hospites* qui formaient un ensemble, v. la charte, déjà citée du roi Robert, p. 618 E. On y trouve des groupes de 4, 7, 18 *hospites;* 30 *hospites* sont mentionnés dans Cart. S. Père, p. 402, 4 ; 53 *hospites* dans un *praedium* avec 2 églises et 4 moulins, D. Rob. (1030), D. Bouquet, X, 621 D.

2. Ainsi Cart. Mâcon, p. 336, 589 (1096-1124). Pour le droit de colonisation du seigneur, cf. Cart. S. Père, p. 438, 41 (avant 1111) : « quando nobis placuerit, ponemus [habitatores], » et Cart. S. Père, p. 482, 22 (1113-29) : « hospites, quotquot nobis in ea [terra] mittere placuerit. » Ces passages nous donnent, en même temps, pour la colonisation les termes *ponere* et *mittere*, à côté desquels on a encore *hospitare*, Cart. Vaux, p. 7-8 (1098), v. la note suivante.

3. Pour les préparatifs d'une colonisation, cf. Cart. Vaux, p. 7-8, 6 (1098) : « Ego R. abbas.... in allodio hominem quendam hospitare volens accessi ad H. dominum de D., et GM vicarium et ceteros [5] viros, qui subscripti sunt, et causam indicavi, ne forte in posterum aliqua suspicio remaneret. Concessit itaque jamdictus H. de D., ut, sicut ecclesia Vallis terram in alodio posséderat, ita homines ibi commanentes liberi et immunes essent ab omni consuetudine et ab omni servicio, ut non ibi quicquam exigeret vicarius sive prepositus, nisi tantum abbas de Vallibus. » Cf. aussi les progrès du défrichement accomplis à Stavelot Mart. Coll. II, 77 E, 78 AB (1090). Pour l'inventaire, cf. aussi chap. I, p. 128, n. 3, et Cart. S. Père, prol., p. 38-9, n. 4 (vers 1144).

4. Cf. Cart. S. Père, p. 473, 5 (1101-29) : « Concesserunt nichilominus, ut homines, qui venerint, ad habitandum, in terram nostram, in tota terra sua non solvant pedagium, dum venerint, in primo anno. Le *Pol. d'Irm.*, II, 364

Par cet établissement, l'*hospes* entrait dans des rapports fixes avec son maître. Il recevait de lui le droit et lui payait des amendes et des redevances. Les premières ne devaient pas dépasser 5 solidi, excepté parfois dans des peines destinées à expier un vol ou un meurtre [1]. Le seigneur, d'autre part, qui conservait la pleine disposition des *hospitia*, avait par conséquent le devoir de protéger les paysans et leurs biens contre toute violation étrangère. L'*hospes* payait pour cette protection une redevance particulière, le *salvamentum ;* le taux en était proportionnel à l'étendue de l'exploitation [2]. A côté

(vers 1085) nous montre des remises de 2 ans ». Cart. Paris, I, 377, 9 (vers 1112) parle des moyens employés pour les nouveaux établissements. La charte bien souvent citée dans Cart. S. Père, prol., p. 38, n. 4 (vers 1144), donne plus de détail, surtout p. 39, col. 2, et Cart. S. Père, p. 402, 4. Warnkönig et Stein, III, sv.

1. Quant aux institutions judiciaires, cf. D. Lud., VI (vers 1104), Mart. Coll. I, 603 CD, pour S. Waast : « Deinde, si hospites S. Vedasti derelinquerint [*sic*] super ipsam terram, justiciam totius forisfacturae faciet abbas et habebit forisfactum. » Il s'agit ici particulièrement des *consuetudines judiciariae potestatis* (Cart. S. Père, p. 166, 38 (avant 1080). Leur modération : Cart. S. Père, p. 434, 41 (avant 1111) : « si quis habitatorum terre illius aliquod forisfactum fecerit, quod seculari jure pecunia debeat multari, quantamcunque summam jusrequirat, non capietur ex eo ultra V solidos, excepto raptu et homicidio, quod vulgo multrum [*l.* : murtrum] vocatur. » Cf. aussi Cart. S. Père, prol., p. 39 (vers 1144), et p. 482, 22 (1113-29). La tendance à abaisser les amendes est plus tard très générale, cf. Warnkönig et Stein, III, 89. La seigneurie, du reste, pouvait avoir un autre seigneur que celui du sol, si elle avait reçu des hôtes avant la canonisation, cf. Cart. S. Père, prol., p. 36, et la n. 3. p. 237. Citons Cart. Vaux, p. 7-8, 6 (1098).

2. Le seigneur pouvait acheter les *hospites;* le plus souvent les *hospites* demeurent alors sur la terre, aussi sont-ils, selon toute apparence, vendus avec elle, et plus l'*hospes* était lié à la glèbe, plus cela parut juste ; cf. Cart. Corméry, p. 100, 49 (1070-1110) : « dedi.... LX acras de terra arabili et unum hospitem intus ; » aussi Mab. ann. IV, 754, col. 2 (1064), Marmoutier. — Pour le *salvamentum* (aussi *salvatio :* Cart. Paris, I, 377, 9 (vers 1112), la redevance « pro defensione et protectione hospitum », cf. Cart. S. Père, 483-4, 23 (1113-29), aussi Cart. Mâcon, p. 274-5, 476 (1031-60). Pour la conception du mot, v. Mab. de re dipl., 587 A (1079), Aquitaine : « Quicunque autem illuc

de celle-ci et des stipulations du fermage, l'*hospes* payait encore au seigneur un cens personnel [1]. Il avait encore à donner une taille dans certains cas déterminés pour payer la rançon de son seigneur, ou pour le mariage de sa fille, ou enfin pour lui faciliter l'acquisition d'un château [2].

Au point de vue économique, l'*hospes* était beaucoup plus libre vis à vis du seigneur. Les sources ne laissent à celui-ci aucun droit d'intervenir dans son exploitation [3]. Il n'était pas difficile à un *hospes* industrieux d'arriver à une situation économique assez satisfaisante qui, en fait, le plaçait dans une posi-

fugiens pervenerit, nemo intra terminos ipsius alodii praesumat illum insectari. Hanc.... libertatem et (ut vulgariter loquar) salvamentum. » Cf. pour l'Allemagne, Lamprecht, D. W., I, 1068-9, 1080, 1096.

1. La capitation ne se trouve pas seulement chez les non libres, cf. déjà Hüllmann, p. 171-2; *Pol. d'Irm.*, I, 219. Pour son taux, v. Cart. Yonne, II, p. 16, 14 (1078-84) : « censum quatuor nummorum omnium hospitum; » Cart. Paris, I, 377, 9 (vers 1112) : « quatuor denarios de censu.... duos in festo Sancte Columbe, et duos in medio Marcio. » Mais on ne peut invoquer les « solidi sex de censu cum quatuor hospitibus » de D. Rob. (1027-8), Bouquet, X, 618 A, Meaux; il est ici bien plus question de l'ensemble des redevances. En général, on peut admettre que la capitation des *hospites* était parallèle à celle des non libres.

2. Cf. Cart. S. Père, p. 433, 41 (avant 1111) et p. 484, 23 (1113-29). La redevance pour l'acquisition du château est bien perçue comme corvée et fait partie de la *trinoda necessitas*. La troisième redevance qui est à citer ici serait l'impôt levé au moment où le premier né est fait chevalier, cf. par ex. Magna Charta, ch. 12; au sujet de la quatrième, celle pour la croisade du seigneur, cf. Cart. S. Père, prol., p. 154. Pour le développement ultérieur de la taille, cf. aussi Cart. Paris, préf., p. 190; une conversion de celle-ci est déjà essayée, Cart. S. Père, prol., p. 39, note (vers 1144) : « Quarto anno.... facient talleiam convenientem.... Alliam talleiam non facient pro me nec pro heredibus meis, nisi voluerint, nec etiam pro redemptione corporis. »

3. Il n'est sans doute pas dit qu'un tel n'existât pas; même, on a conservé un exemple de restriction pour des exploitations économiques de la même famille, cf. Cart. Dom., p. 87, 97 (vers 1090) : « Quidam homo.... accepit.... curtilum ea ratione, ut plusquam unam mansionem non faceret.... Mais à coté de cela se trouve un exemple de l'indolence ridicule et de l'insouciance du seigneur au moment où se passe un contrat : Cart. Mâcon, p. 441, 571 (1007-37).

tion pas trop inférieure à celle de l'homme libre [1]. Il avait été lui-même libre, et il conservait encore des traces de son ancienne indépendance. C'était encore un soldat le plus souvent, son seigneur lui donnait des armes en cas d'expédition et il combattait sous ses ordres. De bonne heure, il est vrai, cet honneur était devenu un fardeau et on avait songé à le supprimer [2]. Dans le Sud-Ouest existait encore le devoir militaire, cependant en Saintonge il avait reçu des adoucissements. Il en était de même pour la contrée de Chartres; autour de Paris l'on commençait déjà à l'abolir d'une manière générale [3].

1. La grandeur de l'*hospitium* était très différente : on trouve quelquefois seulement $^1/_3$ (Cart. S. Père, prol., p. 38, n. 4 (vers 1144), ou $^1/_2$ (aussi., p. 402, 4), ou 1 arpent (cf. la n. 1, p. 237) d'un champ pour un ou plusieurs animaux, v. Cart. S. Père, prol., p. 39 : « De unoquoque hospite, qui lucrabitur bovibus, non bove; » cf. aussi plus haut la n. 2, p. 238, Cart. Cormery, p. 100, 49 (1070-1110), et Cart. S. Père, p. 566, 62 (vers 1105).

2. En ce qui concerne les vues antérieures sur l'obligation de la défense, cf. Thegan. Vit. Ludow., c. 13, *M. G. S.* II, 593, Cap. III, 811, c. 2 ss.; Waitz, IV, 468. Elle fut solidement établie au IXe siècle dans Ed. Pist., 864, c. 27, *M. G. L.*, I, 495. Pour les devoirs militaires de l'*hospes* dans les temps ultérieurs, cf. Miraeus, I, 705, Flandre : « hospites.... nec in exercitum vadant, nisi per abbatis nuntium moniti. » C'étaient les *hospites* du monastère. L'analogie de ce passage comme aussi la preuve directe pour le devoir de protection des *hospites* au XIe siècle, qui sera donnée dans la note suivante, autorisent à voir les *hospites* dans les textes ci-après, quoiqu'ils ne soient pas nommés. Marchegay, p. 404, 63 (sept. 1066) : « Si vero comes Andegavorum exercitum congregare voluerit, retro edicto clamato per litteras suas abbatem Sancti Mauri submonebit, et tunc abbas suos homines costumarios statutis armis facie armari et ad exercitum predicti comitis destinabit. » Marchegay, p. 359, 17 (1066) : « Concessit etiam hoc.... comes [Andegavensis], ut si exercitum suum contra inimicos suos ire contigerit, homines in predicta villa [S. Mauro donata] existentes.... ammontiione monachorum.... cum serviente scilicet Sancti Mauri illius patrie et vexillo Sancti Mauri in exercitum pergant. »

3. Pour Chartres, cf. Cart. S. Père, p. 484, 23 : « Item si ipse in expeditione regis vel comitis, cum omni gente sua, ire voluerit, homines [i. e. hospites] terre illius pro custodia corporis sui ducere poterit, si ei placuerit : homines tamen illi absque presentia corporis ejus nusquam ibunt. » Pour Paris et Saintes nous n'avons que quelques ordonnances générales qui, sans doute, concernen

Cette mesure fut certainement accueillie avec faveur par les *hospites*, et cependant c'était elle qui supprimait l'une des plus fortes barrières entre leur classe et celle des serfs. Déjà le nombre des différences était assez restreint et les libres placés dans une situation dépendante auraient eu raison de les conserver. Le temps est proche où les serfs vont s'élever et les censitaires descendre, jusqu'à ce qu'ils soient tous les deux au même niveau et constituent par leur fusion la grande masse agricole. Ce développement n'était pas encore arrivé à son terme [1].

Mais avant que ce développement arrivât à son terme, des parties détachées de la classe non libre, unies à des débris d'autres classes, réussirent à former dans la bourgeoisie une nouvelle classe bien constituée tout *harmonique*. Avec la naissance du Tiers-Etat, une direction triomphe dont l'avenir seulement devait montrer l'importance et dont l'histoire appartient aux temps postérieurs. Il ne s'agit ici que d'établir les rapports qui existent entre les professions de la nouvelle classe et l'activité agricole des anciennes.

C'est tout d'abord l'industrie qui est le foyer de la petite bourgeoisie. Quel développement avait-elle atteint et jusqu'à quel point s'était-elle émancipée de l'influence de l'agricul-

les *hospites;* dans le premier cas, il est peut-être seulement parlé d'eux; cf. Cart. Paris, I, 258, 15 (vers 1105) : « Condonamus etiam illis [hominibus in Balneolis villa commanentibus] ne ulterius in hostes nostras vel expeditiones vel equitatus ire compellantur. Pour la Saintonge, cf. Cart. Saintes, p. 54, 53 (1079).

1. Cf. Martin, *Hist. de France*, III, 11, 216 ss., 269 ss. Cf. le processus analogue du mélange des anciens habitants de la *villa* et de ceux de l'avouerie, aboutissant à constituer les classes inférieures des XIVᵉ et XVᵉ siècles en Allemagne.

ture [1] ? Telles sont les questions dont la solution exige une esquisse de l'état de la civilisation du XIe siècle.

A la longue, l'agriculteur dépendant n'obtint le champ du seigneur qu'en échange d'une redevance, et il en fut de même de l'artisan, pour la pratique de son métier en tant qu'elle intéressait les seigneurs et leurs subordonnés.

Leurs terres étaient cultivées par les corvéables, ils commandaient les produits industriels dont ils avaient besoin à leurs propres ouvriers, et si les classes agricoles payent leurs redevances sous la forme de produits naturels, l'ouvrier s'acquitte des siennes en produits fabriqués [2]. Il n'y a là aucune différence essentielle entre l'agriculture et l'industrie ; elles sont liées, assujetties toutes les deux de la même manière. Et pourtant que ces chaînes devaient être plus lourdes à l'industrie !

La nature, dans son éternel renouveau, ne se laisse organiser et asservir que par la forme qu'on lui applique ; il en va tout autrement du capital et de la main d'œuvre, ces deux bases essentielles de prospérité industrielle ; tous deux peuvent

1. Un changement survient dans les rapports de l'agriculture et de l'industrie au commencement du XIIe siècle; c'est ce que montre Levasseur, I, p. 173 (2 chap.), cf. p. 320-1. Cela s'applique aussi au nombre des ouvriers, v. Cart. S. Père, prol., p. 57. Quant aux différentes sortes de métiers, cf. l'exposé d'ensemble excellent, le meilleur à notre avis placé dans le livre déjà indiqué, p. 56 ss.; aussi Cart. Grenoble, introd., p. 61.

2. Levasseur, I, p. 167, parle de l'organisation féodale du droit de travailler. A dire vrai cela n'est pas, mais bien le droit de faire travailler, si on le veut considérer comme un droit. Sur les cens dans la fabrication, cf. *Pol. d'Irm.*, I, 471 ss., 717 ss., 729 ss.; très instructif est aussi Cart. Rédon, p. 384, 61 (vers 1062). En outre on voit encore des redevances perçues en nature sur les ouvriers, sur le produit du champ qu'ils cultivaient souvent à côté de leur métier, cf. la p. 246, n. 2. Des ouvriers se trouvent souvent dans la série des témoins du *L. de Servis*. Sur la conception de l'industrie, v. aussi *Pol. d'Irm.*, II, 366 (1089) : « ne faber, nisi quotannis sibi pro incude XIIcim nummos redderet, aut pistor, aut sutor, aut carnifex, aut tabernarius, absque sui licentia in ea haberentur, prohibuerat. »

éprouver de la part de l'homme une oppression plus forte et plus intime.

Cette oppression fait comprendre pourquoi le développement de l'industrie au XIe siècle était très faible. On ne voit encore que les premiers débuts de l'industrie domestique [1]. Il n'y a encore en général que les métiers qui sont indispensables aux soins et à l'entretien de la vie. Et ce n'est pas le cas pour les métiers relatifs à la construction, chacun édifiant sa demeure ; mais on trouve comme artisans, des tailleurs, des cordonniers, des bouchers, des barbiers, des *sanguinarii* [2].

En comparaison du faible développement de l'industrie, la division du travail au sein de chaque métier était assez avancée, mais souvent mal comprise. Il était rare qu'une seule personne réunît plusieurs aptitudes professionnelles [3]. C'était

1. Cela n'est encore vrai que de l'industrie textile, du moins les documents ne nous offrent pour le reste aucune lumière. Un tisserand par ex. *Mém. des ant. de l'Ouest*, 14, p. 92-93, 85 (vers 1070), et souvent ailleurs ; c'est surtout dans le Nord à cause de l'élevage très intensif des brebis, cf. chap., I, p. 125 ; cf. aussi Cart. S. Père, prol., p. 64. — Qu'on se souvienne en outre de l'élevage des brebis, v. sur lui par ex. *Pol. d'Irm.*, I, 617 ; Maurer, I, 241 ss.

2. La plupart des habitants construisaient eux-mêmes leur maison, c'est ce qu'indique d'après nous le mot *cementarius* pour désigner maçon. Les maisons étaient le plus souvent en bois, cf. chap., I, p. 128, n. 2. A côté apparait comme ouvrier employé à la construction un *plumbarius* (plombier pour les toits des églises); Bouquet, XIV, 79 E, et le *tornator*, GC. 1, X i, 207 A (1102), Soissons, il est seulement nécessaire, dans l'acception du XIe siècle, pour la construction des églises. Pour le développement des métiers, cf. citée p. 242, n. 2. *Pol. d'Irm.*, II, 366 (1089) ; les ouvriers cités là sont ceux que possédait habituellement un village. Le *sanguinarius* fait un métier nécessaire à cette époque, ce qui s'explique facilement si on remarque qu'un *sanguinarius*, mentionné *L. de Servis*, p. 83, 88 (1032-64), est appelé *medicus*, p. 85, 90, eod. temp.

3. A la catégorie des cordonniers, tailleurs, corroyeurs, appartenaient Sutor : Cart. S. Père, p. 197, 71 (avant 1080) ; Botarius : aussi p. 483, 22 (1113-29) ; Corvesarius : *L. de Servis*, p. 7, 5 (1064-85) ; Cordo : Cart. Rédon, p. 384, 71 (vers 1062) ; sutor vervecum, sutor agnorum : l. c.; sutor vaccae : Duc. au mot Sutor ; sutores lanearii : Cart. S. Père, p. 320, 86 (1101-29) ; Consutores : aussi p. 509, 53 janv. 1101) ; Scutellarius : Cart. S. Père, p. 360, 145 (commencement du XIIe s.)

encore les industries agricoles qui avaient reçu le plus de développement, surtout celles qui jouissaient du privilège déjà fort estimé de rendre des services directs à l'homme : la boulangerie et l'art de la cuisine. Il est vrai que les produits de l'industrie agricole étaient souvent établis par le paysan lui-même, par exemple la tonnellerie, le charronnage [1].

Boulangerie et meunerie offraient un champ favorable aux intérêts seigneuriaux. Dans la plupart des localités il y avait un ou plusieurs fours banaux. Leur propriétaire n'en tolérait aucun autre à côté du sien et tous les habitants devaient faire cuire leur pain dans un de ces fours. On percevait pour usage un cens : le *fornagium*. Le four était muni par le seigneur des ustensiles et du combustible, et affermé à un boulanger [2]. Les

L. de Servis, p. 99, 105 (1062), cf. Cart. S. Père, prol., p. 64; Sellarius : Cart. Rédon, l. c.; Coriarius : Cart. S. Père, p. 481, 21 (1105); il faut lire ici *cornuarius* (fabricant de cornes destinées à contenir la boisson ou un passementier?), ibid., p. 313, 63 (1100). — Pelliciarius (pelliparius, pellifex), marchand de fourrures, une industrie très développée, cf. *L. de Servis*, p. 42, 43 (1053-64), Cart. S. Père, p. 415, 21 (1101-29), ils apparaissent trois fois dans un seul passage ; Sartor : Cart. S. Père p. 196, 70 (avant 1080). — Nous terminons en faisant la remarque qu'avec la disparition du luxe des vêtements en étoffes magnifiques et l'apparition d'un luxe basé sur l'industrie et la fabrication, un certain nombre de métiers durent se développer. Ce dernier luxe apparut au cours du XIe siècle, cf. chap. IV, p. 242, n. 1.

1. Cart. Saintes, p. 3, 1 (1047), se trouve une servitude pour le bois, « ad domos scilicet hedificandas vel restaurandas, ad cupas, ad dolia, ad vallum, ad naves, ad furnos calefaciendos, ad omnia facienda quaecumque fuerint domui necessaria. » Les ouvriers mentionnés le plus souvent dans Stubbs *Charters*, p. 78, XXI, sont Coqui et Pistores; cela va de soi pour les derniers. La fréquente mention des premiers s'explique par le luxe de l'époque, cf. chap. IV, vers la fin; il y avait des chefs de cuisine (archimagiri, magistri coquorum) : Cart. S. Père, p. 185, 69 (avant 1080), cf. ibid., 210, 86 (12 mai 1069).

2. Dans la période des lois cette sorte de ban n'existait pas, cf. Waitz, II, 221; pour la période des Carolingiens, v. Anton, I, 396 ss. Du reste, cf. encore Levasseur, I, 164 ss.; Cart. Paris, préf., p. 188-9. L'expression four banal dans Chronic. Andug., c. 23, *M. G. S.*, VIII, 582, l. 4 : « bannalis officina furni. » Furnus désigne le four sans l'*area*, souvent il a une toiture, cf. Cart. S. Père, p. 518, 4 (1107), et D. Phil. (1105), Dach. III, 440, col. 1. L'*area* s'appelle spé-

moulins banaux étaient administrés de la même manière. L'eau et le moulin appartenaient au seigneur, il les donnait en bénéfice à un meunier qui peut-être n'exploitait pas lui-même, mais laissait chacun de ses clients moudre sous sa surveillance [1].

cialement furnile : Cart. S. André, 163, 993-7. A côté de furnus encore fornax : D. Rob. (1027-8), Bouquet, X, 619 D., et furnillus : Cart. S. Père, p. 161, 34 (29 avril 1045). Pour le grand nombre de fours banaux, cf. Dach, III, 391, col. 2. (1032), Champagne : « medietatem vici cum duobus furnis » (où on voit parler de fours banaux); aussi Cart. Brioude, p. 145, 130 (998-1031), il s'en trouve plusieurs dans un village. S'il en existe seulement un, il a du être fort grand, car l'abbé Salomon de S. Galles avait, d'après Anton, I, 398, un four dans lequel on pouvait cuire 1000 pains. Pour le droit du seigneur du ban, cf. Cart. S. Père, p. 200, 74 (févr. 1055) : « unum furnum... qui omnibus incolis... sit singularis; quod si solus non sufficit omnibus, nemo alterum potestatem edificandi habeat... nisi monachi, quorum erit emolumentum furni. » Les devoirs du seigneur résultent du Cart. Yonne, II, p. 15, 12 (1080); v. aussi Levasseur, I, 166. Le fornagium est la redevance de celui qui cuit, cf. Cart. Saintes, p. 148-9, 228 (1100-1107). Les furni sont d'ordinaire donnés en fief à un boulanger, la vestitura est payée en pain, ainsi par ex. Cart. Mâcon, p. 12, 13 (vers 1077), quatre fois par an, ou aussi en d'autres prestations, cf. Cart. Paris, I, 380, 12 (vers 1120). En outre on voit des arrangements spéciaux, cf. Cart. S. Père, p. 307-8, 54 (1101-29).

1. Molendinum est seulement le moulin, cf. Cart. Cormery, p. 59, 29 (978) : « area ad molendinum faciendum; » puis le mot apparait comme désignant la place du moulin, v. Mart. Coll. I, 541 A (1092) D., Liège A côté de molendinum les formes mulnare : Cart. Savigny, p. 338, 660 (1022), et farinarium : *Mém. des ant. de l'Ouest*, 14, p. 71, 62 (octob. 997). D. Rob. (1022), Bouquet, X, 606 D., apparait un farinarium petrosum un moulin construit en pierres? A moins que ce ne soit un moulin avec des pierres meulières? Cf. l'expression : Petra molendinaria, dans un tarif douanier de la Moselle, de 1248, *Mittelrheinisches Urkundenbuch*, III, 932. Des moulins à deux roues paraissent avoir été une exception, du moins on n'en trouve à notre connaissance qu'une seule fois la mention dans les *Mém. des ant. de l'Ouest*, 14, p. 88, 81 (nov. 1058); en revanche Cart. Trinit., p. 422, 1 (1030), un villare avec 3 moulins. Le meunier est seulement l'inspecteur du moulin, v. Cart. S. Père, p. 36 (avant 1000). Encore de nos jours les classes inférieures vont moudre elles-mêmes dans un grand nombre de contrées. Le moulin banal repose le plus souvent sur la propriété qu'a le seigneur sur l'eau, cf. Cart. Grenoble, p. 120, 46 (vers 1040) : « Et habeo molendina omnia, que sunt in aqua, que vocatur V. et... B., in quibus aquis accipio de placitamento in unum quodque molendinum, quando edificatur, V solidos. » Le seigneur ensuite loue le moulin, cf. Cart. Rédon, p. 285, 335 (1084) : « foedum N. molendarii, unde ipsis unoquoque anno in Nativitate Domini XII nummi exiebant; » v. aussi Cart. Paris, I, 381, 12 (vers 1120). — Mentionnons enfin le

Le ban du moulin comprenait souvent plusieurs villages, tous les habitants de ceux-ci payaient la *moltura* [1]. Avec la meunerie était régulièrement liée une exploitation agricole ; c'était aussi le cas ordinaire pour d'autres industries. Il arrivait quelquefois que le paiement du travail se faisait en terres [2].

foulon (battenterium) ; son rapport de valeur avec le moulin à blé peut se déterminer d'après le Cart. Grenoble, p. 120, 46 (vers 1040) : « molendinum... V solidos... bateorium... duos solidos et dimidium. » Il est utilisé pour la préparation du chanvre, cf. Cart. Dom., p. 88, 98 (vers 1085).

1. L'étendue du ban du moulin était naturellement fixée en grande partie d'après les rapports hydrauliques, car il n'y avait pas encore de moulins à vent. Cependant, cf. au sujet de cette étendue Cart. Bertin, p. 222, Sim., II, 11 (1102) : « omnem multuram, quam hactenus habuerunt, quiete deinceps... possideant, in tantum videlicet, ut a predicta villa A. usque ad B. atque L. nulla omnino alia molendina intersint. » V. aussi GC. 1, X i, 208 A. (1097), Senlis, et Cart. Trinit., p. 443, 40 (milieu du XIe siècle). Pour une autre signification du mot moltura que celle qui est donnée ici, cf. *Pol. d'Irm.*, II, Gloss. au mot moltura. Autrement molneragium, molendinagium, cf. Cart. S. Père, p. 305, 52 (1101-29) : « molendinorum curam sive custodiam, quod molneragium sive jundragium dicitur. » Souvent les moulins banaux étaient trop petits par rapport aux nombre de ceux qui les fréquentaient, car ils devaient attendre longtemps avant d'avoir terminé. La durée du temps qu'on devait attendre était en ce cas fixée, cf. Cart. S. Père, prol., p. 39, note (vers 1144) : « molent ad mea molendina... et ibi expectabunt per diem et noctem; et si tunc non poterunt molere, eant quo voluerint. » Cf. Lamarre, *Traité de la police*, II, 157 (Levasseur, I, 165, n. 1, 2).

2. Pour les moulins l'union de l'agriculture et de l'industrie s'explique facilement, cf. Cart. S. Père, p. 36 (avant 1000); Cart. Paris, I, 381, 12 (vers 1120). Pour le XIe siècle nous ne connaissons pas de charte où elle manque. Pour les exploitations petites des ouvriers, cf. Cart. Dom., 251, 237 (vers 1100) : « P. sutor... pro domo sua et pro campo, » et souvent. Guérard énumère comme étant des colons, *Pol. d'Irm.*, 234, § 116, un Faber, un Sutor, un Bubulcus du Polyptique de Fulda, aussi d'après le *Pol. Irminonis* un Major, un doyen, un cellerier, un meunier, un forestier. Mais quant à ce propos, il fait cette remarque : « On trouve même des colons qui ne paraissent pas avoir été de vrais cultivateurs. » Il s'y prend mal pour comprendre cet état, il suit bien plus de ces exemples qu'il y avait des ouvriers et des employés dont l'existence était en grande partie basée sur des occupations agricoles. Pour le payement de l'ouvrier en terres, cf. Cart. Grenoble, p. 111, 36 (1094-5) : « Ipsam vero vineam habuerunt antecessores mei, qui fuerunt cementarii, pro [= ab] episcopis Gratianopolitanis per edificationem ecclesiarum. »

L'exercice des métiers, aussi bien que la circulation de leurs produits, étaient dominés par les conditions qui déterminaient toute l'agriculture. Dans l'ensemble du système économique l'activité industrielle n'avait trouvé aucune forme particulière d'existence, aucun germe fécondant. Les premières créations qu'engendra le développement caractéristique de la production par le travail et le capital furent appréciées et entravées d'après la mesure des productions du sol. C'était le règne encore de l'économie naturelle dans son rigorisme exclusif, et l'asservissement du métier à ses fins en était la meilleure preuve.

CHAPITRE IV.

ADMINISTRATION DE LA FORTUNE ET EXPLOITATION DU SOL

Au commencement du chapitre précédent nous avons remarqué comment la notion des classes s'était formée au Moyen Age par des considérations juridiques et non économiques. Si cette conception est juste, il s'en suit que l'on a considéré plutôt dans la propriété le point de vue juridique que le point de vue économique. Car nul autre facteur ne pouvait agir aussi puissamment sur la formation des classes et être aussi fortement influencé par la conception qu'on en avait. C'est ce que confirme le caractère extérieur de la propriété au Moyen Age : elle tend beaucoup plus à l'honneur découlant de ce droit qu'au profit de la possession; elle peut, dans des cas extrêmement nombreux, subir une atténuation juridique si forte qu'elle ne laisse plus de place au point de vue économique.

Ce sont principalement deux modifications de cette notion qui conduisent à un tel résultat, la propriété collective et la propriété éminente. Elles sont capables elles-mêmes des combinaisons les plus variées, elles arrivent à s'enchevêtrer si étroitement que le temps lui-même a de la peine à les séparer. Elles ont ceci de commun qu'elles permettent à plusieurs volontés d'exercer une action sur le sort de la propriété. Les inconvénients économiques de ce système sont manifestes. Comme ces deux conceptions se rapportent le plus souvent aux immeubles, il ne peut être question d'une exploitation harmonique et bonne. Le partage du revenu, et le grand nombre d'obligations imposées à l'une des parties vis à vis de l'autre, qui ont pour résultat de nuire à la culture, sont l'origine de continuelles difficultés. L'économie rurale du Moyen Age est cependant encore trop extensive pour que de pareils inconvénients fassent trop sentir leur influence sur elle [1].

Il en est autrement pour l'aliénation du sol. Pour cela aussi, l'accord de tous ceux qui ont droit à la propriété est nécessaire. La vente de la terre était, par conséquent, assujettie à des difficultés quasi insurmontables. Cependant quelques-uns de ces obstacles avaient déjà disparu dans le cours du temps. On ne trouve plus guère qu'en Auvergne quelques débris de la *Marklosung*, jadis l'un des puissants de ces obstacles [2].

En revanche, la conception du droit de propriété collective de la famille au patrimoine familial est encore vivante [2]. A la vérité, on observe là aussi des symptômes dissolvants ; le clergé particulièrement cherchait à obtenir la liberté de tester pour des legs en faveur de l'église, mais souvent sans un bien grand

1. Ces débris n'ont plus au XIe siècle qu'une valeur archéologique; ils consistent dans la présence des voisins d'une terre, appelés, en cas d'aliénation de cette terre, à fournir confirmation (confirmare) et témoignage, cf. Cart. Brioude, p. 166, 151 (vers 920); Cart. Sauxillanges, n. 211, 316, 432. Cependant ce n'est pas toujours le cas dans les deux cartulaires. Cf. du reste pour ce droit Grimm D. Ra., p. 531; Waitz, II, 312 n. 5; 314, n. 1; Lamprecht, I, 284 sv., 449 sv., 629 sv., et L. Burgd., 84, 2.

2. Cf. pour ce qui suit Cart. S. Père, prol., 108 sv.; Roscher, II, 281 sv. L'exposé qui prend place ici s'applique dans l'ensemble à la Bretagne, v. Cart. Rédon, prol., p. 255 sv. Il ne s'agit naturellement que de l'hérédité, non des acquêts, cf. p. 254, n. 1.

succès[1]. Le droit héréditaire offrait toujours une expectative tellement sûre de la propriété que l'héritier pouvait déjà en disposer du vivant de la personne. Même les donations faites au lit de mort n'étaient pas toujours reconnues[2].

1. Le testament est étranger à la conception germanique. Cependant on trouve de bonne heure des exceptions à cette règle, toutes dans l'intérêt de l'église, ainsi déjà à l'époque des droits nationaux. La politique de l'église ressort clairement de la Décr., III, 155 (= c. 9 et 10, C. 13, qu. 2). Au lieu de se servir du testament légal direct, qu'on juge impraticable, on a recours à la donation pieuse « pro salute animae ». Elle est permise aux libres, Cap. Aquisgr. Lud., I, 817, c. 6, *M. G. L.*, I, 211, cf. pourtant *op. c.*, 207, c. 7. Pour les subordonnés du roi, Ed. Pist. (25 juin 864), c. 28, *M. G. L.*, I, 495. On voit à quel point l'église favorise l'accomplissement des dernières volontés d'un mourant par le Cart. Ainay, p. 691-2, 186 (1011). Le résultat en fut merveilleux vers la fin du xe siècle; ainsi les deux tiers des chartes du Cart. de Nîmes ne sont que des donations, particulièrement au xe siècle. Cependant nombre de ces donations sont faites sous réserve d'usufruit, la vie durant (Cart. Nîmes, introd., p. 31). Cette tendance, si générale à l'époque, survécut du reste encore au xie siècle, pendant la durée d'une génération, v. Transl. SS. Savin. et Sol. 21, Mab. act. VI, 1, 262 (vers 1025), Sens : « Ignescit interea amor nobilitandi sanctorum coenobia ac reparandi honorem pristinum eorum quaecumque fuerant diruta. » On constate cependant déjà vers 1025 une réaction à Arras (Flandre), cf. Synod. Atrebat. (1025), Mansi, 19, 423 sv., particulièrement c. 16, col. 427, mais ce fut sans grand succès, comme le montre une charte de l'*Hist. de Languedoc*, II, p. 236 (vers 1060), ex. Cart. Lesatensi : « Consuetudo inolevit in sancta Dei ecclesia, ut omnis homo pro peccatis vel operibus suis, quae contra praeceptum Dei se egisse recognoscens [l. : — sceret], de rebus suis donaret ad loca sanctorum. » Une nouvelle ère commença pour les donations ecclésiastiques à l'époque des croisades; les monastères ne négligèrent pas de convertir en espèces à leur profit l'enthousiasme qu'elles firent naître, cf. *L. de Servis*, app. p. 165, 41 (1095) et parmi les travaux récents sur les questions, particulièrement celle de la politique de l'Eglise en matière de donation, ma D. W., I, 670, sv., 682, sv., 696, sv.

3. C'est du point de vue juridique que naissaient les plus grandes difficultés ; du coté moral, elles ne comptaient guère. Cf. toutefois Chronic. Andag., 23, *M. G. S.*, VIII, 581-2, surtout p. 582, l. 8. On permettait encore bien moins d'autres donations à cause de mort, sans autre raison déterminante ; v. la charte si caractéristique n. 46, Cart. Cormery, p. 93 sv. (1070-1110), aussi Chronic. Andag., 98, *M. G. S.*, VIII, 629-30, l. 51. On voit par le Cart. Savigny, p. 354, 683 (vers 1020), à quel point le droit de succession était encore basé sur la notion de famille. Quelqu'un donne « partem fraternitatis meae et hoc quod mater mea tenet et mihi advenire debet post mortem ejus ». *Adventientia* était le nom de

Le droit de propriété collective de la famille s'exprimait, en cas d'aliénation, par le droit d'opposition des héritiers. Comme ces derniers pouvaient n'être pas exactement connus d'avance par suite du défaut éventuel de certains d'entre eux, on s'assurait le consentement de toute la famille[1] qui, dans certains cas, pouvait aller jusqu'à sa participation à l'acte de transmission et qu'on n'obtenait quelquefois qu'en retour d'importantes concessions[2]. Une nouvelle difficulté pour le commerce résultait d'une minorité éventuelle des héritiers, ou d'une partie de ceux-ci ; la tutelle des héritiers ou d'une partie de ceux-ci rendait encore l'aliénation difficile. Il fallait alors fournir une caution pour les parents absents ou inconnus, qui auraient pu élever quelque prétention[3].

l'héritage à recevoir. Cf. aussi Cart. S. Père, p. 100, 7 (avant (1024). — Ce qui a empêché la transmission des immeubles, ce sont aussi les bornes qu'on avait mises à la capacité héréditaire, cf. Warnkönig et Stein, II, 436, 448. D'ailleurs, l'hérédité doit, en général, avoir été rare pour les biens d'une valeur moyenne d'exploitation. Les raisons en sont exposées par Roscher, II, 282 D. Il ne faut donc pas attacher beaucoup d'importance à cet obstacle au XIe siècle.

1. Pour le droit de revendication des héritiers, cf. Miraeus, I, 665, col. 1, n. 2 (1078); Duchesne, *Hist. de Montmorency*, pr. p. 67 (1086), ex. Cart. Columb.; aussi Cap. Aquisgr. Lud., I, 817, c. 7, *M. G. L.*, I, 207. Souvent toute la famille a la précaution de donner son approbation, v. Cart. S. Père, p. 126, 6 (avant 1070); Cart. Rédon, p. 340, 384 (1095); Cart. Savigny, p. 450, 847 (vers 1100).

2. Cf. Dach. III, 409, col. 1 (1070). Le monastère de Marmoutier donne, pour acquérir un cloître, à son propriétaire 4000 sol., à sa mère 100 sol., à des proches 400 sol., à un clerc inconnu 100 sol., c'est-à-dire au moins 12,5 % du prix d'achat comme taxes supplémentaires. — Cart. Dom., p. 31, 26 (vers 1090) : « Laudaverunt.... frater.... qui similiter hanc cartam posuit super altare, et filii; » ibid., p. 71, 75 (vers 1075) : « cartam propria manu posuit cum filio suo V. super altare. »

3. Cf. pour le *consensus* des mineurs, Cart. Sauxillanges, p. 545, 771 (990-1049) : « Fecerunt autem fidem et plivium I. filius B. [donatoris] et D. frater ejus et [l. : pro] filiis ipsius B., ut faciant eis firmare hanc cartam statim, ut ad aetatem pervenerint, sin autem non fecerint.... mittunt se obsides usque quo factum habeant de ista convenientia, que hic est scripta. » Cf. aussi ibid., 292, 378 (1028-49). On voit combien cette précaution, en vue de l'avenir, était

Dans ces conditions, il n'était pas difficile aux parents d'élever des réclamations contre d'anciennes aliénations de possessions de famille, quelquefois par erreur, le plus souvent par cupidité ou méchanceté[1]. Toutes les mesures de précaution contre de telles attaques avaient peu d'effet, si la famille était quelque peu nombreuse.

Cependant la simple aliénation avec le consentement complet de la famille était encore un des cas les moins compliqués. Beaucoup plus difficile est, en revanche, l'aliénation sous retrait lignager, que celui-ci soit introduit par l'aliénation comme atténuateur du consentement primitif des héritiers, ou bien qu'il soit réclamé par les proches. Elle peut être conve-

nécessaire par le Cart. Beaulieu, p. 35, 15 (6 mai 1073). On trouve ici quelques personnes qui ne veulent pas reconnaître le *consensus* : « dicentes, se esse sine consilio, quando hoc donum fecerunt. » En conséquence le *consensus* est renouvelé : « modo dum sunt milites et regnant ad suum sensum et habent plenam scientiam. » On a l'engagement pris pour des parents absents dans le Cart. S. Père, p. 416, 23 (mars 1094-5), où il faut toutefois intercaler *non* entre *ascripta esse* et *displicebit*.

1. Cart. Romans, p. 41, 15 (milieu du XIe s.) : « Post vero S. [donatoris] parentes, qui hereditatem [donatam] sibi competere dicebant, audita cartula ista, laudaverunt et benefactum esse confirmaverunt. » Les proches avaient si bien l'habitude de faire opposition, que celui qui aliénait cherchait à se prémunir directement en les faisant figurer nominativement dans la formule de malédiction; il y a ici à distinguer entre *emissa persona* et *propinqui* pour ceux à qui s'adressait l'imprécation. Cart. Savigny, p. 342, 665 (vers 1020); p. 337, 658 (vers 1020), et p. 329, 650 (vers 1030); dans le dernier de ces passages, nous ne voyons pas la nécessité de corriger avec Bernard *submissa* en *emissa*, *submissa* est même plus expressif. Le Cart. Savigny, p. 348, 675 (vers 1024) va même plus loin : « aliqua emissa persona, ego aut (propinqui). » L'abus de l'anathème ecclésiastique parait en avoir détruit l'action terrifiante; on eut alors recours à un moyen plus efficace, en imposant le témoignage de tous les membres, cf. Cart. Dom., p. 65, 67 (vers 1035) : « Testes sunt uxor [donatoris] V., filii eorumque V. et P., A. frater eius, filiique ejus P. et A., R. Isti laudant et affirmant ea ratione, ut si aliquis calumniare voluerit, ipsi sint defensores et adjutores ipsius [donatoris] animae; » il en était ainsi particulièrement dans les cas où le donateur lui-même ne pouvait plus assurer cette protection.

nue pour un temps limité ou bien elle peut restreindre l'usage de l'objet transmis, mais toujours elle met le plus grand frein à l'aliénation foncière [1].

La conception de la propriété collective de la famille est répandue par toute la France du Nord, mais conserve encore son influence prédominante sur les bords du Rhône, ainsi que jusqu'au fond de l'Auvergne et de la Saintonge. Pourtant, dans le Sud-Ouest, dans la Saintonge, en Limousin et en Poitou, les principes du droit romain n'étaient pas encore oubliés, et on perçoit ici et là quelques dissonances, qui trahissent son opposition avec le droit germanique [2]. En revanche, cette conception

1. Pour les formes ultérieures du retrait lignager cf. Warnkönig et Stein, II, p. 568. Retrait lignager dans les limites du temps dans Cart. Sauxillanges, p. 225, 279 (960-1048). Quelqu'un donne « in tali convenientia, ut filii mei cum P. et A. et U. ad nativitatem Domini redemptum habeant campum ipsum C. solidos, et si centum solidos reditos non habeant, jam amplius non appellent ». V. aussi Cart. Savigny, p. 467, 887 (15 avril 1086). Les deux exemples nous montrent l'exercice de ce droit de retrait, même en cas de donation, c'est-à-dire alors qu'il ne peut être question de remboursement d'un prix d'achat; cela nous indique aussi que la donation du XIe siècle est moins un contrat spécial qu'une manière d'acquérir la propriété. Le retrait lignager est borné quant à l'emploi dans Cart. Mâcon, p. 255, 443 (1031-62) : « Precor autem, ut nulli extraneo vel seculari homini ipsa hereditas [donata] in beneficio vel aliquo modo detur; quod si factum fuerit, ego autem [l. : atque] heredes mei simili modo ipsum habere valentes.... » Les deux formes sont combinées dans Cart. Beaulieu, p. 201-2, 146 (X^e ou XIe siècle). On l'a aussi sans stipulations spéciales, cf. Cart. Beaulieu, p. 169, 116 (XIe ou XIIe siècle). Il n'est pas rare non plus de rencontrer des donations simples, sans retrait, mais avec la limitation d'emploi; ainsi Cart. Sauxillanges, p. 133, 143 (990-1049) : « facio hanc donationem, ut.... possideant monachi.... et unquam ad nullum hominem in beneficio non donent; » v. Cart. Mâcon, p. 263, 459 (1031-62), de même en revanche Cart. Mâcon, p. 104, 148 (996-1018). A côté des aliénations limitées éventuellement, il y a encore celles qui le sont d'une manière absolue, avec droit de retour; cf. Cart. Sauxillanges, p. 228, 282 (août 1002) (2 + × 7) : « Et nullus homo hanc terram [donatam] in beneficium audeat equiti dare, set semper sit in commune cum fratribus : quod si fecerit ad propinquos revertatur. » C'est déjà presque formulé dans le Cart. Beaulieu, p. 201-2, 146 (X^e ou XIe siècle), dans sa dernière expression; cf. aussi ibid., p. 188, 135 (XIe siècle ou plus tard).

2. L'existence du *consensus* des héritiers n'a pas besoin d'être établie pour le

s'accommode très bien de la faculté d'aliéner les acquêts, car ils ne font pas partie de la propriété familiale [1].

A côté des restrictions apportées à l'aliénation foncière par la propriété collective, il y a celles qui résultent de la conception du domaine éminent. De même que la propriété collective a son noyau dans le droit de la famille, la conception du domaine éminent se concentre dans le rapport de droit public qui existe entre le vassal et le seigneur. Certes, il apparaît dans d'autres cas, mais c'est toujours alors sous une forme moins caractéristique [2]. L'aliénation de la propriété subordonnée du vassal est soumise aux mêmes conditions que celle des biens de famille. S'il faut pour l'une l'accord des parents, il faut pour l'autre le consentement du seigneur [3], avec cette

Nord, il suffit d'ouvrir le premier cartulaire venu pour s'en convaincre. Pour le Sud, cf. Cart. Saintes, p. 82, 90 (1100-1107), et Cart. Sauxillanges, p. 545, 771 (990-1049). Des règles du droit romain se retrouvent dans le Cart. Beaulieu, p. 190, 137 (avr. 997-1031) : « Decreta legum et institutio jubet antiquorum, ut omnis legitima persona, si res suas in alterius dominationem tradere voluerit, libera ei concedatur facultas; » v. ibid., p. 157, 104 (août 1037-55); Cart. Saintes, p. 106, 146 (déc. 1010) : « Continet lex romana ut si quis, etc.; » *Mém. des ant. de l'Ouest*, 14, p. 75, 66 (fin xe siècle) : « Antiquorum est consuetudo, etc. »

1. Cart. Saintes, p. 82-90 (1100-1107) : « Quod si [consanguinei — parentes] renuerent [donum], dixit G. se non curare, quoniam hoc non hereditario jure possederat, sed a comite Pictavensi emerat ; » aussi Cart. S. Père, p. 497, 41 (1079-1101) : « dicens, quia, quod pater suus propria pecunia emerat, liceret ei, etiam nolentibus filiis, cuilibet dare posse. » Ici l'on range encore parmi les biens acquis les possessions de famille après le premier degré de succession.

2. C'est à ceci qu'il faut rattacher les rapports du seigneur avec les non libres et les censiers. Plus tard la conception de haute et basse propriété devient applicable à la plupart des biens ruraux, qu'ils fussent grands (*fief*) ou petits (*censive*). On trouve même des hommes libres aliénés avec leurs biens par les propriétaires de ces derniers. (Cf. *Pol. d'Irm.*, I, 222).

3. Cart. Dom., p. 169, 193, 2 (vers 1095) : quelqu'un donne sans le consensus du seigneur : « Post aliquantulum vero temporis A. V. hoc testamentum in manu sua redegit dicens, id de feudo suo esse et sine laudatione sua possessores hujus rei substitui non posse aliquos. Hac de causa Prior de Domina.. doni laudationem et concessionem a prædicto A. accepit. » V. aussi Cart. S. Père,

différence, toutefois, que les liens naturels qui souvent amenaient la famille à un consentement gratuit, disparaissaient ici ; le seigneur ne donnait guère son consentement que contre une indemnité spéciale toute personnelle ou bien il se réservait certaines prestations, sans doute déjà existantes sur le bien aliéné [1].

Dans ces conditions, le consentement accordé peut se développer en une forme particulière de donation. Il prend l'aspect d'une faculté commune autorisant tous les vassaux du maître à aliéner à certaines personnes, ou bien, à un autre point de vue, il nous apparaît comme une permission spéciale pour certaines personnes ou corporations d'acquérir dans un domaine déterminé [2].

p. 235, 9 (avant 1102); Mart. Th. I, 159 B, Anjou; Marchegay, p. 359, 17 (1066). On va plus loin dans Cart. Sauxillanges, p. 587, 853 (1060-73) : « F. [vassallus], qui ipsud alodum beato Petro contulit.. H. [senior], qui fevum ad integrum tradidit. »

1. Ce dernier cas dans Cart. Rédon, p. 279, 328 (1063-76). Dédommagement pécuniaire pour le consentement, p. ex. Cart. Rédon, p. 235, 287 (1062-70) : « expecierunt G. filium B-i, sub quo ipsi tenebant locum, ut ipse faveret donationi eorum; quod ipse, dato sibi uno equo, annuit, non solum quod ipsi dederant, sed etiam, quod ipsi jure ex eo loco competebat. » Cf. ibid., p. 271, 318 (vers 1075); Marchegay, p. 266, 23 (24 avril 1090); Cart. S. Père, p. 132, 9 (avant 1070).

2. On va encore plus loin, si cette licence donne lieu à un droit exclusif d'acquisition, Cart. Grenoble, p. 78, 34 (vers 1040) : « Auctoritas vero eorum hec agebat, ut in omni territorio prenotato [comitatu Roianensi] nulla ullius persona loci adquirendi aliquid quamvis modicum, in ullo, tam in laicali honore, quam etiam in ecclesiastico, ullo modo licentiam auctoritatis habeat vel recipiendi, preter monachos Montis Majoris auctoritate Romana, a qua et ipsi habebant. » Ce passage appartient bien à la même charte que Bréquigny, II, 33, cite sous la date de 1044 environ, d'après Chorier, *Nob. de Dauphiné*, II, 96. — Pour la licence générale d'aliénation, cf. Cart. S. Père, p. 320, 73 : « quicunque ex meis subditis aliquid beneficii ecclesie sancti Petri voluerit conferre me nesciente meque non interrogato, id secure tribuat; qui [l.: quia?] particularem licentiam, quam singulis largitoribus essem daturus, nunc omnibus generalem.. super altare sancti Petri praebens offero. » De même Marchegay, p. 359, 17 (1086).

Si cette faculté générale est subordonnée au payement d'une indemnité, le droit de consentement devient un droit à une redevance déterminée lors de l'aliénation, et cette redevance est souvent assez élevée pour empêcher toute transaction foncière importante [1].

Si le seigneur prétendit toujours au droit de donner son consentement à l'aliénation faite par son vassal, on trouve cependant quelquefois aussi le cas contraire : le vassal donnant son consentement aux aliénations faites par le seigneur [2]. C'est surtout le cas pour les aliénations faites par des rois, bien qu'il eût fallu ici l'emploi de la force pour maintenir le droit de refus de consentement.

Propriété collective et domaine éminent offraient, chacun pris isolément, d'assez sérieuses difficultés à l'aliénation, et souvent l'acquéreur ne pouvait espérer une possession tranquille qu'a-

1. Il nous semble voir là l'origine du *Laudemium* (lots et ventes); cf. Warnkoenig et Stein, II, 366. Le XIe siècle a pour désigner cette imposition, qui n'avait encore reçu qu'un faible développement, le terme *Venda;* cf. Cart. Saintes, p. 153, 233; Cart. Louviers, p. 5 (août 1026). Venda a pourtant encore une autre signification, cf. infra, p. 227, n. 2. On peut consulter sur ce double sens au XIe siècle, Duc. s. v. *Venda* 1)2)). On voit à quel taux cette imposition pouvait s'élever dans *L. de Servis*, app., p. 137, 15 (1050-84), où il est fait mention d'une terre de la valeur de 95 sol. 6 den. à laquelle on réclame une Venda de 15 sol., ainsi d'au delà de 15 % du prix d'achat. Mais on ne paya que 10 sol. Ici prend place aussi la Mutatio (Mouvance, droit de mutation), imposition qu'il fallait acquitter pour entrer en possession de l'héritage; cf. Cart. Dom., p. 28, 23 (vers 1105), et p. 88, 93 (vers 1085). Dans le dernier cas, elle ne rapporte pas tout à fait $^1/_3$ des impositions annuelles du bien.

2. C'est ce qu'on trouve déjà à peu près dans Cart. Corméry, p. 79, 38 (1026-40) : « Haec omnia dedit.. cum consilio conjugis suae et fidelium suorum, per roborationem filiorum suorum. » Cf. Cart. Rédon, p. 317, 865 (1052-60) : « Dedit.. D... unde cuidam suo militi A. nomine unum scutum dedit, ut donum annueret; » v. aussi D. Hen. (1058), D. Bouquet, XI, 598 D, p. 261, n. 1. C'est ici qu'il faut aussi tenir compte du lien obligatoire qui rendait le consentement des grands nécessaire pour le souverain; cf. notamment D. Hen. (vers 1032); Bouquet, XI, 567, BC., où le roi donne « cum consensu ac voluntate episcoporum et abbatum, seu omnium comitum militumque meorum. »

près trente ans [1]. Et encore ici la base juridique apparaît-elle clairement. Qu'arrivait-il, au contraire, quand le droit collectif et celui du domaine éminent venaient à se combiner? N'était-il pas nécessaire qu'au consentement du seigneur vînt s'ajouter celui de ses parents, comme dans l'aliénation des biens de la famille. On trouve quelque chose de ce genre; cependant la condition des deux accords n'est jamais considérée comme une nécessité traditionnelle [2].

Une autre difficulté se présente dans le cas d'une complication, surgissant dans l'une de ces deux conceptions, en particulier s'il s'agit du droit de propriété éminente. Ici nous sommes sûrs que le seigneur d'un vassal, qui est lui-même seigneur d'un autre vassal, a donné quelquefois son consentement aux aliénations de celui-ci [3]. Mais apparemment l'application rigoureuse du système ne peut s'arrêter à ce second degré du consentement, elle aboutit au droit de consentement du roi, comme suzerain suprême, pour toute espèce d'aliénation. A la vérité, on a la preuve que l'époque n'a pas ignoré cet enchaînement logique [4], bien qu'à le vouloir transporter

1. C'est-à-dire au moment de la prescription; v. pour les Églises Cap. Lud. et Loth. (vers le 10 août 829, *M. G. L.*, I, 351); pour les Laïques : Cap. frgtum c. 1, *M. G. L.*, I, 370-1. Ces derniers avaient des moyens de preuve : « pugna non proveniat; nisi ipse, qui possedit, secundum qualitatem pecuniae suae cum sacramentalibus suis defendat. »

2. Cf. Marchegay, p. 366, 23 (24 avril 1090); Cart. S. Père, p. 132, 9 (avant 1070). On le voit encore mieux GC. 1, VIII i, 413 E.: « huic facto nostro [donationi] libenter annuit comes O. et E. comitissa, filii quoque eorum S. et S., ex quorum beneficio tenemus. »

3. Cart. S. Père, p. 416, 23 (mars 1094-5) : « Dominis eorum dominorumque dominis concedentibus. »

4. Notamment par les licences générales d'acquisition et d'échange accordées par le souverain : D. Hen. (1er mai 1055), Bouquet, XI, 592 A, pour S. Victor de Nevers : « Habeat.. liberam acquirendi vel commutandi facultatem; » ibid., p. 591 C.: « sancimus, ut quisquis ecclesiam illam ex nostro beneficio augmentare voluerit aut aliquid ex antiquitus ereptis bonis restituere.. seu ex propriis...

dans la pratique, on s'exposât à entraver complètement les transactions, étant donné le faible développement de leurs ressorts.

Les procédés en vigueur dans l'Eglise montrent qu'on ne craignait pas, au moins dans une certaine mesure, un tel résultat, mais qu'on le considérait plutôt comme le degré le plus élevé du développement de l'économie privée. C'était une règle de droit de n'aliéner aucun bien ecclésiastique, mais l'application de ce principe était déjà presque oubliée au xe siècle[1]. Au xie, il était difficile de l'introduire de nouveau, quoiqu'il fût recommandé de tous côtés, aussi bien par l'Eglise autonome que par le monde hiérarchique, et quelquefois même par la société civile[2].

Déjà les exceptions du droit canon aux défenses d'aliénation admettaient une interprétation très large, pour peu qu'on la

liberam habeat in omnibus potestatem per nostrae auctoritatis gratiam. » A côté de cela, le roi est naturellement aussi seigneur particulier; cf. D. Hen. (1058), Bouquet, XI, 598 D., et D. Phil. (1076), Besly, p. 365.

1. *Main-morte*, v. Roscher, II, 337 sv., Lamprecht, *D. W.*, I, 656 sv. L'Église estimait toujours la vente un « non fas »; cf. Cart. S. Père, p. 210, 36, (12 mai 1069). Les circonstances au xie siècle avaient été à cet égard tout à fait anormales; cf. Ivonis ep. 181 (1107-8) M. 162, 182 B.: « Sed cum Northmannorum persecutio monasteria Belvacensis territorii devastasset et in solitudinem redegisset, bona monasteriorum propter defensionem terrae ex magna parte in usus laicorum distracta sunt. » Ailleurs aussi l'on voit encore régner au xe siècle la sécularisation privée au profit de laïques.

2. Nous observons des essais dans ce sens, par exemple, dans les prescriptions de S. Hilaire de Poitiers contre la distraction des biens d'Église : *Mém. des ant. de l'Ouest*, 14, p. 74, 65 (fin xe siècle). A Rome aussi, on y travaillait, du moins depuis Grégoire VII. Cf. Conc. Rom. (1078) « ex titulis » Mansi 20, 509 A.: « Ut omnes episcopi firmamentum faciant, ne praedia ecclesiastica vendant »; et B. Pasch., II (18 avril 1109), Cart. Grenoble, p. 4, 2, pour Grenoble. Les laïques étaient opposés à la sécularisation de leurs fondations et, en conséquence, partisans de la main-morte; cf. Cart. S. André, 29 (début du xie siècle) : quelqu'un fait une donation, à condition : « ut abbas et monachi.. alteri non donent, sed in communi teneant »; et passim; v. p. 253, n. 1, mais ausi n. 1 de la p. 259 ci-contre.

cherchât. L'échange des biens d'église permis en soi s'y prêtait particulièrement. Aussi trouve-t-on pendant tout le XIe siècle des aliénations isolées faites par l'Eglise, et les laïques surtout ne paraissent guère être habitués à la notion de la main morte [1]. Mais c'est principalement pour remédier aux fréquentes misères sociales du siècle, à l'aide du produit des biens vendus, que fut utilisé le droit d'aliénation permis en ce cas par la législation canonique. Il ne manque pas non plus dans cette période d'exemples admirables de la charité secourable que l'Eglise a exercée de tous temps [2]. Il est vrai que la vente des biens ecclésiastiques, accomplie dans ce but, arriva à

1. Grégoire VII conseille l'échange dans les cas où l'Église y gagne visiblement : Mab. Ann. V, 642, col. 1 (1082). L'échange fut défendu seulement c. 5, X. III, 18. Grégoire VII est dépassé par le Cart. Romans, p. 33-4, 12 *bis* (8 nov. 1068), que confirme notamment le témoignage de Hugues le Sage, légat d'Alexandre II : « Legibus sancitum est et ecclesie jura testantur, ut de omnibus rebus, ecclesiasticis videlicet et laicalibus, prout diverse partes voluerint, commutationes fieri queant.. ut.. liceat unicuique parti de commutatione, quam recipit, jure ecclesiastico vendere, donare, possidere et commutare. » On trouve des ventes de terres dans Cart. Trinit., p. 459-60, 77 (XIe siècle) : « eo quod (le monastère) terram ipsam tunc laborare nequibat ; » Miraeus, I, 78, col. 1 (1088) : « (L. abbas Hasnoniensis alodium quoddam) distraxi et in reditu meliore locavi » ; aussi Rod. Glab., II, 10, Bouquet, X, 23 A. — Des laïques font aussi une donation : « ut habeant ipsi monachi potestatem, quicquid facere voluerint, vendendi, mutuandi, vel quod eis visum fuerit faciendi. » Cart. Grenoble, p. 20, 12 (7 mars 1012 ou 1023) ; de même Cart. Dom., p. 186, 211 (vers 1080) ; Cart. S. André 242 (vers 1033) ; 240 (vers 1060 ?) ; Cart. Mâcon, p. 104, 148 (996-1018), et avec une fréquence particulière dans Cart. Sauxillanges.

2. Ainsi, dans les famines de la première moitié du XIe siècle, on a l'exemple de Cluny ; cf. Rod. Gl., IV, 4, D. Bouquet, X, 48 E. Au sujet d'Odilon, on lit dans Vit. Odil. 8, Mab. act.. VI, 1, 684 : « In pauperes ita munificus erat, ut aliquando non dispensatorem, sed profusum largitorem videres, » et au chap. 9 : « per multos annos incumbente miseria in usus pauperum confregit plurima vasa ecclesiastica et ornamenta insignia. » La charité ne pouvait s'exercer aussi longtemps à cette époque qu'à l'aide d'aliénations d'immeubles ou d'énormes donations des laïques. Nous voyons, par exemple, Richard de Verdun, dans une grande famine, engager une abbaye au comte de Rodez et en distribuer le produit aux pauvres : Hug. Flav. (1028), *M. G. S.*, VIII, 400 l. 15.

une époque qui favorisait déjà l'aliénation des immeubles [1]; elle eut donc sur celle-ci une action moins pénétrante qu'on ne serait disposé à l'admettre.

Dans la pratique générale, l'Eglise dépassa de beaucoup les obstacles apportés à l'aliénation par les modes de transfert de la propriété restreinte dans la société laïque, et en présence de l'attitude du clergé, très conservateur dans presque toutes les questions de droit, rien ne pouvait faire espérer une amélioration dans ce sens.

A vrai dire la séparation rigoureuse des différentes sortes de propriété et leur mode de transfert avaient aussi dans la société civile une base juridique; mais déjà celle-ci était rongée par l'influence dissolvante de l'Eglise et le développement économique toujours croissant, et elle devait, après une lente dissolution, être renversée par le concours de ces deux facteurs.

Un dernier obstacle à l'aliénation, qui ne reposait que sur la base chancelante des idées du temps, était l'insécurité de la justice. Les seigneurs justiciers mettaient encore leurs intérêts fiscaux en première ligne, l'exercice de la justice devenant une source de revenus comme beaucoup d'autres [2]. Cet état de choses avait pour conséquence de continuelles iniquités envers ceux dont on n'attendait rien, et qu'on ne craignait pas [3]. Ajoutez à cela le changement fréquent des seigneurs

1. Cf. infra, p. 265.

2. C'est, d'ailleurs, on le sait, le point de vue féodal dans sa généralité; on s'y applique sans réserve au XIe siècle; comment on arrivait à se procurer ces revenus, c'est ce que nous apprend D. Phil. (1094), Mab. *De re dipl.* 589 C pour Melun : « omnes pravorum adinventiones, saecularium negotiorum exactiones, fredorum, raptuum, bannorum, judiciorum necnon incendiorum et omne quod saeculares [l.: — laris] occasione legis humanae mentes concipi queant. » C'est à ceci qu'il faut rapporter l'expression « ea, quae videtur habere iuste vel iniuste », dont parle Doniol, Cart. Sauxillanges, notes, p. 35.

3. L'Église eut, comme on le conçoit, particulièrement à en souffrir, elle fait

chargés de rendre la justice, que l'absence de stabilité politique rendait inévitable [1]. On concevra facilement que, dans un tel état de choses, faire preuve d'honnêteté et d'humanité dans les arrêts ne fut pas considéré comme l'accomplissement d'un simple devoir, mais pût être célébré de toutes parts [2].

Les idées que les justiciables se faisaient de la justice participaient du même désordre. Aller au combat ou aller en justice paraissent n'avoir été que des nuances d'une même chose ; dans les deux cas, il était nécessaire avant tout de faire appel à des amis dévoués [3]. Et souvent une revendication de propriété avait moins pour but de rentrer en possession d'un droit réel ou supposé, que de couvrir une simple spoliation. Le mot *qui terre a guerre a* exprime encore parfaitement la réalité ; c'étaient précisément les classes supérieures qui considéraient les procès comme des affaires lucratives et les multipliaient. Leurs membres savaient bien que les propriétaires, l'Eglise en particulier, incapables de se défendre, leur offriraient une transaction, même dans le cas où ils avaient

entendre son cri d'angoisse à maintes reprises au dessus des autres lamentations; cf., par exemple, Cart. S. Père, p. 31 (milieu du XIe siècle) : « negligentes existunt, dum non sit judex, qui sectetur justiciam ac reprimat usurpatorum violatiam [*sic*] neque habens aequitatis libram, ulciscatur sanctae Aecclesiae injuriam... nec est rex neque princeps, qui ei condoleat, vel qui ejus singultibus... respirare concedat. Quare flagiciosi quique, impunitate freti.. bona usurpando auferunt, et, quae nequeunt.. vastant. »

1. Un passage caractéristique est dans Ep. Hildeb., II, 8, D. Bouquet, XV, 314 C (1170) : « tam modico tempore [triennio] sex in urbe [Cenomanensi] sustinuimus consules. »

2. Ainsi pour l'évêque Jean de Thérouanne, cf. Cart. S. Bertin, 267, Sim., II, 58; il faut noter qu'on fait consister ici le généreux accomplissement du devoir non dans une stricte impartialité, mais dans la douceur et l'indulgence qu'on déployait dans la revendication des sommes arriérées.

3. Cf. le passage suivant emprunté au serment d'un vassal pour l'archevêque de Vienne; Cart. Romans, p. 48-9, 18 bis (vers 1070) : « si vero aliquis sibi verram fecerit seu de castellis istis, seu per placitum, adjutor sibi ero. »

succombé en justice [1]. S'ils étaient généreux, ils se désistaient du procès et transféraient les biens enlevés au vrai propriétaire comme une donation. Dans ce cas et dans d'autres, les parties se trouvaient dans des termes de bon accord assez imprévu [2]. Si les seigneurs étaient, au contraire, moins enclins à la douceur, ils ne prenaient même pas la peine de faire un procès, mais volaient et pillaient tout simplement, et l'opprimé était

1. C'était un simple moyen d'exaction, sous le couvert mensonger de procédés autorisés par les institutions judiciaires; les classes dominantes l'avaient donc bien plus à leur disposition que celles qui occupaient un rang inférieur; cependant on voit des personnes de cette dernière catégorie s'en servir; cf. Bibl. de l'Éc. des Ch., IV, 2, 425, 11. — Mentionnons encore quelques exemples : Cart. Yonne, II, p. 19, 16 (fin XIe siècle) : « quia monachi nisi cum magno labore et gravi suarum rerum dispendio placitare non possunt, H. monachus praedictae villae praepositus pro pacis quietisque amore.. XL solidos eidem M. dedit, et tam ipse M., quam filius ejus.. et uxor ejus hanc calumpniam ecclesiae remiserunt. » Une *Calumnia* est retirée contre le versement de 40 sol.: Cart. S. Père, p. 124, 3 (vers 1070); de 16 livres : *Pol. d'Irm.*, II, 355 (vers 1037). — Dans le *L. de Servis*, app., p. 141, 18 (vers 1060) les moines de Marmoutiers gagnent un procès : « Verum ne [calumniatores] calumniae suae fructu penitus privarentur, XVIcim denariorum libras a monachis acceperunt. Quas illi [monachi] inquietudine carere volentes, secundum apostoli dictum redimentes tempus, quoniam dies mali sunt. dare non renuerunt. » Ainsi c'est au mépris du jugement que les plaignants l'exigent. D. Hen. (1047). D. Bouquet, XI, 582 D. pour S. Medard de Soissons l'abbé donne à un certain « pretium XL librarum ne beneficii redditi poeniteret ».

2. Signe caractéristique de l'état moral et religieux du temps, toutes ces donations sont faites « pro remedio animae » ; cf. à leur sujet, Cart. Romans, p. 42, 16 (1057-70) : « Breve de guirpimentia, » plus tard on dit « donationem et redditionem »; de même Cart. S. André, 62* (7 mars 1083); Cart. S. Père, p. 181, 55 (avant 1061); Cart. Sauxillanges, p. 370, 484 (990-1049); p. 548, 775 eod. temp.; p. 551, 781. La chose finissait par un contrat; quelquefois on spécifiait les points sur lesquels on ne pouvait pas s'entendre et on indiquait les moyens auxquels on aurait recours en cas de résistance; v., par exemple, la Concordatio ou Concordia sur une affaire litigieuse dans Cart. Paris, I, 238, 1 (vers 1093). « In querela et in calumpnia relinquendum esse decrevimus, ita tamen, ut si quid nimis de his duobus ageret, cum conveniremus, et ad emendandum vel ad justitiam faciendam moneremus; que si neglexerit, eum denuo excommunicaremus. » C'est naturellement la seconde alternative qui se présenta, cf. Dach., III, 439.

trop heureux de trouver des consolations dans l'espoir de la justice céleste [1].

Dans de telles conditions, l'acquisition restait toujours un risque. Toutes les armes qu'on opposait aux manœuvres de ces plaideurs de profession étaient inutiles ; on n'y recourait qu'exceptionnellement. On obligeait bien la partie qui aliénait un fonds à en assurer la libre possession à l'acquéreur ou, en cas de sa perte, à lui en donner l'équivalent [2]. Mais tous ces expédients n'avaient naturellement pour conséquence que de borner encore plus la transmission du sol.

De durables améliorations ne pouvaient venir, comme pour toute réforme administrative, que du côté du pouvoir. Le XIe siècle l'inaugura en instituant la trêve de Dieu. Elle n'eut

1. Ainsi Cart. S. Père, p. 184, 58 (2e moité du XIe siècle). Des étrangers ayant dérobé certaines choses au monastère : « de quorum facinore nos interim tacentes Deo equissimo judici examinandum linquimus. » Cf. aussi *L. de Servis*, app., p. 141, 18 (cité p. 262. n. 1). On peut se faire une idée très exacte des procédés juridiques du temps dans Seheri Primordia Calmosiacensia, *M. G. S.*, XII, 824-347.

2. Le côté hasardeux de toute acquisition ressort très clairement du Cart. S. Père, p. 96, 5 (avant 1024). Tendances opposées dans Cart. Sauxillanges, p. 573, 820 (990-1109) : « Fidem fecerunt pro isto manso G. L. D. B., ut quitium faciant tenere [sc. monachis]. » On prend même ses précautions contre celui qui fait la donation : Cart.S. André, 182 (an 1000).— Dans Cart. Trinit., p. 432, 20 (milieu du XIe siècle) l'abbé de S. Trinité achète un vignoble : « eo tenore, ut si deinceps aliquis ejusdem vineae calumpniator exurgeret, prefatus O. aut suus heres similem vineam suprascripto abbati daret, ut [l.: aut] certe de terra vel de propria alia pecunia quantum valuisse probaretur. » Les deux tendances sont associées dans Cart. Sauxillanges, p. 435, 623 (990-1049). Un moyen tout à fait original de couper court à toute réclamation de la part de celui qui aliène, c'est de s'appuyer sur l'état de dépendance dans laquelle on le tient ; c'est le cas dans Cart. Grenoble, p. 85-6, 7, 8 (1094 et 30 mars 1108). L'évêque de Grenoble a acheté une *Chabannaria* recouverte d'une charge féodale : « M. autem Juvenculus feudale, quod habebat in ipsa chabannaria, vendidit michi [episcopo] et successoribus meis sine omni fraude, usque ad viginti annos, pro quadraginta solidis. » En 14 ans, l'évêque paye 22 solidi et obtient ainsi le droit d'être, pendant vingt nouvelles années, libre du lien de féodalité.

pas une efficacité générale immédiate, mais elle devait être acceptée par chaque seigneur [1]; c'était cependant une importante innovation pour l'avenir. Il n'en est pas moins vrai qu'on ne peut démontrer qu'elle ait eu une influence sensible sur l'aliénation des immeubles pendant le XIᵉ siècle.

Une telle influence ne provint, à cette époque, que d'évènements violents, le plus souvent lamentables en eux-mêmes. Dans les temps antérieurs, les incursions normandes avaient joué un rôle particulier à ce point de vue, et maintenant encore, des guerres sauvages et les déprédations avaient fait abandonner bien des maisons et des fermes et avaient obligé les habitants à aller chercher au loin une nouvelle patrie [2]. Les famines fréquentes et nombreuses du XIᵉ siècle eurent la même conséquence. D'après Raoul Glaber, de 970 à 1040 on compta 48 années de pestes et de famines. Il y eut ensuite une accalmie jusqu'à ce que la fin du siècle ramenât les mêmes maux [3]. Le prix des objets nécessaires à la vie pouvait déjà,

1. Sur les débuts de la Treuga Dei, v. surtout Rod. Glab., V, 1, D. Bouquet, X, 59 D. Cf. chap., I, p. 138, n. 1. Elle ne fut jamais promise que par chaque seigneur en particulier, comme on le peut voir par Ivonis ep. 44 (1095), M. 162, 57 C; ep. 86 (été 1100), ibid., 107 B; et surtout ep. 90 (1100), ibid., 111 BC; aussi ep. 179 (fin 1107), ibid., 181 A.

2. Sur les effets des guerres, v. Cart. S. Père, prol., p. 206, et une charte très instructive dans Marchegay, p. 226, note (1058). V. aussi Lamprecht, D. W., I, 128. Il est question des expéditions des Normands et de leur influence dans Ivonis ep. 181, citée p. 258, n. 1 (1107-8), M. 162, 182 B. Cf. aussi chap. II, p. 152, note 1.

3. Pour les famines de la période de 1028-30, cf. Rod. Glab., III, 7; IV, 4; Hug. Flav., *M. G. S.*, VIII, 399, l. 34 sv., Hug. Flor., *M. G. S.*, IX, 387, l. 24 (Martin, *Hist. de France*, III, 66 sv.). Pour celles de la fin du siècle, Chronic. Cadom. (*sub anno* 1082), D. Bouquet XII, 779 A, Chronic. Malleac. (*s. a.* 1085), D. Bouquet, XII, 403; Chronic. Salmur. (*s. a.* 1085), D. Bouquet, XII, 489 C; Sigeb. Gembl., *M. G. S.*, VI, 365 (*s. a.* 1086); ibid., p. 366 (*s. a.* 1089); (*s. a.* 1090) D. Bouquet, XII, 779 n. b.; Chronic. Cadom. (*s. a.* 1091), D. Bouquet, XII, 779 B; Sigeb. Gembl. (*s. a.* 1094-8), *M. G. S.*, VI, 366-8, Gest. abb. Gembl., *M. G. S.*, VIII, 547; Chronic. Rob. Autissiod. D. Bouquet, XII, 290; Chronic. Malleac., D. Bouquet, XII, 403;

dans des conditions régulières, atteindre au moins le triple de leur valeur, et dans les mauvaises années, on peut voir la moisson ne donner que le sixième de son rendement ordinaire [1].

Alors les pauvres meurent et dépérissent ou ils se précipitent sur les biens des riches, dégagés de tout frein moral et de toute conscience [2]. Plus de crédit, et l'embarras des débiteurs était exploité cruellement par leurs créanciers.

Il ne restait au riche que l'aliénation de ses terres. Le plus souvent, il les vendait aux monastères qui entamèrent alors leurs trésors [3]. Ainsi s'explique-t-on que la cause la plus géné-

Ord. Vit., D. Bouquet, XII, 585 B; cf. D; Chronic. Duc. Norm. D. Bouquet, XII, 786 D (*s. a.* 1000); Hug. Flav., *M. G. S.*, VIII, 487, l. 55; Chronic. Mauriniac. D. Bouquet, XII, 69 BC. Cependant ce n'est pas tout. Dareste de la Chavannes, *Journal des Éc.*, 1853, oct.-déc., p. 207, prétend qu'il y eut en France au xe siècle 26 famines, 2 au xiie et 1 au xive siècle. Il faut noter, d'ailleurs, qu'elles sont souvent de nature locale, de sorte que la critique des sources et leur classification devront soumettre les matériaux dont on dispose à un examen tout à fait minutieux, avant de pouvoir prétendre à des résultats certains. Ce qui est hors de doute, c'est qu'au xie siècle (au début et à la fin) les famines durent, en France, être particulièrement longues et cruelles. Pour l'Allemagne, v. Lamprecht, *D. W.*, I, 589 sv. Une histoire générale des disettes en Europe, au Moyen-Age, serait l'un des plus précieux appoints à notre connaissance de l'état économique de cette période.

1. Cf. Reginon, I, 291 (d'après Cap. Anseg., I, 125 = Decr., VI, 201; XIII, 21; Pan., III, 161), et Gest. abb. Gembl., *M. G. S.*, VIII, 547, l. 10 sv. Le désastre qu'entraînait une mauvaise récolte s'explique par l'état, déjà fort défectueux en lui-même, de l'exploitation rurale, qui accusait régulièrement un déficit, lorsque la récolte atteignait un degré moyen. Cf. Cons. Clun., III, 11, dans Dach., I, 692, col. 1, et cf. avec cela Disp. Clun. Baluz. M., V, 448.

2. Rod. Glab., IV, 4 D. Bouquet, X, 49 B : « rarissime repericbantur, qui.. levarent corda cum manibus ad Deum sibique subveniendum interpellarent, » un passage qui met dans son vrai jour la véritable pensée, qui dominait tous ces pèlerinages organisés en temps de disette. Sigeb. Gembl. (*s. a.* 1095), *M. G. S.*, VI, 367, l. 4 : « fames.. ingravatur et fit annus calamitosus, multis fame laborantibus et pauperibus per furta et incendia ditiores graviter vexantibus. »

3. Gest. abb. Gembl., *M. G. S.*, VIII, 547, l. 10 sv. : « Foeneratores debitores suos omnibus modis gravant, et dum die dicta pecunias suas non recipiunt, has

rale des aliénations soit au XIe siècle le désir de conserver sa propre personne [1].

C'est seulement au cours de cette période qu'apparaissent encore d'autres mobiles de nature à déterminer le propriétaire à aliéner ses immeubles, mais, aussi bien que la famine et les guerres, ils ont leur origine dans les fluctuations de la densité de population. Ce sont les nombreuses émigrations qui partent de la France, les expéditions d'Italie, d'Espagne, de Portugal et d'Angleterre; elles entraînent toutes la disparition de la classe riche; enfin les pèlerinages à Jérusalem, qui peuvent être considérés le plus souvent comme des émigrations [2]. Ils commencent vers 1033; ce furent tout d'abord les pauvres gens qui partirent, mais ces pèlerinages se multiplient de plus en plus jusqu'à la première croisade, qui nous montre la participation des classes riches arrivée à son plus haut degré [3].

die reddita [ce dernier mot « in loco raso »; l. redditicia?] sub fide et sacramento duplicant. » Plus tard ventes des Nobiles au monastère pour 90 marcs d'argent, 2 hypothèques pour un terme de 12 années, pour 23 marcs d'argent.

1. Cela correspond parfaitement à l'état du crédit qui ne servait encore guère qu'à la consommation. Cart. Mâcon, préf., p. 68, n. où quelqu'un vend « causa famis ». Cf. aussi Marchegay, p. 226, note (1058), et *L. de Servis*, app., p. 164, 40 (1095).

2. Cf. Cart. S. Père, prol., p. 205 et 204; et not. Hug. Flav., *M. G. S.*, VIII, 479, l. 51 (1099) : « Redemi etiam duos mansos.. solventes quoque anno 12 denarios, 2 solidis [ce prix ne repose-t-il pas sur une faute des mss.?] cum iret Hispaniam » V. Dach., III, 417, col. 1 (vers 1090).

3. Rod. Glab., IV, 6, D. Bouquet, X, 50 D : « Primitus enim ordo inferioris plebis, deinde vero mediocres, posthaec permaximi quique reges et comites, marchiones ac praesules. » Les pauvres étaient mus par la crainte des disettes affreuses et ils allaient vers le Seigneur Jésus-Christ (ibid., p. 52 A). En revanche, la première croisade mit en branle les classes dominantes, et cette pénurie, alors générale, du capital liquide, fit que la question des aliénations foncières se posa aussi pour elles; cf. Chronic. Andag., 82, *M. G. S.*, VIII, 615, l. 6 : « Godefridus dux.. causa parandi commeatus Buloniense castrum.. venale exposuerat. » Souvent on aliénait tout, parce qu'on croyait impossible, en présence de l'énormité

Ce fut précisément la croisade qui entraîna à la fin de ce siècle une transmission assez active de la propriété foncière ; il est vrai que, selon toute apparence, elle n'eut pas d'effet durable. Mais il en va tout autrement des expéditions des Normands et surtout de celles qu'ils firent en Angleterre. Si elles n'entraînèrent pas le chevalier dans de lointaines expéditions qui l'auraient obligé, du moins à l'origine, à renoncer pour longtemps aux biens qu'il possédait chez lui, elles le conduisirent toujours assez loin pour que bien des changements de détail aient dû s'y accomplir.

C'est pour cela que la conquête de l'Angleterre amena dans les pays normands une aliénation incessante qui dépassait de beaucoup celle qu'on observe dans le reste de la France. Dans le Sud-Ouest, au contraire, les aliénations restèrent très rares, et dans le Nord-Est, ce n'est le cas que pour les petits biens. La situation, qui y résulta du développement du système agraire, paraît dans le Sud-Est avoir été meilleure. Cependant on n'a ici aucune source directe à sa disposition [1].

des distances, d'entretenir encore des relations avec la patrie. Cart. Chartres, I, p. 101, 23 (vers 1099) : « vel Iherosolimam vel in heremum proficiscentis, » ou bien on faisait une donation de mort, p. ex. Cart. Sauxillanges, p. 126, 128 ; cf. p. 125, 127 (990-1049). En s'appuyant sur ce fait et sur cet autre, que plus de la moitié des Croisés devaient trouver la mort en Orient ou s'y fixer, on est en droit de considérer ces expéditions comme des espèces de migrations. A la vérité les chiffres mathématiques et la statistique n'ont ici aucun point d'appui.

1. On peut voir, par un simple coup d'œil jeté sur le Cartulaire de S. Trinité, combien fut active la transmission des immeubles en Normandie. Ce cloître paya certainement, de 1020 à 1090, soit comme *Donalia* (cf. infra p. 286, n° 3), soit comme prix d'achat, 1483 sol., 1 marc d'or, 6 chevaux, 1 chien ; cf. n°s 4 (p. 424), 7 (426), 19 (432), 23 (433), 25 (434), 27 (435), 28 (436). 29, 30 (437), 31 (438), 34 (440), 37 (441), 43, 44 (444), 46 (445), 47 (446), 50, 51 (448), 54 (450), 57, 59 (452), 60 (453), 70 (457) 74 (458), 78 (460), 83 (464). C'est probablement à cette période qu'appartient aussi un déboursé de 2226 sol., 2 onces d'or, 3 chevaux ; cf. 11 (428), 18 (431), 20 (432), 26 (435), 33 (439), 36 (441), 40 (443), 41, 42 (443), 45 (444), 52 (449), 62 (453), 71 (458), 77 (460), 87 (465), 88 (466), 91 (467), 94, 95 (468). Total :

L'appréciation générale sera donc que des bornes, moins économiques que juridiques, s'opposaient à l'aliénation des immeubles et que ces bornes juridiques, consacrées par l'autorité, par les usages, par l'Etat, l'Eglise et la famille, ne pouvaient disparaître tout de suite.

13709 sol., 1 marc 2 onces d'or, 9 chevaux, 1 chien. — Pour le Sud-Ouest nous avons des renseignements très utiles dans le Cart. Saintes, p. 27, 20 (1047-61). Le cloître Notre-Dame fut fondé en 1047 : « C. abbatissa cupiens ecclesiam.. adornare.. precepit hominibus suis, ut si eorum quis audierit rem venalem aut terram aut aliquid hedificatum vel hedificationem quantocius nuntiasset ei. » Grâce à cette activité, l'abbesse fait six achats dans le cours des années 1047-60; cf. la table analytique. — Pour le N.-Est, v. Gest. abb. Gembl., *M. G. S.*, VIII, 539, l. 24 sv., surtout l. 35 (vers 1025). — On pourrait essayer de dresser la statistique des transactions portant sur les immeubles, en signalant le nombre relativement élevé des acquisitions; toutefois le résultat laisserait bien des doutes. Ce qui est sûr, c'est que partout on acquiert; cf. Cart. Ainay, p. 600, 63 (9 octobre 997); p. 622, 92 (1032). Cart. Savigny, p. 276, 551 (vers 1009) et passim, Cart. Mâcon, p. 166, 278; D. Phil. (1080), GC. 1, VIII i, 497 C. Orléanais; *Mém. des ant. de l'Ouest*, 14, p. 10, 7 (févr. 876); Cart. Bertin, p. 174, Sim., l. I, 5. — Il est nécessaire de rappeler ici le danger d'une transmission de propriété gigantesque que fit courir, à un moment donné, le parti de la réforme ecclésiastique. Les églises ou leurs biens étaient en majeure partie possédés par des laïques; il fallait maintenant restituer tout à l'Église. Ç'aurait été une révolution aussi générale et aussi formidable que le fut, au moins pour une certaine part, et au prix de quelles luttes, l'introduction du célibat des clercs. L'Église allait ébranler les conditions actuelles de la famille et de la propriété, c'est-à-dire des deux grandes bases de l'ordre politique et social. Tout d'abord on se montra très acharné, avec la menace d'une prise de possession, cf. Grég. Reg., I, 69 : « Nos.. eum [Hugonem Diensem] sollicite admonuimus, ut contra simoniacam haeresim totis erigeretur viribus et ecclesias suae parochiae non prius consecraret, nec consecratas aliter divinum officium celebrare permitteret, nisi prius absolutae a laicorum manibus, sicut canonicum est, suo juri et episcopali eius providentiae redderentur. Quam ob rem, ne quis ei contrarius in exequendo monita nostra obsistat, apostolica auctoritate sub anathematis comminatione interdicimus. » Mais bientôt ce beau zèle tiédit; Grégoire VII lui-même vit l'impossibilité d'une transformation radicale; cf. Grég. Reg., II, 43, à Hugo de Die : « Videtur nobis, ut, quod filii ecclesiae tuae de rebus ecclesiasticis volunt tibi reddere, recipias, eosque absolvas tali tenore, ut data fide quidam illorum promittant tecum venire ad nos Romam... Melius enim nobis placet, ut pro pietate interdum reprehendaris, quam pro nimia severitate in odium ecclesiae tuae venias... alta aedificia paulatim aedificantur. » On voit que Hugues avait mis au ban tous les possesseurs de

La situation était tout autre pour la circulation des meubles. Ni la conception du système du droit privé, ni celle du régime féodal ne s'y opposaient, mais d'autant plus la domination arbitraire, en matière fiscale, des seigneurs terriens. Elle rendait difficile le commerce par les limites de temps qu'elle imposait, comme aussi par les redevances, calculées sur une échelle topographique ou quotitative. Les restrictions temporelles s'exprimaient le plus souvent par la défense de vendre certaines marchandises et dans certaines saisons. Ces mesures étaient prises en faveur du seigneur pour lui faciliter la vente de telles marchandises qui arrivaient sur le marché à une époque déterminée et qui ne répondaient pas à un besoin complètement nécessaire, particulièrement le vin [1].

En général, la défense de vendre n'était pas la forme pré-

biens ecclésiastiques. Le pape, sans rien restituer, permet du moins un débat sur la question avec quelques représentants du parti de la résistance à Rome; plus tard on eut recours à des espèces d'expropriation, c'est-à-dire à une prise de possession avec indemnité — dans le cas où le possesseur se refusait à rendre — sous la menace du ban. En général, le résultat fut favorable, comme on peut le voir pour Grenoble par une charte du Cartularium B. (Cart. Grenoble.) La prise de possession se transforma alors en une longue opération financière, exigeant, pour être menée à bout, un riche monastère; à Grenoble (de 1080 à 1130), on dépensa dans ce but : a), selon le Chart. B. 2514 sol. 4 den. (les mulets donnés évalués à 750 sol. et 46 setiers de céréales ; b), selon le Chart. C. (Cf. n. 26, 40, 42—3, 48—51) 812 sol., 6 setiers de vin. Total : 3326 sol., 4 den. et les dons en nature.

1. Cf. Cart. Paris, II, 15 — 16, 16 (vers 1072) : « Erat eciam, quod sine communi ministrorum concordia usque ad festivitatem beati Martini, que est mense Novembri, vendendi vinum nulla dabatur ex consuetudine licencia. » Ce droit, appelé plus tard *vendendi detencio*, est maintenant abrogé. Cf. aussi Levasseur, I, 166, 314. Le seigneur a le droit de *Coemptio*, vente à vil prix, à côté de la défense de vente, pour certains produits de ses subordonnés et surtout pour le vin : cf. Cart. Paris, II, p. 15—16, 16 (vers 1072) : « Erat autem consuetudinis Parisiensi episcopo, quod secundum possibilitatem uniuscuiusque rustici prefate ville, quot septem denarii vellet sibi dabantur mense marcio, totidem vini modios [le prix moyen en était de 1 sol.] in subsequentibus vindemiis reddere cogebatur episcopo. Erat et canonicorum similis, sed octonis denariis vini coemptio. » On supprime cela. Cf. aussi Cart. Trinit., p. 427—8 (1034—5).

férée des redevances fiscales, car elle exigeait toujours un contrôle assez difficile. On attachait une importance d'autant plus grande à l'institution de limites topographiques, imposées à la circulation des marchandises. Chacun se croyait vis à vis de l'étranger en droit d'en créer : une preuve de la fragilité de la base morale sur laquelle ce siècle reposait [1].

Ce droit ne conduisit à une exploitation organisée que de la part des seigneurs, qui possédaient une grande superficie de pays sans solution de continuité, particulièrement lorsqu'ils avaient une certaine indépendance. A l'origine, la création et l'investiture des lieux de douane avaient été un droit royal ; mais qui s'inquiète aujourd'hui du roi? Chacun procède à sa fantaisie sur son territoire, augmente les impôts, ou en introduit de nouveaux : souvent ce n'est même pas dans le sens d'un intérêt fiscal bien entendu, mais on voit aussi le contraire [2].

1. Decr., VI, 259 (= Regino, II, 427, ex Cap. Verm. 884, c. 13 : « ut [parochiani] nulli iter facienti mansionem denegent, et, ut omnis occasio rapinae tollatur, nihil carius vendant transeuntibus, nisi quanto in mercato vendere possint. » Ce passage trahit parfaitement l'étroitesse de cette conception fiscale, sur laquelle reposait aussi la faveur extraordinaire dont jouirent alors les douanes de passage.

2. Pour l'établissement ou l'extension d'impositions douanières, cf. Cart. Savigny, p. 388, 750 : « (D. abbas) primitus in mercato de S. instituit venditiones pecorum, » cf. avec Cart. Savigny, p. 421—2, 805 (vers 1066) : « edictum, ut lucra thelonariorum augerentur sive in [l. : super] pecoribus in mercato S., quae nunquam in praeterito tempore ibi apprehensae fuerant. » Cart. Paris, I, 381, 12 (vers 1120) : « Et rotagium, sive per terram, sive per aquam, non reddebat prius nisi duodecim solidos, quia navis non reddebat nisi quatuor denarios tantum, ipse [l'Archidiacre S. en sa qualité de bénéficiaire du grand chapitre de Paris] vero ad hoc levavit, ut de unoquoque modio vini unum denarium redderet ; » ainsi introduction d'un nouveau mode d'imposition. V. aussi Tab. Vindoc., n. 206 (1080) dans Duc. s. v. *Rotagium* : « Dimisit Monasterio Vindocini consuetudinem quandam, quae vulgo Rotagium appellatur, quam exigebat ab hominibus S. Trinitatis, non quidem recte, sed sicut mos est saecularibus facere... accipiebat autem ab omnibus praedicti loci hominibus, quaqua versum in terra sua exirent, pro aliquo conductu foeni vel alterius rei, carris sive quadrigis, cum bubus faciendo. Capiebat vero de carro 4 den., de quadriga 2 den., » etc. On doit

Chaque fraude dans les impôts était sévèrement punie. Il y avait bien un tarif d'amendes pour ces délits, mais d'habitude on dépouillait ceux qui fraudaient. La paix de Dieu apporta seule une amélioration. Cependant les amendes pour toutes fraudes, même involontaires, restèrent encore très élevées; quant au sort du fraudeur volontaire, il était encore loin d'être partout assuré [1]. La forme la plus ordinaire de l'imposition locale des marchandises en circulation était les douanes de passage [2]. On n'était jamais las d'en inventer de nouvelles, et alors on étendait insensiblement de vieux noms à de nouvelles choses, sans trop se soucier d'une étymologie raisonnable [3]. Ainsi s'explique que le sens des diverses expressions, servant à dési-

une bonne organisation des douanes à l'évêque Geoffroy de Coutances, du moins en ce qui concerne l'économie privée; les revenus, grâce à elle, s'élevèrent de 15 à 220 livres (D. Bouquet, XIV, 77 C): une preuve de l'imperfection générale de l'institution.

1. Cf. Pax Conc. Clarom., c. 11 (1095), Mansi 20. 914, aussi Conc. Audom. (1099), c. 4, Mansi 20, 971—2, surtout le dernier passage.

2. On peut appeler la douane de passage une imposition topographique par excellence, comme je l'ai fait plus haut (p. 269). Elle a en face d'elle les impositions de marché, de ventes, qui constituent la véritable contribution en nature, quoiqu'elle fût aussi prélevée en nature. Il n'y a pas de dénomination générale pour la douane de passage, le *vectigal* classique a un tout autre sens (= carroperum), cf. Conc. Bituric. (1031), c. 15, Mansi, 19, 505. *Teloneum* veut dire la douane de passage et les impôts de marché; pour le premier sens, v. D. Rob. (1022), D. Bouquet, X, 606 C : « Monachis [Miciacensibus] consuetudines, quas volunt, sive in terris, sive in aquis suis ponere liceat, id est teloneum salis et aliarum rerum, quae vehantur sive per terram sive per aquam. » Cependant c'est abusivement que *teloneum* est employé dans le sens de douane de passage; c'est ce que montre, par ex., la forme *thelonicum transitus* encore au XIVe siècle. Duc. s. v. *telonicum*. Cf. du reste infra, p. 277, n. 1, et Lamprecht, I, 1017, 1018, note 1 suiv.; II, 271, 315.

3. Ainsi lorsqu'il en est parlé dans le Cart. Paris, I, 381, 12 (vers 1120) : « rotagium sive per terram sive per aquam. » Plus tard il s'établit une relation particulière entre le *rotaticum* et les impôts sur le vin; cf. Duc. s. v.; aussi D. Phil. (vers 1090); Cart. Paris, I, 278, 34 (vers 1090). Des ex. de la transformation et de l'extension d'un sens primitif de différentes désignations de douanes sont dans la note suivante.

gner les différentes espèces de douanes, soient resté souvent très indéterminé. Les mots le plus souvent employés sont *pedaticum* pour les douanes de transit en général, indiquant une redevance payée par les marchands allant à pied, en opposition à *rotaticum*, proprement « la douane des roues », relative aux véhicules, *rotaticum* usité lui-même dans un sens très large, enfin *ripaticum*, la douane pour l'utilisation des voies navigables, et particulièrement l'abordage [1].

Ces mots cachent la tendance commune à tous les seigneurs, de faire affluer le plus d'argent possible en douanes; ils n'ont donc en eux-mêmes aucune importance bien sérieuse pour la vie économique de l'époque. On apprend bien davantage sur elle en consultant le tarif douanier. Il varie beaucoup en général,

1. *Pedaticum* vient de *pes*, c'est donc un corrélatif de *rotaticum*; cf. D. Hen. (1031), D. Bouquet, XI, 566 C : « nec rotaticos, nec pedaticos, nec teloneos, » c'est-à-dire ni douanes du transit par char, ni du transit pédestre, ni impôts de marché. *Pedaticum* désigne ensuite toute espèce de douane de passage; on le trouve seul employé à côté des impôts de marché dans la Pax Conc. Clarom., c. 11 (1095), Mansi, 20, 914 : « Si mercatores.... non reddiderint pedagium et teloneatum. » On a aussi *pedagium aquae* dans une charte de 1257 ex Schedis Praes. de Mazauques (Duc. s. v.). L'Auctor Breviloqui (Duc. s. v.) explique ainsi *pedagium* : « Pedagia dicuntur, quae dantur a transeuntibus in locum constitutum a principe. » Plus tard *pedagium* désigne toute espèce de contribution. — Pour *rotaticum*, cf. p. 271, n. 3 et 2. On l'a encore dans son ancienne signification, D. Hen. (1031), D. Bouquet, XI, 565 C : « debiti carrorum, quod vulgo dicitur rotaticum. » V. pour le sens général et disparu de *pulveraticum*, Duc. s. v.; V, 515, col. 3 en annexe à l'éd. Didot. On le trouve par ex. Cart. S. André, 32* (972). — *Ripaticum* enfin désigne les formes les plus différentes d'imposition du transit par eau; les voies fluviales n'étaient pas ouvertes gratuitement au commerce; cf. Mab. *De re dipl.*, 587 A. (1079) : « Dedit quoque egregius Dux [Aquitaniae] libertatem.... ut semper singulis annis liceat eis per Gerundam fluvium navigio transcendere, quo libuerit, decem modios salis. » Le duc a dû avoir tout à fait sous son contrôle le parcours du fleuve. Cf. aussi pour *ripaticum*, Cart. Paris, I, 362, 1 (vers 1030). — On trouve un exposé spécial des diverses espèces de douanes dans Hüllmann, p. 222 sv.; cf. aussi Levasseur, I, 303 sv.; Waitz, II, 602 sv.; IV, 52 sv.; Lamprecht, I, Sachregister, s. v. *zoll*; v. aussi Duc. v. m.

ce qui était inévitable avec l'arbitraire du seigneur. Les sources donnent des exemples de 5 et 10 0/0; pour le vin, 8,3 0/0; pour le poisson, 21,4 0/0; pour le blé, 25 0/0; pour le sel, 4 0/0. Un bateau payait 4 deniers, une voiture 4 deniers aussi, un char 2 deniers, un âne 1 denier [1]. Les sommes perçues dans un poste de douanes n'étaient pas sans importance et, à une époque où le commerce subissait des charges aussi générales qu'accablantes, elles pouvaient atteindre des chiffres extrêmement élevés là où l'administration se montrait prévoyante. A part les frais de régie, ce revenu doit être considéré comme un produit net et ne servait que des intérêts purement fiscaux [2], car il n'y a pas de trace d'une protection assurée à

1. Cf. Mart. Th. I, 187 B (vers 1060) Normandie : « pedagium.. apud M... scilicet de ingolinis [Duc. V. M. ingolini, reproduit le passage sans aucun éclaircissement ; l. : Ingolinis, nom de lieu] de decem solidis duodecim denarios, de V, vero sex denarios et [l. : de] decem solidis. — Cart. Paris, I, 381, 12 (vers 1120), cité p. 270, n. 2, où le muid de vin est compté à 1 sol; v. infra pour les prix. — Frgtum. Chron. Mai. Mon. 15, Mab. act. VI, 2, 400. Les moines apportent en barque 140 aloses à Marmoutier, ils en ont mis 30 à part, « ut captoribus et huiusmodi hominibus largirentur. » Cependant il ne faut pas perdre de vue qu'il ne s'agit pas ici d'un seul poste de douane, mais de ceux que l'on rencontra pendant tout le voyage. — Marth. Th., I, 186 E (vers 1060) Poitou : « ad pontem, qui B. [suppl. : dicitur] medietas pedagii. De annona vero quarta pars. In sale autem de quinque denariis duo. — Cf. le passage cité plus haut. — D. Phil. (vers 1090), Cart. Paris, I, 278, 34 : « de carro quatuor nummos, de quadriga duo, de asino unum obolum, » les Tab. Vindoc. n. 206 (1080), citées p. 270, n. 2, et Cart. Paris, I 381, 12 (vers 1120). L'histoire des tarifs de douane est encore assez mal connue; bien qu'on dispose d'un matériel suffisamment riche pour la traiter, et que les résultats soient aussi aisés à atteindre que riches en importance et en conséquences lointaines. Il est vrai de dire qu'on ne peut enfermer cette histoire dans le cadre restreint d'un seul siècle, comme nous l'avons adopté ici; elle doit reposer sur l'étude de l'entier processus médiéval. Pour l'Allemagne, cf. la première tentative du genre dans Lamprecht, II, 290 ss.

2. Sans doute dans le Tab. Vindoc. n. 206 (1080) (cf. p. 270 n. 2), il est question de *conductus;* mais ce mot ne veut pas dire ici sauf-conduit, mais charge. Le rôle des employés de douane aurait donc été purement négatif, il aurait consisté à ne plus inquiéter le transit, une fois les droits acquittés, ou du moins ils auraient perdu *le droit* de le faire. Pour le rapport d'un poste de douane, cf. le passage, cité p. 270, n. 2, de D. Bouquet, XIV, 77 C.

la circulation des marchandises qui avaient acquitté les droits de douane. C'est là que gît la différence qui séparait ces droits de la plupart des impôts de quotité. Sans doute il en était parmi ces derniers qui avaient un but purement fiscal : les droits de débit par exemple; mais ici, en général, un service correspond à l'impôt [1].

Le marché est le principal lieu de perception de ces impôts, il se trouve le plus souvent dans un château ou dans une ville fortifiée, dans son rayon domine la police spéciale et la justice de son propriétaire. Celui-ci doit procurer la sécurité des échanges et une bonne monnaie. Des installations extérieures facilitaient le commerce, telles que bancs et baraques [2].

1. Toutes ces prestations ont un caractère de police ; v. toutefois Cart. S. Père, p. 473, 5 (1101-29) : « eminagium reddent... similiter omnes homines, qui habebunt annonas in burgo sancti Romani, quicunque illi erunt, qui volunt ibi annonas suas conservari. » Ainsi il s'agit d'une espèce de droit de dépôt. — Un impôt sur le débit, figure par exemple, dans GC. 1, X i, 154 D (1062), Châlons. Dans la Caupona (lieu de débit) on vendait aussi du vin; cf. Marchegay, p. 403, 63 (sept. 1066), et Duc. s. v. Cauponia. Un tel prélèvement sur l'achat dans le lieu de débit n'est déjà plus, en partie, un impôt sur ce dernier, mais une contribution perçue pour le droit de vente. On l'a, d'ailleurs, souvent sous une forme directe, cf. GC. 1, VIII i, 414 A (1055) : « in castello omnem... consuetudinem, sive ex aliqua re, quae venumdari vel emi potest, » et même en dehors du temps du marché, v. Dach., III, 406, col. 2 (1067), Anjou. On a pu étendre cette contribution de commerce à toute espèce d'achat; cf. Cart. Saintes, p. 58, 58 (1100—1107) : « De illa consuetudine, que vocatur venda... illi homines sancte Marie, qui assidue vivunt de victu monasterii per villas et in ipso capite abbatiae, scilicet Sanctonis, nunquam reddant de illis suis rebus, quas non emerint. Si vero emerint aliquas res, quas postea venderent, de illis utique redderent vendam sicuti alii homines. » Cf. encore Marchegay, p. 353, 1 (vers 1090).

2. Sur la police des marchés en général, v. D. Phil. (1067), GC. 1, VII i, 35 C : « medietatem fori, quod statuimus in loco ipsius monasterii [S. Martini-de-Campis] calendis Novembris, tam de theloneio, quam de justiciis et fredis et redhibitionibus, quae in toto tempore ipsius fori jus nostri exigit fisci. » En outre, voir D. Ot. imp., III, GC. 2, III i, 1 AB (1001) pour Cambrai et Chronic. Andag., *M. G. S.*, VIII. 572 l. 1 sv.; Levasseur, I, 163. Le privilège des droits douaniers ne va pas sans juridiction en matière douanière ; v. Cart. Hug. Com. Camp. dans Duc. V. M. De plus, le seigneur qui possède le marché permet et régularise le com-

L'établissement d'un marché n'était pas toujours directement l'œuvre du propriétaire, bien que ce fut le cas le plus ordinaire ; son origine se rattachait souvent à des fêtes périodiques, ou même à de grandes fêtes spéciales comme en instituait surtout l'Eglise [1]. Le plus souvent l'Eglise se réservait le droit de marché et le protégeait par ses hommes d'armes. Mais parfois il s'élevait des querelles et des contestations entre marchands, des scènes sanglantes avaient lieu que le bras spirituel ne suffisait pas à réprimer [2]; le pouvoir séculier intervenait et il a pu se faire, dans certains cas, qu'il s'emparât du droit de marché.

La durée de ces foires était très différente, elle variait d'un jour à une semaine. Il ne devait pas y en avoir le dimanche [3].

merce d'échange, ce qui lui assure en même temps le contrôle sur tous les achats les plus importants ; v. Cart. Grenoble, p. 63, 28 (1080—1132) : « Est et insuper alia consuetudo in predicta ecclesia vel in supradicto loco, ut in suo cymiterio... numularios, hoc est monetarios, habeant; » naturellement ceci pour le marché; cf., avec ce passage, Besly, p. 329 (1048), pour S. Jean-d'Angely : « venda et nummularium et tabulæ ejus Abbatis sunt propriæ... Tabulas nummulariorum ubicumque et quomodo voluerit, ipse disponet, et ubi eas esse praeceperit, ibi erunt. Si aliquis causa vendendi aliquid in burgum attulerit, vel alius pro eo illud emere quaesierit, nullus alteri vendat, quousque ipse dimittat. » — Les échoppes et les étaux ont dû se trouver toujours sur la place du marché; cf. Hug. Flav. (1099). *M. G. S.*, VIII, 477, l. 37. Le lieu où se tenait un marché était le plus souvent un *Castrum* ou *Burgum*, DD. Rob. (1015), E. Bouquet, X, 597 B et 598 B, Besly, p. 396 (1092), quelquefois aussi un *Suburbium*, Cart. S. Père, p. 146, 23 (avant 1067). Le marché s'appelait *mercatus*, aussi *mercatus forensis :* Cart. Louviers, p. 5 (août 1026); on a encore *feria :* Cart. S. Père, p. 548, 41 (vers 1090); Besly, p. 396 (1092); ou *fera* (foire) : Cart. S. Père, p. 146, 23 (avant 1067); enfin *nundinae :* D. Phil. (1965), GC. 1, X i, 156 A, Châlons; Dach., III, 399 (1050), Normandie, et passim.

1. Cart. Redon, p. 319, 366 (1101) : « dedit forum, quod in quadragesima ob reverentiam summi sanctuarii congregatur; » cf. aussi D. Bouquet, XIV, 42 C. On en voit un installé pour des raisons d'intérêt seigneurial, D. Bouquet, XIV, 90 D. (1095), Châlons.

2. Cf. Cart. Savigny, p. 402, 765 (25 mars 1088).

3. Décision du Conc. Ansan. (990), c. 7, Mansi 19, 102. Pour la durée, v. les notes suivantes, v. aussi Cart. Romans, p. 43, 16 *bis* (1057—70) : « illucescente

Il y eut des marchés de semaine, mais ils paraissent avoir été l'exception[1]. Les dates des plus grandes foires étaient le plus souvent fixes et tombaient surtout après la moisson [2]. Le pays possédait alors assez de moyens d'échange et le petit marchand attendait avec impatience le produit du sol. L'époque à laquelle se tenait le marché déterminait la nature des objets qui y étaient offerts ; c'étaient tous les produits du sol, principalement le vin, le blé, le bétail, d'une part ; de l'autre, les outils, les étoffes pour habits. A côté de cela, on vend encore certains objets de luxe; mais ils se conforment aussi au caractère général des transactions[3].

feria quarta mane usque ad noctem de feria sexta. » Chron. Mauriniac. D. Bouquet, XII, 71 B : « in festivitate nostra aestivali [b. Martini : Juillet 4] incipientes et tota hebdomada perdurantes, » c'est-à-dire dans certains cas avec un dimanche de plus; car ce ne peut être la semaine allant jusqu'au dimanche suivant, mais l'octave qu'on a ici en vue.

1. Cependant l'époque carolingienne les connaît déjà; cf. Waitz, IV, 44, et Lamprecht, II, 260 sv.; 264. Pour le XIe siècle, cf. D. Phil. (1065), GC. 1, X i, 156 A : « a foro [Catalaunensi] ab hora nona sextae feriae usque ad horam nonam septimae per totum annum. » On a de même un marché, « per singulas anni hebdomadas, » Cart. Louviers, p. 5 (août 1026), pour Fécamp.

2. Au seigneur qui possède le marché est laissé le soin d'en fixer la date; Cart. Romans, p. 43, 16 *bis* (1057—70). Le plus souvent on choisit l'automne, après les récoltes; cf. D. Phil. (1065), GC. 1, X i, 156 A, cal. august.; Besly, p. 396 (1092), Poitou : Kal. August.; Dach., III, 399 (1050), Normandie : « in festivitate B. Mariae » (vers le 15 août?); Cart. S. Père p. 548, 41 (vers 1090) : VIe id. Sept.; B. Leo IX (5 octobre 1049), J. 3179, Mab. act. VI, 1, 725 : XII Kal. Nov.; D. Phil. (1067), GC. 1, VII i, 35 C : Cal. Novbr. pour S. Martin-des-Champs. Je n'ai d'autres exceptions à cette datation que les marchés qui coïncident avec les fêtes de certains saints; cf. Chron. Mauriniac. D. Bouquet, XII, 71 B : Fête d'été de S. Martin (4 juillet) et Cart. Rédon, p. 319, 366 (1101) : « in quadragesima ob reverentiam summi sanctuarii. »

3. Ainsi l'on offre en vente sur le marché de Grenoble des langues de bœuf, Cart. Grenoble, p. 108, 32 (13 oct. 1101). V. pour la connaissance des autres articles de commerce, Besly, p. 396 (1092), Poitou : « si habitatores ipsius pagi... res suas vendere perrexerint. » Ces *res* étaient principalement « vinum et bladum » : Marchegay, p. 403, 63 (sept. 1066). Cart. Savigny, p. 388, 750 : « (D. abbas) primitus in mercato de S. instituit venditiones pecorum. » Cart. Paris, I, 292, 4

Le propriétaire du marché pouvait percevoir un impôt sur la vente de tous ces objets. Indépendamment de celui-ci, il exigeait souvent encore un droit d'entrée [1]. Les droits de vente étaient le plus ordinairement une fraction de la valeur de l'objet vendu ; ils constituaient une source importante de revenu [2].

(vers 1075) : « De villanis, qui emunt annonam ad vivendum, boves ad arandum, oves, porcos et cetera peccora sive etiam pecudes ad nutriendum, vel aliqua instrumenta sive indumenta. »

1. *Teloneum* est l'expression technique pour les contributions sur le trafic; pour sa détermination, v. Stubbs Charters, p. 78, sous Edouard le Confesseur : « Tol, quod nos vocamus theloneum, scilicet libertatem emendi et vendendi in terra sua, » et Cart. Redon, p. 244, 294 (1048) : « si aliquid vendiderint aut emerint in predicto territorio, thelonea sua monachi de eis [incolis] habebunt. » Aussi a-t-on Teloneum à côté de Mercatus et de ses synonymes; cf. Cart. S. Père, p. 146, 23 (avant 1067); D. Bouquet, XIV, 107 B Auvergne; D. Rob. (1027—8). D. Bouquet, X, 619 D. Je ne puis donc être d'accord avec l'explication donnée par Guérard, Cart. S. Père, prol., p. 155, § 119, où il voit avant tout dans *teloneum* un « droit de douane sur les marchandises transportées par terre ou par eau ». L'étape intermédiaire de la transformation qui s'est opérée dans le sens de teloneum est peut-être formée par l'octroi (*Thorzoll*); cf. D. Hug. (Nov. 990), D. Bouquet, X, 559 A : « cum telonei medietate et [l.: ex] Porta Parisiaca [Aureliani] nec non et posterula juxta domum ipsius [episcopi] posita. » Ce droit de douane était prélevé à côté de l'impôt de vente ; v. Cart. Romans, p. 43, 16 *bis* (1057—70). Ailleurs il est abrogé formellement, ce qui indique son caractère assez général; v. Cart. Serméry, p. 91-2, 45 (1070—1110) : « Nullus homo habitans in terra Sancti Pauli veniens ad mercatum vel rediens a mercato dabit ullam consuetudinem, nisi juxta mendam [l.: iustam vendam] in mercato. » Cf. aussi Besly, p. 496 (1092), cité note 2 ci-dessous.

2. Ici on retrouve encore *venda* à côté de *teloneum* : Chifflet, *Hist. Trinorc.*, p. 320, Poitou (1060) : « Ventas etiam, quas Teloneum dicunt, de diversis quibuslibet rebus singulis dominicis diebus a primo signo, quo vespertina dies Sabbat pulsatur hora, usque ad finem sequentis dominici diei, et eo modo per singulas B. Petri festivitates, et ante festivitatem B. Johannis Baptistae die, quae mercurii nuncupatur, » c'est-à-dire évidemment à l'époque des marchés. Besly, p. 496, (1092) : « Terram ante ipsam Ecclesiam positam ad burgum faciendum, in quo nec Vendam nec pedagium nec aliquam consuetudinem retinemus; sed ita libere et absolute donamus, ut, si habitatores ipsius pagi ad castrum res suas vendere perrexerint, venditio tantum consuetudinaria ab eis accipiatur, et nulla vis alia vel injuria vel tolta inferatur. » *Venda* (*venditio*) a pu tendre à la signi-

Ces droits recevaient différents noms d'après la nature des marchandises de trafic les plus importantes [1]. Toutes les marchandises n'étaient pas nécessairement soumises à l'impôt, sujettes à la douane ; au seigneur était laissé le soin d'en fixer nombre et aussi de déterminer la valeur, à partir de laquelle les marchandises devaient être frappées [2]. Il était de l'intérêt propre des seigneurs à qui appartenait le marché de

fication de douane de passage, aussi bien que *teloneum;* cf. Dach., III, 513, col. 1 (1078) : « Vendam, quam dominici asini persolvebant apud L. » On voit par là que l'époque n'avait encore aucune organisation systématique des impôts de transit et qu'elle pouvait user à sa guise des différents termes techniques. La transition des charges en nature à l'imposition en espèces se trouve dans Mart. Th., I, 187 C : « vendas salis de mercato Pictavensis 1) ; de Cairo 2 scilicet duos sextarios salis et unum denarium, de quadriga cum ternone 3) unum sextarium et unum denarium, de quadriga sine ternone 4) tres denarios, si quatuor boves ibi habentur : si duo unum et dimidium ; de Berocata 5) cum asinis unum denarium. » Leçon de Duc. V. M. *Terno :* 1) Pictavensi, 2) carro, 3) unum sext. — sine ternone om. 5) berocata, voiture à deux roues. Ma leçon : 1 comme Duc., 2) Cairo : lieu de vente, 3) ternone : le troisième taureau de l'attelage, 5) comme Duc. — Mais en général le système des redevances en nature domine encore, cf. Disp. Clun. Baluz. M. V, 451. Pour le rapport de ces impositions, cf. Cart. Louviers, p. 9 (vers 1080) : « do... de teloneo de G. centum solidos nummorum ad pisces emendos unoquoque anno. »

1. Ainsi particulièrement *salagium* (du sel), cf. Cart. Redon, p. 332, 377 (avant 1108) et D. Hug. Com. Camp. dans Duc. s. v. *Salagium.* Dans D. Rob. (28 mars 1003), D. Bouquet, X, 582 E le cloître d'Argenteuil reçoit « mercatum et theloneum, rotagium atque tensamentum vini in Argentueil ».

2. C'est probablement le sens dans B. Leo IX (5 octobre 1049), J. 3179, Mab. act. VI, 1, 726, cf. *De re dipl.*, 445 : « (mercati partem) donavit ea conditione, ut nemo in ipso mercato quinque denariorum pretium per violentiam auferat, nisi abbas [s. Remigii Remensis] aut cui ipse jusserit, quicquam accipiat. » Les marchandises d'une valeur ne dépassant pas 4 deniers auraient donc été dans ce lieu libres de toute imposition ; cf. aussi Chart. Alani ep. Autissiod. Duc. s. v. *Venditura :* « Si bestia vel aliquid ibi venditur, Venditurae sunt Episcopi ad duodecim nummos. » Le plus souvent toutes les marchandises étaient soumises à l'impôt ; v. par ex. Chifflet, *Hist. Trinorc.*, p. 320 (1060), cité p. 277, n. 2 ; cependant il y a des exceptions, ainsi Dach, III, 406, col. 2 (1067), Anjou. En quasi contradiction avec les idées exprimées ici, GC. 1, X i, 297 C (1100) Amiens. En tout cas, c'était l'affaire du propriétaire du marché de déterminer le nombre et les catégories des impositions, s. Cart. Savigny, p. 421, 805, c. 1066.

ne pas établir des droits trop élevés pour en augmenter la fréquentation. Cependant quelque lourdes qu'aient été ces redevances, l'institution des marchés n'en procurait pas moins un asile sûr aux marchandises mises en circulation. On les y voit affluer de plus en plus de toutes parts, et le progrès économique, joint à la sécurité du droit, devait bientôt ouvrir l'ère de la bourgeoisie, la classe prédestinée de l'avenir.

On avait ainsi rendu possible une circulation commerciale plus développée, mais un grand nombre de vices intimes paralysaient encore l'échange. Les moyens de circulation étaient encore trop peu développés pour permettre au commerce de sortir tout à fait de la période du troc.

C'étaient surtout les mesures et les monnaies qui étaient défectueuses. Pour les mesures, on croyait qu'on n'avait rien de mieux à faire que d'employer toujours la sienne, une conséquence du manque d'honnêteté alors général, comme aussi de leur infinie variété locale [1]. Il n'en allait guère autrement de l'étalon courant de la valeur, c'est-à-dire de la monnaie. Le droit de battre monnaie était considéré comme une source de revenu, et avait pris tout à fait le caractère fiscal et territorial des douanes [2]. Autant de territoires dans

1. Voyez avec quel soin on se gardait des fausses mesures, dans Marchegay, p. 483, 63 (sept. 1066). Pour les différences locales entre mesures ou la prédilection pour des mesures propres, cf. Cart. Paris, I, 313, 5 (1107) : un Modius « ad mensuram nostri claustri » [du cloître Notre-Dame]; Cart. Sauxillanges, p. 613 (915) : « quartam fabarum ad mensuram M. castri, » ibid., p. 647 (962) : « cartam de seligine ad mensuram granarii. » V. pour l'imperfection technique des mesures, au point que l'aune naturelle pouvait se maintenir à côté d'elles, Marchegay, p. 381, 37 (vers 1050). Cf. encore pour les mesures les développements du *Pol. d'Irm.*, I, 159 sv.; les Cart. S. Père, prol., p. 163 sv., Cart. Grenoble, introd., p. 69 sv.; Cart. Beaulieu, p. 117 sv. Déjà les indications du prix (*infra*, p. 302 sv.) peuvent nous donner une idée superficielle de leurs différences.

2. Le *monetagium* était pour les seigneurs le ressort de toute juridiction monétaire; c'est bien de lui qu'il est question dans Dach., III, 416, col. 1 (1090), Cahors.

une certaine mesure indépendants, autant d'espèces monétaires. A l'origine, c'était un droit régalien; maintenant encore, il était concédé par le roi, en dehors des privilèges monétaires territoriaux, pour un ressort limité [1]. Mais là même où ce ressort n'était pas limité en droit, il l'était en fait, et le changeur finit par être présent à toute acquisition importante. La monnaie régnante dans un périmètre n'en excluait pas les autres monnaies; au contraire, elles formaient ensemble autant de cercles enchevêtrés comme les mailles d'un filet [2]. Le terme de circulation des monnaies était variable; à telle

sous le nom de *Census monetae*. Cf. Mart. Th., I, 186 E (vers 1060), Poitou. Le droit de frapper monnaie était donné comme d'autres valeurs; ainsi l'on voit le duc d'Aquitaine l'accorder à Cluny, v. Dach., III, 413, col. 2. Pour la valeur et l'exploitation du monnayage, cf. Cart. Saintes, p. 3, 1 (1047). On donne au cloître « monetam et monedalhgium et cambitum tocius episcopatus Xanctonensis », d'une valeur de 2.000 sol. « Congregatio autem monetariis, monetam qui facerent, ex diversis civitatibus fecimus eos facere fidelitatem et securitatem Sancte Marie... dedimusque ad monetam fabricandam domum. » V. pour les faits généraux Hüllmann, p. 53 sv.; *Pol. d'Irm.*, I, 109 sv.; pour l'époque carolingienne, Cart. S. Père, prol., 187 sv.; Cart. Mâcon, préf., p. 134 sv.; aussi Cart. Paris, préf., p. 210; Lamprecht, *D. W.*, I, 1275 sv., 1404; II, 262, 268.

1. D. Hug. 995 Juillet, Bouquet, X, 565 C : « Concedimus, ut malias de bona lege.. possit facere Odilio abbas venerandus [Cluniacensis] et successores sui nomine ecclesiae Silviniacensis : et current malie S. Maioli omni tempore et valoris perpetui erunt in terra A. comitis cum maliis nostris in perpetuum. »

2. Le cours des monnaies était déjà limité à l'époque carolingienne. Cf. Waitz, IV, 79; elles s'entremêlent si bien dans la suite que l'on trouve, par ex., dans le Cart. de Nîmes la mention de pièces de monnaies ayant cinq provenances différentes; cf. Cart. Nîmes, introd. XLIV sv. Ajoutez que la confrontation des monnaies de différentes marques n'était pas toujours facile, ainsi que le montre Dach., III, 392, col. 2 (vers 1043). Il n'y avait pas d'étalon monétaire uniforme pour une longue période ni sur une étendue considérable (v. p. 283, n. 1). Aussi avait-on soin de fixer à l'avance, lorsqu'il s'agissait de grosses sommes, le lieu dans la monnaie duquel elles devaient être acquittées; cf. Cart. S. André 68* (1101—1105) : « quia beneficium, pro quo census iste solvetur, Viennensis ecclesie juris esse dinoscitur, Viennensis monete esse sciatis [l'abbé de S. Eugendus, Oyand-de-Joux, en Jura] solidos, qui solventur. » On voit clairement à quel degré de prospérité dut s'élever le métier de changeur et quels bénéfices dut rapporter le monopole du change; cf. supra, p. 274, n. 2.

époque le marché était inondé de certaines espèces monétaires qui, à d'autres époques, devenaient fort rares [1]. Les monnaies elles-mêmes n'avaient pas toutes la même valeur, de telle sorte qu'il était préférable de spécifier pour chacune d'elles le poids et l'alliage. N'est-il pas naturel alors qu'on déployât la plus grande prudence dans tous les payements en espèces, et qu'il importât beaucoup de spécifier que la monnaie employée avait été contrôlée [2]?

On ne doit pas s'étonner que dans cet état de choses l'argent ne remplît qu'à demi son véritable but et qu'à côté de lui il restât encore en usage une série d'autres moyens numéraires, derniers échos d'un temps disparu où le commerce se faisait sous la forme du troc [3]. Pour des valeurs et des services importants, le payement consistait le plus souvent en transmissions

1. Cf. Cart. Saintes, p. 70, 77 (1047) ; « Tempore Gaufridi comitis... Permansit [moneta].. per decem annos inoperata. »

2. La valeur des monnaies est le plus souvent chiffrée en marcs d'argent ; cf. Cart. Sauxillanges, p. 623 (932) : « Mille solidos Podiensis monetae, qui tunc temporis fere quindecim marchas argenti valebant » ; ainsi 66,66 Sol. = 1 marc d'argent. Cart. Grenoble, p. 171, 115 (1110) : « pro ducentis L• solidis monete Viennensis, qui eo tempore viginti solidi valebant marcam argenti. » Parfois l'alliage sert à fixer la valeur, v. Cart. S. André 53* (14 avril 1051) : « mille solidos obtime monete et probate, cuius decem partes argenti fuerunt purissimi, due tantum eris. » Une monnaie ainsi contrôlée s'appelait *approbée,* comme la charte citée en fait foi ; v. aussi Cart. Trinit., p. 427, 9 (1030—4), Dach., III, 417, col. 1 (vers 1090). Il est aussi question de « denarii integri » (d'une valeur intégrale) ; cf. Besly, p. 370—1 (après 1081) : Ex tab. Augeriac.

3. Cart. Corméry, p. 82, 40 (avant 1070) : « dabit... centum solidos aut quod centum solidos valeat. » Cart. Ainay, p. 659, 142 (janv. 1023) : « accepimus precium de vobis in argente aut in valente solidos quatuor ; » Cart. Corméry, p. 93, 45 (1070—1110) : « pecuniam sive mobilem sive immobilem. » *Viva pecunia* figure encore dans les lois de Guillaume le Conquérant, cf. Roscher, I, 251, note 5. L'usage qui est fait des notions « échange et vente » dans le Cart. Paris, I, p. 56, 50 (1070) : « pro coemptione vel potius commutatione duorum altarium damus... hec ex rebus nostre ecclesie, » est aussi à noter pour la question ; toutefois, étant donné le contexte de la charte, il ne peut être décisif.

d'immeubles, c'était la seule valeur qui presque toujours promît un revenu sûr. Aussi l'employait-on de préférence dans les fondations pieuses et dans le payement des frais d'éducation, enfin partout où il s'agissait de dépenses grandes et durables [1]. On peut regarder comme un affaiblissement de cet usage le fait d'employer comme moyen de payement des victuailles, et particulièrement le sel qui représentait au moins une haute valeur d'usage [2].

A côté de ces objets apparaissent d'autres valeurs, qui, avec le caractère chevaleresque de l'époque, s'appropriaient parfaitement à l'échange : ce sont les destriers et le mulet, et, à un point de vue plus général, tous les objets de luxe [3].

1. Sur le rôle financier de la propriété foncière, v. p. 196. Sur son usage, à titre de simple mode de payement, v. Ivonis ep. 266 (avant 30 août 1115), M. 162, 270 D : « I. ascivit quosdam monachos caementarios, quorum monasterio promisit se daturum praedictam Ecclesiam, si muro munirent praetaxatum municipium, » et Cart. Grenoble, p. 111, 36 (1094—5). V. aussi D. Phil. (1080), GC. 1, VIII, 497 C. Orléanais : « quicquid ibi acquisierit W. L. servitio et pecunia sua. » La propriété foncière fut abandonnée pour le montant, payé en une fois, de dépenses de longue durée. Cart. Dom., p. 174, n. 196, 1 (vers 1100). Ces dépenses durables sont fondées sur un cens, réglé d'après le rapport du fonds. Cart. Dom., p. 67, 70 (vers 1085).

2. Mab. *De re dipl.*, 587 A (1079) : « decem modios salis pro acquirenda annona ceterisque sibi necessariis. » Cart. Savigny, p. 322, 642 (vers 1030) quelqu'un fait un don à une église à Savigny : « marito, qui meam sororem S. nomine habuerit, hoc concedo, ut ter in anno pro bona custodia ipsius loci et fidelitate Sancti Martini se [= ipse] tertius ibi manducet. » D. Bouquet, XIV, 162 E, 163 B, Elog. Ivonis : « Ad augmentandam tabulam altaris idem moriens centum modios vini reliquit. ».

3. Une classification des modes de payement très caractéristique est celle du Cart. Savigny, p. 413, 801 (vers 1070) : « non dedit illi aurum et argentum, mulum et mulam aut equum. » On aimait à réunir dans un même compte les objets de luxe et l'argent, cf. *L. de Servis*, app., p. 146, 25 (1064—84) : « habuit inde ipse E. C solidos et uxor ejus tunicam pelliciam; ». *L. de servis*, p. 10, 8 (1064—84). On donne 1 livre de poivre et une paire de bottes de maroquin. Les plus hautes classes connurent cet usage; cf. D. Phil. (1068), GC. 1, X i, 205 B : « omnes consuetudines terrarum... pater meus eis concessit [Sanctae Mariae Silvanectensi] et inde coronam matris suae Constantiae cum monilibus accepit. »

Même les payements qui se faisaient généralement en argent gardaient encore quelques traces du commerce d'échange dans l'une ou l'autre stipulation accessoire [1].

Des réminiscences non moins vives des temps antérieurs se montrent dans les procédés en usage pour débattre les prix. Un achat était toujours une affaire longue et difficile, qui avait besoin de sérieuses réflexions. On ne se demandait pas s'il fallait acheter oui ou non, mais dans quelles conditions on devait le faire et la meilleure recette pour duper le vendeur [2]. Par exemple, le prix débattu sou par sou, l'on faisait au vendeur des petits cadeaux pour le rendre plus conciliant [3], ou bien l'on

1. V. les achats suivants : Cart. Ainay, p. 621, 90 (mai 1012) : 3 *Camire* de vignobles pour 4 Solidi et un *Receptus;* ibid., p. 621, 91 (1027) : 3 Curtili pour 130 Sol. et un *Receptus multus.* A ceci se rattache jusqu'à un certain point la vente du vin [le *pot de vin*], on en a un ex. dans le Cart. Yonne, I, p. 153, 79 (vers 992) :« monachiquatuor solidis et duobus septariis vini emerunt. »

2. En général, à l'époque carolingienne, on présumait la fraude dans l'achat, cf. Waitz, IV, 40 : cf. aussi infra p. 288, n. 4. Au xie siècle on a recours également à de petits subterfuges, que notre morale d'aujourd'hui réprouverait; cf. Mart. Th. I, 159, Notitia initae pacis, etc. — Sur la façon dont on se préparait à faire une acquisition, cf. Cart. Savigny, p. 394, 757 (6 déc. 1079) : « multum insudante tunc temporis cancellario [de Savigny], qui haec omnia [donationes aliquas] per multas familiaritates [autre leçon : facultates] et magnas collationes rerum sibi commissarum diu praeparaverat; » de même Cart. S. André 208 (1001—8). Malgré cela, il arrivait qu'on allât de confiance dans l'achat et l'échange, qu'on n'exigeât de l'autre partie aucune garantie d'exécution et qu'on fût dupé bel et bien. Il était naturel qu'on se plaignît et qu'on réclamât; mais c'est bien un trait de ce siècle que l'histoire du moine chagrin appliquant sans méchanceté à l'acquéreur l'apologue du chien lâchant la proie pour l'ombre. Cf. Cart. S. Père, p. 97 — 8, 5 (après 1024).

3. Cf. Cart. S. Père, p. 140, 18 (avant 1102); cette façon d'agir n'est pas inconnue aux classes qui auraient dû professer le plus d'éloignement pour elle; v. Baluz. M,, VI, 417 (1063) : Un parent de l'abbé Hugues de Cluny essayait de décider le vicomte de Limoges à donner à l'abbaye un monastère qu'il possédait. Lorsque le vieil abbé meurt, Hugues donne au vicomte de l'or et un cheval; et celui-ci met les religieux en possession : « contra jus, contra fas, contra bonum, contra sanctos canones, contra Apostolicorum decreta contraque omnem rectitudinem ecclesiasticam vi sua utentes, jus postponentes. »

n'achetait qu'une faible partie d'un tout considérable et alors on recourait aux prières ou aux menaces, jusqu'à ce qu'enfin le co-possesseur se montrât disposé à se dessaisir de sa part en échange d'une somme à peu près raisonnable [1]. Parfois on fait des reconnaissances, avant l'action principale on recherche le soutien et l'aide des intimes du vendeur [2] pour frapper au moment opportun le coup décisif. Il s'agit ici de se rendre le vendeur favorable. Par quels moyens ? Nous le voyons d'une façon très plaisante dans le récit d'un échange qui fut fait entre l'abbaye de Prum et celle de S. Hubert, et qui le cède à peine, sous le rapport de l'histoire des mœurs, à l'épisode merveilleuse de Gudrun : *Wie suoze Hôrant sanc* [3].

En général, on n'achetait que dans les cas extrêmes, à l'exception de quelques monastères : Encore ceux-ci ont-ils

1. Cf. p. ex. Cart. Dom., p. 75-9, n. 80 sv. (vers 1080). Ces subtilités étaient surtout propices à la politique ambitieuse des cloîtres, qui avaient toujours à l'arrière-plan, dans leurs opérations, la ressource du péril que courait le salut des âmes. Il s'était constitué dans ce but tout un code de préceptes empruntés à la Bible et souvent interprétés à faux, dont on peut suivre la trace à travers toute la France dans les dispositions des chartes. C'est ce que j'ai mis en évidence dans un travail publié dans la *Zeitschrift für Kirchengeschichte*, VI, 494 sv. (sous ce titre : *Conception religieuse du monde laïque en France au* XIe *siècle*). Voici les maximes utilisées : Psalm. 24, 1 ; 62, 11 ; 112, 9. Prov. Salom. 3, 9 ; 11, 17 ; 13, 8. Serm. Salom. 9, 10. Daniel 4, 24. Sirach 3, 32, 33 ; 14, 17. Matthieu 3, 10 ; 5, 3 ; 5, 7 ; 6, 20 ; 7, 2 ; 19, 16 ; 10, 37 ; 16, 26 ; 19, 29 ; 25, 27 ; 25, 40. Marc 9, 41 ; 10, 21, 22. Luc 6, 38 ; 11, 41 ; 12, 33 ; 12, 48 ; 16, 1. Surtout S. Jean 6, 27, 9, 4. Apôtres 20, 35. Romains 12, 6. Corinth. 6, 10 ; 9, 6, 7 ; 9, 9. Galat. 6, 7, 8, 9, 10. Eph. 5, 15. Jacques, 2, 17. Sur le rapport de ces passages avec ceux qui étaient en usage en Allemagne, v. Lamprecht, D. W., I, 671.

2. Cart. Autun, p. 45, 27 (1077) ; Cart. Savigny, p. 394, 757 (déc. 1079) cité p. 283, n. 2.

3. On retrouve, croyons-nous, sous une forme idéalisée, le fait que nous rapportons ici dans la VI « âventiure » de Kutrun. (V. surtout 396 de l'éd. Pfeiffer-Bartsch). Le troc mentionné figure dans la Chr. Andag. 60—63, *M. G. S.*, VIII, 598-600.

soin de se prémunir contre toute compétition et, dans ce but, ils ont recours à des conventions spéciales [1].

En général, on regardait comme bien préférable de se faire donner [2], au besoin de donner soi-même, ou bien l'on volait. Les personnes du plus haut rang se réclamaient souvent mutuellement des dons d'une manière pressante et il n'y avait que les humbles demandes qui fussent méprisées [3]. Même après les

1. Sur la vente forcée par disette, v. supra, p. 266, n. 1; v. aussi Cart. Mâcon, p. 213, 380 (996—1031). Pour l'achat, cf. p. ex. Cart. S. André 67* (vers 1100). Ce sont surtout les cloîtres qui achètent; cf. Cart. Saintes, p. 27, 20 (1047—61), cité p. 267, n. 1. On peut très bien voir dans Baluz. M., VI, 425—6 (1096) comment ils procédaient, par des instructions de Cluny et la Chaise-Dieu sur les futures acquisitions. « In Ecclesiis vero adquirendis quicunque eorum primum partem adipisci dono ejus, qui investitus est, poterit, tenebit eam in pace. » Puis viennent d'autres prescriptions pour une délimitation complète du rayon dans lequel il s'agit d'acquérir; cette délimitation porte sur les objets et sur les lieux; la Normandie était plus avancée; on devait y connaître déjà la vente et le prêt à l'enchère; c'est ce que prouve l'exception formelle du Cart. Trinit., p. 469, 97, XIe siècle : « pratum unum, quod unoquoque anno reddit IIII solidos,... si W... reddiderit, bene IIIIor solidis tenebit, quandiu voluerit; et si alius venerit, qui amplius reddere voluerit, W. supradictus libere reddet, et nos ad libitum nemini alio plus reddenti dabimus. » Malgré cela, le fermage accordé au plus offrant par Guillaume le Conquérant parut encore en contradiction avec les mœurs d'alors. (Thierry, *Conquête de l'Angleterre*, II, 116, éd. Bruxelles.)

2. On lit, il est vrai, encore dans les Cons. Clun., III, praef. Dach., I, 683 : « B. Hieronymus in quadam suadet epistola, ut qui monachorum nomine censemur, rogati raro accipiamus, rogantes nunquam. » Mais où avait-on respecté l'application de ce précepte? Une charte du 8 déc. 1096 du Cart. Sauxillanges, p. 257, 472, ne connait pour un monastère d'autres sources d'acquisition que les suivantes : « sive... concessione pontificum, liberalitate principum vel oblatione fidelium; » et passim. Il y a aussi un passage très caractéristique dans Poenit. Theod., II, 664 (1061), Avranches : « (abbas S. Michaelis) conveni J. Pontificem super quibusdam gravaminibus. » Pour faire cesser cet état de choses « obtulit Abbas Episcopo de suo competenter per singulos annos unam vestem... et tres libras incensi et tres libras piperis et sex tabulas cerae de IX ponderibus et tres cereos... Episcopus vero praefatus, *ut erat animo et genere nobilis*, petitioni Abbatis annuit. » Un don honorait.

3. Iv. ep. 202 (automne 1109), M. 162, 207—8 DA : « Non decet majestatem regiam [Louis VI], vilia vel quaelibet vanitatis lenocinia a sacerdote quaerere... Hoc quibusdam litterulis respondeo, quae ex parte vestra querebant a me duo

donations, le rapport du donateur au donataire était si étroit qu'on en maintenait des signes extérieurs [1]. A quel degré cet usage profondément aristocratique devait-il dégrader des âmes moins élevées. Un moine avide assiégeait de ses prières un laïque riche qui finissait par lui donner une portion de sa propriété, mais bientôt le donateur regrettait ce qu'il avait octroyé de mauvais gré, et il fallait l'indemniser en lui offrant une certaine somme [2]. Quelquefois une de ces donations forcées et souvent aussi des donations volontaires se transformaient en une demi-vente. Le donataire payait à l'autre une certaine somme « pro caritate » [3]. Ce développement eut pour conséquence directe l'entière confusion des idées de vente et de don, comme nous la trouvons souvent. On peut voir cette confusion atteignant son point extrême dans la formule « que quelqu'un donne sans aucun gain injuste » [4].

paria pellium catinarum. » Cf. les requêtes de Ivo au roi Henri d'Angleterre : Iv. ep. 118 (déc. 1102), M. 162, 133 AB; et à la reine Mathilde d'Angleterre : Iv. ep. 107 (automne 1101), M. 162, 126 A.

1. Cart. Saintes, p. 56, 56 (1100—1107), quelqu'un donne : « ut per singulos annos in tribus solemnitatibus... dentur nobis, pro recognitione helemosine due miche et due juste, » de même, ibid.. p. 62, 64 (1096—1107) et passim. Y rattacher aussi le passage du Cart. S. Pere, p. 98, 6 (avant 1024); et encore, p. 90, 8 (avant 996).

2. Cf. Cart. Redon, p. 236, 288 (1062—80).

3. Cf. Cart. Redon, p. 314—5, 363 (1095) : « duo... milites... nutu Dei et ammonitione cuiusdam nostri monachi P... vendiderunt et dederunt... unde et [l. : ut] hec venditio et donatio firma permaneat, ab abbate... pro karitate sexaginta solidos acceperunt. » Cf. aussi, ibid., p. 316, 365 (1860), Baluz., H. T., app., col. 411; Cart. Dom., p. 11, 8 (vers 1080); souvent on rencontre ailleurs de tels payements faits des deux parts. On les nommait *dona caritatis*, v. Cart. S. Père, p. 164, 36 (1059); aussi *donalia*, cf. Cart. Dom., p. 51, 49 (vers 1080). Ce n'est nullement un simple acte de courtoisie de la part des monastères, mais c'est à ces conditions seulement que la donation leur était faite. V. Chronic. Andag., 56, *M. G. S.*, VIII, 597, l. 17 : « allodium... ecclesiae obtulerunt partim gratis donandum partim ab eis [monachis] emendum, » et de même Cart. Saintes, p. 56, 56 (1100—1107).

4. Le processus ultérieur de l'état décrit dans la n. 3 ci-dessus apparaît dans les

On conçoit que ces circonstances n'aient pas favorisé le développement de notions relativement fixes sur la valeur des objets de vente ; souvent on n'acquérait pas même d'après des règles déterminées. Aussi il n'est guère d'objets, au XIe siècle, dont les sources nous permettent d'établir à peu près le prix moyen. (Voir l'appendice.)

Mais ces circonstances eurent surtout une influence regrettable sur l'emploi de l'argent en qualité de moyen de circulation et d'étalon de valeur. Et pourtant son usage en fut encore plus gravement entravé par la défense canonique du prêt à intérêt. Cette règle à vrai dire ne se bornait pas à l'argent, elle refusait en général au capital prêté toute force productive au profit du propriétaire, mais il est de la nature de l'argent d'en être atteint plus que tout le reste [1]. Cependant la défense du prêt à intérêt doit déjà, au XIe siècle, avoir rencontré une vive résistance de la part même du clergé. C'est ce que montrent aussi bien les prescriptions renouvelées que certains cas de la

passages suivants : Cart. Sauxillanges, p. 96, 81 (998—1031) : « In nomine Dei... G... venditor et monachi de C. emptores. Vendo illis terram... decem solidos... facio hanc donationem... et hec venditio firma et stabilis permaneat. » Cart. Dom., p. 248, 237 (vers 1100) : « donans vel vendens ; » Cart. Sauxillanges, p. 556, 787 (998—1031) : « donationem vel vendicionem », la vente est faite « pro redemptione anime! » Enfin Cart. Dom., p. 162, 189 (vers 1090) : « Facio autem hoc donum absque omni turpi lucro. »

1. Cf. Decr. VI, 200, Pan. III, 161 (= Regino I, 288) ; Regino I, 290. Parmi les nombreuses défenses de prélever un intérêt, nous choisissons un exemple remarquable des Reg. Chrodeg., ep. c. 64 (Dach., I, 578, col. 2) : « (Canonici) usuris nequaquam incumbant, neque turpium occupationes lucrorum... Amorem pecuniae quasi materiam cunctorum criminum fugiant... Pro beneficiis medicinae Dei munera non accipiant. » On devine par les derniers mots la négation d'un profit tiré du capital intellectuel pour celui qui le possède; cette indication devient une certitude par la Vit. Abb., I, 3, Mab., act. VI, 1, 39 : « musicae artis dulcedinem, quamvis occulte, propter invidos, a quodam clerico non paucis redemit nummis. » Le biographe s'exprime en termes couverts, mais suffisamment précis.

pratique [1]. En tous cas, le développement de l'intérêt n'était pas encore assez fort pour créer un taux fixe et uniforme ; les sources, du moins, ne nous permettent pas de le constater ou de l'induire [2].

L'Église persécutait avec la même ardeur le gain commercial. Sans doute elle permettait l'achat public, mais on ne devait faire dans la vente aucune élévation de prix, et c'est justement dans ce fait qu'elle découvrait le principe essentiel du commerce [3]. Cette conception devait amener très aisément au principe que c'était un péché de traiter comme une affaire la vente ou l'achat, manière de voir qui pouvait se justifier en face de l'énormité du gain professionnel que faisait le commerçant [4]. Les laïques aussi suivirent cette opinion, et on en trouve l'expression dans les ordonnances

1. Conc. Rem. (1049), c. 7, Mansi 19, 742 : « ne quis clericus vel laicus usuras exerceat; » Conc. Pictav. (1078), c. 10, Mansi 19, 499 : « Clerici... usurarii excommunicentur. » C'est de cette défense qu'il est pratiquement question dans Greg. Reg., II, 21.

2. L'état rudimentaire du taux d'intérêt ressort clairement du Cart. Redon, p. 305, 352 (1104), où, pour 14 den. de redevance, on donnait un capital de 20 sol. (taux 5,85 %) et en même temps une redevance de 2 sol. est amortie par le payement de 11 sol. (taux = 18,18 %). Cf. encore Gest. abb. Gembl., *M. G. S.*, VIII, 543, l. 39 (xie siècle, 2e moitié) : « Ipse fratribus... 50 solidos redonavit ea conditione, ut a se et successoribus suis annuatim ad usus fratrum in festis praecipuis duo solidi darentur in emptionem piscium; » ainsi annuellement au moins 6 sol. après les trois grandes fêtes, ce qui donnerait un taux de 12 %. C'est la moyenne, si l'on compare les trois textes. Sur le taux du Moyen-Age en général, v. Roscher, I, 417, n. 2, et Lamprecht, D. W., II, 606 suiv.

3. Cf. Decr. VI, 201 (= XIII, 21) et Decr. XIII, 13, VI, 197 (= Regino, I, 229); La même défense frappait l'accaparement de marchandises en vue de la vente, v. Regino, I, 289. On met sur le même pied le commerce et la prise d'un intérêt, dans Stat. S. Vict., § 14, Mart. Rit., III, 818; cf. aussi ibid., p. 714, Cons. S. Vict. § 10.

4. Voyez l'intitulé dans Ivo Decr., XIII, 25 (= Decr., VI, 202; XV, 107; c. 2 D. 5, *De poen.*) : « Quod difficile est, inter vendentem et ementem non esse peccatum, » ce qui est bien d'accord avec le proverbe : « Mercator sine peccato esse vix potest. »

douanières [1]. Tout cela avait pour effet de rendre impossible l'avènement d'une grande classe commerciale. Le XIe siècle ne connaît pas encore, d'ordinaire, un terme bien arrêté pour désigner le commerce, et le commerçant lui-même était, en grande partie, un colporteur ou le possesseur d'un magasin ambulant [2].

Le faible développement professionnel du trafic, ainsi que les autres obstacles qui en paralysaient les facteurs progressifs, eurent pour conséquence de laisser le commerce de l'argent dans un état d'infériorité extrême. Le prêt sur gage florissait presque seul, et on revêtait de cette forme toutes les affaires qui, sans cela, auraient pris celle du prêt à intérêt [3]. Le gage ne portait pas seulement sur les choses, mais encore sur les droits d'usage. Il avait lieu souvent pour un temps déterminé [4]. Les

1. Cart. Paris, I, 292, 4 (vers 1075) : « de villanis... solitus erat minister comitis accipere pulveraticum; » il y renonça « nisi de his rebus, que forte emerit [aliquis] propter revendendum ». Pour l'époque carolingienne, cf. Waitz, IV, 49, et Cap. Anseg., I, 123—5, *M. G. L.*, I, 787.

2. Pour le commerce du XIe siècle, cf. Levasseur, I, 319 sv. Ce qui caractérise le mieux la nature du trafic à cette époque, c'est l'importance de la hanse parisienne, si on la compare à celle des temps ultérieurs. V. Levasseur, I, 285 (III, 8 : La Hanse parisienne). Un trait bien frappant, c'est qu'on désignait le plus souvent au XIe siècle le trafic par les deux mots : *emptio et coemptio* (Dach., III, 406, col. 2, 1067 Anjou), ou *emere et vendere* (D. Bouquet, XIV, 42 C.; Conc. Ansan. 990, c. 7). On a aussi *negotiatio* p. ex. Cons. S. Vict., § 19, Mart. Rit., III, 714 (cf. Duc, s. v. *Negotium* 1). Le commerçant était le plus souvent un *Mercator cursorius*, v. Dach., III, 406, col. 2; cf. D. Bouquet, XIV, 42 C : « mercatores, ementium et vendentium fama percepta... multum se lucraturos sperantes, si sua illuc comportarent commercia, veniebant afferentes [in mercatum], quae videbant peregrinis esse necessaria. » Un *venditor equorum* est dans Cart. S. Père, 226, 104 (avant 1080).

3. Pour le droit hypothécaire de la première moitié du Moyen-Age, v. les quelques indications du Cart. Mâcon, préf., p. 144. La période des coutumes a été particulièrement traitée par Warnkönig et Stein, II, 596. Au XIe siècle, le gage est la forme ordinaire; sur l'institution, v. infra, p. 293, n. 3.

4. Cf. Dach., III, 438, col. 1 (1104), où quelqu'un engage « unum prandium cum centum Militibus; » aussi Cart. Mâcon, p. 351, 585 (1096—1108). Pour la fixation du délai de remboursement, v. not. Cart. Mâcon, p. 223, 388 *ter;* naturellement dans le vif gage.

droits du créancier au gage pouvaient être transmis à d'autres par une négociation particulière[1]. Entre la valeur du gage et celle de la somme prêtée, il y avait souvent de grandes différences, mais il pouvait arriver aussi que le gage dépassât le prix de vente[2]. Son revenu — mais ce revenu seul — appartient à l'origine au créancier[3]; on s'était cependant depuis longtemps habitué à traiter l'hypothèque d'après l'analogie du prêt à intérêt, on ne déduisait pas le revenu du gage de la somme

1. Les faits se présentent ainsi au point de vue économique. Un tiers paye à la demande du débiteur la somme empruntée et devient créancier à son tour, cf. Cart. Dom., p. 68, 78 (vers 1080). Cependant le contexte de cette charte montre qu'on prit souvent des mesures contre ces sortes de transmissions; cf. infra, p. 292, n. 2.

2. Pour les derniers cas, v. Cart. Trinit., p. 452, 59 (1059) : « emimus.. LXX acres terrae in alodio pro XI libris denariorum ; nam ex ipsa terra XLVI acres in vadimonio antea tenebamus pro VIII libris denariorum et X solidis. » Ici le prix d'achat de l'acre est de 3,14 sol., la somme empruntée, 3,7 sol.; le prix moyen de l'acre est de 3,8 sol. (cf. les prix, p. 308). La somme engagée, comptée sur 70 acres, monte de 70 sol. au dessus du prix d'achat réel et arrive à 117,8 °/₀ de celui-ci. L'explication la plus probable est que le prix d'achat était un prix fictif. Cf., en revanche, Cart. Trinit., p. 439—40, 34 (1062) : « viginti acres terrae arabilis... primo pro viginti solidis in vadimonium, postea additis duodecim solidis in hereditatem. » Ici le prix d'achat est, par acre, de 4,8 sol., la somme engagée 1 sol., celle-ci = 20,8 % du premier. Pour le Sud-Est, v. Cart. Mâcon, p. 257, 448, où la *pertica* de vignoble = 0,09 sol., cf. Cart. Mâcon, p. 147, 238, où on l'engage à 0,11 sol. Le prix moyen de la *pertica* (cf. les prix, p. 308) est de 0,149 sol. — Dans les contrats « à vif gage », il ne faut pas perdre de vue que le prêteur doit proportionner à la durée du prêt l'importance de la somme qu'il donne. On peut engager une valeur d'un rapport de X pour une somme de X pour un an; aussi ne peut-on dans le cas de « vif gage » conclure du rapport, quel qu'il soit, entre valeur et taux d'intérêt de l'objet prêté, à l'élévation relative et à la sécurité du crédit, spécialement du crédit foncier.

3. Le créancier entrait en jouissance du gage, quelle qu'en fût l'importance. Cf. p. ex. Cart. Savigny, p. 455, 861 (vers 1100) : il s'agit d'un demi-mansus engagé pour 65 sol. « Reddit ipsa terra in messe quatuor denarios in carne, et sextarium vini et unum denarium de pane, et in calendis similiter, et unam eminam de cibaria, et in Maio sex denarios pro vircaria et quinque denarios pro prato et agno, tres denarios pro mansione. » V. aussi Cart. S. André 124* (vers 1090), et Cart. Mâcon, p. 351, 585 (1096—1108).

prêtée et c'est ce qui amena au XIe siècle la forme habituelle du *mort-gage*[1]. On se préoccupa en même temps d'assurer le payement durable des intérêts de la somme gagée ; lorsque le revenu du gage était incertain, on convenait d'un intérêt, soit en nature, soit en argent. Il paraît avoir été moindre lorsqu'il s'agissait de fortes sommes, mais dans les petits prêts il atteint à un taux si élevé que pour un prêt d'assez longue durée la somme prêtée était bientôt reproduite[2]. Il est à remar-

1. On ne la trouve pas seulement dans les cas autorisés plus tard, bien qu'on en ait des exemples ; ainsi la charte n° 111 du Cart. Ainay, p. 636 (vers 1000) où au lieu de « ipse teneat unum solummodo », il faut lire « i. t. unus s. », nous parle de l'hypothèque d'un demi-curtilis pour 12 sol. et de son retour au cloître d'Ainay après deux générations. Le débiteur paye jusqu'à cette date, par an, « tres modios vini pro lucro. » Cf. pour le mort gage aussi Besly, p. 370—1 après 1081), ex Angeriac. tab. : « G. dedit in vadimonium S. Joanni et Monachis ejus suum alodum... usque ad quinque annos pro CC solidis de denariis integris, (tali conuentione, vt fructus vsuarius ejusdem alodi sit S. Joanni per eosdem 5. annos etiamsi redimeret primo anno, et quod non redimat nisi propria pecunia, necnon quod ab omni calumnia liberet, si forte exurgat : annuens in Capitulo praefatum alodum esse S. Joannis post mortem suam. » Cart. Ainay, p. 647, 126 (999—1013) : Quelqu'un engage une terre pour 20 sol. « ea scilicet ratione, ut tandiu prefati rectores ecclesie eandem terram teneant et possideant, quousque supra scriptum precium persolvam, simul et conquistum. » Les derniers mots ne peuvent s'interpréter que comme « usus fructuarius ». A ceci se rattache encore GC. 1, X i, 204 DE (1059), Senlis.

2. Si le rapport de la récolte d'un fonds devait être annuel, il fallait, à l'époque de l'assolement à trois soles, recourir à des produits d'une culture ininterrompue, surtout aux vignobles ; cf. Cart. Ainay, p. 585—6, 43 (12 août 1002). C'est pourquoi le vignoble était un meilleur gage que le champ ; parfois on se garantissait aussi en prévision des mauvaises récoltes ; cf. Cart. Ainay, p. 667, 152 (janv. 1013) : on engage 2 auges et 1 camera de vin pour 10 sol. « et in ipso anno, que [l.: quo] hec vinea non reddiderit duos modios et dimidium de vino, persolvamus tibi. » Voici les données que nous apportent sur ce sujet les chartes des Cart. Mâcon, p. 223, 388 *ter* ; Cart. Ainay, p. 585—6, 43 (12 août 1002), Cart. Mâcon, p. 147, 238 ; Cart. Ainay, p. 667, 152 (janv. 1013) ; Cart. Ainay, p. 636, 111 (vers 1000) ; Disp. Clun., Baluz. M. V, 450 (vers 1130 à 1140).

Somme empruntée :	Rapport :	Valeur en espèces :	°/o de la somme empruntée :
3 sol.	1 mod. moût.	?	?
5 »	1 » vin	1	20
6 »	2 » moût.	?	25

quer pourtant que nous verrons bientôt apparaître le *vif gage*[1].

En dehors du cens assez élevé dont nous avons parlé, le créancier gagiste cherchait à s'assurer encore le plus possible ; tantôt il stipulait la non validité de la transmission du droit de gage, tantôt il se réservait le droit exclusif d'achat en cas d'aliénation ; si l'on voulait avoir toute sûreté, on combinait le prêt hypothécaire avec une donation du gage pour cause de mort. D'autres fois on détaillait, dans des clauses minutieuses, les termes du payement ou bien on rendait si difficile le remboursement de la somme hypothéquée que le dégagement devenait presque impossible[2].

Ces mesures de précaution peuvent se ramener à deux tendances qui s'excluent mutuellement. C'est d'abord l'intention de ramener autant que possible le remboursement du prêt à

10 »	$2^1/_2$ »	vin	$2^1/_2$	25
12 »	3 »	»	3	25
4000 »	— »	»	300	7,5

1. Le « vif gage » se trouve par ex. Cart. Mâcon, p. 352, 585 (1096—1108), où le « mort gage » est défendu expressément. Le « vif gage », dont la seule existence devait peser sur la transmission des hypothèques, a pu exercer une contrainte spéciale dans les cas où le rapport du gage était faible, et la somme prêtée assez forte. Cf. Cart. Paris, I, 332, 26 (vers 1056) : « H. miles.. canonicis Sancte Marie.. quendam alodum prope atrium sex libris oppigneravit, eo videlicet conventu, ut nunquam nisi de proprio censu redimeretur ; quod si quandoque vendere disponeret, conventum cum nullo mortalium, nisi cum canonicis haberet. » L'alleu rapportant 2 sol. d'intérêt annuel, la somme engagée aurait été amortie en 60 ans. Il est vraisemblable qu'au même cas se rapporte le passage du Cart. Mâcon, p. 257, 448.

2. Cf. pour les diverses mesures, Cart. Dom., p. 68, 72 (vers 1080) ; — Besly, p. 370 — 1 (après 1081), cité p. 291, n. 1 ; — les deux dernières citations de la n. 1 ci-dessus ; — Besly, p. 370—1 (après 1081) ; — Miraeus, II, 810, col. 2 (1044), Liège : « Illa quoque vadimonia nequaquam redimantur, nisi aut in Festivitate S. Joannis aut pridie ipsius Solemnitatis, et tota simul reddatur pecunia, et supradicto pondere, ne minuatim reddita depereat et damnum patiatur Ecclesia. » — Cart. Paris, I, 332, 26 (vers 1056), n. 1 ci-dessus.

un seul versement, car on ne se risquait pas encore à rassembler de grosses sommes par petites portions, faiblesse excusable à une époque d'économie naturelle où le produit net et le produit brut ne se laissaient pas séparer, et où une bonne comptabilité dans le sens moderne était à peine possible. D'un autre côté, toutes ces mesures trahissent l'intention de s'approprier le bien hypothéqué. Parfois, il est vrai, le débiteur proposait au créancier de l'acquérir, mais c'était l'exception [1]. En général on tâchait, et c'était surtout la manœuvre des monastères, qui achetaient le plus possible les droits d'hypothèque, d'arriver par le prêt sur gage à augmenter son patrimoine [2].

Le prêt sur gage se transforma peu à peu en une vente détournée, sans qu'elle réunît pourtant les avantages de la *vente à réméré* postérieure. Et voilà comment, à côté d'une procédure hypothécaire surannée, nous trouvons cette nouvelle institution qui ne s'était pas encore développée [3], de sorte que le XIe siècle se termine par ce défaut de clarté dans les formes de l'échange monétaire, qui presque toujours désigne l'agonie d'un système ancien et l'aurore d'un nouveau.

1. Par ex. Chronic. Andag., 49, *M. G. S.*, VIII, 594, l. 45 : « Caviniacum, quod, ut dictum est, abbati deposuerat in vadium, obtulit [comitissa] ecclesiae funditus emendum. »

2. Cart. Redon, p. 289—90, 339 (29 août 1086) : « Dederat [E.]... terram... monachis, R. scilicet et W., in vadimonio, centum solidos a R. sumens, a W. vero monacho solidos XL. Deinde... in perpetuum vendidit, sumens ab ipso solidos XL et solidos III : qui simul juncti computantur VIII libras et solidos tres. » Cela eut lieu p. 289 : « nutu Dei et ammonitione quorundam nostrorum monachorum, R. videlicet, W. et ad ultimum M. » Cart. Dom., p. 103—4, 126 (vers 1105) : « [V. A.] habebat ipsam vineam in vadimonium pro octo solidis, quos dominus H. Prior reddidit. » Pour cela on donne le vignoble au prieuré.

3. L'expression « redimere » se rencontre souvent pour le dégagement de l'hypothèque ; cf. par ex. Cart. Ainay, p. 590, 49 (vers 1000). On peut trouver des allusions à l'institution dans ces mots « funditus emendum » : Chronic. Andag., 49 (cf. n. 1 ci-dessus), et « in perpetuum vendidit », Cart. Redon, p. 290, 339 (cf. n. 2 ci-dessus). Le Cart. Savigny va encore plus loin, p. 547—8, 868 (vers 1100) : « ego C. volens ire

Il n'est pas étonnant que, dans de telles conditions, on ait redoublé de prévoyance dans les affaires d'argent et que le crédit, resta longtemps stationnaire, à son premier degré [1]. D'un autre côté, le peu d'extension du crédit s'explique aussi par la rareté de l'argent. Des sommes de 7.000 sous et de 380 marcs d'argent sont les plus élevées que les sources nous font connaître [2]. Il se justifie aussi par le fait que le crédit de consommation était quasi le seul connu. Le plus souvent il ne dépasse pas cent sous et on pouvait l'obtenir sans intérêt contre d'excellentes garanties [3]. Les plus grandes sommes qu'on eût l'habitude d'emprunter s'élevaient à 3—4000 sous [4]. Dans toutes les affaires d'argent, les monastères jouaient le rôle principal. Ils versaient des sommes que la partie obli-

Hierusalem facio donum de tota mea haereditate Deo et Sancto Martino... et accipio ab eis ducentos quinquaginta solidos et unum mulum... si... in peregrinatione mea obiero, tota haereditas mea... in possessione ecclesiae Beati Martini transeat. Si vero reversus fuero... et si uxorem recepero, de qua haeredes habeam, reddam eis pretium supradictum. Quod si haeredem non habuero, ista donatio firma et stabilis sit. »

1. Par ex. dans les Cons. S. Vict., 10, Mart. Ritt., III, 714, il est recommandé de se livrer à une enquête très exacte dans les cas où il s'agissait de faire un prêt, il ne peut non plus être question de sommes supérieures à 100 sol.

2. L'archevêque de Besançon donne en un seul versement à son frère, le comte Raymond, 7.000 sol., v. Dach., III, 417, col. 1 (1090). Pour une somme de 380 marcs, cf. Chronic., Andag. 49, *M. G. S.*, VIII, 594. Une somme de 4.608 sol. est réalisée par l'abbaye de Marmoutiers : Dach., III, 409, col, 2, p. 410, col. 1 (1070); une de 1.000 sol.: Ménage, *Hist. de Sablé*, p. 231, cit. d'après Bréquigny, table, II, 234 (21 mars 1090). Des dons d'argent sont extrêmement rares ; cependant on en a des ex., v. Cart. Sauxillanges, p. 296, 383 (990—1049), où quelqu'un donne 100 sol. et 2 mansiones, et Gest. abb. Gembl., *M. G. S.*, VIII, 534, l. 39, cité p. 288, n. 2, ainsi que p. 295, n. 2.

3. Cf. Stat. S. Vict., § 28. Mart. Rit., III, 819—20. Cart. S. Père, p. 524, 12. Le monastère prête 100 sol., à ce qu'il semble, avec des garanties convenables.

4. Cons. Clun. Epist. nuncup. Dach., I, 642 : « [Prior G.] est talis homo, qui, si opus esse viderit, minime veretur usque ad tria vel quatuor millia solidorum mutuari... inter Francigenas... sunt tali aliquando, qui fideli Dei servo tanta largiuntur, ut in parvissimo tempore, quidquid debet resolvat. »

gée ne pouvait mobiliser à cause de leur importance et pouvaient, en général, s'engager plus facilement dans des opérations très étendues à cause de leur fortune stable [1]. Une richesse monétaire, sans la réserve de grandes propriétés, était à peine concevable en ce temps [2], mais les grandes propriétés foncières manquaient le plus souvent d'un capital mobile. Il n'y avait guère que les monastères et la haute aristocratie qui pussent réunir les deux, la richesse en argent et la richesse en terres [3].

1. Cf. Cart. Savigny, p. 458—8, 867 (vers 1106), cité p. 293, n. 3. Les monastères étaient les banquiers du siècle (cf. Lamprecht, I, 849 1446, sv.), ils savaient, pour la plupart, fort bien associer les préceptes du Christ et ceux de l'intérêt économique. Ainsi, pour le rachat des captifs, v. Cart. Redon, p. 378, 57 (1050—1). La prospérité des affaires de Cluny ressort de la dernière phrase du passage cité p. 294, n. 4. Les affaires de banque de S. André étaient confiées par l'abbaye à des Juifs au courant de ces besognes. Cart. S. André, 91 (975—998) : « Faciat H. ebreus et filii ejus et heredes illorum negotia mon[a]chorum, et sint previsi de servitio eorum et adjuvent eos de suis supplementis. »

2. Cf. par ex. Miraeus, I, 664, col. 1 (1073), pour la Flandre : « Tres libras denariorum... destinavi, unde triginta solidi duobus Presbiteris pro Missa quotidiana solventur, reliqui vero ad luminare non deficiens locabuntur. Verum ne hac dispositione frustrentur, possessiunculam... ad hoc statui. »

3. En parcourant quelques cartulaires, on trouve les dépenses suivantes faites par des corporations religieuses dans leur propre intérêt : A. Domène dépense de 1056 à 1085 : 530 sol. (cf. p. 10, 67, 58, 66, 113, 9, 12, 13, 63, 63, 68, 69, 75, 76, 80, 81), de 1085 à 1115 : 1485,5 sol., 5 chevaux, 4 mulets, 2 set. de céréales, 1 bateau, 1 habit (cf. p. 33, 34, 77, 83, 18, 34, 50, 114, 153, 104, 120, 71, 116, 133, 156, 173, 206, 78, 84, 91, 94, 96, 99, 100, 102, 181, 191, 199, 247, 248, 189, 40, 47, 95, 103, 108, 43, 16, 109, 22); total, en 60 ans, 2015$^1/_2$ sol. et les objets cités. Domène était, il est vrai, un prieuré de Cluny — B. S. André ; cf. la charte citée ici n. 1 (1055) — C. Grenoble : cf. supra, p. 267, n. 1 — D. Flavigny : Hugo de Flavigny donne pendant les 18 premiers mois de ses fonctions 735 sol.; cf. Hug. Flav., *M. G. S.*, VIII, 476, l. 15—477, l. 25; en 2 ans 10 mois, 2.000 sol., cf. ibid., p. 480, l. 51 — E. S. Père ; la dépense en argent et en valeur d'argent est de 1) jusqu'à 1061 : 730 sol., cf. n. 33 (p. 160), 35 (162), 36 (164), 39 (166), 39 (167), 52 (178), 65 (191), 2) jusqu'à 1070 : 305 sol. 1 livre d'or, cf. 3 (124), 6 (126) 9 (132), 25 (148), 22 (159), 87 (211), 3) jusqu'à 1080 : 507 sol., cf. 24 (147—8), 8 (131), 13 (136), 45 (173), 69 (195), 71 (196), 81 (207), 85 (209), 91 (216), 97 (220), 105 (338), 4 jusqu'à 1102 : 1.507 sol. 4 onces d'or ; cf. 18 (140—1), 1 (227), 2 (228), 5 (231), 6 (232), 7 (233), 9 (235), 13 (238), 24 (250), 25 (251), 27 (252), 77 (323), 23 (416), 1 (515), 53 (558). Total. 2.499 sol., 1 livre, 4 onces d'or. — F. S. Trinité : cf. p. 267, n. 1.

Ils avaient presque toujours à leur disposition un trésor considérable, qui était souvent le résultat d'une accumulation fort ancienne. Il fut pour cette époque l'équivalent du crédit et il contenait de fortes sommes [1]. Mais l'importance du trésor pour la civilisation du xie siècle se montre encore par un autre côté. Son contenu était rarement disponible, il était formé d'objets précieux, de bijoux auxquels on n'osait toucher qu'en cas de nécessité extrême [2]. Il servait habituellement à l'éclat du laïque et du clergé. Il comprenait les objets de luxe du Moyen Age. On y voyait des habits précieux, des travaux d'orfèvrerie dont la valeur pouvait bien égaler celle de quatre chevaux et dépassait celle de cent porcs [3]. Il est vrai qu'à côté du luxe des vêtements des époques antérieures qui était seule-

1. Le trésor du comte Godefroi de Lorraine contenait la valeur de 700 marcs; cf. Chronic. Andag., 23, *M. G. S.*, VIII, 582, l. 34. Cf. Gest. abb. Gembl., *M. G. S.*, VIII, 547, l. 55, p. 548 : « Abbas L. excepto, quod acceperant antecessores ejus, plus quam centum viginti marcharum precium de thesauro aecclesiae dedit deficiente sibi pecunia. » V. aussi Chronic. Andag., 49, *M. G. S.*, VIII, 594, l. 49. Les trésors des églises étaient sous le couvert d'une protection particulière, cf. Decr., III, 124. C'est pourquoi ils restèrent longtemps intacts en général. V. Pérard, *Recueil*, p. 75 (d'après Bréq., II, 150, année 1075) : « Thesauriam, quae a multis temporibus in manu abbatis ejusdem loci fuerat.» Le trésor de S. Germain avait été amassé depuis le temps du roi Childebert; il éveillait d'autant plus la cupidité du roi Philippe. (D. Bouquet, XVI, 24 C sv.) Il n'était pas rare qu'on enfouît les trésors; v. leur mention spéciale dans D. Phil. (1076), Miraeus, II, 1459, col. 2. Pour les trésors du Moyen-Age en général, v. Lamprecht, II, 377 sv.

2. Cf. p. 259, n. 2. Belle description détaillée du trésor d'Avalon dans Dach., III, 412, col. 2 (19 févr. 1077), cf. aussi Mab. ann., IV, 404 (1047). Plus les bijoux étaient précieux, moins on aimait à les aliéner, bien qu'en ces temps grossiers où les industries d'art étaient dans l'enfance, la matière brute, comparée au travail d'orfèvrerie, eût une valeur beaucoup plus considérable qu'aujourd'hui; elle n'eut donc pas trop à souffrir de la mutilation de ses formes.

3. Cart, Trinit., p. 435, 27 (1055), un pallium coûte 20 livres 30 sol., cf. les prix des chevaux et des porcs dans leur détail. Besly, p. 328 (xie siècle, 2e moitié); Vendôme : « duas nuscas aureas in pretio X librarum. » V. du reste les lois sur le luxe de Roscher dans son *Grundriss*, I, 512 sv., et dans ses *Ansichten der Volkswirthschaft* (1861), p. 399 sv., et Lamprecht, I, 849 sv.

ment basé sur le haut prix des étoffes, on voit naître au XIe siècle un nouveau luxe, qui a pour base la coupe de ces vêtements, mais il trouve encore une opposition assez forte [1].

A côté de celui-ci, un certain luxe s'observe dans les mets et les boissons. Il satisfait un cercle d'autant plus étendu que le prix des subsistances était très peu élevé.

Les frais d'entretien quotidien ne s'élevaient pas à plus de 1/2 denier à 1 denier, et la nourriture du riche [2] ne coûtait pas plus de 6 à 12 deniers : pain, viande et vin étaient les comestibles principaux ; à côté d'eux apparaissent des fromages, des œufs, des légumes et des poissons. Les repas luxueux ne dépassent pas beaucoup cet ordinaire, malgré l'apparition sur les marchés de quelques viandes recherchées [3]. Un menu du cloître de S. Vannes, dans le diocèse de Verdun, au XIe siècle, indique les services suivants : 1° mélange d'œufs et d'anguilles (fricassée d'anguilles ?) ; 2° une sorte de pâté de viande (appelé aussi *Tortella*), avec du poivre ; 3° du poisson ? ; 4° des morceaux de viande bien préparés (mortier) ; 5° des mésentères avec du poivre noir ; 6° de la viande battue ; 7° du porc gras ; 8° du vin épicé, rouge, dans des coupes, ou du vin épicé dans des coupes

1. Ainsi Guillaume de Dijon, cf. Rod. Glab., III, 9, D. Bouquet, X, 42 AB. ; Siegfried de Gorze ; cf. Giesebrecht, *Deutsche Kaiserzeit*, II, 706.

2. Cf. les prix, p. 306.

3. Ainsi les langues de bœuf de Grenoble, v. Cart. Grenoble, p. 108, 82 (13 oct. 1001). Pour les éléments constitutifs de la nourriture ordinaire, cf. Cart. Dom., p. 115, 133 (vers 1090) : « refectorio de pane et vino et fabis et piscibus et pulmento. » Marchegay, p. 354, 3 (vers 1090), nous montre un moine recevant avec son serviteur : « priora duo fercula [= generale] et alia duo ad minus, id est caseos et ova. » Cart. Grenoble, p. 145, 82 (17 nov. 1111) : « receptum de pane et carne et vino. » On peut arriver à une détermination plus exacte des diverses espèces de viande par le Cart. Yonne, II, p. 13, 11 (vers 1079) : « ad ejus prandium componendum... neque porcum neque arietem nec etiam gallinam vel gallinae pullum, similiter nec anserem. » Cf. chap. I, p. 125-126.

rouges, à servir deux fois [1]. La variété n'était pas grande en proportion du nombre de plats, mais on se souciait moins de celle-ci que de leur abondance. Ce qui faisait la valeur d'un repas, ce n'était pas la délicatesse des mets, mais bien leur masse. Cette grande quantité occasionnait aussi des dépenses élevées [2].

Les éléments de ce luxe étaient très populaires et à bon mar-

1. Cons. S. Vit. Mart. Rit., IV, 647 BC. : « Quae tamen mensa nihil leguminis habebit, sed prima sessio scutularum erit ovorum et anguillarum mixtione referta; secunda sessio artocrea pipere salita ; tercia ex grandibus exocis [faut-il lire « exocoetis? » poissons qui passent la nuit sur le rivage? cf. Plin., *Hist. nat.*, 9, 19 (38), 70]; quarta mortarioli [cf. Duc. s. v. Mortairol] bene confecti; quinta magni lucii cum atro pipere; sexta batitura; septima appositio porci pinguissimi: fialae murice fulgentes plenae clarato, exquisitius facto bis dabuntur fratribus. » On se demande à quelle époque appartiennent ces *Consuetudines*, la collation a été faite par Calmet sur le MS. Viton. En 1004, on introduisit à S. Vannes la règle de Cluny, cf. Wattenbach, *Deutschlands Gqu. im Ma.*, II, 95, et Bresslau dans *Hirsch's Jahrbücher des deutschen Reiches unter Heinrich II*, III, 234 sv. Le texte des *Cons.* ne peut être attribué à l'époque suivante; cf. par ex. le début, Mart. Rit., IV, col. 847, qui ne s'applique qu'à la vie joyeuse des premiers moines écossais. Cependant, comme il y est question d'au moins huit obédiences, et qu'il n'y avait à la fin (avant 1004), dans le monastère que 7 moines et l'abbé Fingen, les *Cons.* doivent être reculés jusqu'au xe siècle, à moins que chaque moine n'ait encore exercé une fonction. D'après 859 A. la liste paraît avoir été destinée à un monastère étranger; je ne sais que dire de la notice de la p. 847 C, qui pourrait fournir un point de repère. — Pour s'assurer du rôle important que la nourriture jouait plus tard encore dans les couvents, il n'y a qu'à consulter le Cart. Savigny, p. 445, 387 (vers 1090).

2. Un bon repas est un « Receptus multus », cf. Cart. Ainay, p. 621, 91 (1027). D'après le Cart. Dom., p. 139, 163 (vers 1080), le chapitre de Grenoble reçoit « in festivitate Omnium Sanctorum... ad mensam refectorii... sestaria frumenti quatuor praeparata, vini octo optimi, porcos tres, quorum unusquisque sit pretii duorum solidorum melioris monetae, quae tunc in eadem patria habebitur. » Pour un seul repas ?! — Le repas porta d'abord un grand nombre de noms empruntés à l'antiquité, par ex. *convivium*, *prandium*, etc., mais bientôt ils ne suffisent pas; on y ajouta *refectio*, *statio*, *ferculum*, *praebenda*, *generale*. Pour les prix, cf. Dach., III, 438, col. I (1104), où un « prandium cum centum Militibus » est promis pour 300 sol. d'Aquitaine, Cart. Savigny, p. 446, 839 (vers 1100), un Receptus de 18 sol. consiste en un *Quartallus frumenti*, 2 *solidatae* de viande, 2 setiers de vin, 1 emina cibaria.

ché; aussi les classes supérieures ne pouvaient-elles pas y trouver la satisfaction de leur besoin de luxe. Si tous mangeaient beaucoup, elles pouvaient montrer qu'elles étaient capables de nourrir beaucoup de bouches. Cette idée conduisit à un grand luxe de serviteurs. Déjà le simple moine, qui préside à un district agricole (obédientiaire dans le sens spécial), ne chevauche pas sur les terres sans être accompagné d'un serviteur [1], et les évêques avaient droit à une suite de cinquante personnes dans leurs voyages [2]. Mais en fait le nombre de leurs domestiques s'accrut souvent dans une proportion telle, que son entretien faisait oublier complètement la plus noble destination des biens ecclésiastiques, la fortune des pauvres [3].

C'est dans le domaine du luxe plus que dans tout autre que se montre clairement l'influence encore générale de l'économie naturelle. C'est le sol qui donne seul la vie et les joies de cette période, mais comme lui les efforts économiques du peuple étaient topographiquement bornés. Le système du trésor immobilisé correspond bien à cet état, tandis que le

1. Marchegay, p. 354, 3 (vers 1090).

2. Decr., V, 192. Cf. aussi la grandeur des « tractoriae » des fonctionnaires royaux à l'époque carolingienne, expliquée par Guérard, *Pol. d'Irm.*, I, 805. Pour la domesticité et la suite d'un abbé, cf. Mab. ann., V, 644, col. 1 (1082) : « De famulis domni abbatis [Maioris Monasterii] : E. de T.; F. D. [Mab. ann., V, 645, col. 1, un F. D. Mariscalcus]; stabularius A.; G. de V.; R. V.; Q. celerarius; E. filius A.; I. clericus; A. camerarius; B. B.; G. » : ainsi 11 Famuli. V. aussi Marchegay, p. 85, 7 (vers 1090), où, au lieu de « famulos quosque », il faut lire « famulos quoque ». On voit dans certaines circonstances des abbés autrement pleins d'humilité s'entourer ici d'un grand faste; cf. Vit. Abb. I, 4, Mab. act. VI, 1, 40.

3. Il y a des plaintes amères à ce sujet dans ep. Fulb. Carnot. 1020, D. Bouquet, X, 464 BC : « res ecclesiae in superfluorum domesticorum victualia sic expendere compellebar, ex prava consuetudine praedecessorum meorum, ut officium hospitalitatis, eleemosynae, sicut mea interest, administrare non possem. »

crédit délivré de toute entrave enveloppe des millions dans ses liens puissants.

Avec l'économie financière naissent de tous côtés de nouveaux facteurs. Les formes de l'échange se dégagent des vieilles routines, la circulation donne au commerce une extension de plus en plus grande, tandis qu'un usage sans contrôle et une rouerie impudente étaient la loi des marchés dans les temps assujettis à l'économie naturelle et que l'arbitraire fiscal entravait le commerce quand il n'arrivait pas à l'étouffer.

APPENDICE

A

TABLEAU DES PRIX EN USAGE AU XIe SIÈCLE EN FRANCE

A. ANIMAUX DOMESTIQUES.

a. Chevaux de selle, cheval ordinaire et mulet :

1. CHEVAL.

a. Sud-Ouest et Ouest :

Prix moyen dans les Pyrénées : 100 sol : Cart. S. Jean de Sorde, p. 13, 13 (1072-1205).

30 sol. : Cart. Beaulieu, p. 191, 137 (nov. 997—1031).

15 sol. : *L. de Servis*, p. 6, 4 (1032—64).

50—60 sol. : Marchegay, p. 391, 49 (1060—67).

50 sol. : Cart. Redon, p. 255, 303 (après 1050).

100 sol. et au dessus un *equus optimus :* Cart. Redon, p. 379, 58, (1051).

10 livres : Cart. Redon, p. 312, 361 (1066).

21 sol.: Cart. Redon, p. 304, 852 (1104).

300 sol. et au dessus; surtout Cart. Redon, p. 292, 341 (21 juin 1108)

b. Centre.

3 livres : Cart. S. Père. p. 191, 65 (avant 1061).

6 livres : Cart. S. Père, p. 216, 91 (26 nov. 1077).

*6 marcs d'argent : Cart. S. Père, p. 238, 13 (avant 1091) [1].

100 sol., un equus ambulatorius : Cart. S. Père, p. 510, 54 (15 oct. 1098).

40 sol. : Cart. S. Père, p. 435, 9 (avant 1102).

c. Nord-Ouest.

7 livres : Cart. Trinit., p. 435, 26 (milieu du XIe siècle).

d. Nord-Est.

4 marcs : Mart. Coll., II, 64 A. (XIe siècle, 2e moitié). Basse-Lorraine.

e. Sud-Est.

40 sol. (?) : Hug. Flav., *M. G. S.*, VIII, 476, l. 40 (1097).

100 sol.: ibid., p. 479, l. 38 (1099).

10 livres : ibid., p. 480, l. 1.

50 sol. : ibid., p. 480, l. 3.

30 sol. : Cart. Dom., p. 63, 65 (vers 1070).

60 sol. : Cart. Dom., p. 64, 66 (vers 1070).

40 sol. : Cart. Grenoble, p. 128, 55 (1080—1132).

60 sol. : Cart. Grenoble, p. 169, 113 (1108).

1. On ne tient pas compte, pour établir la valeur moyenne (p. 308) des chiffres marqués d'un astérisque.

2. MULET dans l'Est et le Sud-Est.

150 sol. (optima mula) : Hug. Flav., *M. G. S.*, VIII, p. 480, l. 37.

50 sol. (mulus) : Cart. Savigny, p. 385, 748 (vers 1060).

150 sol. (mulus) : Cart. Savigny, p. 470, 891 (vers 1100).

100 sol. (mula) : Cart. Dom., p. 12, 9 (vers 1080).

200 sol. (mula) : Cart. Grenoble, p. 154, 95 (vers 1099).

100 sol. et au dessus (mulus) : Cart. Grenoble, p. 83, 4 (vers 1101)

100 sol. (mula) : Cart. Grenoble, p. 181, 128 (vers 1110).

3. AUTRES ANIMAUX.

Un autour = 50 sol. : Cart. Redon, p. 255, 303 (après 1050)

2 taureaux = 50 sol. : Cart. Vaux, p. 21, 26 (après 1075).

b. Animaux de boucherie; cf. *Pol. d'Irm.*, II, 366 (1089).

a. Centre.

Porc = 5 sol. : Cart. S. Père, p. 36 (avant 1000).

Mouton = 8 den. : Cart. S. Père, p. 86 (avant 1000).

b. Est et Sud-Est.

PORC :

Frescenna = 2 sol. : *Pol. d'Irm.*, II, 360 (1050—56), Brienne, dép. Aube.

Porcus = 6 den. : Cart. Savigny, p. 304, 624 (vers 1010).

Porcellus = 6 den. : Cart. Savigny, p. 421, 804 (vers 1070).

11 porci utriusque sexus = 100 sol. : Cart. S. André, 217 (après 1032).

Porcus = 3 sol. : Mart. Th., IV, 90 D. (1056), Viennois.

Porcus = 12, resp. 7, resp. 6 den. : Cart. Romans, p. 87, 39 *bis* (16 août 1060).

Porcus = 6 den. : Cart. Romans, p. 111, 57 (janv. 1065).

Porcus = 2 sol. : Cart. Dom., p. 139, 163 (1088).

Porcus = 5 sol.; $^1/_2$ Porcus = 3 sol. ou 2 $^1/_2$ sol. : Cart. Grenoble, p. 122, 48 (vers 1080).

Porcus = 8 den. : Cart. Dom., p. 184, 209 (vers 1100).

Porcus = 6 sol. : Cart. Dom., p. 252, 237 (vers 1100).

Porcus = 12 den., = 3 sol. : Cart. Dom., p. 25, 21 (vers 1150).

Porcus = 12 den. : Cart. Nimes, p. 207, 130.

MOUTON :

Mouton = 12, resp. 7, resp. 6 den. : Cart. Romans, p. 87, 39 *bis* (16 août 1060).

Agnus = 10 den. : Cart. Grenoble, p. 125, 53 (1080—1132).

Agnus = 8 den. : Cart. Dom., p. 249, 237 (vers 1100).

Multo = 8 den. : Cart. Grenoble, p. 110, 35 (vers 1100).

Multo = 8 den. : Cart. Dom., p. 25, 21 (vers 1150).

B. TERRES LABOURABLES.

a. Sud-Ouest et Ouest.

1 quarteriata terrae = 27 sol : Cart. Vaux, p. 21, 27 (après 1075).

28 $^1/_2$ arp. de terre, 1 $^1/_2$ arp. de vigne payant annuellement une redevance de 2 sol. 8 den. = 4 livres + environ 20 sol. : *L. de Servis*, p. 135—6, 14 (1050—60).

b. Centre.

1 arp. de terre = 30 sol. Monnaie de Chartres : Cart. S. Père, p. 141, 18 (avant 1102).

2 Bovatae melioris terrae = 60 sol. en hypothèque. Cart. S. Père, p. 338, 106 (vers 1101).

c. Nord-Ouest.

* Jugera terrae = 35 sol. : Cart. Trinit., p. 431, 18 (milieu du xiᵉ siècle).

50 Acres = 7 livres, 16 sol. : Cart. Trinit., p. 458, 76 (1152).

* 1 Carruca = 16 livres : Cart. Trinit., p. 435, 27 (1055).

* 14 Acres = 10 livres : Cart. Trinit., p. 435, 27 (1055) [1].

70 Acres = 11 livres : Cart. Trinit., p. 452, 59 (1059).

40 Acres in vadimonio = 8 livres 10 sol. : Cart. Trinit., p. 452, 59 (1059).

11 Acres = 40 sol. : Cart. Trinit., p. 438, 31 (1060).

* Terra quatuor boum = 55 sol. : Cart. Trinit., p. 445, 46 (1050—66).

40 Acres = 100 sol. : Cart. Trinit., p. 454, 65 (1053—66).

22 Acres = 3 livres 5 sol. : Cart. Trinit., p. 460, 77 (xiᵉ siècle).

20 Acres = 32 sol.: Cart. Trinit., p. 439, 34 (1062).

d. Sud-Est.

* 1 arp. = 4 sol. 2 set. vin. : Cart. Yonne, I, p. 153, 79 (vers 992).

66 Pert. carrée = 2 sol. : Cart. Mâcon, p. 152, 249.

209 P. c. de terre et 55 p. c. de vignes = 45 sol. : Cart. Mâcon, p. 298—9, 513.

* 1 Petiola de vignes et 1 Pet. de terre = 2 sol. 3 den. : Cart. Ainay, p. 674, 163 (vers l'an 1000).

* 5 Sextariadae de terre = 5 sol. : Cart. Ainay, p. 692, 187 (mai 1006).

* 3 Cartaladae = 5 $^1/_2$ sol. : Cart. Ainay, p. 627, 99 (mars 1027).

* 1 Yminada = 1 sol. : Cart. Ainay, p. 653, 134 (10 avril 1031).

C. Prairies.

a. Ouest.

3 $^1/_2$ Quart. = 11 sol. : Cart. Saintes, p. 27, 20 (1047—61).

3 $^1/_2$ Acres = 30 sol. : Cart. Trinit., p. 458, 74 (1068) [2].

b. Est.

110 P. c. de prairies « donamus vel partim vendimus... et accipimus pretium IV solidorum ». Cart. Mâcon, p. 262, 457 (1031—62).

D. Vignobles.

a. Sud-ouest et Ouest.

1 Quarteria = 20 sol. : Cart. Vaux, p. 20, 25 (après 1075).

3 Jucti = 30 sol. : *Mém. des ant. de l'Ouest*, 14, p. 75, 66 (fin du xᵉ siècle).

Environ $^1/_2$ juctus = 40 sol., ibid., p. 64, 54 (févr. 988—96).

$^1/_2$ juctus = 26 sol. : ibid., p. 65, 56 (avril 988—96).

$^1/_2$ Opera (Complantus) = 9 sol. : ibid., p. 68, 59 (juin 988—96).

1 Opera (Complantus) = 2 sol. : ibid., p. 78, 86 (vers 1028).

2 (?) arpents = 95 sol. 6 den. : *L. de Servis*, app., p. 137, 15 (1050—84).

b. Centre et Nord-Ouest.

1. Il faut peut être lire, dans cette charte, *quadraginta* pour quatuordecim.

2. Il est cependant possible que ces 30 sol. se rapportent au *Tractu* mentionné dans la charte.

1 arp. = 25 livres : Cart. S. Père, p. 204, 78 (avant (1080).
10 arp. libres de charges = 60 livres : Cart. Trinit., p. 427, 9 (1030—34).
1 arp. = 14 sol. : Cart. Trinit., p. 432, 20 (milieu du XIe siècle).

c. Sud-Est.

Environ 25 $^1/_2$ p. c. = 12 sol. : Cart. Mâcon, p. 222, 388 (996—1031).
Environ 290 p. c. (Medius plantus) = 13 sol. : Cart. Mâcon, p. 81—2, 106 (1018—26).
Environ 383 p. c. = 7 sol. 8 den. : Cart. Mâcon, p. 36, 44 (1031—60).
Environ 330 p. c. = 19 sol. : Cart. Mâcon, p. 250, 432 (1031—60).
Environ 30 p. c. = 10 sol. : Cart. Mâcon, p. 151, 266.
Environ 350 p. c. en hypothèque = 30 sol. : Cart. Mâcon, p. 257, 448.
* 2 Algiae = 5 sol : Cart. Savigny, p. 277, 552 (vers 1100).
* 2 Camerae = 7 sol. : Cart. Savigny, p. 451, 850 (vers 1100).
* 1 Algia = 20 sol. : Cart. Ainay, p. 583, 40 (993—1032).
* 2 Camerae = 5$^1/_2$ sol. : Cart. Ainay, p. 557, 9 (1000 ?)
* 3 Camerae = 4 sol. et 1 receptus : Cart. Ainay, p. 621, 90 (mai 1012).
* 4 Camerae = 4 sol. : Cart. Ainay, p. 659, 142 (janv. 1023).
160 p. c. = 5 sol. 3 den. : Cart. S. André, 72 (1007—8).
Un vignoble de 50 modii = 40 livres d'argent : Cart. S. André, 54* (1055).

E. Bois.

a. Ouest.

100 Acres = 30 livres : Cart. Trinit., p. 435, 27 (1055).
100 Acres = 15 livres : Cart. Trinit., p. 435, 27 (1055).
Une pièce de forêt = 7 livres : Cart. Trinit., p. 436, 28 (1055).

b. Est.

Une pièce de terre = 6$^1/_2$ sol. : Cart. Mâcon, p. 37, 47 (vers 1018).

F. Biens en terre.

a. Le Mansus.

a. Ouest.

600 sol. : Cart. Saintes, p. 108, 141 (1079—99).
60 sol. (en hypothèque) : Cart. Beaulieu, p. 75, 39 (1100).
9 sol. : Cart. Beaulieu, p. 157, 104 (août 1037—55).

b. Centre.

Un mansus rapporte 5 sol. : Cart. S. Père, p. 42 (avant 1000).
Un mansellus rapporte 1 sol. : Cart. S. Père, p. 42 (avant 1000).

c. Nord-Ouest.

4 mansi (tous ou un ?) = 6 livres : Cart. Trinit., p. 448, 51 (1043).
3 mansi et $^1/_2$ moulin = 8 livres 20 sol. : Cart. Trinit., p. 450, 54 (1047).
1 mansus = 70 livres : Miraeus, I, 55, col. 1, Cambrai.

d. Est.

1 mansus = 120 sol. : Cart. Mâcon, p. 100, 142 (1018) (au lieu de *dum* l. : *emi*).
$^1/_2$ mansus en hypothèque = 65 sol. : Cart. Savigny, p. 455, 861 (vers 1100).
1 mansus = 100 sol. : Cart. Savigny, p. 460, 871 (6 mai 1101 ?)

Cart. Dom., p. 2, 1 (1059) : « mansum unum magnum, pro quo unum clericum ad monacum recepimus et insuper trecentos solidos ultra in eo dedimus. »

b. Autres biens en terre :

a. Ouest.

1 mansio = 4 livres : Cart. Saintes, p. 26, 15 (1047).

1 mansio = 100 sol. : *Mém. des ant. de l'Ouest*, 14, p. 84, 75 (1 févr. 1018) avec un virdigarium et 2 jucti.

b. Est.

1 curtilus = 10 sol. : Cart. Ainay, p. 612, 78 (vers 1000) avec mansio, ortus, 4 quart. terrae.

1 curtilus = 14 sol. 10 den.: Cart. Mâcon, p. 177, 300 (996—1018) avec vignes

1 curtilus = 18 sol. : Cart. Mâcon, p. 222, 387 (996—1031), complet.

3 curtili = 130 sol. et 1 receptus : Cart. Ainay, p. 631, 91 (1027).

1 chabannaria = 170 sol. : Cart. Grenoble, p. 85, 7 (1094), et ibid., p. 233, 83 (1094).

c. Moulins.

2 moulins = 4 livres : Cart. Saintes, p. 27, 20 (1047—61).

d. Maisons.

Maison = 10 sol. : Cart. Ainay, p. 612, 78 (vers l'an 1000).

Maison avec curtis = 8 sol. : Cart. Grenoble, p. 154, 95 (vers 1093).

G. MAIN D'ŒUVRE.

Cart. Saintes, p. 120, 178 : « cum jugo boum atque simul cum bubulco. » — — Cart. Romans, p. 87, 39 *bis* (16 août 1060) : « aut aratorem unum aut manu operarios III, » cf. *M. G. L.*, II, 2, p. 63. — *Pol. d'Irm.*, II, 360, 23 (1050—60) Brienne. Cf. supra, chap. III, p. 208.

H. NON LIBRES. Cf. supra, p. 209, n. 1.

I. INDUSTRIE.

a. Vêtements.

Le manteau et l'habit d'un moine = 8 sol. : Cons. Clun., III, 11, Dach., I, 692, col. 1.

1 camsile = 10 sol. : Cart. Saintes, p. 103, 131 (1100—30).

1 lacerna = 10 sol. : Cart. S. André, 259 (23 janv. 1081).

1 mantellum = 5 sol. : Cart. S. Père, p. 211, 87 (1069).

1 terristrum = 2 sol. : Cart, S. Père, p. 253, 27 (avant 1102).

1 pallium = 20 livres 30 sol. : Cart. Trinit. p. 435, 27 (1055).

b. Autres objets.

1 scutum = 10 sol. : Cart. S. Père, p. 207, 81 (avant 1080).

1 scutum = 10 sol. : Cart. S. Père, p. 338, 105 (vers 1080).

1 insellamentum = 10 sol. : Cart. Grenoble, p. 169, 113 (1108).

52 cierges = 1 setier de froment : Cart. Dom., p. 69, 73 (vers 1085).

Cereos duos sol. duorum : GC. 1, X i, 293 E. Amiens (Dach., I, 626, col. 2).

Couteau et plat, la pièce 2 den. : GC. 1, X i, 28 A, Reims.

Pendants d'oreille = 10 livres : Besly, p. 328 (2e moitié du XIe siècle), Vendôme.

K. Vivres.

a. Le manger.

Regino II, 451 : « agapen duorum pauperum sive 1 denarium. » — D'après Cons. Clun., III, 11; Dach., I, 692, col. 2. 17.000 pauvres se partagent 250 bacones, ainsi 1 b. pour 70 pauvres. Cart. Grenoble, p. 9, 5 (9 sept. 1108) : « parata [pour l'évêque] quae constat XII den. in parociali ecclesia, VI den. in capella. » — Cart. Sauxillanges, p. 425, 573 (18 avril 1069) : pour un des frères 50 sol.

b. Vin.

30 modii de vin = 30 sol. : Cart. Yonne, 1, 170, 89 (1035).

Cart. Paris, II, 15—16, 16 (vers 1072), 7 den. sont, par modius, considérés comme au dessous du prix moyen.

1 denariata de vin = 1 den. : Cart. Paris, I, 377 (vers 1152).

$^1/_2$ mod. de moût = 2 sol. : Cart. S. André, 64 (966—7).

1 carrata de vin = 2 marcs : Mart. Coll., II, 74 A. (2e moitié du XIe siècle). Basse-Lorraine.

Une histoire des prix peut avoir un double but, d'abord de nous montrer le rapport entre les prix du passé et ceux d'aujourd'hui, ce qui nous donnerait en même temps un historique de la valeur monétaire. L'autre but plus restreint est d'exposer l'échelle des prix de certaines marchandises dans les périodes antérieures. De ces deux fins, la première ne peut être atteinte que difficilement pour des époques plus éloignées. Pour une comparaison qui veut être utile, il faut au moins un tarif des prix pour les objets de consommation les plus usuels et pour les travaux les plus bas aux deux époques. La plupart du temps, on ne peut l'établir. Mais sans parler de cette difficultté purement extérieure que de différences pour ces époques reculées dans les usages, les intérêts, la notion de l'équité, bref dans tous les éléments qui entrent dans le débat du prix.

Avant d'envisager les résultats de la vente, il faudra pourtant comparer celle-ci dans ce qu'elle a d'essentiel aux différentes époques. Quant à montrer l'influence de ses éléments sur les prix à fixer numériquement cela ne réussira que difficilement. Mais au point de vue caractéristique de la vente il faut aborder le deuxième problème de l'histoire des prix, l'exposé de certains rapports de prix à une même époque. En l'appliquant au XIe siècle en France, on arrive à ce résultat que les prix n'eurent pas de beaucoup, pour la vie économique de cette époque, l'importance qu'ils auraient pour notre siècle. La vente, dans sa forme la plus pure, n'était pas encore le mode de transmission le plus employé. A peine était-il question de concurrence dans le trafic : aussi c'était la tradition qui décidait presque toujours. Une tradition ne se consolide qu'à la suite d'un usage extrêmement fréquent, mais il n'était pas rare que celui-ci manquât au XIe siècle, et c'est pourquoi déjà les prix que nous donnent les sources ne peuvent pas prétendre à la force probante qui appartient à ceux des époques plus récentes. Mais, indépendamment de tout cela, les sources de l'histoire des prix sont rares et le plus souvent troubles, c'est surtout vrai de ceux qui ont trait à l'agriculture. Là, on ne sait presque jamais à combien montaient les charges qu'il fallait pourtant faire entrer dans l'estimation du fonds; ajoutez à cela — à côté du désordre monétaire général — la confusion des champs et des vignobles.

Dans ces circonstances un tableau du plus grand nombre des prix qui nous ont été transmis ne peut donner que des résultats d'une nature presque toujours discutable. Une seule chose est certaine, c'est qu'une histoire des prix au xie siècle, dans le sens propre du mot, est provisoirement impossible.

Le tableau ci-joint contient les résultats que l'étude des sources nous fournit sous une forme très générale. La colonne *A* donne le nombre des prix comparés; la colonne *B*, la différence entre le maximum et le minimum de prix des mêmes marchandises; *C*, la moyenne arithmétique de cette différence; *D*, le prix moyen des marchandises; *E*, le nombre des plus grandes fluctuations de prix, calculés d'après la proportion suivante : la moyenne arithmétique de différence : l'écart entre celle-ci et le prix le plus bas. = Le prix moyen : X ; 2 X = donc le chiffre du plus grand écart du prix moyen ; la colonne *F* donne enfin le rapport entre le prix moyen et le plus grand écart. Ces derniers chiffres me paraissent surtout propres à faire connaître la qualité relative comme aussi la faveur relative dont jouissait une marchandise. Les prix sont en sous.

OBJET	A.	B.	C.	D.	E.	F.
Cheval — Sud	1			100		
Cheval — Sud-Ouest, Ouest	8	15-300	157,5	96,37		
Cheval — Centre	4	40-120	80	80		
Cheval — Nord-Ouest	1			140		
Cheval — Est	4	40-200	120	97,5		
Cheval — Sud-Est	4	30-60	45,5	47,5		
Cheval, moyenne	20 (22)	32, 25-170	100,62	80,34 (93,56)	114,4	1,4
Mulet dans le S.-O. — Mâle	3	50-100	75	100		
Mulet dans le S.-O. — Femelle	4	100-200	150	137,75		
Mulet, moyenne	7	75-150	112,5	118,87	79,2	0,7
Porc. — Centre	1			5		
Porc. — Sud-Est	15	0,5-9,9	5,2	3,49		
Porc. — Sud	1			1		
Porc, moyenne	15 (17)	0,5-9,9	5,2	3,40 (3,16)	59,4	17,0
Brebis. — Centre	1			0,66		
Brebis. — S.-E. — Mouton	5	0,66-1	0,83	0,84		
Brebis. — S.-E. — Agneau	2	0,83-1,5	1,17	1,17		
Brebis, moyenne	7 (8)	0,75-1,25	1	1,05 (0,89)	5,3	4,8
Serf. — Ouest	4	20-65,75	42,87	50,19		
Serf. — Est	3	12-58	35	28,5		
Serf, moyenne	7	16-61,87	38,93	39,34	46,3	1,2
Le Nord-Ouest compte en champ. — Champ	7	1,6-4,25	2,92	3,08	1,39	0,45
Le Nord-Ouest compte en champ. — Prairie	1			8 6 ?		
Le Nord-Ouest compte en champ. — Forêt	2	3-6	4,5	4,5		
Le Sud-Est compte en perches. — Champ	2	0,028-0,16	0,094	0,094		
Le Sud-Est compte en perches. — Prairie	1			0,036 ?		
Le Sud-Est compte en perches. — Vigne	7	0,023-0,47	0,264	0,149	0,272	1,83

Nous avons déjà tiré les conclusions plus générales qu'autorisent ce tableau et le groupement combiné des sources au point de vue des champs, des bois, prairies et vignobles. — Elles se trouvent dans les chapitres de la seconde partie aux endroits convenables où nous renvoyons le lecteur.

ERRATA

Page 3, l. 14. Nord-Ouest, *lisez* Nord-Est.
Page 10. Percées, *lisez* percée.
Page 11, l. 2. Elle rendait aiusi, *lisez* ainsi.
Page 90, l. 21. Se rapporte, *lisez* se rapportant.
Page 114, l. 6. Nord-Est, *lisez* Nord-Ouest.
Page 153, l. 2, note 1. Mansus, lisez massus.
Page 163. Si le dernier, *lisez* si le premier.
Page 176. Il est nécessaire, *lisez* il est besoin.
Page 187. Déjà ces mots indiquent qu'il se rapporte principalement à terre, *lisez* déjà ces mots indiquent qu'ils se rapportent principalement à la terre.
Page 236. Moralités, *lisez* modalités.

TABLE DES CHAPITRES

PREMIÈRE PARTIE

DEUXIÈME PARTIE

TABLE

1. Les chiffres arabes qui suivent le mot renvoient aux pages où il en est parlé, les petits chiffres aux notes.

Mâcon, imp. Protat frères.

www.ingramcontent.com/pod-product-compliance
Ingram Content Group UK Ltd.
Pitfield, Milton Keynes, MK11 3LW, UK
UKHW021849190726
13855UKWH00001B/227